W0075464

Andreas Zick · Beate Küpper · Nico Mokros (Hg.)

Die distanzierte Mitte

Rechtsextreme und demokratiegefährdende Einstellungen in Deutschland 2022/23

Mit Beiträgen von
Sabine Achour · Mathias Albert · Hannes Delto · Frank Faulbaum · Eva Groß · Jens Hellmann · Lena Hilkermeier · Andreas Hövermann · Torben Hüster · Beate Küpper · Souad Lamroubal · Alexander Mavroudis · Nico Mokros · Claudia Neu · Amelie Nickel · Jonas H. Rees · Fritz Reusswig · Elif Sandal-Önal · Andreas Zick

Herausgegeben für die Friedrich-Ebert-Stiftung
von Franziska Schröter

DIETZ

No.

Bibliografische Information der Deutschen Nationalbibliothek

Die Deutsche Nationalbibliothek verzeichnet
diese Publikation in der Deutschen Nationalbibliografie;
detaillierte bibliografische Daten sind im Internet
über http://dnb.dnb.de abrufbar.

ISBN 978-3-8012-0665-9

Copyright © 2023 by Verlag J. H. W. Dietz Nachf. GmbH
Dreizehnmorgenweg 24, 53175 Bonn
Umschlaggestaltung: Jens Vogelsang, Aachen
Satz: Kempken DTP-Service | Satztechnik · Druckvorstufe · Mediengestaltung, Marburg
Druck und Verarbeitung: Plump Druck & Medien GmbH, Rheinbreitbach
Alle Rechte vorbehalten
Printed in Germany 2023

Die zusätzlichen Tabellen des
Onlineanhangs finden Sie unter
www.fes.de/mitte-studie.

Inhalt

Anhang

Vorwort der Herausgeberin

Ein Teil der Mitte der Gesellschaft distanziert sich von der Demokratie. Extrem rechte Narrative über die multiplen Krisen, vermeintliche Erklärungen und vereinfachende Lösungen dringen immer weiter in die Mitte vor, ihre Abgrenzung nach rechts wird durchlässig und der Graubereich der »teils/teils«-Antworten zu antidemokratischen Einstellungen wächst weiter. Dabei hat die Mitte – haben Menschen und politische Gruppen, die für sich in Anspruch nehmen, die Mitte zu vertreten – eine hohe Verantwortung für den Fortbestand der Demokratie. Dies ist nur eine von vielen Herausforderungen, die in dieser neuesten Ausgabe der FES-»Mitte-Studie« angesprochen werden. Der Blick auf den demokratischen Kern unseres Miteinanders kann auf der Grundlage der »Mitte-Studie« differenzierter erfolgen. Die Langzeitstudie, die seit 2002[1] gesellschaftliche Entwicklungen verfolgt, steht dabei vor der konzeptionellen Problematik, die Balance zwischen neuen Erkenntnissen und dem Nachzeichnen von langfristigen Trends zu wahren. Mit dem Blick auf den gegenwärtigen gesellschaftlichen Zustand der Bundesrepublik richtet sich die aktuelle »Mitte-Studie« auf die Auseinandersetzungen mit Krisen, Unsicherheiten, Kriegsfolgen sowie mit den Klima- und Energiedebatten.

Die Folgen der Coronapandemie sind noch nicht überwunden, die Klimakrise ist in vollem Gange und seit Februar 2022 bringt die russische Invasion in der Ukraine weitere Unsicherheiten und Ängste in Bezug auf Energiesicherheit oder Preissteigerungen. Diese multiplen Krisen können solidarisch und gemeinschaftlich bearbeitet werden oder ab- und ausgrenzend. Das Ringen um den richtigen Weg – wie auch schon in den Coronajahren – führt allerdings bei manchen Menschen zu einer Distanzierung von demokratischen Werten, Prozessen und scheinbar unverrückbaren Verabredungen, aber teilweise eben auch dazu, dass sie von Demokratiefeinden deutlicher abrücken.

---

1   Seit 2006 erscheint etwa alle zwei Jahre eine neue Ausgabe (mit Vorstudien ab 2002), seit 2014 mit dem Team des Instituts für Interdisziplinäre Konflikt- und Gewaltforschung (IKG) an der Universität Bielefeld, vorher in Zusammenarbeit mit den Wissenschaftler:innen der Universität Leipzig (bis 2012).

In der letzten Studie konnten wir eine deutliche »Pandemiedelle« feststellen – einen Rückgang in fast allen Formen der Abwertung von gesellschaftlichen Gruppen. Dieser Trend scheint gebrochen. Die Werte liegen auf Vor-Pandemie-Niveau oder sogar darüber. Neben der Analyse der zentralen Phänomene Rechtsextremismus, Gruppenbezogener Menschenfeindlichkeit und demokratiegefährdender Einstellungen blicken wir in dieser Studie zudem auf Zusammenhänge zwischen Unsicherheiten, Krisenbetroffenheit und menschenfeindlichen Einstellungen. In einem weiteren großen Block blicken wir stärker auf die persönlichen Lebenskontexte von Menschen, auf Anspruchsdenken, Selbstwirksamkeit und Einsamkeit.

Die »Mitte-Studie« möchte über die Analyse hinaus Impulse geben zu Debatten. Die Autor:innen versuchen, Anregungen für mögliche Zukunftswege zu geben, sei es durch »aufsuchende« politische Bildung, die Demokratisierung von Strukturen in Arbeit, Bildung und Ehrenamt, eine kapitalismuskritische politische Bildung oder durch die Erkenntnis, dass es einen Zusammenhang zwischen Demokratiestärke und Krisenbetroffenheit gibt. Der FES ist es wichtig, mit Studien wie der vorliegenden, aber auch mit viel Bildungs- und Beratungsarbeit, die demokratischen Kräfte in diesem Land zu stärken, ihnen Rückhalt, eine Stimme zu geben und Debatten anzustoßen.

Sehr viele Menschen sind nötig, ein solches Projekt auf die Beine zu stellen und ihnen gebührt großer Dank. Wissenschaftlich, organisatorisch und menschlich hat *Nico Mokros* die Fäden zusammengehalten. Als Projektkoordinator am Institut für Interdisziplinäre Konflikt- und Gewaltforschung (IKG) an der Universität Bielefeld und gleichzeitig als Autor hat er dies mit Umsicht, Ruhe und dem Blick fürs Detail meisterlich gelöst und ihm gebührt große Anerkennung.

Alle Autor:innen des vorliegenden Buches haben hohes persönliches Engagement gezeigt. Sie haben mit ihrem Wissen und ihren Perspektiven auf die Mitte und großem Einsatz die »Mitte-Studie« 2022/23 zu einem interdisziplinären Projekt gemacht. Dass das funktioniert – auch unter Zeitdruck – ist auf Vertrauen, viel Austausch und ein Wissenschaftsethos zurückzuführen, das beachtlich ist. Am IKG haben *Jens Hellmann*, *Torben Hüster*, *Amelie Nickel*, *Jonas Rees* und *Elif Sandal-Önal* die Daten genau untersucht und wichtige Phänomene herausgearbeitet. Die Autor:innen außerhalb des IKG sind aber mindestens genauso wichtig und wir schätzen die Beiträge sehr: *Eva Groß*, *Andreas Hövermann*, *Mathias Albert*, *Lena Hilkermeier*, *Frank Faulbaum*, *Fritz Reusswig* und *Claudia Neu* haben wertvolle Einblicke geliefert. *Sabine Achour* wirft erneut am Ende des Buches einen Blick auf die Herausforderungen für die politische Bildung.

In diesem Jahr haben wir eine Idee aus der vergangenen »Mitte-Studie« erweitert, nämlich mit Essays und fokussierten Perspektiven stärker herauszustellen, welche Relevanz die Daten für das Leben der Menschen in Deutschland haben. In den als »Mittendrin« markierten Kapiteln schauen wir auf »Querdenkertum«, Rassismus in der Verwaltung, auf Kinderarmut und in Sportvereine hinein. Danke an die Autor:innen *Beate Küpper*, *Souad Lamroubal*, *Alexander Mavroudis*, *Hannes Delto*, *Andreas Zick* und *Torben Hüster* für diese besonderen Blicke in die »Mitte«.

Dem UADS-Umfrageinstitut danken wir für die Durchführung der Umfrage nach den höchsten wissenschaftlichen Standards und für den kollegialen Austausch.

Vor allem aber gilt der Dank dem Studien- und IKG-Institutsleiter *Andreas Zick* von der Universität Bielefeld sowie *Beate Küpper* von der Hochschule Niederrhein. Ohne das unermüdliche und persönlich sehr fordernde Engagement in diesem Projekt und die langjährige vertrauensvolle Zusammenarbeit gäbe es keine neue »Mitte-Studie«. Ein solches Projekt innerhalb weniger Monate zwischen Fragebogenerstellung, Datenauswertung und Veröffentlichung unter teilweise widrigen Umständen zu vollenden, erfordert besondere Kraftanstrengungen und Hingabe für das Themenfeld.

Ohne das starke Team des Verlags J. H. W. Dietz um *Alexander Behrens*, *Flora Frank* und *Gerd Kempken* für den Satz wäre dieses Projekt nicht zu stemmen. Und auch die Unterstützung zahlreicher FES-Kolleg:innen ist unersetzbar, namentlich sei hier besonders *Charlotte Domberg* erwähnt.

Ein besonderer Dank geht an die Menschen, die sich Zeit genommen haben, um sich für die Studie befragen zu lassen. Das ist nicht selbstverständlich und wir schätzen es sehr, dass Menschen ihre Sorgen und Einstellungen mit uns teilen und so auch die Wissenschaft stärken.

Demokratie braucht keine Distanz, sie braucht Demokrat:innen, klare Grenzen zur Demokratie- und Menschenfeindlichkeit und ein Einstehen für Gleichheit und Solidarität.

Berlin im September 2023

Franziska Schröter
Verantwortlich für das Projekt gegen Rechtsextremismus
der Friedrich-Ebert-Stiftung

1 Die distanzierte Mitte – eine Annäherung an das Verhältnis der Mitte zur Demokratie in Krisenzeiten

Andreas Zick

Vielleicht ist es keine gute Idee, ein Buch, von dem Antworten verlangt werden, mit Fragen zu beginnen. Aber es soll hier um einen Bericht zu zentralen Fragen an die Gesellschaft gehen. Was prägte den gesellschaftlichen Zustand Deutschlands in den Jahren 2022/23 mit Blick auf die demokratische oder antidemokratische Orientierung der Menschen? Wie ist das Land politisch gestimmt? Ist die Mitte »nach rechts« gerückt? Hat sie sich von jenen demokratischen Normen und Werten, wie zum Beispiel der Achtung der Würde des Menschen, Verfassungstreue und Toleranz distanziert? Haben die Krisen die Mitte so »entsichert«, dass nun alle nur noch zusehen, »wo sie bleiben«? Welche gesellschaftlichen Herausforderungen resultieren aus dem besonderen Blick, den die Menschen in Deutschland auf ihre Demokratie haben? Wohin bewegt sich die Mitte angesichts gesellschaftlicher Krisen und Konflikte, politischer Auseinandersetzungen und ideologisch oft fragwürdiger Angebote?

1.1 Deutschland im Jahreswechsel 2022/23

Wenn wir diese aktuellen gesellschaftlichen und alltäglichen Herausforderungen einmal in Summe betrachten, wird deutlich, dass sich für den Zustand der Gesellschaft, insbesondere ihrer Mitte, keine simple oder gar hinreichende oder vereinfachte Beschreibung finden lässt. Die Liste der angehäuften Krisenindikatoren aus den vergangenen Jahren ist lang: die Coronapandemie und ihre Folgen für das Gesundheits- wie Bildungssystem, damit einhergehend hohe soziale Belastungen, auch die neue Einsamkeit, die viele Menschen erlebt haben und noch immer erleben. Dazu gehören ferner Teuerungen und die Inflation, der Klimawandel mit den Klimaprotesten (hauptsächlich, aber nicht nur) junger Menschen. Schließlich: Rechtsextremer Terror, rechtsextreme Agitation, die Formierung und Aktionen des Rechtsextremismus, Hasstaten, eine wachsende Zahl von Reichsbürgern, menschenverachtender Rechtspopulismus und

Angriffe auf die Demokratie durch sogenannte »Querdenker« dürfen als Krisenindikatoren genannt werden. Und angeführt wird die Krisenliste aktuell durch den Krieg Russlands in der Ukraine. Er geht in Deutschland mit Protesten und überraschenden Allianzen zwischen Rechten und Linken, Menschen der Mitte sowie neuen »besorgten Bürgern« einher. All diese Schlaglichter geben Beispiel davon, dass Krisen und Konflikte von besonderen Belastungen begleitet werden, zumal von miteinander verbundenen multiplen Krisenphänomenen auszugehen ist, »verschachtelten Polykrisen«, wie der Ökonom Tooze (14.7.2022) sie bezeichnet.

Es sind also krisenreiche Zeiten und die Mitte nimmt diese Krisen deutlich wahr. In der aktuellen Mitte-Studie, für die mehr als 2.000 Personen befragt wurden (⟶ Datengrundlage, Kap. 2; S. 35 ff.), finden 55 % der Befragten, Deutschland sei derzeit »stark« oder »sehr stark« von Krisen betroffen (37 % »mittel«). 39 % meinen, Menschen »wie sie selbst« seien betroffen (37 % »mittel«) und 31 % geben an, sie seien persönlich von Krisen betroffen (38 % »mittel«). Nur 8 % meinen, Deutschland sei »wenig« oder »gar nicht« betroffen, während 24 % angeben, Menschen wie sie selbst seien nicht von Krisen betroffen, und 31 % gaben an, dass sie persönlich nicht von Krisen betroffen seien. Die Krisen werden von immer mehr Menschen als nationale Krisen wahrgenommen. Und diese treffen jene Menschen härter, die über weniger Kapital verfügen. Unter einkommensschwächeren Befragten sieht sich jede zweite Person (48 %) persönlich von Krisen betroffen; dem stehen 27,5 % der Einkommensmitte und nur 14,5 % der Einkommensstärkeren gegenüber. Zugleich sind es die Einkommensschwächeren, die mehrheitlich meinen, das Land sei von der Krise betroffen (62 %); hingegen denken das nur 54 % der mittleren und 48 % der stärkeren Einkommensgruppe.

Es sind krisen- und konfliktreiche Zeiten auch für die Verfassung und den Zusammenhalt der Gesellschaft insgesamt. Wie gut oder schlecht die Demokratie funktioniert, hängt davon ab, wie die Antwort auf die Frage lautet, welche Herausforderungen und Problemlagen die Mitglieder der Gesellschaft, die Menschen in Deutschland, sehen, erleben und wie sie damit umgehen. Es kommt dabei entscheidend darauf an, wie sie zu Gesellschaft und Demokratie stehen. Es kommt in Krisenzeiten darauf an, wie wir die Welt sehen und welche

Haltung wir anderen gegenüber einnehmen. Schließlich sind mehr Toleranz und Solidarität von allen gefordert. Es stellen sich besondere Fragen: Welches Gesellschaftsmodell bevorzugen Menschen, welches lehnen sie ab? Welche Gruppen hält die Mehrheit für »dazugehörig«, welche nicht? Mit wem halten sie zusammen, mit wem nicht? Wer erfährt Solidarität, wer nicht? Wie bewerten sie die Rolle der Demokratie als »Leitbild«? Krisen erfordern eine Aushandlung von Beurteilungen, Werten und Normen, und sie zwingen uns, unsere Haltung zur Demokratie neu zu justieren, gerade dann, wenn die gewünschte oder erhoffte Normalität nicht mehr da ist. Die Alternative hieße, drängende Herausforderungen zu ignorieren.

Wenn in solchen Krisen die gewohnte gesellschaftliche Stabilität verloren geht, weil Veränderungen sich nicht aufhalten lassen und oft auch nicht mehr einfach steuerbar sind, liegt eine Zunahme von Konflikten um Interessen, Ressourcen, Wertvorstellungen und Identitätsfragen nahe: Wer sind wir? Wer ist verantwortlich für die Belastungen? Was steht uns jetzt zu? Wie schaffen wir das? Können wir, wie bisher, auf den Staat, die Demokratie und ihre Institutionen vertrauen? Krisenzeiten sind Zeiten der Ungewissheit, also Zeiten, in welchen wir weder wissen, wie die Krise entstand noch wohin die Reise geht. Menschen fühlen sich dann verunsichert, bedroht, entsichert, aber auch enttäuscht, einsam, abgehängt, oder sie denken, es sei einfach alles in Unordnung geraten. Solche Einschätzungen entstehen durch die Wahrnehmung und Verarbeitung der sozialen Umwelt. Gerade in Krisenzeiten hören sich Menschen um, reden mit anderen, suchen in Medien nach einer Erklärung und bilden dann Einstellungen aus, also Überzeugungen, Emotionen und Absichten, dieses oder jenes zu denken und zu tun. Krisenzeiten sind daher auch Zeiten, in denen jene Menschen, Gruppen und Parteien mehr Aufmerksamkeit erhalten, die eine »klare« Einschätzung abgeben, »einfache« Lösungen anbieten; die angeblich »wissen«, wer die Krisenverursacher:innen sind, »wissen«, welche Führung aus der Not rettet und die autoritäre, radikale und extreme Lösungen vorschlagen. Es sind Zeiten, in denen Appelle oder eine bessere Wohlfahrtspolitik nur in Teilen geeignet sind, Konflikte, Unzufriedenheit und Proteste zu befrieden. Krisenzeiten sind Zeiten, in denen sich Menschen politisch bewegen und neu positionieren. Und diese Positionierung kann aus der Mitte heraus »nach rechts« verlaufen. Ob das passiert und was die Gründe sein könnten, ist das Hauptinteresse der Mitte-Studien.

Die Mitte-Studien ermitteln, welche aktuellen Einstellungen in der Bevölkerung zu diesen Themen vorherrschen. Gerade mit Blick auf gegenwärtige Radikalisierungstendenzen in der Mitte in Krisenzeiten sollte die Diagnose nicht allein die Gegenwart im Blick haben. Es muss auch bedacht werden, wie die Mitte in jene Krisenzeit geraten ist. Es wird nicht gelingen, historische Konflikt- und Krisenentwicklungen so aufzuarbeiten, dass sich genauer bestimmen ließe, welche früheren Ereignisse oder Prozesse zur Gegenwart führten. Um den Kontext und den Fokus der Studie auf aktuelle rechtsextreme und demokratiegefährdende Orientierungen zu verstehen, sind verschiedene Aspekte hervorzuheben. Das Land hat – wie viele andere Länder auch – die Coronapandemie erlebt, die zu massiven Protesten von wütenden Gegner:innen der Coronaregeln führte. Dies war begleitet von der Bildung neuer ideologischer Gruppen, die nicht mehr einfach als rechtsextrem oder rechtspopulistisch bezeichnet werden können; am ehesten völkisch, autoritär, rebellisch, wie wir es in der Mitte-Studie 2020/21 erkennen konnten, aber auch mit linken und esoterischen Anhänger:innen. Das Land geriet in die Krise mit Wut, Hass und Gewalt. Allein im Hellfeld politisch motivierter Straftaten – hier der Hasskriminalität – war zwischen 2020 und 2021 ein Anstieg um 116 % zu verzeichnen (BMI/BKA 2022) (⟶ auch Kap. 3, S. 53 ff.). Viele Gruppen hatten in der Coronapandemie unter massiven Diskriminierungen und unter Rassismus zu leiden, wie der Nationale Diskriminierungs- und Rassismusmonitor (NaDiRa) (DeZIM 2022) und auch die Mitte-Studie (Zick & Küpper 2021) sichtbar machten. Die Gewaltbereitschaft und -billigung in rechtsextremen wie neurechten Milieus stieg an. Rechtsextreme Einstellungen in der Bevölkerung gingen im zweiten Jahr der Pandemie zwar zurück, aber die Unzufriedenheit mit der Demokratie war hoch, und viele menschenfeindliche Vorurteile wurden in großem Umfang geteilt, wie die Leipziger Autoritarismusstudie feststellte (Decker et al. 2022a). Heute ist bekannt, in welch hoher Zahl Rechtsextreme zusammen mit anderen rechtsradikalen, verschwörungsorientierten und demokratiefeindlichen Gruppen den organisatorischen Zusammenschluss suchten, sich den Milieus von Reichsbürgern und sogenannten Selbstversorger:innen annäherten und sogar Terrorzellen bildeten. Zugleich sank das Vertrauen in die Politik, Krisen und Konflikte regulieren zu können, sowie das generelle Vertrauen in die Demokratie: Die Vertrauensstudie der Politikwissenschaftler:innen Frank Decker et al. (2023) gibt darüber umfangreich Auskunft. Die Entwicklungen sind zum Teil auf neue ökonomische Belastungen zurückzuführen. Die soziale Ungleichheit, die Schere zwischen Arm und Reich, ging in der Pandemiezeit noch weiter auf (vgl. z. B. DGB 2021; Der Paritätische 2023; Spannagel & Zucco 2022). Eingewanderte und Geflüchtete wurden von der Pandemie härter getroffen (Entringer et al. 2022; Bendel, Bekyol & Leisenheimer 2021), zumal sie stärker mit Ressentiments belegt wurden (Giesing & Hofbauer Pérez 2020). Die privaten und familiären Belastungen erreichten ein Höchstmaß (vgl. z. B. das FReDA-Panel; Bujard et al. 2023). Insbesondere Kinder und junge Menschen hatten darunter zu leiden (vgl. z. B. den Expertenbericht der Bundesregierung 2023). Zudem bemerkten viele Menschen die Instabilitäten von Gesundheits-, Versorgungs-, Sozial- und Bildungssystemen (vgl. z. B. Reintjes, Porsch & im Brahm 2021; Volkmer & Werner 2020). Einige Bevölkerungsgruppen vereinsamten durch die Coronaregeln immer mehr (vgl. Lippke et al. 2022). Die Gesellschaft, die die Mitte-Studie beleuchtet, samt ihrem Gefüge, welches sie zusammenhalten soll, war bereits im Stresstest, bevor der Krieg Russlands und die damit einhergehenden Folgen einsetzten. Sie war, wie wir 2021 betonten, bereits *gefordert* (Zick & Küpper 2021). Wie klar der Mitte die Krisen bewusst waren, zeigte die Mitte-Studie 2020/21 ebenfalls, in der wir nach künftigen Bedrohungen für Deutschland fragten. Fast 70 % der Befragten der repräsentativen Studie nannten den Rechtsextremismus und den Klimawandel, gefolgt von sozialer Spaltung (61,5 %) und der Coronapandemie (60,5 %). Und jede zweite befragte Person gab Vereinsamung an (54 %).

Die Mitte trifft aktuell auf viele weitere Herausforderungen, die so zu meistern sind, dass die Demokratie nicht aus den Fugen gerät. Das tut sie, wenn Menschen und Gruppen sich auf einen extremistischen Rand zubewegen oder die Tür für den Rechtsextremismus aufhalten, weil die Allianz mit den selbst erkorenen »Freiheitskämpfern« und »Systemopfern« ihnen eine bessere »nationale Zukunft« verspricht. Krisen und Konflikte sind in Demokratien so zu regulieren, dass ihre Mitglieder nicht auf Distanz zu grundständigen Normen der Demokratie gehen. Gerade hier kommt der Mitte als eine vielleicht schwer bestimmbare, aber doch orientierende Kraft in Konfliktzeiten eine besondere Bedeutung zu.

1.2   Die Mitte als Orientierung

Die Demokratie ist ein Konfliktgebilde und daher immer im Modus der Suche nach Ausgleich von Interessen, Ansprüchen von Gruppen, ihren Werten und Identitäten wie auch politischen Polen. Dabei werden Demokratien gerade in Krisenzeiten vom Modell einer normgebenden und ausgleichenden Mitte geleitet; zumindest wird an *die Mitte* appelliert. Und genau darum geht es in der vorliegenden Studie. Es geht – bei allen positiven Entwicklungen, die zeigen, wie gut die Gesellschaft einige der Krisen bewältigt hat – in den Mitte-Studien darum, *die Sollbruchstellen der Demokratie* zu ermitteln. Dabei meint die Studienreihe nicht eine bestimmte Mitte, sondern eine gesellschaftliche Mitte, die fähig sein sollte, sich von extremistischen Rändern abzugrenzen. Wie wir bereits in allen Mitte-Bänden der vergangenen Jahre deutlich gemacht haben, bestimmt sich die Mitte, die untersucht wird, nicht so sehr nach einem bestimmten politischen Selbstverständnis, auch wenn jede zweite befragte Person – genauer 52 % von 2.027 Befragten – ihre politischen Ansichten als »genau in der in Mitte« und nicht als »links« (28 %) oder »rechts« (15 %) bezeichnete oder keine Angaben dazu machte (5 %). Die Mitte bemisst sich auch nicht an demografischen Kriterien, auch wenn sich in einer solchen repräsentativen Stichprobe eine breite Mittelschicht nach ökonomischen und sozialen Kriterien (Schicht, Bildung etc.) finden lässt (➡ Kap. 2, S. 35 ff.). Die Mitte-Studie interessiert sich für eine politisch *an der Demokratie orientierte Mitte*, zu der alle gehören können; auch dann, wenn wir später fragen, wie sich in der Mitte die selbst wahrgenommene beziehungsweise als Mittelschicht oder Mitte-Milieu identifizierbare Mitte verhält. Es geht also um eine Mitte, die vielleicht in Krisenzeiten besonders beharrlich um ihren Status, ihre Position bemüht ist (vgl. dazu Kumkar et al. 2022). Uns interessiert eine Mitte, die fähig ist, den in Teilen von ihr definierten extremistischen Ideologien zu widersprechen und inklusiv zu sein, indem sie die von ihr selbst im Grundgesetz normierten menschenfeindlichen Herabwürdigungen ablehnt. Es ist jene Mitte, die von den Parteien als solche angesprochen wird. Die Mitte-Studie befragt eine Mitte, die sich aus einer Zivilgesellschaft, aus bürgerlichen Milieus und aus alternativen, vielfältigen sozialen und kulturellen Gruppen konstituiert, für die aber insgesamt demokratische Normen orientierungsgebend sind.

Vor diesem Hintergrund ist die Frage, wo die Mitte in Zeiten von Krisen und Konflikten steht, verständlich und naheliegend. Die Mitte sei gefordert, sich zu positionieren und von ihren extremistischen Rändern, die sie in Teilen selbst produziert, zu distanzieren. Das war das Resümee der Mitte-Studie vor zwei Jahren. Sie schwebt aber angesichts der Krisen mehr in der Gefahr, sich auf die extremistischen Ränder zuzubewegen oder diesen Zugang zur Mitte zu verschaffen. Sie scheint anfälliger geworden zu sein, demokratiegefährdende und -missachtende Ideologien, Einstellungen und Handlungen zu übernehmen, um Partikularinteressen, bestimmte Identitäten, Wertvorstellungen und Normen durchzusetzen. Krisenzeiten sind Konfliktzeiten; selbst wenn die Krise nur subjektiv empfunden wird und es nur scheinbar um knappe Ressourcen geht. Ressourcenknappheit wird dann selbst zum Konfliktthema. Im Krisenmodus sind meist jene Befragten, die eher etwas abgeben könnten und weniger jene, die nichts mehr verlieren können. Die vom Abstieg Bedrohten werden dann in Krisenzeiten politisch aktiv, um den eigenen Status zu verteidigen.

Die Annahme liegt nahe, dass in Zeiten der Zuwanderung und anderer demografischer oder ökonomischer Veränderungen Menschen in der Mitte glauben, ein vermeintlich »nur« vorübergehendes Aussetzen demokratischer Normen könne nicht schaden und Vorteile bringen. Schließlich ist die Demokratie auch deshalb ein Konfliktgebilde, weil sie Zusammenhalt schafft, dabei zugleich auf die Kraft des Konfliktes beziehungsweise die Auseinandersetzung baut und Wettbewerb in vielen Bereichen akzeptiert. Deshalb ist der »Kampf um die Mitte« eng mit Demokratiegefährdungen verbunden (Schöneck & Ritter 2018). Es besteht zumindest die Gefahr, dass Teile der Mitte sich von der Norm des demokratischen Konfliktausgleiches entfernen, zur Demokratie selbst auf Distanz gehen; sei es, um Eigeninteressen und Identitäten aufrechtzuerhalten, sei es in der Hoffnung, in einer mehr auf Vorrechte oder durch nationale Herkunft bestimmten Gesellschaft Einfluss zu erhalten. Eben solche Suchbewegungen liegen näher, wenn Krisen in besonderer Weise die Gesellschaft herausfordern, Zusammenhalt erfordern sowie Ausgleich und Solidarität mit jenen, denen droht, den Anschluss zu verlieren. Krisen und die damit einhergehenden Konflikte erzeugen also Ungewissheiten, nicht nur, weil Verluste und Einschränkungen drohen, sondern gerade, weil die erhoffte Stabilität sich als trügerisch erwiesen hat. Krisen und Konflikte verlangen nicht nur eine Krisenregulation und erhöhen den Druck auf die Politik und gesellschaftliche Institutionen, sondern sie verlangen eine Positionierung. Wenn Gesellschaften unter dem Druck, Lösungen zu finden und politische Entscheidungen zu treffen, schwanken, dann kommt es mehr auf die Positionierung an als in Zeiten von Wohlstand und Stabilität. In diesen Zeiten kommt es auch darauf an, welche Modi der Positionierung die Mitte wählt. Opfert sie beispielsweise ihre Freiheit einem »libertären Autoritarismus« (Amlinger & Nachtwey 2022)? Verdrängt sie mit rassistischen Ideologien Minoritäten, um ihre vermeintliche Höherwertigkeit zum Vorteil zu machen? Entscheidet sie sich dafür, mehr auf die Macht und Dominanz der Marktgesetze als den demokratischen Ausgleich und die Stärkung schwach abgesicherter Gruppen zu setzen oder besinnt sich die Mitte gerade dann auf Solidarität und Zusammenhalt? Rückt sie tatsächlich zusammen, nähert sie sich wirklich den Grundfesten der Demokratie und steigert ihr Vertrauen in die politische Regulation, wie es zu Beginn der Coronapandemie zu beobachten war (vgl. Kühne et al. 2020)?

1.3 Die Mitte auf Distanz zur Demokratie?

Seit fast zwei Dekaden zeichnen die Mitte-Studien vor allem rechtsextreme Einstellungen in der deutschen Bevölkerung empirisch nach. Ins Leben gerufen wurde die Studie, um eine der größten Gefahren für die Demokratie genauer zu untersuchen: das Eindringen und Reaktivieren von rechtsextremen Einstellungen in die Mitte der Gesellschaft und die Entwicklung dieser Einstellungen aus sich heraus. Die Grundidee war so einfach wie naheliegend: Wenn Menschen in der Mitte, die sich selbst vielleicht gar nicht als rechtsextrem wahrnehmen oder organisieren, Einstellungen vom rechtsextremen Rand der Gesellschaft adaptieren, dann ist die Demokratie in Gefahr. Sie werden dann höchstwahrscheinlich weder die Demokratie schützen noch stärken, sondern infrage stellen. In einem nächsten Schritt könnten sie Rechtsextreme direkt oder indirekt unterstützen, weil sie Ideologiefragmente übernehmen, die zu ihren Vorstellungen von Gesellschaft passen. Dann bevorzugen und befördern sie durch ihre Einstellungen ein rechtsextremes Gesellschaftsmodell und politisches System – selbst dann, wenn sie sich selbst als Demokrat:innen oder das von ihnen präferierte System als Demokratie bezeichnen. Distanzieren sich Menschen aus der Mitte von der Demokratie und rücken sie an den rechtsextremen Rand, dann erodiert das freiheitlich-demokratische Fundament unserer Gesellschaft.

Die Mitte-Studien könnten in ihrer Grundausrichtung damit als Teil einer Mahnungs- wie Erinnerungskultur wahrgenommen werden. Der Nationalsozialismus entstand in der Mitte der Gesellschaft und wurde von ihr getragen, auch wenn die Ideologie und die Durchsetzung der faschistischen Gesellschaft samt Propaganda, Agitation sowie Staatsterror von einer Naziorganisation entwickelt und durchgesetzt wurden (vgl. z. B. Kraushaar 2022). Der deutsche Nationalsozialismus war ein Faschismus, der in der Mitte entstand und von der Mitte getragen wurde (vgl. Broszat 1970). In der Mitte entwickelte sich eine »braune Linie«, die bis heute existiert, wie es Frei und andere (Frei et al. 2019) historisch nachzeichnen. Die Mitte gebiert Rechtsextreme, sie ist die Adressatin ihrer Propaganda und zentral für ihre Unterstützung. Wenn sie rechtsextreme Einstellungen teilt, dann steigt deren vermeintliche Legitimität. Dann können sich Rechtsextreme wie Rechtspopulist:innen auf ein Unterstützungsfeld beziehen. Dann steigt die Zahl der Unterstützer:innen und Zuschauer:innen, die mehr oder minder heimlich zustimmen, wenn organisierte Rechtsextreme auftreten und zuschlagen. Und gerade in Krisenzeiten versucht die organisierte Rechte, die Mitte zu besetzen und sich an die Spitze von Protesten gegen »das System«, gegen »Zuwanderung« und »für das deutsche Volk« zu stellen.

Es liegt also nahe, auch heute oder gerade jetzt zu fragen, wie sehr rechtsextreme und antidemokratische Wahrnehmungen, Einstellungen und Überzeugungen in die Mitte vordringen und wie sehr sich die Mitte dafür öffnet, den Rechtsextremismus zumindest in ideologischen Fragmenten adaptiert und auf Distanz zur Demokratie geht. Diesen Prozess versucht die vorliegende Mitte-Studie über eine Bevölkerungsumfrage zum Jahreswechsel 2022/23 zu ergründen: die Nähe und Distanz der Mitte zur Demokratie zu vermessen. Sie berichtet aus einer für die Bevölkerung der Bundesrepublik repräsentativen Umfrage unter mehr als 2.000 Erwachsenen unterschiedlicher demografischer Gruppen; mit und ohne Einwanderungsgeschichte; mit unterschiedlichen ökonomischen und sozialen Hintergründen. Es ist die neunte Mitte-Studie und sie richtet – wie alle bisherigen Studien auch – ihre Lupe auf die Frage: Wie sehr ist die Mitte gefährdet, rechtsextremer und antidemokratischer Ideologie zuzustimmen? Wie sehr teilt sie rechtspopulistische und menschenfeindliche Auffassungen, die ihren eigenen Grundsätzen widersprechen? Die Rede ist von Grundsätzen wie eben jenen, eine demokratisch orientierte Mitte sein zu wollen, die bei allen Differenzen und Gegensätzen, bei allen Konflikten um Einschätzungen von Politik, Recht und normativen Orientierungen, an demokratischen Regeln und Normen festhält. Grundsätze, die von der prinzipiellen Gleichwertigkeit der Menschen und Gruppen ausgehen und nicht durch feindselige Herabwürdigungen, Vorurteile und Menschenfeindlichkeit zur Disposition gestellt werden. Grundsätze, die am Kerngedanken der Demokratie als gesellschaftlichem Modell festhalten, statt sie zu missachten oder eigene politische Anschauungen für alle verordnen zu wollen oder gar das »System Demokratie« für Missstände verantwortlich zu machen. Es ist eine Studie über eine Mitte, zu der – wie oben erläutert – prinzipiell alle Menschen und die unterschiedlichsten Gruppen gehören. Es ist eine Studie, mit der sich die Mitte vergewissern soll, dass sie tatsächlich die Mitte ist, auch wenn es schwerfallen mag zu akzeptieren, dass sie rechtsextreme Anteile in sich birgt und Demokratiegefährdungen von ihr ausgehen.

Die zuvor genannten multiplen Krisen stoßen auf eine weitgehend unvorbereitete Gesellschaft, die normalerweise eher Ordnung, Sicherheit und einen ruhigen, möglichst risikoarmen Lauf bevorzugt. Auf dieses Versprechen der Nachkriegszeit hat sie sich verlassen und fordert es immer noch ein. An den tief sitzenden Ängsten vor Unsicherheit und Veränderung, an dem Bedürfnis nach Sicherheit und Gewissheit setzen Populist:innen und Rechtsextreme an. Sie setzen auf Gefühle der Ohnmacht, der Bedrohung, schüren Ängste und behaupten Unsicherheit und Kontrollverluste. Krisen sind für den Populismus und Extremismus gute Zeiten, denn sie scheinen verschwörungsgesättigte Untergangsbilder zu bestätigen und können der Verstärkung der Ideologien dienen. Das Freiheits- und Heilsversprechen, die Befreiung durch den Widerstand gegen das vermeintlich »korrupte System und die Eliten«, hat die Kraft, Menschen aus der Mitte auf Distanz zur Demokratie zu bringen. So geraten inzwischen auch das demokratische und menschenrechtsorientierte Selbstbild der deutschen Gesellschaft sowie das Vertrauen in die Demokratie ins Wanken. All das wird begleitet von einer Krise der Demokratie selbst, die erwartbar ist, wenn Krisen zu Regulationen führen müssen. Sie ist aber besonders geprägt von antidemokratischen Kräften, wird begleitet von hohen Zahlen von Nichtwähler:innen in einigen Milieus, wachsendem Misstrauen in die Politik, fehlender Zivilcourage, behördlichem Rassismus und Extremismus und einem bisweilen fehlenden Zusammenhalt, der präventiv wirken könnte, um sich nicht von Populismus und

Extremismus anstecken zu lassen. Hinzu kommt, dass der Rechtsextremismus und -populismus selbst Krisen heraufbeschwört, auch wenn ihre Vertreter:innen diese so nicht nennen, sondern von »Untergängen«, »Verschwörungen«, »Unterwanderungen« oder gar einem »Austausch des Volkes« reden. Solche Propagandareden kulminieren in reflexhaften Hassemotionen gegen »Feinde«, »das System« und seine Vertreter:innen, die zu bekämpfen angeblich ein Ausweg aus der Krise in die selbst definierte »Freiheit«, »Wahrheit« und »Vernunft« sein soll. Akteur:innen von Links und Rechts kündigten einen »heißen Herbst« an, bereits im Sommer 2022 prognostizierte der Verfassungsschutz einen drohenden »Wut-Winter«. Er mag nicht in großen Protesten erschienen sein, aber die Wut macht sich breit. Wut gründet in Krisen, kann aber Krisen zugleich erzeugen, wenn sich diese Wut gegen den gesellschaftlichen Zustand samt Demokratie richtet.

Damit ist das zentrale Thema der Mitte-Studie 2022/23 umschrieben. Sie erkundet auf der Grundlage einer Bevölkerungsbefragung, inwiefern vor dem Hintergrund der Krisensituation die Distanzierung der Mitte von demokratischen Grundprinzipien, Bewältigungs- und Umgangsmechanismen sowie der Demokratie selbst erfolgt. Die Beiträge richten dazu den Blick auf:

- den *ideologischen Kontext* und das Eindringen antidemokratischer wie rechtsextremer und menschenfeindlicher Ideologien in die Mitte;
- den *Krisenkontext* und die Fragen, welche Krisen die Mitte wahrnimmt, welche Modi der Verarbeitung vorzufinden sind und welche Einstellungen die Mitte in Bezug auf besonders relevante Krisen wie die Inflation, die Energie- und Klimakrise entwickelt, auch mit den Ungewissheiten in Bezug auf den russischen Angriffskrieg in der Ukraine;
- den *Lebenskontext* von Menschen in der Mitte und die Frage, welche Ansprüche sie gerade in Krisenzeiten an ihre Position in der Gesellschaft haben, wie sie die Einbindung an ihren Orten erleben, hier auch in Sportvereinen, vor allem aber die Frage, welche Wirkungen die in der Coronakrise so bedeutsam gewordene Einsamkeit auf die Wahrnehmung von Gesellschaft und Demokratie hat.

Die unterschiedlich gesetzten Akzente auf Ideologien, Krisenkontexte und Lebenslagen sollen dazu beitragen, die demokratische Positionierung der Mitte anhand ihrer Wahrnehmungen besser zu verstehen. Sie soll empirische Antworten auf die Frage geben: Wo steht die Mitte, wo bewegt sie sich hin? Dabei steht in allen Analysen die Frage im Zentrum, ob und wann sich die Mitte nach rechts bewegt und wann sie Minoritäten, die weniger Stimme, Einfluss und Teilhabe erleben, missachtet. Am Ende wird der Versuch unternommen, aus der Zustandsbeschreibung Leitlinien für die politische Bildung abzuleiten. Die Analysen richten sich auf die Frage, wie Menschen in der Mitte, die antidemokratische Auffassungen teilen und sich von ihrer Mitte distanzieren, dazu gebracht werden können, diese Distanz wieder aufzugeben. Vielleicht gelingt es der Demokratiearbeit und politischen Bildung zukünftig noch besser, Mitglieder einer demokratisch verfassten Gesellschaft darin zu stärken, sich vom Extremismus und der Ausgrenzung und Herabwürdigung von Gruppen zu distanzieren.

1.4   Methodik und Grenzen einer Mehrheitsbefragung

Bevor einzelne Ergebnisse zu den Fokusthemen vorgestellt werden, sollen auch zentrale Grenzen einer solchen Studie angesprochen werden. Dies ist nötig, da die Studie mit allen Hintergründen offen zugänglich gemacht wird und solche Studien gelegentlich im öffentlichen Raum in eine Konfliktzone breiter Debatten wie auch Empörungen und populistischer Angriffe geraten. Die Grenzen der Studie ergeben sich aus ihren primären Zielen wie auch der im Mittelpunkt stehenden Gruppe, weshalb nicht alle gesellschaftlichen Gruppen befragt werden können. Die Mitte-Studie verfolgt unterschiedliche Ziele. Sie wird gefördert und vorgelegt aus drei zentralen Interessen.

Erstens dient die Studie der politischen Bildung und Informierung auf der Grundlage eines wissenschaftlichen Berichtes. Sie wird im Rahmen von Bildungsveranstaltungen als Debattenkatalysator genutzt. Wir sind sehr dankbar, dass wir wieder Prof. Dr. Sabine Achour dafür gewinnen konnten, aus den Ergebnissen Ideen für die politische Bildung abzuleiten. Deren Umsetzung in Bildungsformate geschieht aber nicht in dieser Studie, sondern in zahlreichen Bildungsveranstaltungen vor Ort, wo die Studie reflektiert und diskutiert wird, von der Friedrich-Ebert-Stiftung sowie anderen zivilgesellschaftlichen und politischen Akteur:innen.

Zweitens und zuvorderst folgt die Studie einem sozialwissenschaftlichen Forschungsinteresse. Die disziplinär unterschiedlichen Autor:innen erforschen den

Zustand der Gesellschaft auf der Grundlage ihrer Expertisen. Das heißt auch, dass die Studie versucht, politische Orientierungen an den Einstellungen und Meinungen der Befragten auf wissenschaftlicher Basis auszuwerten und sich von Prinzipien der empirischen Forschung leiten zu lassen. Dies bedeutet zugleich auch, dass wir aus den Ergebnissen über Zustimmungen zu *einzelnen* Aussagen keine weitergehenden eigenen Aussagen ableiten, sondern versuchen, die Zustimmungen zu politischen Überzeugungen immer aus *mehreren* Aussagen zu ermitteln und zu berichten. Wenn eine befragte Person einer konkreten Aussage zustimmt und berichtet wird, wie viel Prozent der Befragten dem zustimmen, dann heißt das nicht automatisch, dass diese Person oder Gruppe beispielsweise als rechtsextrem eingestuft wird. Wir prüfen mit statistischen Methoden, ob solche Aussagen zum Rechtsextremismus gehören, und wir berücksichtigen dabei, welchen anderen Aussagen die Befragten zustimmen. Wir testen Unterschiede zwischen Gruppen und Zusammenhänge zwischen Überzeugungen mit statistischen Verfahren, die anzeigen, ob sichtbare Unterschiede auch überzufällig (also kein Zufall) sind und worauf sie beruhen. Das Glossar im Anhang versucht, zentrale statistische Begriffe aus dem Band zu erläutern (➟ Glossar, S. 378 ff.). Das folgende Kapitel 2 geht vertieft auf die Methodik und Stichprobe ein. Wir hören oft, dass in den Studien »nur Einstellungen« gemessen und Formen des strukturellen Rechtsextremismus und Rassismus nicht erfasst werden. Dies ist auch nicht Anspruch und Ziel der Mitte-Studien. Wir berufen uns explizit auf die wissenschaftlich etablierte Einstellungs- und Umfrageforschung, die hinlänglich gezeigt hat, wie bedeutsam Einstellungen im Kontext von politischen Überzeugungen für die individuelle wie soziale Verarbeitung von politischen Informationen und Wahrnehmungen sind, ebenso für Entscheidungen, Handlungen, Schaffung und Legitimation von gesellschaftlichen Strukturen und Institutionen (Zick & Küpper 2016).

Die Mitte-Studie ist keine exklusive Umfrage unter wenigen Menschen, sondern mit über 2.000 zufällig ausgewählten Personen eine repräsentative Bevölkerungsbefragung für die deutsche Gesellschaft (zur genauen Methodik ➟ Kap. 2, S. 35 ff.). Dabei berücksichtigt die Erhebung bestmöglich die Anteile bestimmter Bevölkerungsgruppen. Sie ist aber eine Studie über eine weiße Mehrheitsgesellschaft. Die Mitte-Studie ist keine Studie zur Betroffenheit beziehungsweise zu Erfahrungen von Diskriminierung und Rassismus, auch wenn punktuell darauf eingegangen wird. Dazu gibt es andere umfangreiche Untersuchungen, wie zum Beispiel den NaDiRa des Deutschen Zentrums für Integrations- und Migrationsforschung oder zu Rassismus in Institutionen die InRa-Studie des Forschungsinstituts Gesellschaftlicher Zusammenhalt. In den Kapiteln werden die entsprechenden zugänglichen Studien, so gut es geht, berücksichtigt. Vermessen wird die Mitte in ihrer Breite, ihrer Heterogenität und Diversität, ihren Differenzen und Ähnlichkeiten im Rahmen dieser Gegebenheiten.

Ein zentrales Thema für die Studie ist die Frage, wie sorgsam die Sprache und die Beschreibung von Gruppen sein müssen und können. Reproduziert eine solche Studie nicht rechtsextreme sowie rassistische Ideologien und Stereotype, wenn sie Aussagen verwendet, um Menschen aus der Mitte zu befragen? Ist es eine Studie »von Weißen für Weiße« und blendet sie nicht die rechtsextremen wie rassistischen Strukturen aus (vgl. dazu auch unseren Diskussionsbeitrag: Mietke et al. 2023)? Auch die Frage, ob solche Studien nicht ein bestimmtes politisches Demokratiebild erzeugen oder gar undemokratische Verhältnisse legitimieren, wird gelegentlich gestellt. Wir nehmen solche Fragen ernst, wenn sie sachlich sind und die Kriterien einer wissenschaftlichen Analyse akzeptieren, prüfen sie und verändern die Studienansätze, wo wir dies für angemessen halten. Das Autor:innenteam ist divers. Wir holen Rat von Gruppen ein, die von Menschenfeindlichkeit betroffen sind. Wir konfrontieren Befragte mit rechtsextremen oder menschenfeindlichen Äußerungen, die ähnlich oder genauso im Alltag, auf der Straße und in Reden zur Sprache kommen. Solche Äußerungen und Einstellungen sind in der Welt, bevor wir danach fragen. Alle Befragten wurden von dem unabhängig beauftragten Forschungsinstitut, welches die Umfrage durchgeführt hat, darauf hingewiesen, dass sie Äußerungen und Meinungen, nach denen sie gefragt werden, ablehnen oder auch auslassen können. Die Aussagen in der Studie sind sorgsam gewählt. Wir versuchen dabei, möglichst sensibel und reflektiert die Ergebnisse zu beschreiben, Gruppen angemessen zu bezeichnen. Dazu haben wir auch ein Messverfahren verändert. Ebenso versuchen wir, Befragte weder zu stereotypisieren noch sie zu stigmatisieren oder zu diskriminieren. Wir halten der Mitte wie auch uns selbst einen Spiegel vor und hoffen, dass bei den von uns erforschten Themen Reflexe der Diskreditierung des Blickwinkels und der Leugnung des Spiegelbildes möglichst gering ausfallen.

Ein weiteres Studienziel sei zuletzt genannt. Die Mitte-Studie kann für öffentliche Debatten genutzt werden. Daher versuchen wir, so gut es geht, die Ergebnisse aufzubereiten, damit sie auch der nicht fachwissenschaftlichen Welt zugänglich sind. Bei der Interpretation der Ergebnisse sind Regeln und methodische Grundlagen wie Grenzen zu beachten. Es kann nicht gelingen, die Kontroversen über eine solche Studie auf der Grundlage eigener politischer Bewertungen der Aussagen von Befragten zu führen. Es ist auch nicht geraten, Befragte für ihre Meinung zu diskreditieren. Die Studie kann aber durchaus dazu dienen, die Bedeutung und Tragweite eigener Einstellungen zu reflektieren und zu hinterfragen.

2 Die empirische Grundlage der Mitte-Studie 2022/23 – Methodik und Design

Frank Faulbaum · Nico Mokros

Die Analysen und Ergebnisse des vorliegenden Bandes basieren auf einer repräsentativen Erhebung, die vom 2. Januar bis 28. Februar 2023 durchgeführt wurde. Sie schließen an die vorangegangenen Mitte-Studien an, in deren Mittelpunkt die empirische Erfassung und Langzeitbeobachtung von menschenfeindlichen, rechtsextremen und demokratiegefährdenden Einstellungen und Überzeugungsstrukturen steht. Gegenstand dieses Kapitels sind das Umfragedesign, dessen Umsetzung inklusive der begleitenden Maßnahmen zur Qualitätssicherung sowie die Darstellung der Datengrundlage für die Analysen in den nachfolgenden Kapiteln.

2.1 Umfragedesign der Erhebung 2022/23

Die Erhebung 2022/23 ist als Fortschreibung und Erweiterung der bisherigen Mitte-Studien angelegt, welche seit 2006 von der Friedrich-Ebert-Stiftung herausgegeben werden (2006 bis 2012 in Kooperation mit der Universität Leipzig). Sie schließt an die Studien zur Gruppenbezogenen Menschenfeindlichkeit (GMF) an, welche seit 2002 durch das Institut für Interdisziplinäre Konflikt- und Gewaltforschung (IKG) an der Universität Bielefeld durchgeführt wurden. Die Daten für die aktuelle Studie wurden vom Institut für Umfragen, Analysen und DataScience (UADS) in Duisburg mittels telefonischer Interviews unter Leitung von Prof. Dr. Frank Faulbaum erhoben. Hierzu hat das für das Projekt verantwortliche Forschungsteam am IKG einen standardisierten Fragebogen entwickelt. Dieser umfasst für den Zeitvergleich größtenteils bewährte Messinstrumente zu politischen Einstellungen aus den vorhergegangenen Mitte-Studien, beinhaltet aber ebenso neue Fragen, um aktuellen gesellschaftlichen Entwicklungen und wissenschaftlichen Erkenntnissen gerecht werden zu können. Zu diesem Zweck wurden, wie bereits in den Vorjahren, die Befragten zufällig in zwei Hälften (Splits) aufgeteilt und bekamen inhaltlich teilweise unterschiedliche Fragen vorgelegt, um eine größere Anzahl an Messinstrumenten und damit thematischen Schwerpunkten erfassen zu können. Daneben enthält der Fragebogen soziodemografische Angaben unter anderem zu Alter, Geschlecht, Bildungs- und Berufsstand der Befragten. Der gesamte Fragebogen und die eingesetzten Messinstrumente wurden vom UADS vor der Erhebung mit 30 Befragten in einem empirischen Pretest unter Feldbedingungen so weit wie möglich vorgetestet, um deren Qualität zu gewährleisten. Hierdurch sollten vor allem Erkenntnisse über die Teilnahmebereitschaft und Probleme des Antwortverhaltens gesammelt werden. Insgesamt sollte durch die Prüfung der Messinstrumente eine größtmögliche Reliabilität (➡ Glossar, S. 383) und Validität (➡ Glossar, S. 385) der erhobenen Daten sichergestellt werden.

2.1.1 Erhebungsmodus und Kontaktaufnahme

Als Erhebungsmodus wurde wie bereits für die letzten Mitte-Studien die computerunterstützte Telefonumfrage gewählt (engl. Computer-Assisted Telephone Interview, kurz: CATI). Dabei wird der Fragebogen vor seinem Einsatz programmiert, sodass die Interviewer:innen den Fragebogen über einen Link am Computer aufrufen und die auf ihrem Bildschirm präsentierten Fragen am Telefon vorlesen können. Die Antworten der Befragten werden ebenfalls elektronisch eingegeben und in einer Datei gespeichert. Die Kontaktaufnahme erfolgt über die Anwahl von zufällig ausgewählten Telefonnummern (➡ Abschnitt 2.1.2).

Eigens für diese Studie technisch und inhaltlich geschultes Personal führte die Telefoninterviews zu einem von den Zielpersonen bevorzugten Termin durch. Bis zur Realisierung eines Interviews mussten durchschnittlich 2,9 Kontaktversuche unternommen werden. Wurde ein Kontakt mit der Bitte um Teilnahme an der Befragung hergestellt, nannten die Interviewer:innen ihren Namen, das UADS als durchführendes Umfrageinstitut, die Universität Bielefeld als Auftraggeberin sowie die Friedrich-Ebert-Stiftung als Herausgeberin der Studie. Begleitend durch Informationen über das wissenschaftliche Ziel der Studie wiesen sie auf die Freiwilligkeit der Teilnahme hin und sicherten die verpflichtende Anonymität der Erhebung wie auch Auswertung zu. Wurden von den Kontaktpersonen zusätzliche Informationen gewünscht, konnte entweder auf eine entsprechende Linkadresse verwiesen oder die Informationen per E-Mail zugesendet werden. Kontaktiert wurden insgesamt 47.778 Telefonnummern. Die Anzahl der realisierten Interviews lag bei 2.027 Personen. Das Interview selbst dauerte durchschnittlich 33,8 Minuten. Tabelle 2.1 fasst die zentralen Eckdaten der Erhebung zusammen.

Eine Schwierigkeit der Umfrageforschung liegt darin, dass Menschen in ihrem Alltag erreicht werden sollen und dadurch zunehmend geringere Ausschöpfungsquoten erzielt werden. Gleichwohl liegt der Anteil der Interviews, die unter allen erreichbaren Personen (auch an der Anzahl aller Kontaktversuche gemessen) durchgeführt werden konnten, nach der American Association of Public Opinion Research (AAPOR 2016) im erwartbaren Rahmen für eine Telefonumfrage mit einer durchschnittlichen Interviewdauer von über 30 Minuten.

Zusammenfassung der Erhebung (Angaben absolut und in Prozent) Tabelle 2.1

	absolut	%
Bruttostichprobe (angewählte Telefonnummern insgesamt)	47.778	100,0
Stichprobenneutrale Ausfälle (falsche Nummer, Fax/Modem, kein Privathaushalt, Zielperson nicht befragbar, sonstige Gründe)	12.107	25,3
Bereinigtes Brutto I (ohne stichprobenneutrale Ausfälle)	35.671	100,0
Nicht erreicht oder nicht angetroffen (Frei- oder Besetztzeichen, Anrufbeantworter, max. Kontaktversuche, in Feldzeit nicht erreichbar)	16.219	45,5
Bereinigtes Brutto II (erreichbarer Stichprobenanteil)	19.452	100,0
Verweigerungen (durch Ziel- oder Kontaktpersonen)	17.311	89,0
Abbrüche (im Interview)	114	0,6
Vollständige Interviews	2.027	10,4
Durchschnittliche Anzahl der Kontaktversuche bis zum Interview	2,9	
Durchschnittliche Interviewdauer in Minuten	33,8	
Feldphase	2.1.–28.2.2023	

2.1.2 Stichprobenauswahl

Die Zufallsauswahl einer Telefonstichprobe erfordert zunächst eine Definition der Zielpopulation (Grundgesamtheit). Die Zielpopulation besteht im vorliegenden Fall in der Menge aller in Deutschland in Privathaushalten lebenden Personen ab 18 Jahren. Diese setzt sich aus den folgenden Teilmengen zusammen: Personen, die nur per Festnetz zu erreichen sind; Personen, die per Festnetz und

Mobilfunk zu erreichen sind; und Personen, die nur per Mobilfunk zu erreichen sind (gegenwärtig ca. 13 %).

Von großer Bedeutung für die Stichprobenqualität ist, dass alle Personen der Grundgesamtheit prinzipiell die Möglichkeit haben, in die Stichprobe aufgenommen zu werden. Dies wurde im vorliegenden Fall dadurch sichergestellt, dass die Auswahl im sogenannten *Dual-Frame-Ansatz* erfolgte. Dabei werden neben Festnetznummern auch Mobilfunknummern in die Stichprobenauswahl einbezogen. Die Stichprobenauswahl erfolgte nach dem modifizierten Random-Digit-Dialing-Verfahren (RDD) von Gabler und Häder (1997) (ADM-Stichprobensystem für Telefonumfragen) für Festnetz und Mobilfunk (zur Dual-Frame-Auswahl vgl. Arbeitskreis Deutscher Markt- und Sozialforschungsinstitute e. V. 2013). Bei diesem Verfahren werden die Telefonnummern zufällig erzeugt und anschließend validiert. Festnetz- und Mobilfunknummern wurden im Verhältnis 50:50 gezogen. Die Ziehung der Festnetznummern erfolgte in zwei Stufen. In einem ersten Schritt wurde eine Zufallsauswahl von Privathaushalten mit Telefonanschlüssen gezogen. Dabei wurden auch im Telefonbuch nicht eingetragene Haushalte berücksichtigt. In einem zweiten Schritt wurde zur Vermeidung sozialstruktureller Klumpungseffekte durch Verhaltensähnlichkeiten im Haushalt mit der sogenannten *Last-Birthday-Methode* nur die eine Person im Haushalt als Befragungsperson ermittelt, die zuletzt Geburtstag hatte. So werden nicht nur Personen befragt, die zum Zeitpunkt des Anrufs anwesend sind oder zuerst an das Telefon gehen.

Nach amerikanischen Untersuchungen ist diese »pseudoprobabilistische« Methode äquivalent zu einer Zufallsauswahl von Personen im Haushalt (vgl. z. B. Gaziano 2005). Die Ziehung der Mobilfunkstichprobe erfolgte hingegen einstufig als Personenstichprobe, aber ebenfalls nach dem ADM-Stichprobensystem auf der Basis einer zufälligen Erzeugung von Mobilfunknummern. Diese wurden anschließend nach dem sogenannten *HRL-Lookup-Verfahren* validiert, bei dem spezielle Datenbanken der Mobilfunknetzbetreiber eines Landes abgefragt werden, um zu prüfen, ob eine Rufnummer überhaupt existiert beziehungsweise aktiv ist.

2.2 Maßnahmen zur Qualitätssicherung

Die Maßnahmen zur Qualitätssicherung sollten sich am Konzept des totalen Umfragefehlers orientieren. Der totale Umfragefehler (➡ Abb. 2.1) setzt sich aus allen Fehlerkomponenten zusammen, die das Ergebnis der Umfrage verzerren können (vgl. z. B. Biemer et al. 2017; Faulbaum 2022; Groves & Lyberg 2010; Weisberg 2005).

Der totale Umfragefehler und seine Komponenten Abb. 2.1

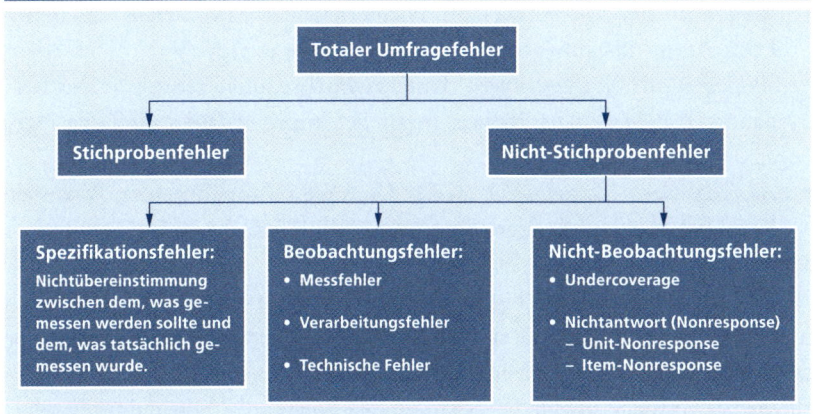

Anmerkungen Eigene Darstellung.

Die Minimierung der Fehlerkomponenten des totalen Umfragefehlers betrifft zum einen die Sicherung der Stichprobenqualität und zum anderen die Sicherung der Datenqualität.

2.2.1 Sicherung der Stichprobenqualität

Neben einer zufälligen Auswahl der für die Befragung vorgesehenen Personen ist für die Stichprobenqualität die Maximierung der Teilnahmebereitschaft und der Erreichbarkeit beziehungsweise die damit zusammenhängende Reduktion von Ausfällen ganzer Untersuchungseinheiten wie auch von Ausfällen bei spezifischen Fragen von großer Bedeutung, da mit solchen Ausfällen oft Selektionseffekte verbunden sind. Selektionseffekte bestehen darin, dass Personengruppen mit bestimmten Merkmalen, wie zum Beispiel einer höheren Schulbildung oder einer höheren Affinität zum Thema, mit einer höheren Wahrscheinlichkeit teilnehmen als andere Personengruppen. Zahlreiche Modelle der Teilnahmebereitschaft thematisieren für diese Effekte relevante Merkmale (z. B. Groves, Cialdini & Couper 1992; Groves, Singer & Corning 2000; Groves et al. 2009).

Während eine Unterabdeckung (*Undercoverage*) der Zielpopulation durch die Form der gewählten Stichprobenauswahl (*Dual-Frame*) weitgehend ausgeschlossen werden kann, muss stets mit dem Ausfall ganzer Einheiten (*Unit-Nonresponse*) während der Kontaktphase gerechnet werden. Dazu gehören:

- *Ausfälle durch Nichtkontakt* (z. B. Nichterreichbarkeit des Haushalts in der Feldzeit, Anrufbeantworter, ungültige Nummer etc.).
- *Ausfälle durch Verweigerungen* (Untersuchungseinheit verweigert die Teilnahme, z. B. wegen des Themas, wegen der Interviewdauer, aus Zeitmangel etc.).
- *Ausfälle durch Unvermögen*, an der Umfrage teilzunehmen (z. B. wegen Krankheit, unzureichendem Sprachverständnis etc.).

Sind die Ausfälle jeweils zufällig, wirken sie sich nur auf die Erhöhung des Stichprobenfehlers aus. Führen sie zu Selektionseffekten, verzerren sie die Schätzung der Populationswerte (z. B. Mittelwerte). Reduzieren lassen sich nur Selektionseffekte bei Verweigerungen, bei Nichtkontakt oder Unvermögen nur teilweise.

Vermeidung von Selektionseffekten
Die Minimierung von Ausfällen durch Nichtkontakt erforderte vor allem Maßnahmen zur Steigerung der Erreichbarkeit durch eine hohe Anzahl von Kontaktversuchen, eine optimale Gestaltung der Anrufzeiten und eine ausreichend lange Feldzeit. Die maximale Anzahl der Kontaktversuche liegt beim UADS standardmäßig bei 10 und entspricht damit der Telefonrichtlinie mehrerer Sozialforschungsverbände, wie des Arbeitskreises Deutscher Markt- und Sozialforschungsinstitute e. V. oder der Arbeitsgemeinschaft Sozialwissenschaftlicher Institute e. V. Die telefonischen Kontaktaufnahmen erfolgten montags bis freitags zwischen 15 und 21 Uhr sowie samstags zwischen 11 und 18 Uhr, da die allgemeine Wohnbevölkerung in diesen Zeiten am besten zu erreichen ist. Entscheidend ist ferner die Feldzeit, um auch Personen mit beruflich oder privat bedingt längeren Abwesenheiten zu erreichen. Der Erhebungszeitraum überschnitt sich teilweise mit der Winterurlaubszeit, sodass ferienbedingte Nicht-

erreichbarkeit nicht ganz ausgeschlossen werden konnte. Diese Effekte können im Rahmen einer Anpassungsgewichtung reduziert werden. Die Anpassung an das Muster der häuslichen Anwesenheit der Kontaktpersonen erfolgte durch die zeitliche Streuung wiederholter Kontaktaufnahmen. Das CATI-System des UADS erlaubt die Einstellung einer beliebigen Streuungsstrategie, um eine Anpassung an das Muster der häuslichen Anwesenheit vornehmen zu können. Um die Anpassung an die Anwesenheit der Zielpersonen zu optimieren, wurden die Kontaktpersonen um Hinweise auf die Anwesenheit der Zielperson gebeten.

Selektionseffekte durch Verweigerungen äußern sich statistisch in Korrelationen zwischen Personenmerkmalen und der dichotomen Teilnahmeentscheidung. Um solche Effekte möglichst gering zu halten oder sogar zu vermeiden, erscheint es sinnvoll, ein besonderes Augenmerk auf die Einladung zur Teilnahme und damit auf das Einleitungsgespräch zu richten. Letzteres sollte den Empfehlungen des maßgeschneiderten Designs folgen (vgl. Dillman, Smyth & Christian 2014). Dabei spielen vor allem die Aspekte *Seriosität* (z. B. durch Nennung eines vertrauenswürdigen Auftraggebers im Sinne einer legitimierten Autorität wie im vorliegenden Fall einer Hochschule), die verbindliche Verpflichtung zur Einhaltung der gesetzlichen Vorgaben zum *Datenschutz*, die *Motivation* im Sinne einer motivierenden Verdeutlichung des Themas und seiner Bedeutung für die Befragten selbst sowie die Weckung von *Interesse* eine Rolle (vgl. Groves, Presser & Dipko 2004). Auch wenn eine Motivation zur Teilnahme bei Forschungsthemen in zahlreichen Fällen schwierig ist, weil die Themen eine gewisse Alltagsferne aufweisen können, sollte man es nicht unversucht lassen, motivierende Aspekte der Forschungsfragestellung herauszuarbeiten und in der Einladung zu präsentieren. Rein technisch können Selektionseffekte, die soziodemografische Merkmale betreffen, über die Einstellung von merkmalsbezogenen Quoten im CATI-System gesteuert werden. Jedoch kann auch dies zu Verzerrungen führen. Um den Anteil an Verweigerungen zu reduzieren, bekamen die Interviewer:innen des UADS ein spezielles Interviewtraining, das auf die Kontaktphase und potenzielle Verweigerungen vorbereitet (*Refusal Avoidance Training*). Darin wurden Ergebnisse der internationalen Forschungsliteratur sowie konkrete Praxisbeispiele eingebunden. Wegen des kostenrelevanten Einflusses auf die Dauer der Interviews lassen sich die genannten Empfehlungen nicht immer vollständig umsetzen. In der aktuellen Mitte-Studie empfahl sich ein Mittelweg aus einer nicht zu ausführlichen Einleitung, die jedoch alle notwendigen Informationen enthielt. Zusätzliche Informationen wurden den Befragten bei Interesse bereitgestellt.

Ausfälle durch Nichtantworten bei bestimmten Fragen (*Item-Nonresponse*) können Folgen des mangelnden Frageverständnisses sein, das wesentlich durch die Formulierung der Fragen und die Gestaltung der Antwortskalen beeinflusst wird. Es gibt ferner zahlreiche Hinweise für die Wirkungen der Sensitivität von Fragen auf das Ausmaß an Nichtantworten (vgl. Tourangeau & Yan 2007). In diesem Sinne waren die Formulierung und Gestaltung von Fragen, die die Wahrscheinlichkeit von Nichtantworten reduzieren, Gegenstand der Fragebogenberatung und des Pretests (➟ Abschnitt 2.2.2). Selektionseffekte aufgrund unzureichenden Sprachverständnisses konnten nicht ganz ausgeschlossen werden, weil die Interviews ausschließlich auf Deutsch durchgeführt wurden. Bei Befragten mit eher unzureichendem, aber grundsätzlich vorhandenem Sprachvermögen konnten Schwierigkeiten durch Wiederholen der Frage oder neutrale Rückfragetechniken korrigiert werden (vgl. Stiegler & Biedinger 2016). Krankheitsbedingte Ausfälle mussten akzeptiert werden.

2.2.2 Sicherung der Mess- und Datenqualität

Für die Datenqualität sind zahlreiche psychologische Aspekte von Bedeutung (vgl. Tourangeau, Rips & Rasinski 2000). Sie betreffen in erster Linie die Formulierung von Fragen und Items sowie deren Wirkungen auf die Befragten. Die meisten genutzten Fragen und ihre Inhalte haben sich bereits in zahlreichen Umfragen bewährt oder sollten aus Gründen der Vergleichbarkeit im Längsschnitt nicht verändert werden. Es empfahl sich, bereits bei der Gestaltung des Fragebogens auf die Qualität der Fragen und der Antwortskalen zu achten. Da bei den Inhalten der Mitte-Studien und den dort erhobenen Einstellungen mit sensitiven Wirkungen zu rechnen ist, insbesondere hinsichtlich der Selbstdarstellung und des Selbstkonzepts der Befragten, wurde auch dieser Aspekt bei der Entwicklung des Fragebogens berücksichtigt.

Berücksichtigung der Datenqualität bei der Fragebogengestaltung

Bei dem Großteil der Fragen wurde für die Befragten die Möglichkeit vorgesehen, die Zustimmung oder Ablehnung 5-stufig mittels in Umfragestudien bewährten Likert-Skalen zu erfassen, die hier in der Regel als (1) »stimme überhaupt nicht zu«, (2) »stimme eher nicht zu«, (3) »teils/teils«, (4) »stimme eher zu« und (5) »stimme voll und ganz zu« verbalisiert wurden. Meist waren die Antwortkategorien bereits in die Frageinstruktion integriert. Manche Antwortskalen wurden auch nur endpunktverbalisiert, das heißt, es wurden den Befragten nur die Antwortkategorien (1) und (5) vorgelesen. Vereinzelt wurden bei Fragen nach der Häufigkeit eines spezifischen Erlebens oder Verhaltens den Befragten nur vier Antwortkategorien zur Auswahl gestellt, zum Beispiel von (1) »nie« bis (4) »häufig«. Während in den GMF-Studien seit 2002 durchgängig eine 4-stufige Antwortskala eingesetzt wurde, konnte mit der Mitte-Studie 2018/19 die methodische Umstellung auf eine 5-stufige Antwortskala vorbereitet und mit der Erhebung 2020/21 vollständig vollzogen werden. Um bei der wiederholten Messung von Einstellungen die Vergleichbarkeit zu gewährleisten, wurden die entsprechenden Skalierungen der Mitte-Studie 2018/19 beziehungsweise 2020/21 beibehalten. Untersuchungen zur Skalenbreite zeigen, dass bei fünf bis sieben Antwortkategorien die maximale Reliabilität oder Validität erreicht wird (vgl. Krosnick & Presser 2010). Dies wird damit erklärt, dass bei zu vielen Kategorien die Bedeutung der einzelnen Kategorien weniger klar ist und es für Befragte schwieriger wird, eine für sie passende Antwort zu geben, während bei zu wenigen Kategorien die Antwort unter Umständen nicht ausreichend abgestuft werden kann. Simulationsstudien haben außerdem gezeigt, dass Korrelationen zwischen ordinalen kategorialen Variablen ab fünf Antwortkategorien die tatsächlichen Korrelationen zwischen normalverteilten kontinuierlichen Variablen widerspiegeln und die Güte der Skalen steigt (vgl. Lozano et al. 2008; Lubke & Muthén 2009). Die vorgenommenen Verbalisierungen der Antwortkategorien sollten grundsätzlich auch einem schnelleren Verständnis und dem geringeren kognitiven Aufwand bei der Beantwortung der Fragen am Telefon nutzen (Krosnick & Fabrigar 1997). Gegenüber rein numerischen Kategorien, die für unterschiedliche Befragte unterschiedliche Bedeutung haben können, spricht für die Nutzung verbaler Antwortkategorien auch, dass eine spontanere Reaktion und Urteilsbildung zu den Items erwartet werden kann (Windschitl & Wells 1996).

Zudem gibt eine Mittelkategorie den Befragten auch die Möglichkeit, mittlere oder zum Beispiel ambivalentere Einstellungen auszudrücken, ohne gezwungen zu sein, diese eher als Zustimmung oder eher als Ablehnung angeben zu müssen, was zu genaueren Antwortmustern beiträgt (Sturgis, Roberts & Smith 2014; vgl. zur Mitte-Studie auch Berghan & Faulbaum 2019). Ein Nachteil bei der Bereitstellung einer Mittelkategorie ist allerdings, dass diese besonders bei endpunktverbalisierten Antwortskalen nicht immer eindeutig interpretiert werden kann: »teils/teils« kann bedeuten, dass jemand einer Aussage zu einem Teil zustimmt und sie zu einem anderen Teil ablehnt; oder der Aussage mittelstark zustimmt beziehungsweise sie mittelstark ablehnt; oder aber auch eine ambivalente Einstellung im Sinne von *sowohl als auch* oder *weder noch* ausdrücken möchte. Vor allem bei politisch oder gesellschaftlich sensitiven Themen kann es sein, dass Befragte dazu neigen, sich nicht eindeutig zu positionieren und damit weniger Gefahr laufen wollen, so zu antworten, wie es ihrer Einstellung am ehesten entspricht und wie sie womöglich *tatsächlich* denken. Soziale Erwünschtheit als ein Antwortstil kann Ergebnisse verzerren, wobei dann gerade für den Gegenstand und die Fragestellungen der Mitte-Studien reflektiert werden sollte, was es für jene Befunde zu rechtsextremen und demokratiegefährdenden Einstellungen in Deutschland bedeutet, wenn Personen dazu neigen, ihre Meinungen und Ansichten eher normkonform zu äußern. Dahinter steckt ein eher unbewusstes Bemühen zur positiven Selbstdarstellung anderen gegenüber – als auch sich selbst. Dabei stehen alle Einstellungen, die wir erheben, mit sozialen Normen in Verbindung, deren Billigung oder Missbilligung wiederum systematisch mit soziodemografischen Merkmalen wie Alter, Bildung oder Einkommen variieren und regulierend auf die Ablehnung beziehungsweise Zustimmung der Items einwirken kann.

Für die Mitte-Studie kann allerdings aufgrund der Durchführung strukturierter Telefoninterviews im Vergleich zu Face-to-Face-Interviews von einem schwächeren Effekt sozialer Erwünschtheit ausgegangen werden (vgl. z. B. Sykes & Collins 1988). Als Erklärung dafür kann eine unterschiedlich wahrgenommene Distanz der Befragten gegenüber den Interviewer:innen angeführt werden. Die erhöhte Anonymität der Interaktion am Telefon kann dabei die Bereitschaft steigern, sensitive Fragen zu beantworten (Aquilino 1992; Aquilino & Lo Sciuto 1990). Neben den Antworten in Abstufungen hatten die Befragten in jedem Fall die Möglichkeit, mit »weiß nicht« zu antworten oder keine Angabe zu machen.

Optimierung des Fragebogens

Zur weiteren Steigerung der Qualität der Umfrage wurde ein zweistufiger Optimierungsprozess angestoßen: zunächst die Bewertung des Fragebogens *am Schreibtisch* und anschließend die Durchführung eines empirischen Pretests *im Feld*. Bei der Evaluation am Schreibtisch wird jede Frage hinsichtlich eventuell auftretender Qualitätsprobleme überprüft, um bereits vor einem empirischen Pretest offensichtliche Probleme der Frageformulierung zu erkennen und zu beseitigen. Das UADS setzt dabei ein System ein, mithilfe dessen prinzipiell überprüft werden kann, ob Fragen Probleme aufweisen. Die Probleme können Wörter oder Fragenteile betreffen, die Instruktion oder Antwortvorgaben, die Komplexität oder den Kontext der Frage, unzutreffende Vorannahmen über Befragte wie auch andere Bereiche mehr (Faulbaum, Prüfer & Rexroth 2009; vgl. auch Faulbaum & Rexroth 2023). Die identifizierten Probleme bilden die Grundlage für einen weitgehend problembereinigten Fragebogenentwurf. Erst nach dieser Evaluation kommen empirische Pretest-Verfahren zum Einsatz. In der vorliegenden Erhebung hat das Projektteam des IKG dem UADS einen weitestgehend erprobten Fragebogenentwurf geliefert. Entsprechend wenig Probleme traten bei der Evaluation des Fragebogens zutage. Zu berücksichtigen war auch, dass manche Fragen und Item-Batterien aus Gründen der Vergleichbarkeit mit vorhergegangenen Erhebungen nicht verändert werden sollten. Nach Prüfung und Austausch mit dem Projektpartner wurde der Fragebogen zur Programmierung freigegeben.

Empirischer Pretest

Nach der Programmierung wurde ein empirischer Standard-Pretest unter Feldbedingungen durchgeführt. Dabei verhalten sich die Interviewer:innen im Unterschied zu kognitiven Interviews in dem Sinne passiv, dass sie nur die Reaktionen der Befragten auf die Fragen protokollieren und die Reaktionen der Befragten nicht aktiv hinterfragen. Aus den von den Befragten spontan geäußerten Problemen lassen sich Rückschlüsse darauf ziehen, welche Frageformulierungen noch einmal überarbeitet werden sollten. Auch allgemeine Bewertungen des Fragebogens durch Befragte und Interviewer:innen lassen sich auf diesem Wege vornehmen. Neben spontan geäußerten Problemen lassen sich auch die Antwortzeiten für einzelne Fragen und den gesamten Fragebogen ermitteln. Dies ermöglicht, gegebenenfalls zielgenaue Kürzungen umzusetzen.

Neben den Erkenntnissen zur Funktionsfähigkeit des Erhebungsinstruments lassen sich noch weitere Informationen aus dem Pretest gewinnen. Dazu gehören auch erste Hinweise über den Feldverlauf, die zu erwartende Kooperationsbereitschaft, Erkenntnisse darüber, ob und wie die Einleitung geändert werden sollte, die optimalen Zeiten der Erreichbarkeit und die zu erwartenden Verweigerungsgründe. Aus Letzteren lassen sich Anregungen für ergänzende Vorbereitungen der Interviewer:innen ableiten. Um diese Erkenntnisse zu sammeln, erschien es sinnvoll, die Pretest-Stichprobe analog zur Stichprobe der Haupterhebung zu rekrutieren (Dual-Frame- und RDD-Verfahren). Dazu wird der Umfang der Stichprobe für die Haupterhebung so erweitert, dass auch die Pretest-Stichprobe bedient werden kann. In die Pretest-Stichprobe wurden 30 Proband:innen einbezogen.

Auswertungsstrategie
Neben der Messqualität hat die Verwendung 5-stufiger Antwortskalen auch Folgen für die Auswertung und Interpretation der Ergebnisse. Einzelne Likert-Items werden zwar überwiegend als ordinalskaliert angesehen, jedoch soll die Zusammenfassung von einzelnen Likert-Items zu einer dem gemeinsamen Konstrukt (➡ Glossar, S. 381) entsprechenden Likert-Skala erlauben, diese in statistischen Analysen als quasi-intervallskaliert zu behandeln. Dazu wird aus der Anzahl und den Antworten der Items jeweils ein Mittelwertindex für die Stichprobe berechnet. Der Wertebereich bleibt hierbei von 1 bis 5 derselbe wie bei den einzelnen Items. Für möglicherweise fehlende Werte und als Bedingung für die Berechnung wurde festgelegt, dass je Fall mindestens die Hälfte der Anzahl eingehender Items beantwortet sein muss. Über den Mittelwertindex wurde wiederum der Ablehnungs- beziehungsweise Zustimmungsbereich für die Skalen definiert. Sofern es für die Auswertung in den Kapiteln nicht anders angegeben ist, wurden Mittelwerte < 3,5 zur Ablehnung und Mittelwerte ≥ 3,5 zur Zustimmung gezählt. Die Mittelkategorie (»teils/teils«) wurde in diesen Fällen noch als Ablehnung gewertet, wobei in den Werten um die Mittelkategorie neben ablehnenden und mittleren Antworten auch zustimmende Antworten enthalten sein können. Zur differenzierteren Auswertung dieser mittleren Mittelwerte wurden für ausgewählte Skalen beziehungsweise Konstrukte drei Antwortbereiche unterschieden, was lediglich zur Folge hat, dass Werte zwischen 2,5 und 3,5 als sogenannter *Graubereich* berichtet werden. In den

Fällen entsprechen Werte ≤ 2,5 einer Ablehnung der Einstellung, während der Bereich der Zustimmung mit Werten ≥ 3,5 davon unberührt bleibt.

Zugunsten einer höheren Messqualität und eines statistisch eher konservativen Vorgehens bei der Auswertung der Daten gehen wir tendenziell davon aus, die ermittelten Zustimmungswerte und Einstellungspotenziale in der Bevölkerung insgesamt eher noch unterschätzt als überschätzt zu haben.

2.3 Korrektur von Stichprobenverzerrungen

Um Abweichungen der Stichprobendaten von den Populationsdaten zu korrigieren, wurden Gewichtungsverfahren eingesetzt (vgl. z. B. Kalton & Flores-Cervantes 2003). Die Multiplikation der Daten mit den entsprechenden Gewichten sollte dann zu einer besseren Übereinstimmung mit den Populationsdaten führen. Es können zwei Arten von Gewichten unterschieden werden: *Designgewichte* und *Anpassungsgewichte*.

Designgewichte korrigieren Abweichungen der Stichprobendaten von den Populationsdaten aufgrund des gewählten Stichprobendesigns. Im vorliegenden Fall besteht das Designgewicht im sogenannten *Dual-Frame-Gewicht*. Das Dual-Frame-Gewicht korrigiert Abweichungen, die auf unterschiedliche Haushaltsgrößen und auf die unterschiedlichen Formen der Stichprobenziehung von Festnetznummern und Mobilfunknummern zurückzuführen sind. So handelt es sich bei der Auswahl von Festnetznummern um eine Haushaltsstichprobe und bei der Auswahl von Mobilfunknummern um eine Personenstichprobe.

Anpassungsgewichte korrigieren Unterschiede in den Merkmalsverteilungen zwischen Stichprobe und Grundgesamtheit, wie zum Beispiel soziodemografische Unterschiede in den Prozentwerten der Geschlechterausprägungen oder einzelner Altersstufen. Angepasst werden Merkmalsverteilungen, die nicht nur für die Stichprobe vorliegen, sondern auch für die Grundgesamtheit. Das Vorliegen von Informationen über Verteilungen in der Grundgesamtheit ist Voraussetzung für jede Form von Anpassungsgewichtung. Allerdings brauchen diese Informationen nicht vollständig zu sein. Die Anpassungsgewichtung ist umso präziser, je detaillierter die Aufschlüsselung der zur Anpassung herangezogenen Daten ist. So empfiehlt es sich zum Beispiel, nicht nur die Prozentwerte für

Männer und Frauen in den Blick zu nehmen, sondern zum Beispiel auch die Prozentwerte für Männer von 25 bis 34 Jahren sowie für Frauen von 25 bis 34 Jahren. Genau dies wurde in der vorliegenden Erhebung umgesetzt, wobei die soziodemografischen Merkmale Geschlecht, Alter und Bildung herangezogen wurden. Als Gewichtungsverfahren wurde das Verfahren der maximalen Entropie herangezogen, das auch dann Gewichtungen kombinierter (mehrdimensionaler) Merkmalsausprägungen gestattet, wenn diese auf der Ebene der Population nicht vorliegen. Für die Erhebung im Rahmen der Mitte-Studie 2022/23 erweist sich eine Gewichtung vor allem nach Alter und Bildung als notwendig, da die Stichprobe gegenüber den Populationsdaten eine Verzerrung in Richtung höheren Alters und höherer Bildung aufweist. Diese Abweichungen sind zwar in allgemeinen Bevölkerungsumfragen üblich, bedürfen aber der Korrektur für die deutsche Wohnbevölkerung.

Angesichts der Beschränkung der Anpassung auf die soziodemografischen Merkmale stellt sich die Frage, wie denn eine Anpassung auch der inhaltlichen Untersuchungsmerkmale an die Verteilungen in der Population gewährleistet werden kann. Für diese Merkmale, wie zum Beispiel Antworten auf eine Frage oder Einstufungen auf einer Antwortskala, stehen in der Regel keine Populationsdaten zur Verfügung. Allerdings kann durch die Multiplikation der Merkmalsausprägungen mit den Anpassungsgewichten bereits eine verbesserte Anpassung jener Untersuchungsmerkmale hergestellt werden, die mit den soziodemografischen Merkmalen statistisch zusammenhängen. Je stärker dieser Zusammenhang ist, desto besser ist auch die Anpassung der Untersuchungsmerkmale an die Population. Für mit den soziodemografischen Merkmalen nicht zusammenhängende Untersuchungsmerkmale bleibt der Grad der Übereinstimmung mit den Populationswerten von der Gewichtung unberührt. Er ist in diesem Fall unbekannt. Aufgrund der Gewichtung ist aber insgesamt mit einer verbesserten Anpassung der Stichprobendaten an die Population zu rechnen, nicht nur der soziodemografischen Daten.

2.4 Soziodemografische Zusammensetzung der Stichprobe im Überblick

Eine Übersicht über die soziodemografische Zusammensetzung der Stichprobe der Mitte-Studie 2022/23 gibt Tabelle 2.2 (➠ S. 50 f.). Die Angaben basieren auf einer Telefonbefragung der erwachsenen deutschen Wohnbevölkerung. Davon wurden 7,5 % nicht in Deutschland geboren oder haben keine deutsche Staatsangehörigkeit. Ein Fünftel der Befragten ist überwiegend in Ostdeutschland aufgewachsen (21 %) und rund drei Viertel überwiegend in Westdeutschland (74 %). Nach Bundesländern setzt sich die Stichprobe auch größtenteils aus Befragten zusammen, die in Westdeutschland leben (82 %). Deutlich weniger leben in Ostdeutschland (17 %). Das Durchschnittsalter der Befragten liegt bei 50,3 Jahren (Standardabweichung = 18,1 Jahre). Es wurden etwas häufiger Frauen (52 %) befragt als Männer (48 %). Der Großteil der Befragten hat eine Fachhochschul- oder Hochschulreife (41 %), etwas weniger als ein Drittel hat einen Realschulabschluss oder einen gleichwertigen Abschluss (28 %), und knapp ein Viertel hat einen Volks- oder Hauptschulabschluss (23 %). Mehrheitlich zählen die Befragten zum Berufskreis der Angestellten (61 %), wohnen in Ein- oder Zweipersonenhaushalten ohne Kinder (25 % bzw. 38 %) und ordnen sich nach subjektiver Schichtzugehörigkeit[1] meist der Mitte zu (48 %). Insgesamt entspricht die soziodemografische Zusammensetzung der gewichteten Stichprobe der Zielpopulation. Die Ergebnisse des vorliegenden Bandes sind repräsentativ ebenso wie die der vorherigen Mitte-Studien. Dabei kann es aber geringe Abweichungen der berichteten Ergebnisse geben, da bis einschließlich 2018/19 nur Befragte mit deutscher Staatsangehörigkeit in die Auswertungen einbezogen wurden.

---

1   Die Befragten konnten sich auf einer endpunktverbalisierten Skala von (1) »ganz unten« bis (10) »ganz oben« einordnen. Die angegebenen Werte wurden zu drei Schichtzugehörigkeiten gruppiert, die in der Form eine Vereinfachung darstellen, aber im Verhältnis zueinanderstehen: *unten* (1–4), *Mitte* (5–6) und *oben* (7–10).

Soziodemografische Zusammensetzung der gewichteten Stichprobe der Mitte-Studie 2022/23 (n = 2.027 | Angaben absolut und in Prozent)   **Tabelle 2.2**

	Ausprägung	absolut	%
Alter	18–24	192	9,5
	25–34	323	15,9
	35–44	306	15,1
	45–54	321	15,8
	55–64	395	19,5
	65–74	260	12,8
	75 und älter	227	11,2
	Weiß nicht/keine Angabe[a]	3	0,2
Geschlecht	Männer	972	47,9
	Frauen	1.047	51,7
	Nicht binär	8	0,4
	Weiß nicht/keine Angabe	–	–
Schulabschluss	Schule beendet ohne Abschluss	5	0,2
	Volks-/Hauptschulabschluss	461	22,7
	Mittlere Reife/Realschulabschluss/Fachschulreife	567	28,0
	Polytechnische Oberschule mit Abschluss 8./10. Klasse	128	6,3
	Fach-/Hochschulreife	834	41,2
	Anderer Schulabschluss	21	1,0
	Noch Schüler:in	2	0,1
	Weiß nicht/keine Angabe	9	0,5
Berufskreis	Arbeiter	365	18,0
	Angestellte	1.229	60,6
	Beamt:innen	136	6,7
	Selbstständige/Freie Berufe	186	9,2
	Weiß nicht/keine Angabe	111	5,5
Haushalts-nettoeinkommen	Unter 500 Euro	47	2,3
	500 bis unter 1.000 Euro	107	5,3
	1.000 bis unter 1.500 Euro	181	8,9
	1.500 bis unter 2.000 Euro	207	10,2
	2.000 bis unter 2.500 Euro	251	12,4
	2.500 bis unter 3.000 Euro	227	11,2

**Soziodemografische Zusammensetzung der gewichteten Stichprobe
der Mitte-Studie 2022/23** (n = 2.027 | Angaben absolut und in Prozent) **Tabelle 2.2**

Haushalts-nettoeinkommen	3.000 bis unter 3.500 Euro	175	8,6
	3.500 bis unter 4.000 Euro	158	7,8
	4.000 bis unter 4.500 Euro	133	6,6
	4.500 bis unter 5.000 Euro	142	7,0
	Über 5.000 Euro	219	10,8
	Weiß nicht/keine Angabe	180	8,9
Haushalts-mitglieder	Einpersonenhaushalte	509	25,1
	Zweipersonenhaushalte	762	37,6
	Zwei-/Mehrpersonenhaushalte ohne Kind/Kinder unter 14 Jahren	324	16,0
	Zwei-/Mehrpersonenhaushalte mit Kind/Kindern unter 14 Jahren	390	19,2
	Weiß nicht/keine Angabe	42	2,1
Subjektive Schicht-zugehörigkeit	Unten	380	18,8
	Mitte	971	47,9
	Oben	621	30,7
	Weiß nicht/keine Angabe	55	2,7
Sozialisationsort	Ostdeutschland	426	21,0
	Westdeutschland	1.509	74,4
	Nicht in Deutschland	82	4,1
	Weiß nicht/keine Angabe	10	0,5
Religions-zugehörigkeit	Evangelisch	566	27,9
	Katholisch	547	27,0
	Jüdisch	2	0,1
	Muslimisch	51	2,5
	Anderer Glaube[b]	108	5,4
	Keine	744	36,7
	Weiß nicht/keine Angabe	9	0,4

Anmerkungen n = Stichprobengröße. Die absoluten sowie prozentualen Häufigkeiten der Bevölkerungsgruppen wurden mit einer kombinierten Design- und Anpassungsgewichtung ausgewertet und die Fälle auf ganze Zahlen gerundet. [a] »Weiß nicht« und keine Angabe wurden getrennt erhoben. [b] Anderer Glaube enthält u. a. die Zugehörigkeit zu einer freikirchlichen, anderen christlichen oder fernöstlichen Glaubensgemeinschaft.

3 Rechtsextreme Einstellungen in der Mitte

Andreas Zick · Nico Mokros

Der Rechtsextremismus ist nach Auffassung der aktuellen Bundesregierung, der Verfassungsschutzbehörden und auch zivilgesellschaftlicher Institutionen eine der größten Bedrohungen, wenn nicht die größte Bedrohung für das Land von innen heraus. Dies hat sich in der letzten Mitte-Studie 2021/22 ebenso mit der Einschätzung von 70 % der Befragten gedeckt (Zick 2021a). Doch ist nur schwer von *dem* Rechtsextremismus zu sprechen. Vielmehr wird mit dem Begriff Rechtsextremismus ein Phänomenfeld bezeichnet, welches neben Parteien und mehr oder minder organisierten Gruppierungen auch Einstellungen, Überzeugungen, Ideologien und Politikvorstellungen umfasst, die sich in der analogen und digitalen Welt auf vielfältige Weise ausdrücken. In Deutschland weist der Rechtsextremismus dabei einige Spezifika auf und kann als Angriff auf den demokratischen Staat und die Zivilgesellschaft, als politische Gewalt, als verfassungsfeindlich und gesetzeswidrig, als ein geschichtliches Relikt und gesellschaftliches Tabu oder aber auch als Normalfall und gewöhnliche Erscheinung beurteilt werden. Seine Eindämmung kann wiederum in erster Linie als Aufgabe des Staates und der Behörden betrachtet werden. Allerdings steht der Rechtsextremismus in mittelbarer und unmittelbarer Beziehung zu den Wert- und Normorientierungen, den Meinungen, Überzeugungen, Erfahrungen, Krisen und Konflikten in der Mitte der Gesellschaft, entsteht mitunter in ihr und wird im schlimmsten Fall von der Mitte als Gegenmodell zur Demokratie toleriert, gerechtfertigt oder sogar bevorzugt. Um zu untersuchen, wie es um das demokratiegefährdende und rechtsextreme Einstellungspotenzial in der Bevölkerung steht, sind die Mitte-Studien angelegt worden. Die zentrale Kernfrage der Untersuchungsreihe ist: Inwieweit teilen Menschen in Deutschland rechtsextreme Einstellungen und wie hat sich deren Anschlussfähigkeit in der Mitte entwickelt? Denn wenn Teile der Mitte rechtsextreme Einstellungen haben, ist dies eine erhebliche Gefährdung für die Stabilität der Demokratie (⇨ Kap. 1, S. 19 ff. u. Kap. 4, S. 91 ff.). Bevor wir in diesem Kapitel das Ausmaß der Zustimmungen und Ablehnungen zu rechtsextremen Einstellungen für das Jahr 2022/23 berichten, betrachten wir den Kontext aktueller Entwicklungen des Rechtsextremismus. Die anschließend berichteten Einstellungen sind vor dem Hintergrund von Wechselwirkungen zwischen gesellschaftlichen Entwicklungen, rechtsextremen und -populistischen wie auch ultrakonservativen Kräften und Resonanzen in der Mitte zu beurteilen.

3.1 Gegenwärtige Entwicklungen des Rechtsextremismus – hin zur Mitte

Der politischen Kultur in Deutschland gehen insbesondere aufgrund der historischen Erfahrung des Nationalsozialismus Abgrenzungen der Mitte zum Rechtsextremismus voraus. Zugleich sind in der Vergangenheit aber immer wieder auch Annäherungen, Verbindungen und Bündnisse entstanden, die solche Abgrenzungen fragwürdig, vordergründig und brüchig erscheinen lassen. Für das Verständnis des gegenwärtigen Rechtsextremismus kommt der Kontinuität und Persistenz des Rechtsextremismus in Deutschland eine auffällige Bedeutung zu (vgl. z. B. Cantoni, Hagemeister & Westcott 2019). Daher richten die Mitte-Studien im Zeitvergleich den Blick auf zentrale Dimensionen rechtsextremer Ideologie, die eine lange bundesdeutsche Geschichte haben. Dazu gehört zum einen völkische NS-Propaganda wie die Befürwortung einer Diktatur, die Verharmlosung des Nationalsozialismus und ein Sozialdarwinismus, der zwischen »Leben und Völkern« eine »natürliche« Hierarchie unterstellt. Die Vorstellung *deutscher* Überlegenheit findet sich zum anderen in Form von Nationalchauvinismus wieder sowie in *Fremdenfeindlichkeit*[1], die eine mehr oder minder rassistisch begründete Abwertung und Ausgrenzung als »fremd« markierter Gruppen bedeutet und neu hinzukommende Menschen als »Ausländer« etikettiert. Die Vorstellung rassistischer Unterscheidbarkeit bildet sich ebenso im Antisemitismus ab, der den Rechtsextremismus prägt. Darüber hinaus ist die Gewaltbilligung und -bereitschaft zentral für rechtsextreme Ideologien.

---

[1]   Der Begriff ist ungenau, was ein dahinterliegendes Motiv rassistischer Abwertung betrifft, da er die Vorstellung wiedergibt, dass es sich um »Fremde« oder »Ausländer« handelt und es diese Gruppen gäbe. Es sind gesellschaftliche und historische Prozesse der Ethnisierung und Kulturalisierung, die Menschen als *nicht deutsch* oder *nicht weiß* markieren und sie damit »fremd« machen. Der Begriff Fremdenfeindlichkeit und die Aussagen dazu sollen diesen Prozess der Fremdmarkierung explizit machen und in der Studie messen. Dies kann nicht den Standards einer rassismuskritischen Sprache genügen. Der Begriff dient hier zur Ergebnisdarstellung.

Der organisierte Rechtsextremismus ist breit aufgestellt und hat nach Angaben des Bundesamts für Verfassungsschutz sein Personenpotenzial im Jahr 2022 sogar noch um 4.900 Personen auf 38.800 steigern können.[2] Auch die Anzahl rechtsmotivierter Straftaten ist nach einem Rückgang im Jahr 2021 um rund 7 % angestiegen und hat mit knapp 23.500 Fällen im Jahr 2022 einen neuen Höchststand erreicht. Darunter sind 1.170 Gewalttaten registriert worden, die gegenüber dem Vorjahr um rund 12 % angestiegen sind.[3] Absolut betrachtet hat Deutschland auch im europäischen Vergleich die allermeisten rechtsextremen Angriffe zu verzeichnen (vgl. Ravndal et al. 2022). Der Verfassungsschutz betrachtet ihn wie die Bevölkerung als die derzeit größte Gefahr für die Demokratie. Der Rechtsextremismus hat Terrorzellen wie den »Nationalsozialistischen Untergrund« (NSU) und viele andere Terrorgruppen hervorgebracht. Diese planten und verübten Anschläge und Morde an Menschen, die vermeintlich oder tatsächlich einer bestimmten, in den Augen der Rechtsextremist:innen minderwertigen, Gruppe angehörten. Und sie haben die Taten in der Mitte der Gesellschaft begangen. Die Angriffe sind dabei immer auch eine Botschaft an alle, die *mitgemeint* sind. Es geht dabei um Machtdemonstration, um Einschüchterung und den Ausdruck menschenverachtender, völkisch-nationalistischer Ideologie. Die Terroristen in Christchurch (15.3.2019), Halle an der Saale (9.10.2019) und Hanau (19.2.2020) sowie viele andere haben diese zur Legitimation ihrer Taten genutzt. Die Taten, damit verbundene Ideologien oder Versatzstücke davon haben auch Bahnen in die Mitte gezogen, wo Hassnachrichten und Posts dazu »geliked« und geteilt wurden.

Der Rechtsextremismus hat sich in den vergangenen Jahren enorm gewandelt und ein Teil der Veränderung geht auf eine Annäherung zwischen rechtsextremen Akteur:innen und der Mitte zurück. Er hat sich im »Reichsbürger- und Selbstverwalter«-Milieu verankert.[4] Er hat sich in bestimmten lokalen Räumen festgesetzt und dort seine Verbindungen in die Mitte gestärkt. So war und ist es in

---

2   https://www.verfassungsschutz.de/DE/themen/rechtsextremismus/zahlen-und-fakten/zahlen-und-fakten_node.html [Aufruf am 23.6.2023].

3   https://www.bmi.bund.de/SharedDocs/pressemitteilungen/DE/2023/05/pmk2022.html [Aufruf am 23.6.2023].

4   https://www.verfassungsschutz.de/DE/themen/reichsbuerger-und-selbstverwalter/zahlen-und-fakten/zahlen-und-fakten_node.html [Aufruf am 11.5.2023].

den Protesträumen von Rechtspopulist:innen zu beobachten. Diese haben neue Allianzen zwischen dem Rechtsextremismus und einer nicht rechtsextrem vernetzten Mitte geschaffen (vgl. Heitmeyer, Freiheit & Sitzer 2020; Mullis & Miggelbrink 2022). Rechtsextreme, »Reichsbürger« und »Querdenker« sind in Elternvertretungen von Schulen und Kindergärten, in Sportvereinen, Ehrenämtern, zum Beispiel als Schöff:innen, in Feuerwehren, im Natur- oder Katastrophenschutz aktiv geworden, um gegen die Demokratie und ihre Zivilgesellschaft mobilzumachen. Der organisierte Rechtsextremismus hat sich über seine vielfältigen rechtsradikalen, ultranationalen wie auch verschwörungsorientierten Gruppen mit der Mitte vernetzt. Er hat auch Bürgerwehren gegründet, die sich zum Teil mit Unterstützung aus bürgerlichen Milieus durch die Städte und Dörfer bewegen, um Recht und Ordnung »selbst in die Hand zu nehmen«. Der Rechtsextremismus hat sich an vielen Orten und über einige Jahre hinweg mit »besorgten Bürgern« verbündet und zum Beispiel gegen die Unterbringung von Geflüchteten agitiert (vgl. Pfahl-Traughber 2018, 2019a).

Mit der Coronapandemie hat sich ein eigenes Einstellungs- und Protestgefüge entwickelt. Dies entstand größtenteils in einer Mitte, die eine »wahrgenommene ungerechtfertigte Einschränkung der Grundrechte, sowie die Entfremdung von der repräsentativen Demokratie, das tiefe Misstrauen in politische Institutionen und die Offenheit für Verschwörungstheorien« (Koos 2021, S. 84) mit dem Rechtsextremismus verbindet. Im Umfeld von »Querdenken- und Hygienedemos« hat sich ein gewaltbereiter und verschworener Widerstand formiert, dem es nicht mehr um Umsetzungsfragen beim Infektionsschutzgesetz ging, sondern darum, die grundsätzliche Legitimität und Rechtmäßigkeit des Staates und jener Demokratie, deren Grundrechte sie zu verteidigen vorgaben, verächtlich zu machen (vgl. Frei, Schäfer & Nachtwey 2021). Dem schloss sich zunehmend der Rechtsextremismus an und versuchte bisweilen, sich offensiv an die Spitze der Protestbewegung zu setzen. Als mit Aufrufen zu »Montagsspaziergängen«, wie zum Beispiel »Geschichte gemeinsam wiederholen«, der Protest und Widerstand bewusst in Bezug zur Freiheitsbewegung der DDR-Bevölkerung 1989/90 gesetzt wurde, marschierten längst bekannte und bekennende Neonazis mit. Dem Narrativ der Montagsdemos wohnt historisch der »Wille des Volkes« und ein hoher Legitimationsgehalt inne, den auch schon die NPD, die AfD und Pegida für ihre Zwecke zu nutzen wussten (vgl. auch Beier 2020).

Das damit verbundene Personen- und Gewaltpotenzial zeigte sich nicht zuletzt durch die Eskalation am Rande einer Großkundgebung am 29. August 2020 in Berlin. Mehrere Hundert Demonstrant:innen durchbrachen Absperrgitter und Polizeiketten, um die Treppen zum Reichstag zu stürmen, wo Reichsfahnen geschwungen wurden.

Der Rechtsextremismus ist auch auf den jüngsten Friedensdemonstrationen im Zusammenhang mit dem Krieg in der Ukraine mitgelaufen, hat sich dort mit nationalsozialistischer wie antisemitischer Propaganda inszeniert. Er hat zudem neurechte Ideologien intellektualisiert und strategisch so weiterentwickelt, dass sie anschlussfähig an eine ähnlich denkende akademische Mitte sind (vgl. Pfahl-Traughber 2022). Was lange Zeit vor allem das Themenfeld Einwanderung und Migration gewesen ist, welches die Mitte für den Rechtsextremismus geöffnet hat, wird stärker durch die Vereinnahmung und letztlich auch Aushöhlung von Themen bestimmt, die ebenfalls anschlussfähig an die Alltagswelt der Mitte sind wie Maskenpflicht, Klima- und Energiepolitik, das Verhältnis zu Russland und den USA, nationale Identität, »Schuldkult«, »linke Wokeness« oder »Genderwahn«. All diese und noch weitere Reizthemen beziehungsweise rechte Kampfbegriffe finden in der Mitte Unterstützung und Beifall.

Die Skizzierung aktueller Entwicklungen des Rechtsextremismus zeigt ein Näherrücken und Zusammenwirken unterschiedlicher Kräfte, die die Mitte stimulieren können, sich für rechtsextreme Ideen, Einstellungen und Politik zu öffnen, sich daran zu gewöhnen und die zu deren Normalisierung und Umsetzung in der Gesellschaft beitragen. Als Einstellungs- und Verhaltensphänomen haben die Herausbildung und das Fortbestehen des Rechtsextremismus in der Mitte eine eigene Qualität, die in ihrer gesamtgesellschaftlichen Dynamik und Konsequenz in Abbildung 3.1 als Eskalationsspirale veranschaulicht werden sollen (⟹ Abb. 3.1, S. 58).

Dabei spielen gesellschaftliche Krisen- und Konfliktkontexte eine wichtige Rolle. Rechtsextreme Akteur:innen wie auch rechtspopulistische Bewegungen, die Allianzen miteinander bilden, können Menschen aus der Mitte dazu mobilisieren, sich mehr oder minder und scheinbar harmlosen rechten Gruppierungen zu nähern und sich, bildlich gesprochen, in deren Sog ziehen zu lassen, etwa

Rechte Eskalationsspirale in der Mitte   **Abb. 3.1**

Gesellschaftliche Strukturentwicklungen
Spannungen, Krisen und Konflikte
~
Kontrollverluste, Enttäuschungen,
Demokratiedistanz

Politische Kultur
Anti-/Demokratische Wert- und Normorientierungen
~
Soziale Dominanzorientierung,
Autoritarismus,
Anomie

Bevölkerungsgruppen
Identitäts- und Realitätsbezüge
Nicht-/Zugehörigkeiten
~
Entwicklung von politischen Einstellungen und
Ungleichwertigkeitsüberzeugungen

Rechtspopulistische Bewegungen
Kulturalisierung, Mobilisierung und Polarisierung
gesellschaftlicher Spannungen, Krisen und Konflikte
~
Bildung politischer Protestgruppen
Völkisch-autoritär-rebellischer Widerstand

Rechtsgerichtete Parteien
Politische Einflussnahme
Parlamentarisierung
Allianzen und Vernetzung
~
Akzeptanz
Machtgewinne

Rechtsextreme Gruppierungen
Identifizierung mit Kameradschaft
Ideologie- und Strategiearbeit
~
Gewaltbereitschaft,
Demonstration von Macht und Stärke

Identifizierbare Akteure
Terror, Hass- und Gewalttaten
~
Wut, Verachtung, Abwertung

Reaktionen der Mitte
Verurteilung, Verhandlung oder Vermittlung
~
Verharmlosung, Billigung und Selbstentlastung

Normalisierung und Radikalisierung von laten und Einstellungen weil die gleichen Feindbilder und Überzeugungen der Ungleichwertigkeit geteilt werden, was beispielsweise Studien mit inhaftieren Täter:innen ergaben (vgl. Forschungsgruppe Anti-Asyl-Agitation 2020). Das kann zur Folge haben, dass antidemokratische Wert- und Normorientierungen befördert und in der politischen Kultur etabliert werden. Die These einer Eskalationsdynamik in der Mitte und damit verbundener Prozesse der Normalisierung und Radikalisierung rechtsextremer Taten und Einstellungen lässt sich auf Grundlage von Krisen- und Konflikttheorien, den Beobachtungen und Entwicklungen des Rechtsextremismus in den vergangenen drei Jahrzehnten wie auch durch Befunde der vorliegenden Mitte-Studie bekräftigen (siehe auch ➡ Kap. 7, S. 219 ff.). Schon in den 1990er-Jahren wurde mit der Serie rechtsextremer Anschläge der Zusammenhang gesellschaftlicher Krisen und Rechtsextremismus in der Mitte diskutiert (vgl. z. B. Butterwegge 1995). Auch in der Finanz- und Wirtschaftskrise der 2000er-Jahre kam die Debatte darüber auf, wie Krisen die Neigung zum Rechtsextremismus befördern (z. B. Butterwegge 2010; Sommer 2010). Die *Deutschen Zustände* (Heitmeyer 2010) sowie die damalige Mitte-Studie (Decker et al. 2010) hatten die Finanz- und Wirtschaftskrise in den Mittelpunkt ihrer Analysen zum Zusammenhang von Krisen, Rechtsextremismus und Menschenfeindlichkeit gestellt. Und auch jüngst kam relativ schnell die Debatte auf, welche Effekte die Krise auf Radikalisierungen der Mitte hat (vgl. Butterwegge 2021; Mareš 2021). Krisen wie die Coronapandemie sind eine Gelegenheit für den Rechtsextremismus, die Mitte zu erreichen (vgl. Freiheit, Uhl & Zick 2023). Erstens kann er an ein Reservoir von rechtsextremen Einstellungen in der Bevölkerung anknüpfen, wie die vorherigen Mitte-Studien zeigen. Zweitens kann er sich über Protestbewegungen und -milieus in der Mitte verankern. Ein sichtbares Zeichen ist die Verdopplung der Teilnehmenden an Kundgebungen und Demonstrationen der Neonaziszene im Jahr 2022 auf über 15.700 Menschen. Der Anstieg geht auf neue Rekrutierungen in der Mitte zurück. Drittens haben sich die rechtspopulistischen und verschwörungsorientierten Milieus der Mitte auf Krisenthemen konzentriert.

Für die Frage nach Kontext- und Interaktionseffekten werden dabei Erklärungen relevant, die sich auf struktureller Ebene bewegen. So stützt sich auch ein Großteil der Erklärungs- und Forschungsansätze zum Rechtsextremismus in Deutschland auf sozioökonomische Prozesse der Modernisierung, Individualisierung oder Desintegration (vgl. Frindte et al. 2016). Solche gesellschaftlichen Strukturentwicklungen können den Nährboden für rechtsextreme Ideologie, Ideen und Aktivitäten bereiten, welche wiederum in einer entsprechenden Eigen- und Gruppenlogik selbstwertdienlich und produktiv erscheinen mögen, für die Gesellschaft aber extrem destruktiv sind.

Der Rechtsextremismus wartet gewissermaßen auf die passende Katastrophe, nutzt historische Krisensituationen zur Mobilisierung und plant den Umsturz der politischen Ordnung. Er beschwört den »Tag X« – den Zusammenbruch des Staates beziehungsweise das Ende der Gesellschaft (vgl. Quent 2019). Öffentlich geworden ist dies zum Beispiel 2017 im Fall der rechtsextremen Preppergruppe »Nordkreuz« und des sogenannten »Hannibal«-Netzwerks, gegen das nach der Festnahme des Bundeswehroffiziers Franco A. wegen Terrorverdachts ermittelt wurde (zu dem Netzwerk vgl. z. B. Kaul et al. 2019). Auch die Verhaftung von Heinrich XIII. Prinz Reuß und 24 weiterer Personen im Dezember 2022 hat ein Netzwerk aus »Reichsbürgern« und Verschwörungsideolog:innen aufgedeckt, dem eine ehemalige AfD-Bundestagsabgeordnete und Richterin, ehemalige Spezialkräfte der Polizei sowie ein Fallschirmjäger der Bundeswehr angehören. Die Mitglieder sollen die gewaltsame Machtübernahme in Deutschland und den Aufbau eigener Staatsstrukturen geplant beziehungsweise bereits konkrete Vorbereitungen getroffen haben, mit einer kleinen bewaffneten Gruppe in den Bundestag einzudringen (vgl. Der Generalbundesanwalt 2022). In den Reaktionen aus Politik und Medien auf die bekannt gewordenen Fälle des organisierten Rechtsextremismus sowie die zu beobachtende Radikalisierung der Protest- und Widerstandsszene war besorgniserregt von »Unterwanderungen« oder »Vereinnahmungsversuchen« die Rede. Allerdings gehört zu den Putschfantasien vom »Tag X« auch, dass die rechtsextremen Verschwörer:innen glauben, für eine *schweigende Mehrheit* zu handeln, die sich anschließen würde, sobald die Ordnung zusammenbricht. Dem steht die Idee einer *demokratisch integren* Mitte gegenüber (vgl. Lipset 1959). Zwar führt die stille Sympathie für rechtsextreme Ideologie in der Mitte nicht zwingend zu einer stärkeren Organisation des Rechtsextremismus oder Wahlerfolgen rechtsextremer Parteien, macht beides aber deutlich wahrscheinlicher. Die Politikwissenschaftler Levitsky und Ziblatt (2018) zeichnen nach, dass weltweit etablierte Demokratien nicht durch gewaltsame Putsche gestürzt werden, sondern vielmehr durch ein schleichendes

Aushöhlen der demokratischen Institutionen, Prozesse und Werte. Zu dieser Aushöhlung trägt die Verharmlosung rechtsextremer Einstellungen wie auch die Billigung rechtsextremer Hass- und Gewalttaten maßgeblich bei. Als Teil einer langen deutschen Geschichte, die den Nationalsozialismus überdauert hat, tendiert die Mitte dazu, sich selbst aus der Verantwortung zu nehmen und von den Entwicklungen des Rechtsextremismus zu entlasten.

3.2 Rechtsextreme Einstellungen in der gegenwärtigen Mitte

Die skizzierten Dynamiken und Entwicklungen sprechen für die Annahme, dass der Zuspruch der Mitte zu rechtsextremen Politik- und Gesellschaftsvorstellungen kein zu vernachlässigendes Randphänomen ist, auch wenn es einen breiten Konsens zur Ächtung des Rechtsextremismus gibt. Dazu stellen wir nun die Befunde der Mitte-Studie 2022/23 vor. Zunächst wird kurz die Methodologie erläutert, bevor die Häufigkeiten und Verteilungen rechtsextremer Einstellungen berichtet werden. Diese werden auf Unterschiede in soziodemografischen Gruppen der Bevölkerung untersucht und es wird ein genauerer Blick auf den Zusammenhang von rechtsextremen Einstellungen und politischen Positionen geworfen. In den anschließenden Buchkapiteln werden weiterführende Analysen mit den nachfolgend dargestellten Rechtsextremismusindikatoren durchgeführt.

3.2.1 Erfassung rechtsextremer Einstellungen

Das zentrale Merkmal des Rechtsextremismus ist eine Ideologie der Ungleichwertigkeit[5] und Gewalt beziehungsweise die Billigung von Gewalt zur Durchsetzung der Ideologie. Rechtsextrem orientierte Parteien, Gruppierungen und Individuen glauben an völkische Homogenität und streben nach nationalistischer Stärke eines von ihnen gewünschten Staates. Sie behaupten dessen Überlegenheit und Vorherrschaft gegenüber anderen »Völkern«, Nationen und Gruppen, wie Jüdinnen und Juden, Schwarzen Menschen oder als »Ausländer« wahrge-

---

5   Die Behauptung der Ungleichwertigkeit bestimmter Menschen und Gruppen ist auch für das Phänomen der Gruppenbezogenen Menschenfeindlichkeit zentral, wird in dem Zusammenhang aber vor allem in Form von Abwertungskomponenten gemessen (➡ Kap. 5, S. 149 ff.). Empirisch hängen menschenfeindliche und rechtsextreme Einstellungen eng und überzufällig zusammen r(1.986) = ,83; p < ,001. Beide Konstrukte drücken jeweils mit anderem Schwerpunkt eine Ideologie der Ungleichwertigkeit aus.

nommenen Menschen. Dies umfasst die Ablehnung demokratischer Werte, Normen, Prinzipien und Institutionen, wie die Zurückweisung des Grundsatzes der Gleichheit aller Menschen an Würde, der staatlichen Gewaltenteilung und des Schutzes von Minderheiten (vgl. Pfahl-Traughber 2019a). Zu Beginn der Mitte-Studienreihe hatten sich Wissenschaftler:innen und Expert:innen um eine Konsensdefinition von Rechtsextremismus bemüht, die weiterhin für diese Studie sowie für die Leipziger Autoritarismusstudien maßgeblich ist. Die zentrale Herausforderung war und ist, jene Kernelemente beziehungsweise Dimensionen rechtsextremer Überzeugungen zu identifizieren, die in der Mitte *messbar* sind, um Aufschluss über deren Verteilungen in der Bevölkerung zu erhalten. Ein Konsens wurde dahin gehend gefunden, dass der Rechtsextremismus als Überzeugungssystem sechs Subdimensionen umfasst: *Befürwortung einer rechtsgerichteten Diktatur, Nationalchauvinismus, Verharmlosung des Nationalsozialismus, Fremdenfeindlichkeit, Antisemitismus* und *Sozialdarwinismus* (vgl. Decker, Brähler & Geißler 2006). Die ersten drei Dimensionen beziehen sich auf die nationalsozialistische Geschichte und politische Ideologie des Rechtsextremismus in Deutschland, die letzten drei Dimensionen bilden dessen völkischen Charakter mit einem rassistischen und entwürdigenden Menschenbild ab.[6] Nach statistischer Prüfung in jeder der Mitte-Studien hat sich die Konzeption des rechtsextremen Überzeugungssystems mit den genannten Subdimensionen auch anhand der aktuellen Mitte-Daten bestätigt.[7]

---

6   Die Kolleg:innen der Leipziger Autoritarismusstudie bzw. des Thüringen Monitors schlagen alternativ die Unterscheidung in *Ethnozentrismus* (Subdimension Nationalchauvinismus und Ausländerfeindlichkeit) und *Neo-NS-Ideologie* (die übrigen vier Subdimensionen) vor. Empirisch wie theoretisch lassen sich beide Muster begründen.

7   Die Dimensionalität wurde zunächst noch einmal mittels explorativer Faktorenanalyse geprüft. Eine mit IBM SPSS Statistics 27 durchgeführte Hauptachsenanalyse über alle 18 Einzelitems weist das Vorliegen eines starken Faktors aus, der knapp 57 % der Varianz erklärt, und daneben eines deutlich schwächeren Faktors, der weitere 6 % der Varianz erklärt. Im nächsten Schritt wurde die Analyse über die sechs Subdimensionen wiederholt. Diese bilden sich mit nahezu gleich starken Ladungen auf einem Faktor zweiter Ordnung ab, mit einer Varianzaufklärung von über 70 %; ergänzend für Ost- und Westdeutschland getrennt berechnet, ist das Ergebnis annähernd gleich. Anschließend wurde mit AMOS in einem Strukturgleichungsmodell konfirmatorisch getestet, wie gut der Rechtsextremismus als Überzeugungssystem und latenter Faktor zweiter Ordnung die Subdimensionen (als latente Faktoren erster Ordnung) mit den entsprechenden Einstellungen widerspiegelt. Da keine (multivariate) Normalverteilung der Daten vorliegt, wurde das verteilungsfreie

Jede der sechs Dimensionen wird mithilfe von drei Aussagen gemessen, die so formuliert sind, dass sie eindeutig der im Grundgesetz formulierten Idee einer liberalen Demokratie und offenen Gesellschaft widersprechen. Die rechtsextremen Einstellungen werden also mit insgesamt 18 Aussagen erfasst (➡ Tab. 3.1, S. 64 f.). Dazu werden die Befragten gebeten, auf einer 5-stufigen Antwortskala anzugeben, ob sie eine Aussage (1) »völlig ablehnen«, (2) »überwiegend ablehnen«, (3) ihr »teils zustimmen/teils nicht zustimmen«, (4) »überwiegend zustimmen« oder (5) »voll und ganz zustimmen«. Sie können selbstverständlich auch die Antworten verweigern; dies wird festgehalten, aber nicht als Antwortalternative vorgegeben. Die Ablehnung beziehungsweise Zustimmung zu den jeweils drei Aussagen werden zu einer Summenskala (➡ Glossar, S. 384 f.) für die entsprechende Subdimension aufaddiert. Zur anschließenden Bestimmung des Maßes an Zustimmung wird ein strenges Cut-off-Kriterium angelegt: Nur wer bei allen drei Aussagen einer Dimension mindestens »überwiegend« oder sogar »voll und ganz« zugestimmt hat, wird für diese Dimension zur *Zustimmung* gezählt; die berechnete Summenskala hat dann einen Wert von 12 bis 15. Darunter liegende Werte von 8 bis 11 verstehen wir als *Graubereich* und Werte von 3 bis 7 als *Ablehnung* der Dimension. Wer einzelnen Aussagen zustimmt, gilt also nicht gleich als rechtsextrem eingestellt. Auch hierzu wird ein Cut-off-Wert festgelegt: Wer über alle 18 Aussagen einen Summenwert größer als 63 erreicht, was einem mittleren Antwortwert von mindestens 3,5 und damit einer durchschnittlichen Zustimmung zu allen Aussagen entspricht, hat ein *manifest rechtsextremes Weltbild* (➡ Tab. 3.1, S. 64 f.).

3.2.2 Häufigkeit rechtsextremer Einstellungen in Deutschland 2022/23
In Tabelle 3.1 sind alle zur Erfassung rechtsextremer Einstellungen verwendeten Aussagen mit den prozentualen Anteilen der jeweiligen Antworten der Befragten und die statistischen Kennwerte aufgeführt.

Wie in allen Mitte-Studien zuvor und ganz ähnlich auch der vergleichbaren Leipziger Autoritarismusstudie lehnen die meisten Befragten die vorgelegten

---

Schätzverfahren ADF eingesetzt und insgesamt ein zufriedenstellender Modell-Fit erzielt (χ^2 = 558,06; d.f. = 129; χ^2/d.f. = 4,3; p = ,000; AGFI = ,87; CFI = ,76; RMSEA = ,04; PCLOSE = ,97; SRMR = ,13).

Rechtsextreme Einstellungen 2022/23 (Angaben in Prozent)   **Tabelle 3.1**

Ich ... ➡

Befürwortung einer rechtsgerichteten Diktatur (M = 5,86; SD = 3,16; n = 1.948; α = ‚81)
Im nationalen Interesse ist unter bestimmten Umständen eine Diktatur die bessere Staatsform.
Was Deutschland jetzt braucht, ist eine einzige starke Partei, die die Volksgemeinschaft insgesamt verkörpert.
Wir sollten einen Führer haben, der Deutschland zum Wohle aller mit starker Hand regiert.
Nationalchauvinismus (M = 7,83; SD = 3,40; n = 1.931; α = ‚83)
Wir sollten endlich wieder Mut zu einem starken Nationalgefühl haben.
Was unser Land heute braucht, ist ein hartes und energisches Durchsetzen deutscher Interessen gegenüber dem Ausland.
Das oberste Ziel der deutschen Politik sollte es sein, Deutschland die Macht und Geltung zu verschaffen, die ihm zusteht.
Verharmlosung des Nationalsozialismus (M = 5,15; SD = 2,84; n = 1.820; α = ‚84)
Ohne Judenvernichtung würde man Hitler heute als großen Staatsmann ansehen.
Die Verbrechen des Nationalsozialismus sind in der Geschichtsschreibung weit übertrieben worden.
Der Nationalsozialismus hatte auch seine guten Seiten.
Fremdenfeindlichkeit (M = 7,35; SD = 3,66; n = 1.949; α = ‚89)
Die Ausländer kommen nur hierher, um unseren Sozialstaat auszunutzen.
Wenn Arbeitsplätze knapp werden, sollte man die Ausländer wieder in ihre Heimat zurückschicken.
Die Bundesrepublik ist durch die vielen Ausländer in einem gefährlichen Maß überfremdet.
Antisemitismus (M = 5,21; SD = 3,00; n = 1.818; α = ‚90)
Auch heute noch ist der Einfluss der Juden zu groß.
Die Juden arbeiten mehr als andere Menschen mit üblen Tricks, um das zu erreichen, was sie wollen.
Die Juden haben einfach etwas Besonderes und Eigentümliches an sich und passen nicht so recht zu uns.
Sozialdarwinismus (M = 5,41; SD = 2,99; n = 1.928; α = ‚83)
Wie in der Natur sollte sich in der Gesellschaft immer der Stärkere durchsetzen.
Eigentlich sind die Deutschen anderen Völkern von Natur aus überlegen.
Es gibt wertvolles und unwertes Leben.

Anmerkungen M = arithmetischer Mittelwert; SD = Standardabweichung; n = Anzahl der Befragten; α = Cronbachs Alpha.

Tabelle 3.1

... lehne völlig ab	... lehne überwiegend ab	teils/teils	... stimme überwiegend zu	... stimme voll und ganz zu
62,8	14,0	16,1	4,9	2,2
44,0	12,8	19,2	13,6	10,3
61,3	12,6	12,2	8,5	5,5
20,4	12,1	27,2	24,2	16,0
33,1	17,3	26,4	14,6	8,5
37,2	16,7	25,6	13,9	6,6
64,4	11,5	12,5	8,3	3,3
64,0	14,1	13,8	5,6	2,5
59,1	13,9	18,8	5,3	2,8
27,6	17,6	29,8	12,6	12,4
44,3	20,2	17,5	10,2	7,8
33,5	16,5	22,2	15,0	12,8
55,1	18,0	15,2	7,5	4,3
62,3	15,7	13,8	5,6	2,6
63,1	16,5	12,6	5,0	2,8
51,8	19,3	17,7	6,7	4,5
58,2	16,0	16,0	6,7	3,0
66,5	9,7	12,0	6,0	5,8

Aussagen zur Erfassung rechtsextremer Einstellungen ab. Dennoch erfahren einzelne Aussagen hohe Zustimmung von rund einem Viertel und mehr. Mitunter besteht auch ein erheblicher Anteil an »teils/teils«-Antworten. Am meisten Zustimmung erhält mit 40 % die Aussage »Wir sollten endlich wieder Mut zu einem starken Nationalgefühl haben.« (27 % »teils/teils«). Ungefähr jede vierte Person stimmt den folgenden Aussagen zu: »Die Bundesrepublik ist durch die vielen Ausländer in einem gefährlichen Maß überfremdet« (22 % »teils/teils«); »Die Ausländer kommen nur hierher, um unseren Sozialstaat auszunutzen« (30 % »teils/teils«); und »Was Deutschland jetzt braucht, ist eine einzige starke Partei, die die Volksgemeinschaft insgesamt verkörpert.« (19 % »teils/teils«). Zudem würden unter bestimmten Umständen 7 % der Befragten eine Diktatur »im nationalen Interesse« für die bessere Staatsform halten (16 % »teils/teils«). Viele weitere Aussagen erhalten von mehr als jeder zehnten Person Zustimmung.

3.2.3 Entwicklungen rechtsextremer Einstellungen

Seit 2014 werden die skizzierten rechtsextremen Einstellungen im Rahmen der Mitte-Studie im Zweijahresrhythmus nicht nur inhaltlich, sondern auch methodisch auf die gleiche Art und Weise erhoben.[8] Nachfolgend sind jeweils die Zustimmung, der Graubereich und die Ablehnung zu den sechs Subdimensionen seit 2014 aufgeführt – in Abbildung 3.2 für die politisch-historischen Dimensionen und in Abbildung 3.3 für die sozial-völkischen Dimensionen rechtsextremer Ideologie.

Die Befürwortung einer Diktatur ist nach einem Rückgang zum Vorjahr über den Vergleichszeitraum hinaus aktuell wieder stärker verbreitet: Über 6 % befürworten eine rechtsgerichtete Diktatur mit einer einzigen starken Partei und einem Führer für Deutschland. 23 % stimmen einer solchen Diktatur zumindest teilweise zu. Im Vergleich zu vor zwei Jahren hat sich die Zustimmung damit

---

8   In der verwandten Leipziger Studienreihe werden diese Entwicklungen seit 2002 ebenfalls mit denselben Aussagen verfolgt und berichtet (zuletzt Decker et al. 2022a). Dort werden die rechtsextremen Einstellungen jedoch über schriftliche Befragungen erhoben, während für die Mitte-Studien seit 2014 telefonische Interviews durchgeführt werden. Die grundsätzlich ähnlichen Beobachtungen beider Studienreihen haben die Indikatoren zur Erhebung rechtsextremer Einstellungen gegenseitig validiert.

verdreifacht (2020/21: 2 %). Auch der Anteil an Antworten im Graubereich ist hier gegenüber den Vorjahren deutlich gestiegen.

Der Trend einer weitaus höheren Zustimmung zu rechtsextremen Aussagen zeigt sich auch beim Nationalchauvinismus. Den Aussagen stimmen mit knapp 17 % fast doppelt so viele Befragte »überwiegend« oder »voll und ganz« zu wie noch 2020/21 (9 %). Dabei erfährt vor allem die Aussage »Was unser Land heute braucht, ist ein hartes und energisches Durchsetzen deutscher Interessen gegenüber dem Ausland.« mit 23 % sichtlich mehr Zuspruch (2020/21: 13 %). Von 2014 bis 2018/19 lag die Zustimmung zum Nationalchauvinismus zwischen 12 und 13 %, sodass für den deutlichen Anstieg in diesem Jahr durchaus schon entsprechende Einstellungsgrundlagen in der Bevölkerung bestanden haben. Mehr als jede fünfte Person der repräsentativen Stichprobe plädiert für den Mut zum starken Nationalgefühl und die Dominanz deutscher Interessen.

Ein Geschichtsrevisionismus, der den Nationalsozialismus verharmlost und den Rechtsextremismus nach dem Zweiten Weltkrieg prägte, wird in der aktuellen Befragung 2022/23 von 4 % der Befragten in Deutschland vertreten. Dies ist verglichen mit den Vorjahren ein auffallend hoher Wert. Von 2014 bis 2020/21 lag die Zustimmung noch zwischen 1 bis 2,5 %. Auch die Antworten im Graubereich haben über die Vorjahre mit rund 13 % beziehungsweise 2020/21 mit 9 % einen geringen Anteil ausgemacht. Aktuell liegt dieser bei 17 % und muss gleichzeitig vor dem Hintergrund der gestiegenen Zustimmung bewertet werden. Diese Dimension erfasst das Kleinreden der von Nazi-Deutschland begangenen Verbrechen wie auch das Beteuern der angeblich »guten Seiten« des National-sozialismus. Mehr als jede neunte Person ist der Meinung: »Ohne Judenver-nichtung würde man Hitler heute als großen Staatsmann ansehen« (12 %; 2020/21: 4,5 %) (➡ Abb. 3.2, S. 68 u. Abb. 3.3, S. 69).

Die *Fremdenfeindlichkeit*, die sich an einer verallgemeinerten Abwertung von »Ausländern« äußert, steigt wieder an, nachdem sie 2020/21 gesunken war, und ist mit 16 % fast doppelt so stark ausgeprägt wie in den Erhebungsjahren 2014 bis 2018/19. Neben demjenigen Drittel der Befragten, welches das rassistische Narrativ der »Überfremdung« Deutschlands teilt, und dem Viertel der Befrag-ten, welches »Ausländern« Sozialmissbrauch vorwirft, meint auch knapp ein

Entwicklung rechtsextremer Einstellungen in Deutschland von 2014 bis 2022/23

Politisch-historische Dimensionen rechtsextremer Einstellungen in Deutschland 2014–2023 (Angaben in Prozent)   **Abb. 3.2**

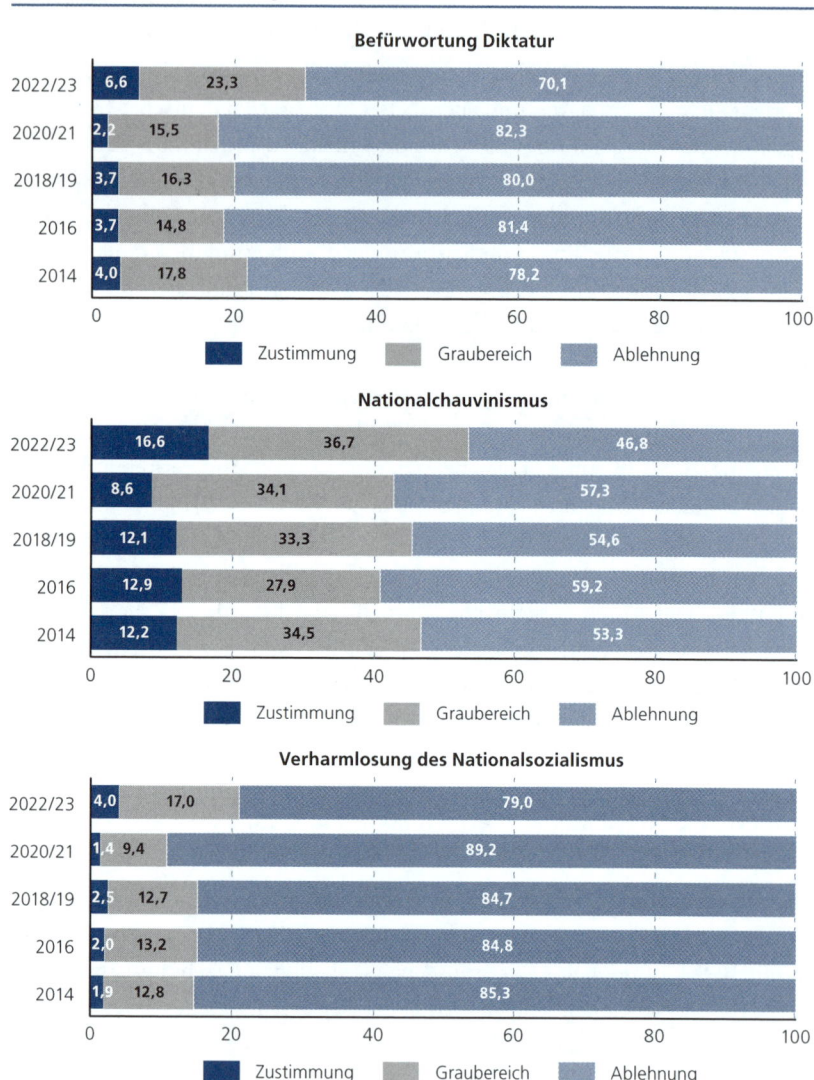

Entwicklung rechtsextremer Einstellungen in Deutschland von 2014 bis 2022/23

Sozial-völkische Dimensionen rechtsextremer Einstellungen in Deutschland 2014–2023 (Angaben in Prozent)   **Abb. 3.3**

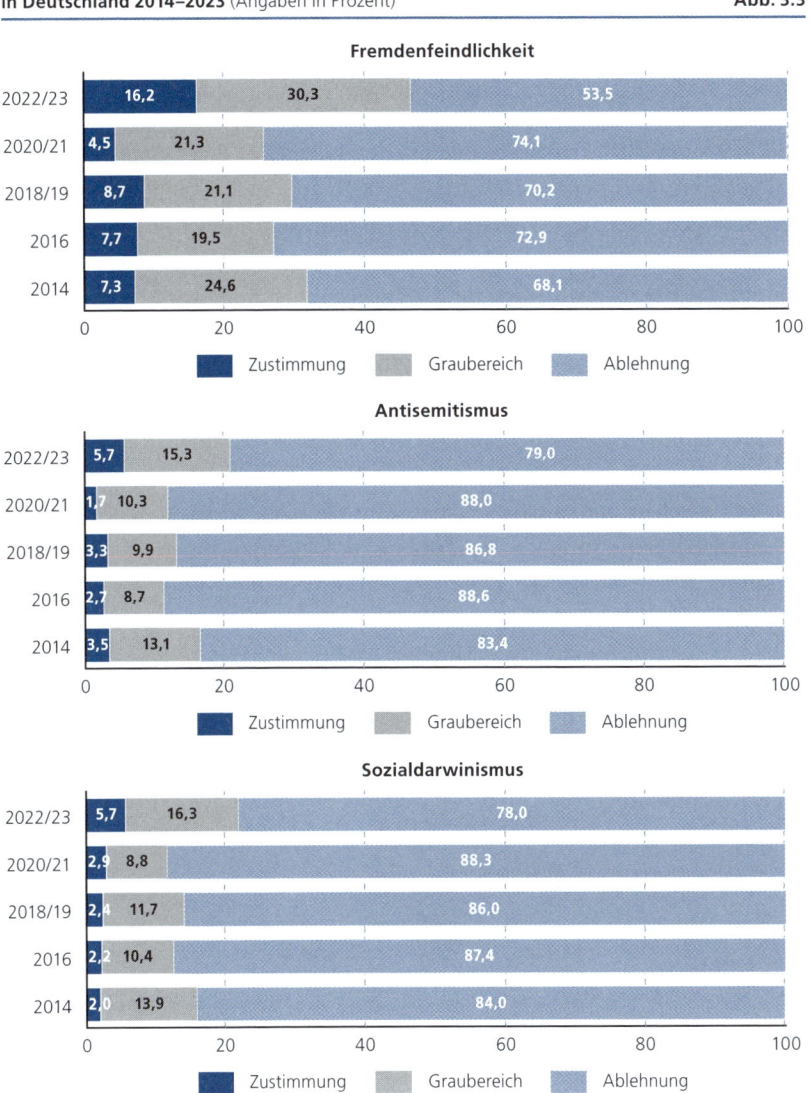

Fünftel, man sollte »die Ausländer wieder in ihre Heimat zurückschicken, wenn Arbeitsplätze knapp werden«.

Auch der Antisemitismus unterlag in den Vorjahren geringen Schwankungen von 1 bis 2 Prozentpunkten und fiel 2020/21 auf unter 2 %. Aktuell findet aber auch er wieder mit insgesamt knapp 6 % vermehrt Zustimmung. Dabei meint mehr als jede zehnte Person »überwiegend« oder »voll und ganz«, dass der »Einfluss der Juden zu groß« sei und jeweils rund 8 % teilen gegenüber Jüdinnen und Juden sowohl die rassifizierende Zuschreibung einer Eigentümlichkeit – die »nicht so recht zu uns passen« würde – als auch die Zuschreibung der Falschheit und betrügerischer Züge. Weitere 15 % der Befragten antworten dieses Jahr im Graubereich, der zuvor 9 bis 10 % ausgemacht hat, aber im Jahr 2014 auch schon bei 13 % lag. Mit Blick auf die Diskussionen über den Antisemitismus in der Gesellschaft spiegeln die Einstellungen in der Bevölkerung einen ansteigenden Trend bei antisemitischer Hetze und antisemitischen Taten wider.[9]

Die Vorstellung einer nationalen *deutschen* Schicksalsgemeinschaft, die von »außen« oder »innen« gefährdet und bedroht werde, spiegelt sich nicht nur in den rassistischen und antisemitischen Einstellungen wider, sondern auch in einem Sozialdarwinismus, der sich in einer Biologisierung des gesellschaftlichen Zusammenlebens ausdrückt. Dabei denken aktuell 10 bis 12 % der Befragten, dass sich in der Gesellschaft »wie in der Natur immer der Stärkere durchsetzen sollte«, vermeintlich »schwache« Mitglieder seien Ballast oder »unwertes Leben«, oder dass »die Deutschen anderen Völkern von Natur aus« überlegen seien. Allen drei sozialdarwinistischen Vorstellungen hängen knapp 6 % der Befragten an und 16 % immerhin teilweise. Das entspricht einer deutlichen Zunahme bei der Zustimmung von 2 bis 3 % gegenüber den bisherigen Erhebungsjahren, aber auch der Antworten im Graubereich, die bisher 9 bis 12 % beziehungsweise 2014 noch 14 % ausmachten.

In der Mitte-Studie 2022/23 weisen über alle sechs Dimensionen der rechtsextremen Einstellungen hinweg 8 % in der Bevölkerung ein rechtsextremes

---

9   https://www.bmi.bund.de/SharedDocs/pressemitteilungen/DE/2022/05/pmk2021.html [Aufruf am 10.5.2023].

Weltbild auf; sie stimmen allen Aussagen durchschnittlich zu. Das sind erheblich mehr Befragte, die rechtsextrem eingestellt sind, als in den vier Erhebungen der letzten 9 Jahre, bei denen sich der Anteil auf 2 bis 3 % bezifferte. Auch der Graubereich ist mit 20 % noch einmal deutlich angestiegen. Dieser hatte 2016 und zuletzt 2020/21 noch 12 % ausgemacht; 2014 und 2018/19 lag er bei 16 bis 17 % (➡ Abb. 3.4).

Manifest rechtsextremes Weltbild in Deutschland 2014–2023 (Angaben in Prozent)　　**Abb. 3.4**

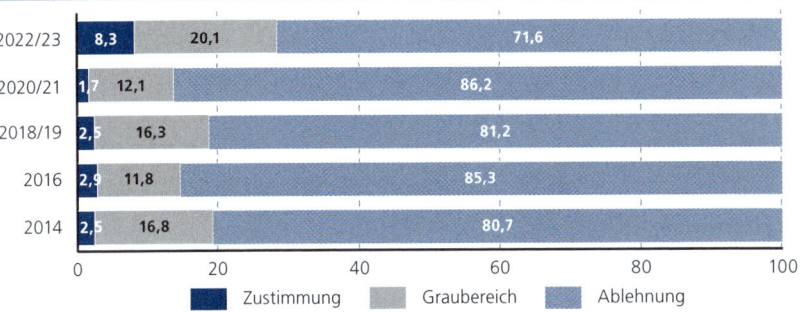

3.2.4 Politische Positionen

Der Rechtsextremismus ist eine politische Ideologie. Daher stellt sich die Frage, inwieweit sich die Einstellungen in der politischen Selbstverortung und Parteipräferenz der Befragten widerspiegeln. Dazu hatten die Befragten die Möglichkeit, ihre politische Selbstverortung auf einer Links-Rechts-Skala anzugeben. Zudem wurde ihre Parteipräferenz erfragt.

Politische Selbstverortung (➡ Tab. 3.2, S. 72). Zunächst fällt auf, dass – wie bereits in den Vorjahren – über die Hälfte aller Befragten ihre politische Position als »genau in der Mitte« (55 %) verorten. Gleichzeitig ist festzustellen, dass die politische Mitte etwas kleiner geworden ist, während sich der Anteil an Befragten, die sich »eher rechts« der Mitte verorten, gegenüber der letzten Befragung von 7 % auf knapp 14 % verdoppelt hat. Hinzu kommen erneut 2 %, die sich ganz »rechts« verorten. Der Anteil an Befragten, die sich »links« (4 %) oder »eher links« (25 %) der Mitte verorten, ist weitgehend stabil geblieben. Jene, die ihre politische Position als »eher rechts« oder »rechts« festmachen, stimmen den rechtsextremen Einstellungen insgesamt am häufigsten zu, wobei

**Zustimmung zu den Dimensionen rechtsextremer Einstellungen
nach politischer Selbstverortung 2022/23** (Angaben in Prozent)   Tabelle 3.2

	links (n = 85)	eher links (n = 483)	genau in der Mitte (n = 1.060)	eher rechts (n = 264)	rechts (n = 34)
Befürwortung Diktatur***	9,8	2,6	5,4	16,7	9,1
Nationalchauvinismus***	10,7	8,5	14,2	39,8	30,3
Verharmlosung des Nationalsozialismus***	4,8	2,2	3,5	8,1	19,4
Fremdenfeindlichkeit***	12,9	5,1	13,7	38,9	57,6
Antisemitismus***	4,9	4,2	4,9	7,7	39,4
Sozialdarwinismus***	14,6	2,3	4,9	11,3	12,5
Manifest rechtsextremes Weltbild***	12,2	3,3	6,7	19,7	38,5

Anmerkungen *** = p ≤ ,001.

sich die beiden Positionen beim Sozialdarwinismus kaum unterscheiden (11 bzw. 12,5 %) und hier sogar etwas weniger zustimmen als Befragte, die sich ganz »links« verorten (15 %). Zudem werden die Diktatur mit 17 % und der Nationalchauvinismus mit 40 % am meisten »eher rechts« befürwortet, auch mehr als ganz »rechts«, wo jedoch mehr als jede zweite Person ablehnend gegenüber »Ausländern« eingestellt ist, ein Fünftel den Nationalsozialismus verharmlost sowie 40 % antisemitisch und auch insgesamt manifest rechtsextrem eingestellt sind. Im Vergleich dazu zeigen sich in der politischen Mitte deutlich geringere Zustimmungswerte. Diese fallen zwar durchweg höher aus als unter Befragten, die sich »eher links« verorten, aber entsprechen teilweise auch der Zustimmung, die ganz »links« geäußert wird oder sogar darunter liegt, wie beim Antisemitismus (5 %), der Befürwortung einer Diktatur (10 %) oder dem Sozialdarwinismus (15 %). Unter jenen, die sich klar als »links« positionieren, gibt es dabei mehr Menschen, die ein manifest rechtsextremes Weltbild teilen (12 %) als es in der politischen Mitte der Fall ist (7 %). Bei Befragten wiederum, die sich »eher rechts« verorten, trifft dies auf 20 % zu, wohingegen »eher links« mit nur 3 % am seltensten ein rechtsextremes Weltbild vorliegt.

Parteipräferenz (➟ Tab. 3.3, S. 74 f.). Auch die Parteipräferenzen gehen mit mehr oder weniger Zustimmung zu den rechtsextremen Einstellungen einher. Danach gefragt, welcher Partei die Befragten ihre Zweitstimme geben würden, wenn am nächsten Sonntag Bundestagswahl wäre, fällt unter den Anhänger:innen der AfD zunächst auf, dass knapp ein Viertel manifest rechtsextrem eingestellt ist. Und auch die einzelnen Dimensionen erfahren hier am meisten Zustimmung, bis auf die jeweils 11 % mit antisemitischen und sozialdarwinistischen Einstellungen, denen unter Wähler:innen der FDP noch etwas häufiger zugestimmt wird (11,5 bzw. 15 %). Über 40 % der AfD-Wähler:innen stimmen hingegen dem Nationalchauvinismus sowie der Fremdenfeindlichkeit zu, und fast jede fünfte Person würde eine Diktatur in Deutschland befürworten (18 %). Wähler:innen der FDP weisen mit 12 % ebenfalls eine höhere Diktaturaffinität auf im Vergleich zu Wähler:innen anderer Parteien der traditionellen Mitte wie der CDU/CSU (6 %) oder der SPD (7 %). Die Wähler:innen der Grünen äußern, wie bereits in den vorherigen Mitte-Studien, über alle Dimensionen die geringste Zustimmung. Wähler:innen der Partei Die Linke fallen durch vermehrte Zustimmung bei der Verharmlosung des Nationalsozialismus (5 %), beim Antisemitismus (8 %) wie auch Sozialdarwinismus (6 %) auf, die jeweils höher ist als die Zustimmung unter CDU/CSU- oder SPD-Wähler:innen. Ein solcher Befund hatte sich erstmals 2020/21 auf der Dimension Fremdenfeindlichkeit abgezeichnet, der auch dieses Jahr tendenziell häufiger von Linke-Wähler:innen (13 %) als von SPD-Wähler:innen (11 %) zugestimmt wird. Beachtliche Zustimmung finden die Ablehnung und Ausweisung von »Ausländern« unter Wähler:innen der CDU/CSU (20 %) und FDP (15 %). Ähnlich verhält es sich unter den letztgenannten Wähler:innengruppen mit der Zustimmung zum Nationalchauvinismus mit 24 beziehungsweise 18 %. Die Gruppe der Nichtwähler:innen unterscheidet sich im Vergleich zu den Wähler:innengruppen teilweise deutlich. Auffällig sind dabei zunächst die geringere Diktaturbefürwortung (3 %), die NS-Verharmlosung (< 1 %) wie auch die geringere Zustimmung zum Antisemitismus (3 %). Hingegen stimmen 22 % der Fremdenfeindlichkeit zu und damit durchschnittlich mehr Nichtwähler:innen als Angehörige fast aller Wähler:innengruppen, außer im Vergleich zu CDU/CSU- oder AfD-Wähler:innen. Die Zustimmung zum Nationalchauvinismus (15 %) und Sozialdarwinismus (5 %) entspricht unter Nichtwähler:innen annähernd dem Bevölkerungsdurchschnitt beziehungsweise liegt tendenziell noch darunter.

Zustimmung zu den Dimensionen rechtsextremer Einstellungen
nach Parteipräferenz 2022/23 (Angaben in Prozent)   Tabelle 3.3

	CDU/CSU (n = 405)	SPD (n = 320)
Befürwortung Diktatur***	6,3	7,4
Nationalchauvinismus ***	23,6	11,8
Verharmlosung des Nationalsozialismus***	2,6	2,6
Fremdenfeindlichkeit***	20,3	11,1
Antisemitismus***	6,3	6,1
Sozialdarwinismus***	5,3	4,9
Manifest rechtsextremes Weltbild***	6,3	7,9

Anmerkungen *** = p ≤ ,001.

3.2.5 Soziodemografische Unterschiede

Rechtsextreme Einstellungen können in soziodemografischen Bevölkerungsgruppen unterschiedlich verteilt sein. Die Frage ist dabei, inwieweit der Rechtsextremismus auch ein Problem bestimmter Lebenslagen, Sozialisationserfahrungen und Gruppenzugehörigkeiten ist. Die bisherigen Befunde der Mitte-
Studien verweisen immer wieder darauf, dass rechtsextreme Einstellungen in
der Breite der Bevölkerung vertreten sind, aber eben in unterschiedlicher Ausprägung. Im Folgenden berichten wir die Zustimmung zu den Dimensionen
rechtsextremer Einstellungen nach Geschlecht, Alter und Bildungsniveau.

Geschlecht (⟶ Tab. 3.4). Zwischen Männern und Frauen zeigen sich große Ähnlichkeiten und nur tendenzielle Unterschiede, wie die etwas höhere Zustimmung
unter Frauen zur Fremdenfeindlichkeit (17 %) oder demgegenüber die etwas
höhere Zustimmung unter Männern zum Nationalchauvinismus (17 %). Statistisch signifikant unterscheiden sich Männer und Frauen allerdings beim
Antisemitismus, dem mit 7 % häufiger unter den befragten Männern zugestimmt
wurde. Dies entspricht dem Befund von 2018/19. Erneut zeigt sich auf der
Einstellungsebene, dass Frauen als Unterstützerinnen des Rechtsextremismus
nicht unterschätzt werden sollten (vgl. u. a. Birsl & Pallinger 2015; Bitzan 2016) und auch ihrer politischen Sozialisation und gesellschaftlichen Hand-
lungsweise mehr Aufmerksamkeit zukommen muss.

Tabelle 3.3

FDP (n = 157)	Die Grünen (n = 363)	Die Linke (n = 94)	AfD (n = 219)	Nichtwahl (n = 158)
11,9	1,7	3,3	17,6	2,7
18,1	4,5	10,1	42,4	14,9
9,9	1,1	4,7	14,7	0,7
15,0	3,1	13,0	41,0	22,4
11,5	0,6	8,4	11,2	3,1
14,7	2,5	5,6	10,8	5,4
15,9	3,6	5,3	24,1	6,9

Zustimmung zu den Dimensionen rechtsextremer Einstellungen nach Geschlecht 2022/23 (Angaben in Prozent)   Tabelle 3.4

	Männer (n = 972)	Frauen (n = 1.047)
Befürwortung Diktatur	6,7	6,5
Nationalchauvinismus	17,4	15,9
Verharmlosung des Nationalsozialismus	4,6	3,4
Fremdenfeindlichkeit	15,4	17,1
Antisemitismus**	7,2	4,3
Sozialdarwinismus	5,8	5,7
Manifest rechtsextremes Weltbild	7,7	8,9

Anmerkungen   ** = p ≤ ,01.

Alter (➥ Tab. 3.5, S. 76). Eine Analyse nach drei Altersgruppen zeigt höhere Zustimmungen zur Verharmlosung des Nationalsozialismus, zum Antisemitismus und Sozialdarwinismus unter 18- bis 34-Jährigen, also im jungen Erwachsenenalter – einer Phase, in der die meisten den Berufseinstieg vollziehen. Insgesamt weisen 12 % der Jüngeren ein manifest rechtsextremes Weltbild auf. Die Befragten in der mittleren Altersgruppe der 35- bis 64-Jährigen äußern im Vergleich zu den Jüngeren und Älteren am häufigsten Zustimmung zum Nationalchauvinismus und zur Feindseligkeit gegenüber »Ausländern«. In der Befürwortung einer Diktatur unterscheiden sich die jüngere und mittlere Altersgruppe mit jeweils 7 % nicht. Die älteren Befragten ab 65 Jahren fallen auf nahezu allen Einstellungsdimensionen durch die geringsten Zustimmungswerte auf, besonders zum Beispiel bei der Verharmlosung des Nationalsozialismus (1 %). Damit setzt sich eine Trendumkehr fort, die sich in den vergangenen Jahren angedeutet hatte: der Rückgang rechtsextremer Einstellungen unter Älteren bei gleichzeitiger Zunahme unter Jüngeren. Lange galt der Befund, dass rechtsextreme Einstellungen unter Älteren verbreiteter sind als unter Jüngeren, womit nicht zuletzt auch die Annahme verbunden war, der Rechtsextremismus würde die Zeit und Generationen nicht überdauern. Dies scheint sich aber nicht zu bewahrheiten und wirft erneut die Frage auf, ob beziehungsweise warum es empirisch eine Konzentration rechtsextremer Einstellungen in einer Altersgruppe gibt und welche konsistenten Einstellungsmuster möglicherweise auf eine Selbstentlastung oder Verengung des Problems hinweisen. So ist auch hier der Rückgang der Einstellungen mit steigendem Lebensalter nicht eindeutig linear, sondern verteilt sich über die mittlere Altersgruppe teilweise u-förmig (vgl. auch Zick, Berghan & Mokros 2020).

Zustimmung zu den Dimensionen rechtsextremer Einstellungen nach Altersgruppen 2022/23 (Angaben in Prozent)   Tabelle 3.5

	18–34 Jahre (n = 515)	35–64 Jahre (n = 1.022)	Ab 65 Jahre (n = 487)
Befürwortung Diktatur	7,4	7,1	4,5
Nationalchauvinismus*	14,1	18,8	14,8
Verharmlosung des Nationalsozialismus*	8,1	3,4	0,9
Fremdenfeindlichkeit*	15,2	18,1	13,2
Antisemitismus*	8,6	5,7	2,6
Sozialdarwinismus*	10,7	4,8	2,6
Manifest rechtsextremes Weltbild*	12,3	8,1	4,4

Anmerkungen * = p ≤ ,05; *** = p ≤ ,001.

Schulbildung (➥ Tab. 3.6, S. 78). Mit Blick auf Bildungsgruppen können wir analog zur Kategorie Alter fragen, ob es sich bei der auffällig geringeren Zustimmung zu den Dimensionen des Rechtsextremismus unter Befragten mit formal hoher Bildung tatsächlich um einen Bildungseffekt handelt oder ob Menschen mit höherer Bildung eher dazu neigen, sozial erwünscht zu antworten. Doch zeugen die Ergebnisse der aktuellen Mitte-Studie nicht allein von einem Bildungsproblem im Sinne kognitiven Wissens oder sozialer Normen. Im Unterschied zu den Befunden der Vorjahre bedeutet dabei eine hohe Schulbildung nicht gleich eine geringe Zustimmung oder eine niedrige Schulbildung nicht gleich eine hohe Zustimmung. In der Tendenz sind es eher Befragte mit mittlerem Bildungsniveau, die eine Diktatur befürworten (9 %), den Nationalsozialismus verharmlosen (5 %) und fremdenfeindlich eingestellt sind (21 %), während sich bei der Zustimmung zum Sozialdarwinismus mit 5 bis 6 % kaum Unterschiede zwischen den Bildungsgruppen zeigen. Bei der Befürwortung einer Diktatur und der Verharmlosung des Nationalsozialismus liegen die Anteile der Befragten mit niedriger und hoher Schulbildung zudem näher beieinander als die Anteile der Befragten mit niedriger und mittlerer beziehungsweise mittlerer und hoher Schulbildung. Ein hohes Bildungsniveau in Kombination mit deutlich geringerer Zustimmung zeigt sich nur noch beim Nationalchauvinismus (11 %), der Fremdenfeindlichkeit (10,5 %) und beim Antisemitismus (4 %). Hierbei ähneln sich wiederum Befragte mit niedriger und mittlerer Schulbildung in ihrer Zustimmung. Ebenso teilen in diesen beiden Bildungsgruppen 11 beziehungsweise 9 % der Befragten ein manifest rechtsextremes Weltbild; unter Befragten mit hoher Schulbildung sind es 6 %. Rechtsextreme Einstellungen kommen damit in allen Bildungsgruppen vor.

3.2.6 Sozioökonomische Unterschiede

Die Mitte der Gesellschaft kann auch als sozioökonomische Mitte beschrieben werden. Sie kann dabei über die Selbsteinschätzung von Menschen beschrieben werden oder nach objektiven Faktoren wie Einkommen oder Beruf. Wir haben die Befragten auch um diese Angaben gebeten und sozioökonomische Gruppenunterschiede für die Dimensionen rechtsextremer Einstellungen geprüft.

Subjektive Schichtzugehörigkeit (➥ Tab. 3.7, S. 79). Zunächst berichten wir die Zustimmungen nach der selbst zugeordneten Schichtzugehörigkeit, die ver-

**Zustimmung zu den Dimensionen rechtsextremer Einstellungen
nach Schulbildung 2022/23** (Angaben in Prozent)   **Tabelle 3.6**

	Niedrig (n = 465)	Mittel (n = 696)	Hoch (n = 834)
Befürwortung Diktatur**	6,6	8,9	4,5
Nationalchauvinismus***	20,8	19,6	11,0
Verharmlosung des Nationalsozialismus	2,6	5,3	3,4
Fremdenfeindlichkeit***	18,9	20,9	10,5
Antisemitismus**	7,9	6,5	3,7
Sozialdarwinismus	5,8	6,2	5,1
Manifest rechtsextremes Weltbild*	10,9	9,1	6,1

Anmerkungen * = p ≤ ,05; ** = p ≤ ,01; *** = p ≤ ,001. | Kategorisierung der Schulbildung: *niedrig* = Personen ohne Abschluss oder mit höchstens Volks-/Hauptschulabschluss; *mittel* = Personen mit höchstens mittlerer Reife; *hoch* = Personen mit Fach-/Hochschulreife.

einfacht als *unten*, *Mitte* und *oben* zusammengeführt wurde. Überzufällig sind die Gruppenunterschiede lediglich bei den fremdenfeindlichen Einstellungen. Ihnen wird mit 23 % dann am meisten zugestimmt, wenn die Befragten selbst angeben, in der Gesellschaft eher unten zu stehen, während in der Mitte rund 17 % und oben 11 % der Ablehnung von »Ausländern« zustimmen. Subjektiv zur Mitte zu gehören, geht auch bei den anderen Dimensionen tendenziell mit einer mittleren Zustimmung einher, wobei sich jene unten und in der Mitte ähnlicher in den rechtsextremen Einstellungen sind als Befragte, die sich selbst eher oben sehen. Insgesamt zeigen diese Befunde, dass ein manifest rechtsextremes Weltbild in ähnlichem Ausmaß unter Befragten aller Schichten verbreitet ist.

Einkommen (➡ Tab. 3.8, S. 80). Eine Unterteilung nach bedarfsgewichteten Einkommensgruppen ergibt teilweise ein ähnliches Zustimmungsbild, wobei die statistischen Unterschiede mit Ausnahme der Verharmlosung des National-sozialismus durchweg signifikant sind. Einkommensschwächere stimmen allen Dimensionen rechtsextremer Einstellungen deutlich häufiger zu. Demgegenüber stimmt die Einkommensmitte meist seltener zu, doch wiederum etwas häufiger als Einkommensstärkere, die allgemein am wenigsten Zustimmung äußern oder

**Zustimmung zu den Dimensionen rechtsextremer Einstellungen
nach subjektiver Schichtzugehörigkeit 2022/23** (Angaben in Prozent)   Tabelle 3.7

	Unten (n = 380)	Mitte (n = 971)	Oben (n = 621)
Befürwortung Diktatur	7,9	6,7	5,4
Nationalchauvinismus	19,4	16,9	14,9
Verharmlosung des Nationalsozialismus	2,9	3,8	5,0
Fremdenfeindlichkeit***	23,1	16,7	10,8
Antisemitismus	6,6	6,5	4,3
Sozialdarwinismus	4,0	6,3	6,0
Manifest rechtsextremes Weltbild	8,7	8,5	7,4

Anmerkungen *** = $p \leq ,001$.

sich nur wenig von der Einkommensmitte unterscheiden, so beim Nationalchauvinismus oder bei der Fremdenfeindlichkeit. Zudem ist zu sagen, dass es
Gemeinsamkeiten zwischen Bildung und Einkommen gibt und es teilweise die
gleichen Personen sind, die zum Beispiel über eine niedrige Schulbildung und
ein geringes Einkommen verfügen. Dabei wirken sich die Bildungsunterschie-
de oft deutlicher auf das Ausmaß rechtsextremer Einstellungen in der Mitte aus
als die Einkommensunterschiede.

Berufsgruppen (⇒ Tab. 3.9, S. 81). Werden Berufsgruppen nach ihrer Zustimmung zu rechtsextremen Einstellungen untersucht, zeigt sich auch hier
womöglich ein Schichtungseffekt. Arbeiter stimmen den Aussagen zum Rechtsextremismus deutlich und durchweg häufiger zu. 17 % von ihnen teilen ein
manifest rechtsextremes Weltbild. Dabei würden 15 % zum Beispiel im »nationalen Interesse« eine Diktatur befürworten und damit um einige Prozent-
punkte mehr als befragte Angestellte (5 %), Beamte (3 %) oder Selbstständige
(5,5 %). Zwischen letzteren Berufsgruppen ist das Einstellungsbild nicht eindeutig. Angestellte, Beamte und Selbstständige unterscheiden sich kaum bei der
Verharmlosung des Nationalsozialismus (3–4 %) oder der Zustimmung zum
Sozialdarwinismus (4–6 %). Allerdings neigen Angestellte und Selbstständige
im Vergleich zu Beamten häufiger zum Nationalchauvinismus (je 15 %) sowie

**Zustimmung zu den Dimensionen rechtsextremer Einstellungen
nach Einkommensgruppen 2022/23** (Angaben in Prozent)   Tabelle 3.8

	Einkommens-schwächere (n = 573)	Einkommens-mitte (n = 884)	Einkommens-stärkere (n = 396)
Befürwortung Diktatur***	11,6	5,3	3,9
Nationalchauvinismus***	22,3	15,1	15,3
Verharmlosung des Nationalsozialismus	4,5	4,1	4,3
Fremdenfeindlichkeit***	22,3	15,2	13,1
Antisemitismus***	9,5	5,2	3,6
Sozialdarwinismus*	8,1	5,8	3,9
Manifest rechtsextremes Weltbild*	12,2	8,1	6,5

Anmerkungen * = p ≤ ,05; *** = p ≤ ,001. | Gemessen am Einkommensmedian der Stichprobe gelten Personen mit weniger als 70 % des bedarfsgewichteten Nettoäquivalenzeinkommens als einkommensschwächer. Personen mit über 150 % des Äquivalenzeinkommens gelten demgegenüber als einkommensstärker. Wer über 70 und unter 150 % des Äquivalenzeinkommens verfügt, gilt als Einkommensmitte.

zur Fremdenfeindlichkeit (15 bzw. 17 %). Daneben ist die Zustimmung unter den Selbstständigen zum Antisemitismus (8 %) noch auffällig. Die Unterschiede der rechtsextremen Einstellungen zwischen den Berufsgruppen deuten – wie auch die Bildungs- und Einkommensunterschiede – auf eine Klassenproblematik hin. Insbesondere Erfahrungen abhängiger Lohnarbeiter:innen scheinen weniger in Forderungen der Umverteilung von *oben* nach *unten* übersetzt zu werden, sondern in einen völkisch-nationalistischen Konflikt zwischen *innen* und *außen*, bei dem Migrant:innen für die Konkurrenz um Arbeit, Status und Wohlstand stehen (Dörre et al. 2018). Rechtspopulistische Logik und rechtsextreme Ideologie greifen dabei ineinander (➠ Kap. 4, S. 91 ff.).

Gewerkschaftsmitgliedschaft (➠ Tab. 3.10, S. 82). Mit Blick auf die gewerkschaftliche Organisation fallen Mitglieder von Gewerkschaften im Vergleich zu Nichtmitgliedern durch eine überzufällig häufigere Verharmlosung des Nationalsozialismus sowie mehr Zustimmung zum Antisemitismus und Sozialdarwinismus auf. Rund 13 % der Gewerkschaftsmitglieder weisen ein manifest rechts-

**Zustimmung zu den Dimensionen rechtsextremer Einstellungen
nach Berufsgruppen 2022/23** (Angaben in Prozent)   **Tabelle 3.9**

	Arbeiter (n = 365)	Angestellte (n = 1.229)	Beamte (n = 136)	Selbstständige / Freie Berufe (n = 186)
Befürwortung Diktatur***	14,7	4,8	3,0	5,5
Nationalchauvinismus***	28,2	14,9	9,2	14,9
Verharmlosung des Nationalsozialismus*	7,7	3,4	3,1	4,1
Fremdenfeindlichkeit*	23,3	14,9	7,5	17,0
Antisemitismus***	12,1	3,8	4,8	8,1
Sozialdarwinismus***	13,8	3,9	6,1	5,0
Manifest rechtsextremes Weltbild***	17,4	7,5	3,4	7,1

Anmerkungen * = $p \leq ,05$; ** = $p \leq ,01$; *** = $p \leq ,001$.

extremes Weltbild auf. An dieser Stelle kann hinzugefügt werden, dass die
Hälfte der Gewerkschaftsmitglieder zur Berufsgruppe der Angestellten gehört
und ein Drittel Arbeiter:innen sind. Das Verhältnis von Rechtsextremismus und
Gewerkschaftsmitgliedschaft schien sich in der vorangegangenen Mitte-Studie
bereits verschoben zu haben und mit dem Selbstverständnis der Organisationen
zu kollidieren. Herkömmlich engagieren sich die großen Gewerkschaften in
Deutschland gegen Rassismus und Rechtsextremismus, während Akteur:innen
von Rechtsaußen zunehmend Einfluss auf die politische Agenda und Ausrichtung nehmen, beispielsweise über die Arbeit in den Betriebsräten (Schroeder
et al. 2019). Hier können jedoch keine Aussagen über die genaue Art der Mitgliedschaft oder einzelne Gewerkschaften getroffen werden.

3.2.7 Regionale Unterschiede

Rechtsextreme Einstellungen können sich aufgrund von Unterschieden in regionalen Strukturen und Bezugssystemen sowie in politischen Kulturen vor Ort
stärker oder schwächer verankern. Vor allem ländliche Räume und Regionen
im Osten Deutschlands, die auch noch stark von der Industrialisierung und
dem traditionellen Facharbeiter- beziehungsweise Mittelstandsmilieu geprägt
sind, fielen in bisherigen Mitte-Studien durch deutlich höhere Zustimmung zu
rechtsextremen Einstellungen auf (vgl. Küpper, Schröter & Zick 2019; Rees,

**Zustimmung zu den Dimensionen rechtsextremer Einstellungen
nach Gewerkschaftsmitgliedschaft 2022/23** (Angaben in Prozent)   Tabelle 3.10

	Ja (n = 330)	Nein (n = 1.683)
Befürwortung Diktatur	7,5	6,4
Nationalchauvinismus	18,2	16,3
Verharmlosung des Nationalsozialismus***	8,4	2,9
Fremdenfeindlichkeit	14,3	16,6
Antisemitismus***	9,6	4,9
Sozialdarwinismus**	9,2	4,9
Manifest rechtsextremes Weltbild**	12,6	7,4

Anmerkungen ** = p ≤ ,01; *** = p ≤ ,001.

Rees & Zick 2021). Diese Tendenz verdichtet sich räumlich auch durch die Etablierung rechtsextremer Gruppen und Akteur:innen, die Gewöhnungseffekte erzeugen (vgl. Mullis & Miggelbrink 2022). So hat beispielsweise die AfD in bestimmten Regionen erfolgreich den Mythos und das Bedrohungsszenario einer »Überfremdung« durch Einwanderung aufgebaut, das teilweise auch von anderen Parteien durch ihre Rhetorik und Politik bedient und gestützt wird. Ebenso können Regionen, die soziodemografisch und herkunftsbezogen eher homogen sind, Konfliktdynamiken aufweisen, die weniger Diversität oder Kontroversität politischer und demokratischer Positionen beziehungsweise Repräsentation zulassen und damit zusätzlich die Homogenität vorherrschender Normen und Werte befördern (vgl. z. B. Best et al. 2017). Die damit verbundene Schwierigkeit, eine demokratische Orientierung zu entwickeln und aufrechtzuerhalten, kann rechtsextreme Ideologie attraktiv erscheinen lassen.

Zudem verdichtet sich in strukturschwachen und mitunter verlassenen Gegenden die in modernen Gesellschaften zu beobachtende Tendenz, dass soziale und institutionelle Bindungen an Stabilität und Substanz verlieren, sich teilweise auflösen und Individuen vereinsamen lassen (➡ Kap. 12, S. 335 ff.). Das spielt in ostdeutschen Gemeinden und Kleinstädten eine größere Rolle, die mit jahrzehntelanger Abwanderung vor allem junger, gut gebildeter Frauen zu kämpfen haben, aber auch in Gegenden, wo (soziale) Infrastruktur verloren gegangen ist und die durch ein hohes Maß an Deprivation, Armut, Arbeitslosigkeit und auch der Resignation von »Dagebliebenen« belastet sind (vgl. z. B. Bangel et al. 2.5.2019). Die Transformationsprozesse fallen dann womöglich auf politischen Boden, der für Angebote und Parolen von Rechtsaußen besonders empfänglich ist (vgl. z. B. Franz, Fratzscher & Kritikos 2019).

Zustimmung zu den Dimensionen rechtsextremer Einstellungen nach Sozialisationsort in Deutschland 2022/23 (Angaben in Prozent)   **Tabelle 3.11**

	Überwiegend in Ostdeutschland aufgewachsen (n = 426)	Überwiegend in Westdeutschland aufgewachsen (n = 1.509)
Befürwortung Diktatur***	12,9	4,9
Nationalchauvinismus***	26,3	14,2
Verharmlosung des Nationalsozialismus***	8,2	2,9
Fremdenfeindlichkeit***	22,8	14,2
Antisemitismus***	9,9	4,2
Sozialdarwinismus**	9,0	4,9
Manifest rechtsextremes Weltbild***	16,3	6,3

Anmerkungen ** = $p \leq ,01$; *** = $p \leq ,001$.

Tatsächlich unterscheiden sich in der aktuellen Studie die rechtsextremen Einstellungen von Befragten, die überwiegend in Ost- oder Westdeutschland aufgewachsen sind, statistisch überzufällig und mit einem klaren Trend: Unter jenen, die in Ostdeutschland sozialisiert wurden, ist der Anteil der Zustimmung bei allen Subdimensionen des Rechtsextremismus höher. Mehr als ein Viertel der ostdeutschen Befragten stimmt dem Nationalchauvinismus zu und mehr als ein Fünftel der Fremdenfeindlichkeit. Insgesamt vertreten 16 % aus Ostdeutschland ein rechtsextremes Weltbild gegenüber 6 % aus Westdeutschland. Der gleiche Trend zeichnet sich ab, wenn die Befragten nach ihrem Wohnort in einem ost- oder westdeutschen Bundesland unterschieden werden, wobei die deutlichen Unterschiede in der Zustimmung dann tendenziell etwas geringer ausfallen. Dies bekräftigt die Annahme, dass der Sozialisationsort für die Herausbildung politischer Einstellungen entscheidender ist als der Wohnort.

3.3 Fazit und ein Blick auf Gewalt- und Machtorientierungen in der Mitte

Die Zustimmung zu rechtsextremen Einstellungen steigt in der Mitte der Gesellschaft. So könnte das erste Fazit dieses Kapitels lauten. Ebenso steigt der Anteil an Antworten im Graubereich zu der völkisch-nationalistischen Ideologie. Zugleich sinkt der Anteil an Menschen in der Mitte, die rechtsextreme Einstellungen klar und deutlich ablehnen, auch wenn die Mehrheit der Befragten den Rechtsextremismus ablehnt. Die Demokratie steht mit Blick auf den Rechtsextremismus der Mitte größeren Herausforderungen gegenüber als vor zwei Jahren oder noch früher. Deutschland ist mit mehr Rechtsextremismus aus der Coronakrise gekommen – und damit in die nächsten Krisen hineingegangen. Das Land kann zwar auf eine absolute Mehrheit einer *nicht* rechtsextremen Mitte bauen, aber diese Mitte schrumpft.

Menschen der Mitte scheinen deutlicher von der Demokratie abzurücken, vermutlich um von der Dominanz und Höherwertigkeit des Nationalen, die der Rechtsextremismus verspricht, zu profitieren. Der Nationalchauvinismus wird von jeder sechsten Person befürwortet und hängt von der Zurückweisung derer ab, die als »national fremd« markiert werden. Der Wert der eigenen nationalen Bezugsgruppe bemisst sich an der Abwertung »der Anderen«. Es verwundert daher nicht, dass vor allem die sozial-völkischen Dimensionen des Rechtsextremismus – die Fremdenfeindlichkeit, der Antisemitismus und der Sozialdarwinismus – mehr Zuspruch finden als in den Vorjahren.

Dass es sich dabei um einen Rechtsextremismus handelt, der in der Mitte verankert ist, zeigen die Verteilungen in den Bevölkerungsgruppen. Zusammenfassend zeigt sich: Rechtsextreme Einstellungen sind politisch mit eher rechtskonservativen Positionen verbunden und besonders stark unter AfD-Wähler:innen vertreten. Jüngere Personen zwischen 18 und 34 Jahren zeigen ebenfalls eine auffällige Verbreitung rechtsextremer Einstellungen, obgleich sie doch Zielgruppe zahlreicher Programme politischer Bildung sind. Aber auch ein klassischer Bildungs- oder Schichtungseffekt ist nicht zu finden. Höhere Schulbildung und ökonomische Absicherung schützen nicht unmittelbar vor der Anfälligkeit für den Rechtsextremismus. So wird beispielsweise der Verharmlosung des Nationalsozialismus oder auch der sozialdarwinistischen Vorstellung einer Höher- beziehungsweise Minderwertigkeit von »Leben und Völkern« in unterschiedlichen Bildungs- und Schichtgruppen auf einem ähnlichen Niveau zugestimmt. Zwar sind Personen in Arbeiter:innenberufen sowie Gewerkschaftsangehörige deutlich eher rechtsextrem eingestellt, aber auch dies sind Zustimmungen, die aus der Mitte der Gesellschaft kommen. Regional lässt sich unter Befragten aus Ostdeutschland eine weitaus stärkere Zustimmung zum Rechtsextremismus feststellen. Geschlechterunterschiede spielen bis auf einen stärkeren Antisemitismus unter Männern hingegen keine Rolle.

Insgesamt weisen die Befunde und der Trend höherer Zustimmung eher auf eine Normalisierung rechtsextremer Einstellungen in der Bevölkerung hin als auf eine Polarisierung. Dies ist nicht zuletzt vor dem Hintergrund zu betrachten, dass auch der Anteil an Antworten im Graubereich angestiegen ist – ein Grundrauschen, das sich inhaltlich zwar mancher Deutung entzieht und doch auf eine Funktionsstörung des demokratischen Systems und seiner Mitte hindeuten kann, die in den letzten Jahren zunehmend in die Defensive geraten ist. Umso wichtiger wird es, der Frage nachzugehen, warum Menschen aus der Mitte anfällig werden können für rechtsextreme Ideologie, unter Umständen sogar in einem solchen Ausmaß, dass ihr politisches Weltbild davon geprägt ist und sie eine faschistisch geprägte Gesellschaftsform gutheißen würden.

Dabei sind auch Übergänge zur Verhaltensebene auf Einstellungsebene angelegt. Die rechtsextremen Einstellungen stehen in engem Zusammenhang zur Billigung und Legitimation von politischer Gewalt. Grundsätzlich würden 17 % der Befragten die Anwendung von Gewalt billigen, »wenn sich andere bei uns breitmachen«; weitere 19 % meinen, das wäre »teils/teils« richtig. Zudem hält fast jede zehnte Person Gewalt zur Erreichung politischer Ziele für moralisch gerechtfertigt und 13 % hätten auch nichts dagegen, wenn Gewalt gezielt Politiker:innen trifft (⇢ Tab. 3.12, S. 86 f.).

Unter Befragten mit einem manifest rechtsextremen Weltbild wird Gewalt noch stärker gebilligt: Zum Beispiel meinen 44,5 % von ihnen: »Gewalt ist zur Erreichung politischer Ziele moralisch gerechtfertigt« und 61 % finden, Politiker:innen hätten es verdient, »wenn die Wut gegen sie auch schon Mal in Gewalt umschlägt«. Ebenso sind die korrelativen Zusammenhänge zwischen der Ge-

Zustimmung zu den Aussagen politisch motivierter Gewalt (Angaben in Prozent)   **Tabelle 3.12**

Ich stimme ... ➡

Gewaltbilligung (M = 1,95; SD = 1,01; n = 2.020; α = ,80)
Wenn sich andere bei uns breitmachen, muss man ihnen unter Anwendung von Gewalt zeigen, wer Herr im Hause ist.
Gewalt ist zur Erreichung politischer Ziele moralisch gerechtfertigt.
Einige Politiker haben es verdient, wenn die Wut gegen sie auch schon Mal in Gewalt umschlägt.

Anmerkungen M = arithmetischer Mittelwert; SD = Standardabweichung; n = Anzahl der Befragten;

waltbilligung und den einzelnen Subdimensionen rechtsextremer Einstellungen substanziell (➡ Tab. 3.13). Je stärker die Befragten den rechtsextremen Einstellungen zustimmen, desto stärker billigen sie politisch motivierte Gewalt und andersherum. Dass sich der Rechtsextremismus und die Gewalt in Einstellungen manifestieren, sollte nicht darüber hinwegtäuschen, dass es historisch betrachtet eher Teil des Problems und dessen Verharmlosung ist, diese und vergleichbare Befunde *nur* als Einstellungen zu werten, anstatt einer realistischen und ernsthaften Betrachtung des Problems nachzukommen.

Es wird nicht einfach sein, jene Menschen aus der Mitte zu erreichen, die rechtsextreme Einstellungen und Gewalt gutheißen, um die Dominanz der nationalen Eigengruppe aufrechtzuerhalten oder zu verteidigen. Dabei halten sich die meisten von ihnen sogar für Demokrat:innen. Doch diejenigen, die über ein klares rechtsextremes Weltbild verfügen, sind auch unzufriedener damit, wie die Demokratie in Deutschland funktioniert, und halten sie für gefährdet. Zudem sehen sie ihre politischen Ansichten teilweise nicht als relevanten und notwendigen Teil einer politischen Auseinandersetzung an, in der Einstellungsänderungen möglich wären. Egal wie klein der Teil der Mitte sein mag, der ein rechtsextremes Weltbild teilt und sich sonst politisch zurückhält: Er ist nicht weniger gefährlich, wenn er vielleicht nur zuschaut und nickt, wenn der organisierte Rechtsextremismus handelt. Dabei zeigt sich, dass hinter der Zustimmung zum Rechtsextremismus nicht allein ein autoritärer Reflex steckt. Die Dimensionen rechtsextremer Einstellungen hängen zwar überzufällig mit autoritären Einstellungen zusammen, aber auch mit sozialer Dominanzorientierung, die eine starke Befürwortung

Tabelle 3.12

... überhaupt nicht zu	... eher nicht zu	teils/teils	... eher zu	... voll und ganz zu
42,9	20,5	19,4	11,0	6,2
58,4	18,5	14,2	5,1	3,8
55,7	16,1	15,2	8,5	4,4

α = Cronbachs Alpha.

Zusammenhänge der Dimensionen rechtsextremer Einstellungen mit Autoritarismus, Sozialer Dominanzorientierung, Anomia und Gewaltbilligung (Korrelationskoeffizienten) Tabelle 3.13

	Autoritarismus	Soziale Dominanzorientierung	Anomia	Gewaltbilligung
Befürwortung Diktatur	,40***	,55***	,54***	,63***
Nationalchauvinismus	,49***	,46***	,57***	,52***
Verharmlosung des Nationalsozialismus	,28***	,55***	,44***	,63***
Fremdenfeindlichkeit	,30***	,46***	,61***	,59***
Antisemitismus	,29***	,55***	,44***	,61***
Sozialdarwinismus	,37***	,60***	,47***	,64***
Manifest rechtsextremes Weltbild	,45***	,61***	,60***	,70***

Anmerkungen Korrelationen von Mittelwertskalen. *** = $p \leq ,001$.

und Legitimierung von sozialen Hierarchien zwischen Gruppen in der Gesellschaft bezeichnet, wie es besonders am Sozialdarwinismus deutlich wird (➭ Tab. 3.13).[10]

---

10 Der Autoritarismus wurde durch eine bewährte Skala aus vier Aussagen ermittelt (➭ Kap. 4, S. 91 ff.). Die soziale Dominanzorientierung wurde zuverlässig aus zwei Aussagen ermittelt: »Die Gruppen, die in unserer Gesellschaft unten sind, sollen auch unten bleiben.«; »Es ist gut, dass einige Gruppen in der Gesellschaft oben und andere unten sind.« (MW = 1,84; SD = ,96; n = 1.057; korr r_{tt} = ,82).

Ebenso ist der Rechtsextremismus auch ein reaktionärer Gegenentwurf auf den gesellschaftlichen Strukturwandel. Das zeigt sich daran, dass Menschen, die meinen, Regeln und Normen würden sich auflösen, früher wäre »alles besser« gewesen oder vor den Krisen und dem Leben der Moderne sei es den Leuten »noch gut« gegangen – also Befragte, die als anomisch eingestellt gelten[11] –, höhere Zustimmungen zu rechtsextremen Einstellungen aufweisen als Befragte, die diese Ansichten nicht teilen.

Hier bleibt die Mitte gefordert und droht, sich auch weiterhin im Antidemokratischen zu verlieren, wenn sie in Zeiten von Unsicherheiten und Krisen autoritär, dominanzorientiert oder anomisch und eben auch selbstentlastend reagiert; wenn sie billigend in Kauf nimmt, dass aus der Mitte vorgetragener Scheinprotest über politische, soziale, kulturelle wie moralische Beschwerden und Unzufriedenheiten von vermeintlichen Einzeltäter:innen beziehungsweise mehr oder minder organisierten Gruppierungen in politische Gewalt gegen bestimmte Personen, Gruppen und die demokratische Ordnung im Allgemeinen übersetzt wird. Dabei kann die Mitte nicht aus der Verantwortung genommen werden, wenn es um die gesellschaftliche Normalisierung und Radikalisierung von rechtsextremen Einstellungen und Taten geht.

Weitere Zusammenhänge und Hintergründe zu rechtsextremen Einstellungen werden in den folgenden Kapiteln vorgestellt. In Kapitel 4 (➠ Kap. 4, S. 91 ff.) wird untersucht, wie eng rechtsextreme Einstellungen mit rechtspopulistischen und neurechten Einstellungen einhergehen, die noch weitaus mehr in der Mitte geteilt werden. Eine zentrale Klammer zwischen demokratiedistanzierten wie -feindlichen Einstellungen ist die Gruppenbezogene Menschenfeindlichkeit, wie wir in Kapitel 5 (➠ Kap. 5, S. 149 ff.) zeigen. Gerade in Krisenzeiten scheinen rechtsextreme Einstellungen das Ergebnis derselbigen zu sein, die mit Bedrohungsgefühlen einhergehen, die Menschen wiederum schnell als »nationale Bedrohung« erleben. In Kapitel 7 (➠ Kap. 7, S. 219 ff.) analysieren wir Rechtsextremismus als Folge von Abschottung der Mitte nach außen, unter

---

11   Der mentale Zustand der sogenannten Anomia wurde mittels zwei Aussagen erfasst: »Es ist heute alles so in Unordnung geraten, dass niemand mehr weiß, wo man eigentlich steht.«; »Früher waren die Leute besser dran, weil man wusste, was man zu tun hatte« (MW = 3,00; SD = 1,10; n = 1.974; r_{tt} = ,75).

einem national gedachten »Wir«. Zudem spielen die lokalen Räume, in denen Menschen leben, eine wichtige Rolle für ihre politischen Einstellungen. In Kapitel 12 (⟼ Kap. 12, S. 335 ff.) gehen wir der Frage nach, ob Menschen, die in Einsamkeit oder in »leeren« randständigen und homogenen Räumen leben, anfälliger für den Rechtsextremismus sind.

4 Demokratiegefährdende Radikalisierung in der Mitte

Beate Küpper · Elif Sandal-Önal · Andreas Zick

»Wir sind das Volk!« und »Widerstand gegen das System!« Solche Sprüche sind auf diversen Protestkundgebungen der vergangenen Jahre zu hören und im Netz verbreitet – gegen Migration, Geflüchtete und eine vermeintliche »Islamisierung des Abendlandes«, gegen Windkraftanlagen im lokalen Raum, gegen Maßnahmen zur Eingrenzung der Coronapandemie und nun bei neuerlichen prorussischen Protesten gegen Russlandsanktionen und Waffenlieferungen an die Ukraine. Der Aufruf zum Widerstand vereinigt politische und soziale Milieus in einer neuen »Empörungsbewegung«[1] mit einer bemerkenswerten Mischung aus Friedensbewegten, Anhänger:innen spiritueller, anthroposophischer und naturheilkundlicher Gruppen mit etabliert-konservativ Bürgerlichen (vgl. Vorländer, Herold & Schäller 2015) und der »ganz normalen Mitte« in jeweils regional unterschiedlichen Anteilen und Atmosphären (vgl. Frei, Schäfer & Nachtwey 2021). Beobachtet wurde eine milieuübergreifende Radikalisierung, geeint durch mangelndes politisches Vertrauen (vgl. Virchow & Häusler 2020). Rechtsextremist:innen nutzen die Chance, sich als »welche von uns« zu inszenieren, und versuchen vielerorts, sich an die Spitze der Demonstrationen zu setzen, um ihnen einen rechten Dreh zu geben und neue Anhänger:innen zu gewinnen (ebd.). Bereits bei den Pegida-Demonstrationen zeichnete sich eine deutliche Radikalisierung ab; viele Teilnehmende misstrauten der Demokratie oder lehnten sie ganz ab, gepaart mit der Forderung nach autoritären Lösungen und der Billigung politischer Gewalt (vgl. Geiges, Marg & Walter 2015).

Anfänglich vielleicht nur skeptische und kritische Geister – auch aus dem eher linken Milieu –, rechtskonservative »besorgte Bürger« und populistische »Querdenker« haben sich zu rechtsautoritären Rebell:innen entwickelt, die sich als

---

1 Der Begriff wurde zuerst auf die Pegida-Demonstrationen angewendet (vgl. Vorländer, Herold & Schäller 2016); inzwischen wird er breiter auf Demonstrationen und Bewegungen bezogen, die ähnlichen Mustern folgen und teilweise auch mit ähnlichen oder gleichen Akteur:innen zusammenarbeiten.

die eigentliche Mitte und Verteidiger:innen der Demokratie inszenieren. Zusammengehalten wurden und werden sie online wie offline über Misstrauen gegenüber dem Staat, seinen Institutionen und Vertreter:innen. Befeuert durch einen Populismus, der destruktives Misstrauen gegen »die da oben« und »die anderen« schürt – nicht selten begleitet von Verschwörungsmythen, welche die Weltlage und die eigene Misere »erklären« und Legitimation für den Widerstand liefern. Der neue Zusammenhalt wird über ein völkisches Bild des Nationalstaates geschaffen, unterfüttert von rechtsextremen Ideologiefragmenten gegen die liberale Demokratie mit den Idealen von Würde und Gleichwertigkeit. Das Vermischen und Ineinanderfließen von Protest in einem Aufruf zum »Widerstand gegen das System« mit Akteur:innen und Ideologien von ganz Rechtsaußen – bisweilen begleitet von aggressiver Wut gegen seine Eliten und andere – lässt sich weltweit beobachten. Kopiert und bedient werden ähnliche bis identische Chiffren, Slogans, Bilder und Aktionen von gut vernetzten Akteur:innen, die in die Breite getragen und dort mal unreflektiert, mal politisch bewusst übernommen werden.

Auch wenn sich die Radikalisierung aus den Coronaprotesten heraus zunächst nicht weiter zu verbreiten schien und ein »heißer Herbst« und »Wutwinter« trotz steigender Energiepreise ausblieben (vgl. Grande et al. 2021), haben sich zumindest Teile dieser neuen »Volks-Mitte« auf den »Querdenken«-Protesten und durch die massive digitale Vernetzung radikalisiert. Auch »Protestversteher« in der breiten Bevölkerung fallen durch ihr Misstrauen gegen die Demokratie und den Glauben an Verschwörungsmythen (auch solcher der »Neuen Rechten« wie dem »Großen Austausch«) auf (vgl. Grande et al. 2022). Ihr Radikalisierungspotenzial hat den Verfassungsschutz im Frühjahr 2021 veranlasst, den neuen Phänomenbereich »Verfassungsschutzrelevante Delegitimierung des Staates« einzurichten, nicht zuletzt, weil von dieser politisch schwer fassbaren Mischung auch eine gehörige Bereitschaft zu Straftaten und Gewalt ausgeht (vgl. BMI 2022). Ihr Misstrauen und ihre Wut eskalieren in aggressiven Angriffen auf all jene, die sie als Vertreter:innen des Systems betrachten – aus (Kommunal-)Politik, Verwaltung und Behörden, etablierten Medien und Wissenschaft, gegen all jene, die der eigenen Deutung von Fakten widersprechen, selbst gegen Polizei, Gesundheits- und Rettungsdienste. Parallel steigt der Hass gegen als »anders« oder »fremd« markierte Gruppen und jene, die sich für die liberale Demokratie engagieren (➝ Kap. 3, S. 53 ff.). Zum Bild gehören auch die inzwischen in etlichen Orten patrouillierenden »Bürgerwehren« oder auch die mit dem üblichen Zynismus der rechtsextremen Szene als »Spaziergänge« bezeichneten Aufläufe, die ganz bewusst ein mulmiges Gefühl der Bedrohung bei einem bestimmten Teil der Bürger:innen erzeugen sollen (etwa Migrant:innen, People of Colour, Demokratieengagierte). Bislang werden diese nicht immer ausreichend von der ortsansässigen Bevölkerung und den Sicherheitsorganen auch als Gefährdung für Menschen und Demokratie ernst genommen (Jäger & Tonks 2022; Begrich 2022). Aus »besorgten Bürgern« wurden Demokratiefeinde. Aber vielleicht waren sie das von Anfang an?

In der aktuellen Mitte-Studie 2022/23 haben wir erhoben, wie weit demokratiedistanzierte oder sogar demokratiegefährdende Positionen in der Mitte der Bevölkerung verbreitet sind und wie sie sich miteinander verknüpfen, was Hinweise auf ein Radikalisierungspotenzial der Mitte gibt. Bildet sich die eingangs skizzierte Radikalisierung in den Einstellungen der Bevölkerung ab, und wie lässt sie sich politisch verorten? In diesem Kapitel berichten wir über Einstellungen zur Demokratie. Zunächst beschreiben wir die *Selbstpositionierung im politischen Links-Rechts-Spektrum*, die *Parteipräferenz* und *Demokratievorstellungen*, das *politische und mediale Vertrauen* sowie das Gefühl *politischer Selbstwirksamkeit*. Anschließend werfen wir einen Blick auf die Neigung zum *Verschwörungsglauben*, auf *völkisch-autoritär-rebellische Einstellungen* und die *Billigung politischer Gewalt*. Wir analysieren dabei auch, inwieweit politische Positionen, die üblicherweise als eher links oder eher rechts betrachtet werden, eine ideologische Querverbindung eingehen und wo sie sich dann tatsächlich politisch verorten lassen (➝ Kap. Mittendrin: »Querfront«, S. 137 ff.)

4.1 Der Weg in die antidemokratische, rechtsextreme Radikalisierung

Weltweit nimmt die Zufriedenheit mit Demokratie ab und gerade die jüngere Generation ist desillusioniert, wie das Human Surveys Project auf Basis von seit 1973 erhobenen Daten zur Zufriedenheit mit der Demokratie von fast 5 Millionen Befragten aus über 160 Ländern beobachtet (vgl. Foa et al. 2020). Hinzu kommt: Auch wenn nach wie vor die große Mehrheit auf der Welt die Demokratie für die vergleichsweise beste Staatsform hält, sehen in den vergangenen Jahren immer mehr Menschen die Vorstellung einer politischen Führung durch eine (männliche) starke Führungsfigur, die losgelöst von demokratischen Institutionen und Verfahren handeln könnte, positiv – bemerkenswerterweise unabhängig von den soziodemografischen Merkmalen der Befragten (vgl. Anderson, Bol & Ananda 2021).

Mit Blick auf die Einstellungen der Bevölkerung zeichnet sich eine solche Krise der Demokratie auch in Deutschland ab. Denn obwohl die Zustimmung zur Demokratie als bester Staatsform nach wie vor hoch ist – 88 % der Bundesbürger:innen halten die Demokratie für »eine gute Regierungsform« (ARD-DeutschlandTrend 6.10.2022) – sinkt sie merklich. Nur noch zwei Drittel der Bevölkerung sind Anfang 2023 mit dem Funktionieren der Demokratie in Deutschland zufrieden und in Ostdeutschland vertrauen die Menschen deutlich weniger auf die Demokratie, ihre Institutionen und die Europäische Union als in Westdeutschland (Europäische Kommission 2023). Das Empfinden von Ungerechtigkeit und Verunsicherung speiste dieses Misstrauen bereits vor der Coronapandemie und dem Krieg gegen die Ukraine (vgl. Faus et al. 2019). Das schlägt sich auch in den Einstellungen der jungen Generation in Deutschland nieder: Die Befürwortung der Demokratie als bester Staatsform sinkt im Trend kontinuierlich ab; nur noch 63 % der 16- bis 26-Jährigen teilen diese Ansicht. Hingegen wächst die Zahl derjenigen, die der Meinung sind, die Demokratie sei genauso gut oder schlecht wie andere Staatsformen, auf 23 % (TUI Stiftung 2022).

Das *politische Vertrauen*, also das Vertrauen in staatliche Institutionen, Akteur:innen und demokratische Prozesse sowie die *politische Selbstwirksamkeit*, also der Eindruck, an Politik teilhaben und diese mitbeeinflussen zu können, gelten als Fundament und Schlüsselfaktoren für die Zufriedenheit mit der Demokratie. Umgekehrt gelten die Verkrustung der Demokratie, das damit verbundene Misstrauen und mangelnde Selbstwirksamkeit als wichtige Erklärungen für den Erfolg des *Populismus*, der das Volk gegen »die Eliten« und »die Anderen« in Stellung bringt. Populismus wird seinerseits durch mangelndes *Vertrauen in etablierte Medien* und den über sogenannte »alternative Medien« verbreiteten *Verschwörungsglauben* befeuert und begleitet, zuletzt besonders deutlich in Bezug auf Impfungen gegen das Coronavirus (vgl. COSMO-Studie 2022; Pickel et al.

2022). In Zeiten von Krisen in einer komplex und unübersichtlich gewordenen Welt liefern Verschwörungsmythen einfache Erklärungen. Sie bieten Schuldige, Selbstentlastung und Selbsterhöhung sowie das Gefühl, zu denen mit »Durchblick« zu gehören. Und zugleich fungieren sie als Katalysator für den Populismus.

Über die Frage, inwieweit es sich um ganz unterschiedliche, zumindest abgrenzbare Phänomene handelt oder ob sie letztlich doch ein und denselben antidemokratischen Kern in sich tragen (vgl. dazu u. a. Jörke & Selk 2017; Müller 2016), wird in Wissenschaft wie Öffentlichkeit gestritten. Der Populismus gilt den einen als »Korrektiv«, den anderen als »Gefahr« für die Demokratie (vgl. u. a. Decker 2006; Hartleb 2012; Rosanvallon 2020).

In Deutschland jedenfalls – das wird empirisch immer wieder deutlich – verbinden sich zunächst »politisch neutral« erscheinende populistische Einstellungen mit destruktiven Angriffen auf die Demokratie und rechtsextremer Ideologie – (Rechts-)Populismus und Rechtsextremismus fließen sowohl auf der Ebene der Akteur:innen und Strömungen als auch auf der Ebene der Einstellungen zusammen (vgl. u. a. Priester 2010; Decker & Lewandowski 2017; Vehrkamp 2021), was wir bereits in den vorangegangenen Mitte-Studien 2018 und 2020/21 empirisch geprüft und diskutiert haben. Denn die dem Populismus innewohnende Vorstellung eines homogenen Volkes mit einem gemeinsamen Willen und gegebenenfalls auch gleicher ethnischer Identität öffnet Türen für eine völkische Ideologie – was gerade in Deutschland vor dem Hintergrund seiner Geschichte noch einmal besonders alarmiert.

Eine völkische Ideologie transportiert die Idee von völkischer Identität, von Freiheit gegenüber einschränkender Staatsgewalt und Widerstand gegen die liberale Demokratie mit all ihren angeblichen Zumutungen. Das verspricht sie aber nur jenen, die zum Volk qua Identität dazugehören. Dies ist die Botschaft der »Neuen Rechten«, die explizit versucht, Einfluss im vorpolitischen Raum zu gewinnen. Zu ihren erklärten Strategien gehören Selbstverharmlosung und Mimikry ihrer völkischen Gesinnung, ebenso wie das Umdeklinieren demokratischer und emanzipatorischer Chiffren wie jener von Meinungsfreiheit und Widerstand gegen die Staatsgewalt. In ihrer *völkisch-autoritär-rebellischen Botschaft* steckt die exkludierende Vorstellung der »Volksgemeinschaft«, welche die alte Blut-und-Boden-Ideologie bedient, in deren Vorstellung ein »rassisch« definiertes »Volk« und sein Siedlungsgebiet eine Einheit bilden; als volksfremd definierte Gruppen, insbesondere Jüdinnen und Juden, werden davon ausgeschlossen (vgl. Wildt 2019). Diese Vorstellung spiegelt sich in dem von der »Neuen Rechten« entwickelten Weltbild des »Ethnopluralismus«, nach dem Völker eine unveränderbare Identität besäßen, die es zu erhalten gelte, gebunden an die Region, aus der sie stammen.

Die »Neue Rechte« grenzt sich dezidiert vom Nationalsozialismus unter anderem mit dem Hinweis ab, sie plädiere nicht für eine Vernichtung, sondern lediglich für die Nichtvermischung von »Völkern«. Letztlich sind aber »Natur«, »Boden«, »Volk« und »Rasse« die ideologischen Bausteine, in denen sich ganz klar der völkische Charakter offenbart. De facto verschmelzen die Ideologie und oftmals auch die Akteur:innen – die sogenannte »Neue Rechte« ist *klassischer* Rechtsextremismus in modernisiertem Gewand (vgl. Frei et al. 2019), erst recht in den Einstellungen der Teile der Bevölkerung, die ihnen folgen (Häusler & Küpper 2021). In seiner politischen wie sozialen Ideologie verspricht der Rechtsextremismus die (Wieder-)Herstellung einer überkommenen Ordnung und Vormachtstellung nach innen und außen und wendet sich erklärtermaßen gegen die Demokratie als Staatsform. Die Abschaffung der Demokratie und die Errichtung eines Führerstaats sind sein erklärtes Ziel. Zur Durchsetzung seiner Ideologie befürwortet er Gewalt als legitimes Mittel.

Zusammengenommen setzt dies, so unsere These, eine Dynamik der antidemokratischen, rechtsextremen Radikalisierung in Gang: Politische Akteur:innen von Rechtsaußen greifen vorhandene Ressentiments auf, nicht zuletzt auch kulturell schlummernde Haltungen in der Bevölkerung, aktivieren diese mit ihren Mobilisierungsstrategien und nutzen die Affinisierungsbereitschaft. So sickern sie mit ihrer Botschaft auch in die Einstellung von (potenziellen) Wähler:innen ein. Im Prozess der Meinungsbildung sammeln politische Akteur:innen nicht einfach nur vorhandene Meinungen ein und übersetzen sie in Wähler:innenstimmen, sondern tragen mal beiläufig, mal mutwillig und mal in ihrer Eigenlogik, unterstützt von der medialen Öffentlichkeit, ganz wesentlich dazu bei, diese überhaupt erst zu formieren. Diese Meinungen extremisieren sich zudem als Selbstläufer – denn Verschwörungsmythen und Populismus müssen stets noch »einen draufsetzen«, um die Aufmerksamkeit aufrechtzuerhalten und sich ihrer selbst in ihrer Dazugehörigkeit und Treue zu vergewissern. Besonders eindrucksvoll zeigt sich dies beispielsweise bei den aufgepeitschten Trump-Anhänger:innen, die bei Veranstaltungen im Chor in ein »Hängt sie auf!« einstimmten, welches sich gegen die politischen Eliten richtete.

Der hier beschriebene Weg in eine demokratiegefährdende Radikalisierung ist modellhaft in Abbildung 4.1 skizziert. Abgebildet sind die Einstellungen zur Demokratie, um die es im Folgenden gehen wird.

Der Weg in eine demokratiegefährdende Radikalisierung Abb. 4.1

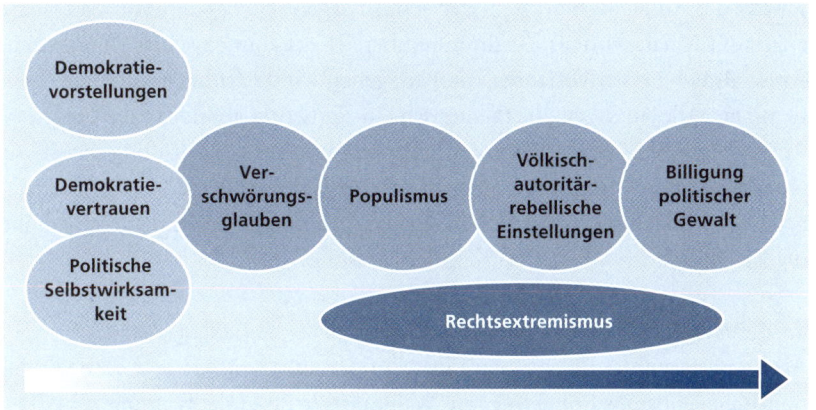

4.2 Einstellungen zur Demokratie in der Mitte-Studie 2022/23

Zur Erfassung der im Modell (➡ Abb. 4.1) skizzierten Konstrukte wurde den Befragten jeweils blockweise eine Reihe von Aussagen vorgelegt (➡ Tab. 4.1, S. 104 f., ➡ Tab. 4.2, S. 110 f., ➡ Tab. 4.3, S. 118 f. u. ➡ Tab. 4.4, S. 122 f.). Zur Beantwortung stand jeweils eine 5-stufige Antwortskala zur Verfügung. Innerhalb eines Blocks wurden den Befragten die Aussagen in zufälliger Reihenfolge vorgelesen, um zu vermeiden, dass die einzelnen Aussagen Einfluss aufeinander haben. Die Antworten innerhalb eines Aussageblocks und zwischen den Phänomenen stehen also für sich, erst in einem nächsten Schritt wurden die empirischen Zusammenhänge ermittelt.

Für die Erfassung und Nachverfolgung der Entwicklungen im Zeitverlauf ist die zuvor skizzierte Dynamik eine Herausforderung. Einerseits verlangen die Veränderung von Überzeugungsmustern und das Auftauchen neuer Ideologien neue Messungen. Andererseits erfordert ihre Beobachtung im Zeitvergleich möglichst die gleichen Fragen, um Aussagen darüber treffen zu können, ob die Phänomene in der Gesellschaft mehr oder weniger weitverbreitet sind. Wir versuchen der Dynamik gerecht zu werden, indem wir zum Teil einen gleichbleibenden Stamm an Aussagen verwenden, zum Teil aber auch weitere Aspekte aus der jeweils aktuellen wissenschaftlichen wie öffentlichen Debatte aufgreifen.

Jeweils der Anteil an Befragten, der den Aussagen »eher« oder »voll und ganz« zugestimmt hat, wird als Zustimmungsbereich zusammengefasst. Wurde eine Aussage auch in den Vorjahren erhoben, geben wir die früher ermittelten Werte mit an. Alle Aussagen, die theoretisch ein Konstrukt abbilden (also beispielsweise *Populismus* messen), wurden nach empirischer Überprüfung jeweils zu einer Skala beziehungsweise einem Index (➡ Glossar, S. 383 f.) zusammengefasst, gebildet aus dem Mittelwert der dazugehörenden Aussagen. Dies erhöht die Reliabilität (➡ Glossar, S. 383) der Messung.

4.2.1 Politische Selbstverortung, Wahlpräferenz und die Haltung zur AfD

Als Hinweis auf die allgemeinen Einstellungen zur Demokratie werten wir die politische Selbstpositionierung, die Wahlpräferenz und die Haltung zur AfD.

Politische Selbstpositionierung: Die politische Selbstpositionierung wird in den Mitte-Studien über die klassische Links-Rechts-Skala mit einem 5-stufigen Antwortformat erhoben.[2] Die Mehrheit in Deutschland positioniert sich selbst politisch in der Mitte, wie seit vielen Jahren in den Mitte-Studien, aber auch in verwandten politischen Meinungsumfragen beobachtet wird. Zugleich zeichnet sich eine erst schleichende, dann, seit rund zehn Jahren, eine deutlichere Verschiebung nach links ab. Der Anteil jener, die sich eher im linken Spektrum

---

2   Angenommen wird, dass sich darin eine Haltung gegenüber (kulturellen) Veränderungen beziehungsweise staatlichen Maßnahmen zur Verringerung (ökonomischer) Ungleichheit widerspiegelt (vgl. Dippel, Hetzer & Burger 2022).

verorten, hat insbesondere in Westdeutschland zugenommen. Im Osten war er immer schon höher und hat sich seitdem nur leicht erhöht (Roose 2021).

Die neuen Befunde der Mitte-Studie 2022/23 zeigen hingegen eine bemerkenswerte Verschiebung nach rechts: Gefragt nach ihrer politischen Selbstverortung, sehen sich in der Mitte-Studie 2022/23 gut 4 % der Befragten ganz »links«, 25 % »eher links«, 55 % »genau in der Mitte«, knapp 14 % »eher rechts« und knapp 2 % »rechts« (➡ Abb. 4.2, S. 100). 5 % der Befragten antworten auf die Frage, wo sie sich politisch verorten, mit »weiß nicht« oder geben keine Antwort. Im Vergleich zu den Vorjahren ist der Anteil jener, die sich politisch »genau in der Mitte« verorten, etwas gesunken. In der Mitte-Studie 2020/21 taten dies noch 62,5 % der Befragten.[3] Auffallend ist die Verschiebung in ein Spektrum rechts von der Mitte: Mit zusammengerechnet 16 % verorten sich deutlich mehr Befragte (eher) rechts der Mitte, als das noch 2020/21 der Fall war und auch mehr als in den Jahren davor. Damals sahen sich dort nur rund 9 %, 2018/19 knapp 10 %, 2016 11 %, 2014 auch schon einmal 13 %. Der Anteil der Befragten, die sich im Spektrum links der Mitte verorten, ist seit 2016 hingegen nahezu konstant geblieben. Im Vergleich zu 2014 hat er sich leicht erhöht.[4] Der hier beobachtete Ruck nach rechts spiegelt sich auch deutlich in den weiterverbreiteten rechtsextremen Einstellungen wider (➡ Kap. 3, S. 53 ff.).

Wahlpräferenz: Den Befragten wurde die Sonntagsfrage vorlegt, mit der Bitte anzugeben, welcher Partei sie ihre Zweitstimme[5] geben würden, wenn am nächsten Sonntag Bundestagswahlen stattfänden. Zum Zeitpunkt der Befragung im Winter 2022/23 nennen gut 22 % der Befragten die CDU/CSU, knapp 20 % die Grünen, 18 % die SPD, knapp 9 % die FDP, gut 5 % die Linkspartei und 12 % würden ihre Stimme der AfD geben. 4 % würden sich für »sonstige

---

3　Zu ähnlichen Werten kommt etwa auch die Befragung der Konrad-Adenauer-Stiftung zur Polarisierung der Gesellschaft 2019/20, wenn man auf der dort verwendeten Antwortskala von 0 bis 10 den Anteil der Befragten, die mittlere Werte (4, 5, 6) wählen, addiert (vgl. Roose 2021).

4　Diese Angaben beziehen sich für alle Erhebungsjahre einheitlich auf alle Befragte inklusive Personen ohne deutsche Staatsbürgerschaft. Daher kann es Abweichungen zu den Angaben in den Mitte-Studien der Vorjahre geben, in denen bis einschließlich 2018 Befragte ohne deutsche Staatsbürgerschaft ausgeklammert wurden.

5　Die Zweitstimme ist die Stimme, mit der man eine Partei wählt. Mit der Erststimme wählt man eine:n Abgeordnete:n aus dem eigenen Wahlkreis.

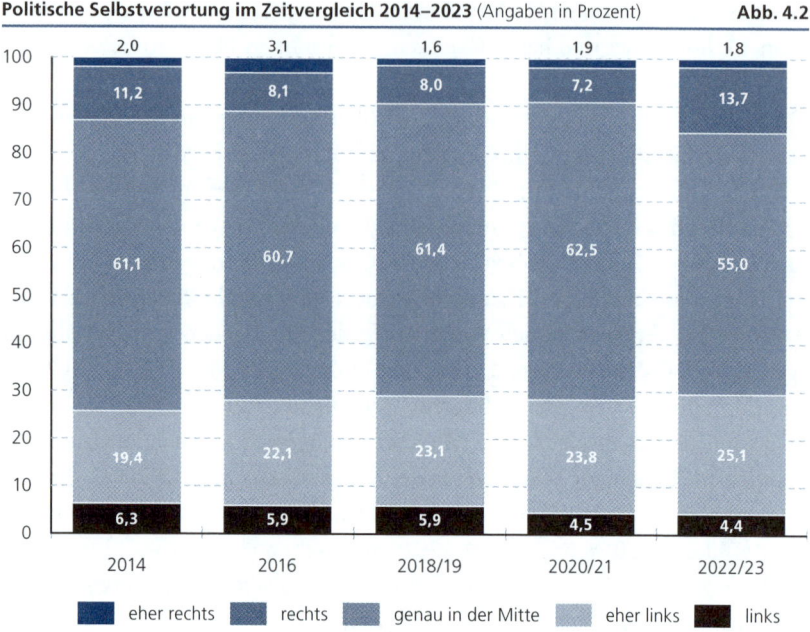

Politische Selbstverortung im Zeitvergleich 2014–2023 (Angaben in Prozent)   Abb. 4.2

Parteien« entscheiden. Knapp 9 % geben an, nicht wählen gehen zu wollen. Der Anteil potenzieller Nichtwähler:innen schwankt damit seit 2014 nur unwesentlich. Mehr als jede:r zehnte Befragte antwortet auf die Frage mit »weiß nicht« beziehungsweise gibt gar keine Antwort. Dies sind allerdings deutlich weniger als in den Jahren zuvor, was dafür spricht, dass sich die Bürger:innen nun sicherer in ihrer Wahlentscheidung fühlen und diese auch in der Befragung offen angeben. 27 Befragte sind nach eigenen Angaben nicht wahlberechtigt. Insbesondere bei einer so umstrittenen Partei wie der AfD ist der Aspekt der sozialen Erwünschtheit bei Antworten nicht zu unterschätzen. Potenzielle Wähler:innen könnten zwar Sympathien für diese Partei hegen, das aber bei der Sonntagsfrage nicht offen angeben.

Haltung zur AfD: Um den Grad der potenziellen Unterstützung für die AfD, der uns im Kontext der Mitte-Studie wegen der Nähe zum Untersuchungsgegenstand interessiert, genauer zu ermitteln, haben wir ergänzend zur Sonntagsfrage danach gefragt, ob die Studienteilnehmer:innen auch schon einmal daran gedacht haben, eine andere Partei zu wählen, und wenn ja, welche. Zusammengenommen mit der geäußerten Wahlpräferenz bei der Sonntagsfrage erreicht die AfD zum Zeitpunkt der Befragung einen Anteil von knapp 15 %. Dies entspricht ziemlich genau dem Anteil, den im gleichen Zeitraum andere Umfragen ermittelt haben (vgl. u. a. ARD-DeutschlandTrend 2.2.2023; ZDF-Politbarometer 27.1.2023).[6] In den vergangenen Mitte-Studien war die Diskrepanz zwischen der direkten Angabe, die AfD wählen zu wollen, und der ergänzenden Frage noch größer. Erst bei erneuter Ansprache dieses Punktes gaben Befragte ihre Sympathie für die AfD preis. Dies hat sich nun geändert – wer mit der AfD sympathisiert, tut dies offen.

Dabei spiegelt sich dieser Befund kaum in der politischen Selbstverortung wider: Nur 6 % der Befragten, die mit der AfD sympathisieren, verorten sich selbst ganz rechts, 40 % eher rechts und fast die Hälfte (48 %) dieser Befragten sieht sich selbst »genau in der Mitte«, knapp 6 % links der Mitte. Die Selbstverortung der AfD-Sympathisierenden in der politischen Mitte kann tatsächlich der eigenen Wahrnehmung entsprechen, etwa weil im eigenen Umfeld viele ähnlich denken, sie kann aber auch strategisch geäußert werden, um den eigenen Anspruch zu untermauern, die Mitte zu besetzen und die Selbstdarstellung der AfD und ihrer Positionen in Übereinstimmung mit ihrem Wahlslogan »Aber normal« zu unterstützen. Wie bereits zuvor gezeigt, neigen Wähler:innen der AfD allerdings mit Abstand am häufigsten zu rechtsextremen Einstellungen (➡ Kap. 3, S. 53 ff.). Die Wahlentscheidung für die AfD spiegelt sich also durchaus in den politischen Einstellungen ihrer Wähler:innen wider.

Hinzu kommt: Sogar 23 % aller Befragten halten die AfD für »eine Partei wie jede andere auch« (➡ Tab. 4.1, S. 104 f.); unter jenen, die aufgrund ihrer Wahlpräferenz zu den AfD-Sympathisierenden gerechnet werden müssen, sind es sogar 64,5 %. Damit liegt diese Einschätzung wieder auf dem Niveau von 2018/19, während in der Mitte-Studie 2020/21 mit 13 % deutlich weniger Befragte die AfD als eine Partei wie jede andere auch betrachteten (➡ Abb. 4.3, S. 106). Dass der Verfassungsschutz die Partei inzwischen in Teilen als rechts-

---

6   Dies kann auch als Bestätigung der Qualität unserer telefonischen Stichproben gewertet werden.

extrem einstuft und seit 2021 unter Beobachtung gestellt hat, scheint ein knappes Viertel der Bürger:innen nicht zu beeindrucken.

Zusammengefasst: Es bildet sich ein Rechtsruck in der politischen Selbstverortung ab – mehr Befragte als in den Vorjahren positionieren sich selbst dezidiert rechts der Mitte. Dies korrespondiert mit der zuvor berichteten häufigeren Zustimmung zu rechtsextremen Einstellungen. Offenbleiben muss, ob tatsächlich mehr Bürger:innen rechte Positionen übernommen haben oder nur mehr ihre politische Haltung offen äußern. Zwar sympathisieren Befragte rechts der Mitte generell häufiger mit der Rechtsaußenpartei AfD, doch tun dies auch Befragte, die sich selbst politisch anders verorten.

4.2.2 Grundlegende Einstellungen zur Demokratie

Im nächsten Schritt berichten wir über grundlegende Einstellungen zur Demokratie. Darunter fallen: die Einschätzung der Demokratie, die Demokratievorstellungen, das Engagement für eine plurale Gesellschaft, das Vertrauen in staatliche Institutionen und Wahlen sowie das Vertrauen in öffentlich-rechtliche Medien (➡ Tab. 4.1, S. 104 f.). Darüber hinaus betrachten wir die Einschätzungen zur politischen Selbstwirksamkeit der Befragten (➡ Tab. 4.2, S. 110 f.).

Einschätzung der Demokratie: Das allgemeine Funktionieren der Demokratie wird von vielen Bürger:innen durchaus kritisch gesehen. Seit Jahren sinkt in Deutschland die Zufriedenheit mit der Demokratie. In der ebenfalls repräsentativen Bevölkerungsbefragung von Best et al. (2023) im Sommer 2022 gab nur noch rund die Hälfte der Befragten an, alles in allem zufrieden zu sein, wie die Demokratie in Deutschland funktioniere.[7] Verglichen mit dem bereits 2018/19 niedrigen Niveau sind die Werte der dort berichteten Demokratiezufriedenheit jedoch nahezu konstant geblieben, selbst wenn die Befragten den subjektiven Eindruck haben, der Zustand der Demokratie habe sich verschlechtert. Hingegen verliert die repräsentative Demokratie im Vergleich zu 2018/19 deutlich an Zuspruch. Nur noch maximal ein Drittel spricht sich dafür aus, dass am besten gewählte Abgeordnete und Volksvertreter:innen über Gesetze entscheiden

---

7   Dort wurde eine 4-stufige Antwortskala verwendet, was den direkten Vergleich zur Mitte-Studie erschwert, die ein 5-stufiges Antwortformat nutzt.

sollen (repräsentative Demokratie). Deutlich mehr wünschen sich, dass Bürger:innen in regelmäßigen Volksentscheiden über Gesetze abstimmen (direkte Demokratie). Dies gilt ganz besonders für Wähler:innen der AfD. Und auch eine Expertokratie, in der also Fachleute entscheiden, findet immer mehr Zustimmung. Vor die Wahl verschiedener Regierungsmodelle gestellt, entscheidet sich ein Drittel der Bürger:innen für eine Expertokratie, bei der thematisch fachkundige Expert:innen über Gesetze entscheiden (vgl. ebd.).

Von den Befragten der Mitte-Studie 2022/23 sind 57 % der Meinung: »Die deutsche Demokratie funktioniert im Großen und Ganzen ganz gut.«, 18 % finden dies »eher« oder »überhaupt nicht« zutreffend, 25 % »teils/teils«. 39 % sind sogar (eher) überzeugt: »Die Demokratie ist in erheblichem Maße gefährdet.«, knapp 29 % sehen das »eher« oder »überhaupt nicht« so, knapp 33 % antworten mit »teils/teils«.

Demokratievorstellungen: 87 % der Befragten sind der Auffassung: »In einer Demokratie sollte die Würde und Gleichheit aller an erster Stelle stehen.«, nur knapp 2 % der Befragten sehen das nicht so. Dies ist nahezu unverändert zu 2018/19. Allerdings ist der Anteil jener, die hier »voll und ganz« zustimmen, deutlich gesunken (2022/23: 61 %; 2020/21: 73 %; 2018/19: 80 %). 71 % meinen zudem: »Eine Demokratie verlangt von ihren Bürger:innen vor allem die Fähigkeit zur Vernunft und Moral.« (erstmalig erfasst). Recht unterschiedlich sind hingegen die Positionen zu der Ansicht: »Demokratie heißt vor allem erst einmal Ruhe und Ordnung« (erstmalig erfasst). Hier sind die Antworten über die ganze Bandbreite der Antwortskala verteilt – 45 % finden dies »eher« oder »voll und ganz« zutreffend, 25 % teilen diese Ansicht nicht, 30 % »teils/teils«. Zwei Drittel (67 %) der Befragten fordern ein stärkeres Engagement für eine vielfältige und offene Gesellschaft. Damit folgen viele – aber weniger Befragte als zuvor – der im Grundgesetz niedergeschriebenen Idee einer liberalen Demokratie und offenen Gesellschaft. Zugleich beobachtet ein Viertel (»eher«), ein weiteres Drittel zumindest »teils/teils« Diskriminierung von ethnisch-kulturellen und religiösen Minderheiten in Deutschland. Auch in den Augen vielen Befragter ist also der Anspruch auf Gleichwertigkeit und Diskriminierungsfreiheit nicht umgesetzt.

Allgemeine Einstellungen zur Demokratie 2022/23 (Angaben in Prozent)   **Tabelle 4.1**

Trifft ... ➡

Einschätzung der Demokratie

Die deutsche Demokratie funktioniert im Großen und Ganzen ganz gut.

Die Demokratie ist in erheblichem Maße gefährdet.

Die AfD ist eine Partei wie jede andere auch.

Demokratievorstellungen

In einer Demokratie sollte die Würde und Gleichheit aller an erster Stelle stehen.

Eine Demokratie verlangt von ihren Bürgern vor allem die Fähigkeit zur Vernunft und Moral.

Demokratie heißt vor allem erst einmal Ruhe und Ordnung.

Engagement für eine plurale Gesellschaft

Wir müssen uns stärker für eine vielfältige und offene Gesellschaft engagieren.

In Deutschland werden ethnisch-kulturelle und religiöse Minderheiten diskriminiert.

Vertrauen in staatliche Institutionen und Wahlen (M = 3,75; SD = 1,00; n = 2.027; α = ,77)

Alles in allem vertraue ich den staatlichen Institutionen wie Behörden, Gerichten und Universitäten in Deutschland.

Ich vertraue darauf, dass die Wahlen in Deutschland alles in allem korrekt ablaufen.

Vertrauen in öffentlich-rechtliche Medien (M = 2,28; SD = 1,03; n = 2.024; α = ,55)

Ich vertraue dem Internet mehr als den öffentlich-rechtlichen Medien. (-)

Öffentlich-rechtliche Medien sind eine wichtige Säule unserer Demokratie.

Vertrauen in Menschen

Den meisten Menschen kann man vertrauen.

Anmerkungen Die Aussagen wurden den Befragten in randomisierter Reihenfolge vorgelesen; mit Ausnahme der Items zum Engagement für eine plurale Gesellschaft und zum Demokratievertrauen.

Zusammengefasst: Im Vergleich zu den Vorjahren bescheinigt nur gut die Hälfte, und damit ein deutlich geringerer Teil der Befragten, der deutschen Demokratie ein gutes Funktionieren. Mehr Menschen sehen die Demokratie gefährdet, und ein knappes Fünftel hält – ähnlich wie 2018/19 – die AfD für eine Partei wie jede andere auch. Zugleich ist der Anteil jener, die die Würde und Gleichheit aller uneingeschränkt als oberstes Ziel in einer Demokratie sehen, zurückgegangen, auch wenn die große Mehrheit dem noch immer zustimmt.

Tabelle 4.1

... überhaupt nicht zu	... eher nicht zu	teils/teils	... eher zu	... voll und ganz zu
6,4	11,6	25,1	36,6	20,3
7,8	20,8	32,6	24,2	14,5
47,3	15,9	13,8	11,5	11,4
0,8	1,2	10,8	26,4	60,9
2,0	4,7	22,1	39,0	32,2
10,2	14,9	30,4	26,6	18,0
3,4	6,1	23,5	27,9	39,1
17,2	22,9	33,9	17,9	8,2
5,9	10,6	32,0	33,2	18,3
5,2	5,9	14,2	30,9	43,8
40,9	20,9	21,3	9,9	7,0
6,6	9,5	25,2	28,8	29,9
10,6	20,7	37,4	24,5	6,8

M = arithmetischer Mittelwert; SD = Standardabweichung; n = Anzahl der Befragten; α = Cronbachs Alpha; (-) = recodiert für die Skalenbildung.

Gleiches gilt für die Forderung nach mehr Engagement für eine vielfältige und offene Gesellschaft (die auch als ein Hinweis auf die Befürwortung einer liberalen Demokratie interpretiert werden kann), die nur noch von zwei Dritteln geteilt wird (➡ Abb. 4.3, S. 106).

Demokratievertrauen: Das grundsätzliche Vertrauen in andere Menschen gilt als eine Voraussetzung für Demokratie. In einer Studie der Konrad-Adenauer-

Einschätzungen und Vorstellungen zur Demokratie im Zeitvergleich 2018–2023
(Angaben in Prozent)   Abb. 4.3

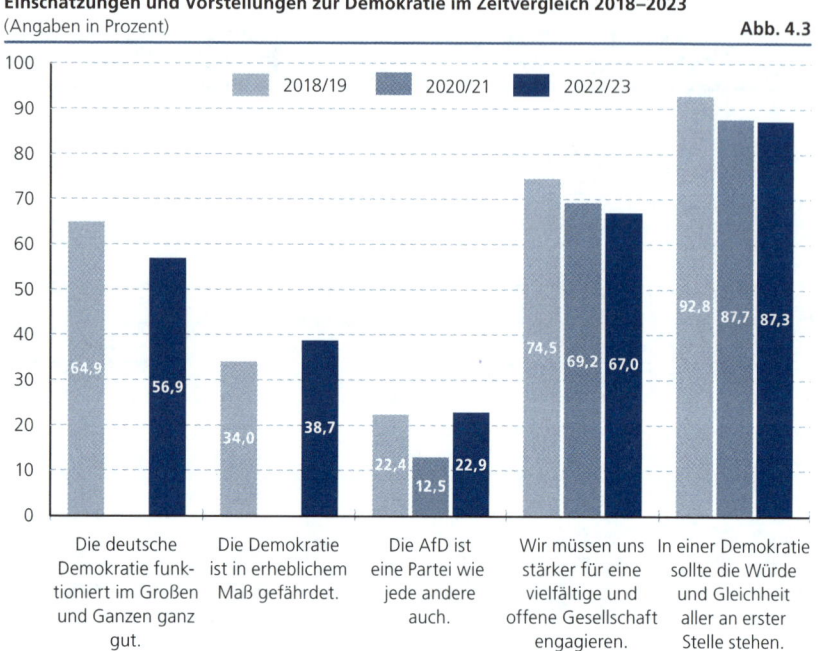

Anmerkungen Die Einschätzungen der Demokratie wurden 2020/21 nicht erfasst.

Stiftung (KAS) aus dem Jahr 2018 waren 45 % der Befragten der Ansicht, man könne anderen Menschen vertrauen (vgl. Pokorny 2020) und im Sommer 2022 waren 58 % (eher) davon überzeugt (vgl. Best et al. 2023). Die Akzeptanz der Demokratie hängt ihrerseits ganz wesentlich von dem Vertrauen in staatliche Institutionen, demokratische Prozesse und Repräsentant:innen ab. Mangelndes Vertrauen macht hingegen anfällig für Populismus, der Misstrauen in »die Eliten« und »das System« schürt. Das Misstrauen in gesellschaftliche Institutionen und Verfassungsinstitutionen ist unter Personen mit einem geschlossen rechtsextremen Weltbild besonders ausgeprägt (vgl. Pickel et al. 2022). Auch wenn das politische Vertrauen in Deutschland verglichen mit anderen Ländern nach wie vor hoch ist, schwindet es in den vergangenen Jahren rapide. So hat das Vertrauen in diverse Institutionen in den letzten Jahren abgenommen (vgl. Best et al. 2023). Neben weiteren Aspekten wird insbesondere die mangelnde Repräsentativität beklagt. Ärmere Menschen beteiligen sich seltener an Wahlen, und die soziale Zusammensetzung des Deutschen Bundestages spiegelt nicht die der Bevölkerung wider.

In der aktuellen Mitte-Studie sind nur noch 31 % davon überzeugt, anderen Menschen könne man vertrauen. Im Vergleich zu den Jahren vor der Coronapandemie hat offenkundig auch das Vertrauen in andere Menschen massiv abgenommen. Vertrauen in staatliche Institutionen wie Behörden, Gerichte und Universitäten in Deutschland hat nur noch die Hälfte (51 %) aller Befragten, ein weiteres Drittel (32 %) »teils/teils«. Im Vergleich zu den Vorjahren ist das Vertrauen in staatliche Institutionen also deutlich zurückgegangen; während des zweiten Lockdowns, als die Erhebung der Mitte-Studie 2020/21 durchgeführt wurde, war es besonders hoch (➡ Abb. 4.4a, S. 112).

In der oben zitierten Studie der KAS von 2018 waren deutschlandweit 7 % explizit der Ansicht, Wahlergebnisse würden in Deutschland gefälscht. Im Osten war das Misstrauen ausgeprägter als im Westen. In der Mitte-Studie haben wir etwas zurückhaltender nach dem Vertrauen auf den Ablauf von Wahlen in Deutschland gefragt. Lediglich gut jede:r Zehnte vertraut nicht darauf, »dass die Wahlen in Deutschland alles in allem korrekt ablaufen«. Immer noch drei Viertel (74,5 %) der Befragten vertrauen darauf, allerdings sind nur noch 44 % davon »voll und ganz« überzeugt. In der Mitte-Studie 2020/21 waren es noch 86 % der Befragten, davon 65 % »voll und ganz« und nur 5,5 % nicht überzeugt. Hier dürfte das Wahldesaster in Berlin, welches eine gerichtlich angeordnete Wiederholung der Wahlen notwendig machte, seine Spuren hinterlassen haben. Allerdings sind es, wie auch in der KAS-Studie, insbesondere die Sympathisant:innen der AfD, die Misstrauen in Wahlen (und staatliche Institutionen) äußern, gefolgt von den Nichtwähler:innen und Wähler:innen der FDP, während nach wie vor über 80 % der Wähler:innen von CDU/CSU, SPD und mehr noch den Grünen Vertrauen in den korrekten Ablauf der Wahlen haben. Ferner ist zum Beispiel auch der ehemalige US-Präsident Donald Trump mit seiner Kampagne der angeblich »gestohlenen Wahl« anhaltend und ohne jeglichen Beleg darum bemüht, den Ablauf und das Ergebnis der letzten Wahlen als Betrug durch den politischen Gegner darzustellen. Auch in anderen Ländern wie etwa Brasilien wurde diese Strategie im Ansatz übernommen. Hierzulande fruchtet sie inzwischen ebenfalls.

Mediales Vertrauen: Ein weiterer Aspekt ist das Vertrauen in öffentlich-rechtliche Medien, die unter besonderem Druck stehen. »Lügenpresse« ist inzwischen zu einem gängigen Begriff beziehungsweise Vorwurf auf Demonstrationen geworden. Die Pressefreiheit leidet an der Gewaltbereitschaft auf »Querdenken«-Demonstrationen (vgl. Hoffmann, Pohl & Jana 2023). Aufgrund der vielen Angriffe auf Journalist:innen im Umfeld von Coronademonstrationen ist Deutschland erneut im internationalen Ranking der Pressefreiheit abgerutscht und liegt nun auf Platz 21 von 180 Ländern nicht mehr im grünen Bereich (Reporter ohne Grenzen 2023).

Nur noch rund zwei Drittel der Bevölkerung in Deutschland sind davon überzeugt, die Medien in Deutschland böten vertrauenswürdige Informationen, 77 % sehen in der Zunahme von falschen und verzerrenden Informationen ein Problem für die Demokratie (Europäische Kommission 2023). Den Informationen in sozialen Netzwerken vertrauen deutlich weniger. Zugleich werden das Internet und Social Media mit Fake News und Verschwörungserzählungen überflutet, zum Teil auch mit völkisch-rassistischer und antisemitischer Tendenz (vgl. dazu u. a. Linden 6.11.2015). Dazu gehören insbesondere Plattformen der selbst ernannten »Alternativmedien«, die für sich beanspruchen, Raum für eine »Gegenöffentlichkeit« zu bieten und eine aufklärerische Zielsetzung in Anspruch zu nehmen. In einer Langzeitstudie der Universitäten Mainz und Düsseldorf zum Medienvertrauen offenbart sich ein gemischtes Bild: Zwar wird das Informationsangebot des öffentlich-rechtlichen Rundfunks und auch von Regionalzeitungen nach wie vor geschätzt und ihnen das meiste sowie deutlich mehr Vertrauen entgegengebracht als sogenannten »alternativen Nachrichten-portalen«, allerdings ist das Vertrauen im Vergleich zur Zeit vor Corona etwas zurückgegangen. Während der Pandemie vertrauen besonders viele der Befragten darauf, durch die Öffentlich-Rechtlichen seriös informiert zu werden, doch gerade das Vertrauen in die Coronaberichterstattung ist gesunken. Auch das Flash Eurobarometer belegt ein im europäischen Vergleich nach wie vor vergleichsweise hohes Vertrauen in die öffentlich-rechtlichen Medien in Deutschland von 62 % der dort Befragten (vgl. Media & News Survey 2022). Zugleich berichtete fast die Hälfte der Befragten in Deutschland, in den letzten sieben Tagen vermutlich Desinformation und Fake News zumindest manchmal oder sogar oft über verschiedene Medien ausgesetzt gewesen zu sein (in südosteuropäischen Ländern berichten noch deutlich mehr Bürger:innen davon). Das Vertrauen in etablierte Medien ist – wie auch das in wissenschaftliche Studien – weitgehend unabhängig von der politischen Selbstverortung auf der Links-Rechts-Skala. Jedoch ist bei Menschen, die einer populistischen Logik folgen, das Misstrauen deutlich ausgeprägter. »Populismus und Medienschelte sind ein Team« und das gerade in Deutschland, wie eine Studie des Pew Research Centers in mehreren westeuropäischen Ländern nachweist (Mitchell et al. 2018).

Jugendliche, die ihre Informationen bevorzugt aus den sozialen Medien beziehen, sind zunehmend und besonders oft mit Falschnachrichten online oder in den sozialen Medien konfrontiert. 76 % der 14- bis 24-Jährigen berichten davon, mindestens einmal pro Woche Falschnachrichten zu begegnen (Ziegler 2022). 43 % sind über das Internet oder Social Media in Berührung mit Verschwörungserzählungen gekommen, 45 % geben an, dort auch Erfahrungen mit extremen politischen Ansichten gemacht zu haben (mpfs 2020).

Die Mitte-Studie 2022/23 hat das *Medienvertrauen* erneut untersucht. 59 % der Befragten halten die öffentlich-rechtlichen Medien »für eine wichtige Säule der Demokratie« (2020/21: 69 %). Hingegen geben 17 % der Befragten an, »dem Internet mehr als den öffentlich-rechtlichen Medien« zu vertrauen (2020/21: 10 %). Das politische und das mediale Vertrauen hängen eng zusammen (r = ,56).

Politische Selbstwirksamkeit: Demokratie lebt von Teilhabe. Dazu gehört neben den faktischen Möglichkeiten der Beteiligung auch der Eindruck, politisch mitsprechen und Einfluss nehmen zu können. Dies umfasst das Konzept der politischen Selbstwirksamkeit. Diese bildet ab, inwieweit sich Personen zutrauen und befähigt fühlen, an Politik teilzunehmen (*internale* politische Selbstwirksamkeit) und inwieweit Politik darauf reagiert und die Menschen das Gefühl haben, dass ihre Stimme Gewicht hat und Gehör findet (*externale* politische Selbstwirksamkeit); ex negativo auch als das Gefühl politischer Machtlosigkeit beschrieben. Im Vergleich zu anderen europäischen Ländern und der Welt ist der Eindruck, dass die Möglichkeit zu politischer Teilhabe besteht, in Deutschland recht hoch ausgeprägt, allerdings nicht so hoch wie etwa in Norwegen oder Japan (vgl. OECD 2021). Neben politischem Vertrauen gilt die

Politische Selbstwirksamkeit 2022/23 (Angaben in Prozent)   **Tabelle 4.2**

Trifft ... ➡

Mangelnde politische Selbstwirksamkeit (M = 2,77; SD = ,78; n = 2.026; α = ,64)
Leute wie ich haben sowieso keinen Einfluss darauf, was die Regierung tut.
Ich halte es für sinnlos, mich politisch zu engagieren.
Wichtige politische Fragen kann ich gut verstehen und einschätzen. (-)
Wenn ich mir erst einmal eine Meinung gebildet habe, dann bleibe ich auch dabei.
In letzter Zeit meide ich Gespräche über politische Themen, weil es dann nur Streit gibt.

Anmerkungen Die Aussagen wurden den Befragten in randomisierter Reihenfolge vorgelesen.
M = arithmetischer Mittelwert; **SD** = Standardabweichung; **n** = Anzahl der Befragten;

politische Selbstwirksamkeit als zentraler Faktor für die Unterstützung oder Ablehnung des politischen Systems durch die Bürger:innen und damit auch für die Qualität von Demokratie weltweit. Beide Aspekte hängen eng miteinander zusammen, bestimmen im Wesentlichen über die Zufriedenheit mit dem politischen System und verleihen ihm seine Legitimation. Die politische Selbstwirksamkeit wurde in vielen Studien als wichtiger Prädiktor für politische Partizipation und insbesondere für die Beteiligung an Wahlen bestätigt: Wer das Gefühl hat, politisch wirksam sein zu können, geht mit einer größeren Wahrscheinlichkeit wählen.

In der Mitte-Studie 2022/23 haben wir die politische Selbstwirksamkeit erhoben, also den Eindruck der Befragten, bei politischen Diskussionen und Entscheidungen teilhaben zu können beziehungsweise von der Politik gehört zu werden oder umgekehrt, sich politisch machtlos zu fühlen. Der Blick wurde also, wie schon in den Vorjahren, wieder auf die externale politische Selbstwirksamkeit gerichtet und, erstmalig, auch auf die internale. Hierfür haben wir Aussagen aus klassischen und in vielen Studien eingesetzten Skalen zur Erfassung der politischen Selbstwirksamkeit verwendet oder adaptiert, die auch auf Deutsch gut geprüft sind (vgl. Beierlein et al. 2012). Den Eindruck, external politisch selbstwirksam beziehungsweise – im Negativen – politisch machtlos zu sein, teilen demnach 43 % der Befragten (2018/19: 38 %), wenn sie der Aussage zustimmen: »Leute wie ich haben sowieso keinen Einfluss darauf, was die Re-

Tabelle 4.2

... überhaupt nicht zu	... eher nicht zu	teils/teils	... eher zu	... voll und ganz zu
13,3	18,7	25,3	22,1	20,7
23,0	22,3	27,4	16,1	11,3
2,9	5,9	29,4	37,3	24,6
10,6	18,9	36,9	23,0	10,6
26,0	20,5	25,8	17,8	9,9

α = Cronbachs Alpha; (-) = recodiert für die Skalenbildung.

gierung tut.« Gut 27 % halten es für »sinnlos«, sich politisch zu engagieren (2018/19: 22 %).

Der Eindruck, internal politisch selbstwirksam zu sein, spiegelt sich in der Überzeugung von 62 % der Befragten, die meinen, wichtige politische Fragen gut verstehen und einschätzen zu können. Politisches Selbstbewusstsein bezeugen knapp 44 % der Befragten, wenn sie der Aussage zustimmen: »Wenn ich mir erst einmal eine Meinung gebildet habe, dann bleibe ich auch dabei.« Umgekehrt zeugt bei knapp 28 % der Befragten die Angabe, in letzter Zeit Gespräche über politische Themen zu vermeiden, »weil es dann nur Streit gibt« (entnommen aus Faus & Storks 2019), von geringem politischem Selbstvertrauen beziehungsweise von Konfliktvermeidung (➞ Tab. 4.2).

Auch wenn sich eine Binnendifferenzierung nach internaler und externaler politischer Selbstwirksamkeit abzeichnet, hängen alle fünf Aussagen doch so eng miteinander zusammen, dass es auch empirisch gerechtfertigt scheint, sie zu einer Skala *mangelnder politischer Selbstwirksamkeit* zusammenzufassen (in der Literatur ist umstritten, ob dies aus theoretischen wie empirischen Gründen sinnvoll ist; vgl. Scotto, Xena & Reifler 2021). 18 % der Befragten haben in diesem Sinne einen ausgeprägten Eindruck mangelnder politischer Selbstwirksamkeit.

In der Kollekt-Studie über den Zusammenhang von Einsamkeit und (anti-) demokratischen Einstellungen neigten Jugendliche und junge Erwachsene, die sich politisch selbstwirksam fühlen, unerwarteterweise häufiger zum Populismus; allerdings wurde die politische Selbstwirksamkeit anders erfasst (Neu et al. 2023). Den Ergebnissen der Mitte-Studie zufolge neigen ebenfalls jene, die recht selbstbewusst sagen, wenn sie sich einmal eine Meinung gebildet hätten, blieben sie auch dabei, eher zum Populismus. Es dürfte besonders schwierig sein, gerade diese Personen mit Argumenten zu überzeugen, die dies so selbstbewusst verkünden.

Demokratie- und Medienvertrauen sowie politische Machtlosigkeit im Zeitvergleich 2018–2023 (Angaben in Prozent)   **Abb. 4.4a**

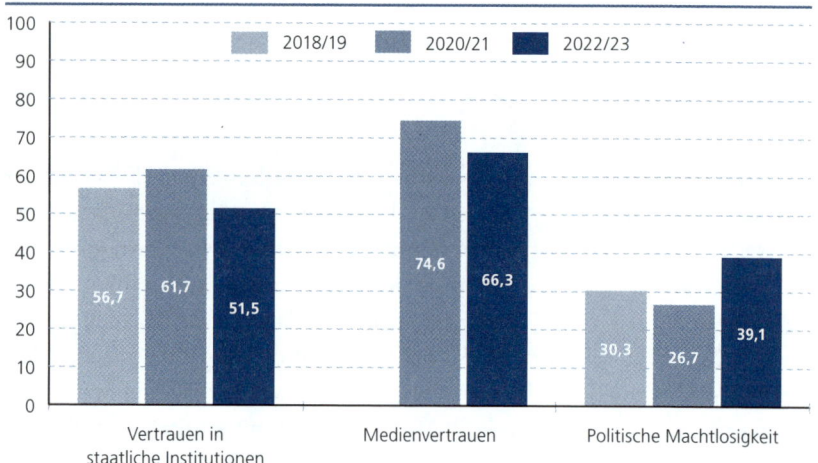

Anmerkungen Medienvertrauen wurde 2018/19 nicht erfasst.

Zusammengefasst: Im Vergleich zu den Vorjahren ist das Vertrauen in staatliche Institutionen und öffentlich-rechtliche Medien zugunsten des Internets gesunken, das Gefühl politischer Machtlosigkeit ist gestiegen (also die externale politische Selbstwirksamkeit, die ausdrückt, inwieweit Menschen meinen, politischen Einfluss zu haben, zurückgegangen) (➡ Abb. 4.4a).

Das Funktionieren der Demokratie bewerten zunehmend mehr Menschen als nicht gut. Rückläufig ist auch die Zustimmung zur Vorstellung einer liberalen

Demokratie mit einer offenen Gesellschaft, auch wenn diese nach wie vor von der großen Mehrheit geteilt wird. Das politische und mediale Vertrauen ist deutlich gesunken, ebenso das Gefühl, politisch Einfluss nehmen zu können und gehört zu werden. Während in der Zeit des sogenannten zweiten Lockdowns im Winter 2020/21 ein deutlich höherer Anteil der Bevölkerung die Demokratie, gemessen an diesen Indikatoren, stützte, liegt die Zustimmung zur Demokratie nun sogar unter dem Niveau von 2018/19. Insgesamt ähnliche Beobachtungen macht auch die Studie zum Demokratievertrauen in Krisenzeiten von Best et al. (2023).

4.2.3 Gefährdende Einstellungen zur Demokratie

Der Weg in eine antidemokratische Radikalisierung führt, so unsere Annahme, über Verschwörungsglauben, Populismus, völkisch-autoritär-rebellische Einstellungen bis hin zur Billigung politischer Gewalt. Über die in diesem Sinne demokratiegefährdenden Einstellungen berichten wir im nächsten Schritt.

Verschwörungsglauben[8]*:* »Nichts geschieht durch Zufall, nichts ist, wie es scheint, alles ist miteinander verbunden« (Butter 2018) – so lässt sich die Grundannahme von Verschwörungserzählungen zusammenfassen. Sie sind Gedankengebäude, die hinter einem Ereignis die mutwillige Verschwörung einer Gruppe von Akteur:innen vermutet, die dieses Ereignis zielgerichtet und konspirativ geplant hat, im Geheimen steuert und dabei illegale oder illegitime Zwecke verfolgt, die »gegen das Volk« gerichtet sind. Statt mit überzeugenden empirischen Belegen für ihre Behauptungen arbeiten Verschwörungsgläubige mit Andeutungen, Anspielungen oder insinuierenden Fragen, auch mit antisemitischen Chiffren, die zum Beispiel eine angebliche »jüdische Weltverschwörung« mal direkt, mal indirekt nahelegen sollen. Verschwörungsmythen geben einfache Erklärungen für eine komplexe Welt, bieten scheinbares Wissen und vermitteln den Eindruck von Kontrolle. Sie bieten das Gefühl der Selbstaufwertung und Überlegenheit, einer eingeweihten Gruppe zuzugehören, die die Verschwörung erkannt hat. So liefern sie eine neue Gruppenbindung. Sie bieten Erklärungen (für die eigene

---

8   Das Fremdwort für Verschwörung, Konspiration, setzt sich zusammen aus lateinisch *con* (mit) und *spirare* (atmen). Die Begriffe Verschwörungsglauben, -denken, -mythen, -theorien werden in der Wissenschaft nicht einheitlich genutzt und diskutiert. Wir nutzen hier den Begriff Verschwörungsglauben zur Bezeichnung einer entsprechend generalisierten Einstellung.

Misere) und die Legitimation für Abwertung und Gewalt gegen »die Anderen«. Dabei können sie durchaus Widersprüche vereinen, etwa die gleichzeitige Annahme, das Coronavirus sei gar nicht so schlimm, aber von Bill Gates erfunden worden, um die Welt zu beherrschen.

Die Vorstellung, hinter den Dingen stünde eine Konspiration von Eliten oder als »fremd« und machtvoll wahrgenommene Gruppen, ist keineswegs neu, und der Glaube daran hat in der Geschichte schon viele Menschen das Leben gekostet, denen die Schuld an Missständen zugeschoben wurde (vgl. Bubert, Drews & Krischer 2020). Zu den bekanntesten und schlimmsten Vorfällen dieser Art dürften jene Pogrome im Mittelalter gehören, die Jüdinnen und Juden für den Ausbruch der Pest verantwortlich machten. Die Shoah, die Verfolgung und Ermordung der Jüdinnen und Juden in der Zeit des Nationalsozialismus, baute auf diesen vorbereitenden und begleitenden judenfeindlichen Verschwörungserzählungen auf.

In jüngster Zeit gewinnen Verschwörungsmythen weltweit wieder mehr Anhänger:innen, befeuert von Akteur:innen, die Chaos stiften wollen, um Demokratien zu zerstören. Diese destruktiven Erzählungen finden nicht zuletzt durch jene Verbreitung, die sie zunächst vielleicht passiv und naiv zur Kenntnis nehmen, dann aber auch aktiv und mutwillig weitertragen und am Ende glauben. Die Psychologie geht von einer Neigung zum Verschwörungsdenken aus, die manche Menschen mehr als andere haben. Sie glauben oft nicht nur an eine spezifische, sondern an diverse Verschwörungen, was auch paranoide Züge tragen kann (vgl. Imhoff & Lamberty 2018). Ein und dieselben Akteur:innen kommunizieren oft unterschiedliche Verschwörungserzählungen auf ihren Kanälen, auch gezielt in politischer Absicht, um Verwirrung zu stiften und die Demokratie zu destabilisieren. Der Verfassungsschutz warnte daher explizit vor Verschwörungsmythen im Zusammenhang mit Corona, die auch von Rechtsextremen gestreut werden.

Verschwörungsmythen dienen somit als Katalysator für Populismus und sind ein Einfallstor für Rechtsextremismus. Akteur:innen von Rechtsaußen nutzen sie als einfache, schnelle und breite Mobilisierungsmittel über das Internet und Social Media. Ihre Plattformen bieten massiven Zugang zu den unterschiedlichsten Verschwörungsmythen und leiten mit wenigen Klicks ins Rechtsaußenspektrum. Die Coronapandemie war nach den Geflüchteten ein Ankerthema der Rechten, es lässt sich leicht mit dem Klimawandel und dem russischen Angriff auf die Ukraine (schon nach dem Überfall auf die Krim 2014) zu einem »pandemischen Populismus« (Boberg et al. 2020) verbinden.

Eine ganze Reihe von Studien haben in jüngerer Zeit die Neigung zum Verschwörungsglauben erhoben. In einer Bevölkerungsumfrage aus dem Sommer 2022 stimmte ein Drittel mindestens zwei von fünf prominenten Verschwörungserzählungen rund um aktuelle Themen zu, die ganz ähnlich auch in anderen Ländern Verbreitung fanden: Corona sei eine absichtlich entwickelte Biowaffe, um Menschen zu schaden; die herrschenden Eliten versuchten, das »Volk« durch Einwander:innen auszutauschen; Wissenschaftler:innen übertrieben die Risiken des Klimawandels, um mehr Geld und Anerkennung für ihre Forschungen zu erhalten; der Westen habe sich gegen Russland und den russischen Präsidenten Putin verschworen, um die eigene Macht auszubauen; die Regierung habe die Bevölkerung während der Coronapandemie gezielt in Angst versetzt, um die Grundrechte massiv einzuschränken (vgl. Best et al. 2023). Aufsteigend in dieser Reihe finden diese Verschwörungserzählungen immer mehr Zustimmung in der Bevölkerung, besonders in Ost- und Süddeutschland. Die Studie bestätigte zudem erneut: Wer einer Verschwörungserzählung zustimmt, stimmt mit hoher Wahrscheinlichkeit auch anderen zu. Auch sind Verschwörungsgläubige seltener vom Funktionieren der repräsentativen Demokratie überzeugt und präferieren stattdessen häufiger Volksentscheide.

In der Mitte-Studie 2022/23 haben wir erneut die Neigung zum Verschwörungsglauben erhoben. Dazu haben wir eine verkürzte Version der Skala verwendet, die wir bereits in den vergangenen Mitte-Studien genutzt haben (vgl. Rees & Lamberty 2019). Sie basiert auf einer inzwischen häufiger verwendeten Skala von Bruder et al. (2013), ergänzt um einige selbst entwickelte Aussagen (➟ Tab. 4.3, S. 118 f.).[9] 32 % der Befragten glauben: »Politiker und andere Führungspersönlichkeiten sind nur Marionetten der dahinterstehenden Mächte.« (2018/19: 34 %; 2020/21: 20,5 %). Ebenso viele vermuten: »Die Medien

---

9   Die hohe interne Konsistenz der Skala rechtfertigt die Verwendung einer Kurzversion.

und die Politik stecken unter einer Decke.« (2018/19: 26 %; 2020/21: 24 %). Umgekehrt halten 38 % respektive 42 % beides (eher) für nicht zutreffend, die Übrigen liegen dazwischen. Diese beiden Aussagen haben wir zu einer Skala zusammengefasst. Danach neigen 38 % der Befragten zum Verschwörungsglauben. Im Vergleich zu 2020/21 hat die Zustimmung dazu erheblich zugenommen, verglichen mit 2018/19 ein wenig (➡ Abb. 4.4b, S. 124).

Verschwörungsglauben hat viel mit Populismus gemein: Beide teilen die Ablehnung mächtiger Eliten und Gefühle der Machtlosigkeit, das Bedürfnis nach Vereinfachung komplexer Sachverhalte und ein Gut-Böse-Schema, ferner Emotionalisierung und feindselige Reaktion, wenn die eigene Weltsicht herausgefordert ist, und das Gefühl, anderen überlegen zu sein, obgleich die eigene Gruppe von außen unter Druck steht (vgl. Van Prooijen 2018). Entsprechend eng korrelieren beide auch empirisch – wer zu Populismus neigt, neigt oft auch zum Verschwörungsglauben und umgekehrt, und beide Neigungen lassen sich wiederum auf ein grundlegendes Misstrauen zurückführen (vgl. Thielmann & Hilbig 2023).

Populismus: Der Populismus erzählt die Geschichte von korrupten Eliten und vom betrogenen »Volk«, das sich zurückholt, was ihm zusteht (vgl. Diehl 2018). Er pflegt die Vorstellungen einer homogenen »Volksgemeinschaft«, die gleiche Interessen habe, das Gleiche für »richtig« halte und auch in ihrer Zusammensetzung gleichermaßen beschaffen sei (ausführlicher skizziert haben wir die Debatte über das Wesen des Populismus in der vergangenen Mitte-Studie; vgl. Zick & Küpper 2020/21). Das Gefühl kollektiver Benachteiligung, Selbstheroisierung und Selbstaufwertung sind Teil seiner Logik. In dieser spiegeln sich auch die beiden zentralen Antagonismen von »Volk« versus »Eliten« (vertikal) beziehungsweise »Volk« versus »Andere« (horizontal) wider. Auf der Ebene politischer Einstellungen drückt sich dies in einer Antieliten- und Antipluralismus-Haltung aus (vgl. Mudde & Rovira Kaltwasser 2019; eine kurze Übersicht über das Phänomen Populismus bieten unter anderem Jörke & Selk 2017; zentrale Aufsätze zum Populismus versammelt Möller 2022). Daraus ergibt sich als dritte Dimension die Forderung nach »Volkssouveränität«. Im politischen Raum wird dies etwa in Befürwortung direkter Demokratie ohne die vermittelnden Zwischeninstanzen einer repräsentativen Demokratie übersetzt.

In den vergangenen Jahren hat das Thema Populismus nicht nur in der Öffentlichkeit, sondern auch in der Wissenschaft sehr viel Aufmerksamkeit bekommen, es sind zahlreiche theoretische und empirische Publikationen dazu erschienen. Im Kern lassen sie sich jedoch auf die hier grob skizzierten zwei oder drei Dimensionen herunterbrechen. Vergleichende empirische Messungen legen sogar nahe, dass die Antieliten- (oder Anti-Establishment)-Dimension eigentlich ausreicht, um das Konstrukt abzubilden (vgl. Hawkins et al. 2018).

Populistische Einstellungen wurden in der Mitte-Studie 2022/23 über die beiden Kerndimensionen Antielitismus, in dem sich auch ein Misstrauen in die Demokratie ausdrückt, und Antipluralismus erhoben (➡ Tab. 4.3, S. 118 f.). Dafür wurden Items verwendet, die bereits in vorangegangenen FES-Mitte-Studien eingesetzt wurden; dies ermöglicht das Nachzeichnen von Entwicklungen. Ergänzend wurden Vorstellungen zum Wesen der Demokratie erfasst. Viele Befragte äußern ihr Misstrauen in Parteien und Politiker:innen. So meinen 46 %: »Die demokratischen Parteien zerreden alles und lösen die Probleme nicht.« (2018/19: 43,5 %; 2020/21: 31 %), und gut 63 % denken: »Politiker nehmen sich mehr Rechte heraus als normale Bürger.« (2018/19: 50 %; 2020/21: 42 %). 34 % glauben sogar: »Die Regierung verschweigt der Bevölkerung die Wahrheit.« (2018/19: 37 %; 2020/21: 23 %), und 30 % vermuten: »Die regierenden Parteien betrügen das Volk.« (2018/19: 22 %; 2020/21: 16 %).

Eng damit verknüpft ist die antipluralistische Ansicht, »Die Demokratie führt eher zu faulen Kompromissen als zu sachgerechten Entscheidungen.«, in der sich das Misstrauen in demokratische Aushandlungsprozesse unterschiedlicher Vorstellungen und Interessen – also eine Ablehnung von Pluralität – spiegelt; diese wird von 30 % der Befragten geteilt (2018/19: 30 %; 2020/21: 22 %). In einer weiteren Facette wendet sich der Antipluralismus gegen Minderheiten. 26 % der Befragten meinen: »Es wird zu viel Rücksicht auf Minderheiten genommen.« (2018/19: 23 %; 2020/21: 20 %), und 34,5 % bestätigen die Aussage: »Im nationalen Interesse können wir nicht allen die gleichen Rechte gewähren.« (2018/19: 35 %; 2020/21: 23 %). Hier antworten vergleichsweise viele Befragte mit »weiß nicht« oder geben keine Antwort.

Populistische und demokratiegefährdende Einstellungen 2022/23
(Angaben in Prozent)   **Tabelle 4.3**

Trifft ... →

Populismus (M = 3,02; SD = ,93; n = 2.026; α = ,85)

Die demokratischen Parteien zerreden alles und lösen die Probleme nicht.

Politiker nehmen sich mehr Rechte heraus als normale Bürger.

Die regierenden Parteien betrügen das Volk.

Die Regierung verschweigt der Bevölkerung die Wahrheit.

Die Demokratie führt eher zu faulen Kompromissen als zu sachgerechten Entscheidungen.

Im nationalen Interesse können wir nicht allen die gleichen Rechte gewähren.

Es wird zu viel Rücksicht auf Minderheiten genommen.

Rechte Ideologie/Abwertung als »anders« markierter Gruppen (→ Kap. 5, Fußn. 18, S. 183)

Linke Ideologie/Kapitalismuskritik (M = 3,07; SD = 1,02; n = 2.013; α = ,48)

Echte Demokratie ist nur ohne Kapitalismus möglich.

Das Vermögen der Reichen muss zugunsten der Armen umverteilt werden.

Verschwörungsglauben (M = 2,86; SD = 1,19; n = 2.019; α = ,77)

Politiker und andere Führungspersönlichkeiten sind nur Marionetten der dahinterstehenden Mächte.

Die Medien und die Politik stecken unter einer Decke.

Autoritarismus (M = 3,39; SD = 0,86; n = 2.020; α = ,71)

Wir sollten dankbar sein für führende Köpfe, die uns sagen, was wir tun sollen.

Wir brauchen starke Führungspersonen damit wir sicher leben können.

Verbrechen sollten härter bestraft werden.

Um Recht und Ordnung zu bewahren, sollte man härter gegen Außenseiter und Unruhestifter vorgehen.

Anmerkungen Die Aussagen wurden den Befragten in randomisierter Reihenfolge vorgelesen. M = arithmetischer Mittelwert; **SD** = Standardabweichung; **n** = Anzahl der Befragten;

Im Vergleich zur Erhebung vor zwei Jahren hat die Zustimmung zu beiden Subdimensionen des Populismus – das Misstrauen in die politischen Eliten

Tabelle 4.3

... überhaupt nicht zu	... eher nicht zu	teils/teils	... eher zu	... voll und ganz zu
8,8	14,9	30,4	24,7	21,2
4,6	10,8	21,1	27,2	36,3
28,1	19,1	23,1	14,8	14,9
22,3	16,2	27,7	16,1	17,7
17,0	22,0	30,8	19,5	10,5
23,2	18,1	24,1	22,9	11,6
21,2	24,3	28,2	15,1	11,2
21,3	21,8	29,9	17,1	9,9
9,4	12,4	32,0	23,5	22,7
21,0	17,3	29,4	18,8	13,5
20,3	21,9	25,9	17,5	14,4
16,9	20,6	41,3	16,4	4,8
7,0	10,3	30,6	31,1	21,0
6,1	6,0	21,2	24,8	41,8
10,4	11,5	27,5	23,8	26,7

α = Cronbachs Alpha.

und der Antipluralismus – deutlich zugenommen, im Vergleich zu 2018/19 etwas.

Beide Subdimensionen des Populismus sind empirisch so eng miteinander verbunden, dass sie zu einem gemeinsamen Index zusammengefasst wurden.[10] 33 % der Befragten müssen in diesem Sinne als *populistisch* eingestuft werden, wenn als strenges Kriterium auf der zugrunde liegenden 5-stufigen Antwortskala Mittelwerte ≥ 3,5 erreicht werden. Wird ein weicheres Kriterium mit mittleren Zustimmungswerten > 3 angelegt, ist es sogar fast die Hälfte (49 %) der Befragten, die sich populistisch eingestellt äußert.

Außerdem haben wir neben der zentralen rechten Ideologie – die Ablehnung von Gleichheit, wie sie in der Gruppenbezogenen Menschenfeindlichkeit zum Ausdruck kommt – erstmals auch die zentrale linke Ideologie – die Einforderung von Gleichheit, wie sie sich im Antikapitalismus ausdrücken kann – erhoben. Neben einem allgemeinen Populismus kann damit auch seine ideologische Aufladung hin zu einem (exkludierenden) Rechts- beziehungsweise (inkludierendem) Linkspopulismus (vgl. u. a. Mudde & Rovira Kaltwasser 2013; Eatwell & Goodwin 2018) geprüft werden (⟼ Kap. 4.5, S. 130 ff.).

Völkisch-autoritär-rebellische Einstellungen: Die sogenannte »Neue Rechte« ist ein Sammelbegriff für Strömungen mit völkischer Ideologieausrichtung, die klar dem Rechtsextremismus zugeordnet werden muss (vgl. Frei et al. 2019; Pfahl-Traughber 2019b). Sie gilt auch als loses, informelles Netzwerk »rechtsextremer Intellektueller« (Fuchs & Middelhoff 2019), die mit einer »Kulturrevolution von rechts« einen grundlegenden politischen Wandel anstreben. Ziel ist die Ablösung der liberalen, pluralistischen Demokratie und offenen Gesellschaft. Orientiert an den Ideen des linken Denkers Antonio Gramsci, ist ihr Agitationsfeld der vorpolitische Raum. Entsprechend suchen sie über moderates und kultiviertes Auftreten Kontakte nach außen, insbesondere in konservative Milieus, und haben gewissermaßen eine »Scharnierfunktion« in den Konservatismus (vgl. Gessenharter & Pfeiffer 2004). Ideologiefragmente der »Neuen Rechten« kursieren mittlerweile bis weit in die Bevölkerung hinein, geronnen etwa im Verschwörungsmythos vom »Großen Austausch«, der eingangs schon erwähnt wurde. Kernkonzept solch neurechter Einstellungen ist ein rassistisch

---

10 Explorative Faktorenanalysen ergaben einen gemeinsamen Faktor, der auf einen Anti-Establishment-Populismus hinweist mit einer erklärten Varianz von 71 %.

homogenes Volksverständnis, schönfärberisch als »Ethnopluralismus« bezeichnet. Der Verfassungsschutz sieht deutlich rechtsextreme Züge (vgl. BMI 2022).

In der Mitte-Studie 2018/19 – und noch einmal überarbeitet in der Mitte-Studie 2020/21 – haben wir erstmalig versucht, diese modernisierten Formen einer
rechtsextremen Ideologie, wie sie von der sogenannten »Neuen Rechten« vertreten wird, auch auf der Einstellungsebene zu erfassen (vgl. Häusler & Küpper
2019, 2021). Hierzu haben wir die theoretisch herausgearbeiteten zentralen
ideologischen Versatzstücke in Subdimensionen und dazu passende Aussagen
übersetzt, die wir aufgrund ihres ideologischen Inhalts als neurechte, *völkisch-
autoritär-rebellische* Einstellungen skizziert haben (➡ Tab. 4.4, S. 122 f.). Dazu
zählen wir den »Ethnopluralismus«, der völkische Identitäten proklamiert, zum
Widerstand aufruft und behauptet, wir lebten in einer Diktatur statt einer
Demokratie. Dazu zählt auch die Annahme, der Islam unterwandere Deutschland, also der zentralen Verschwörungserzählung der »Neuen Rechten« eines
angeblichen »Großen Austauschs« (Letztere haben wir allerdings aus Platzgründen nicht mehr in der aktuellen Mitte-Studie 2022/23 erhoben). Rund jede:r
Zehnte schließt sich der Meinung an: »Unterschiedliche Völker sollten sich
nicht vermischen.« (2018/19: 7 %; 2020/21: 5 %). Und fast jede:r Fünfte hält
die Aussagen für (eher) zutreffend, manche Völker seien »begabter als andere«
(2020/21: 12 %).

Die Behauptung, in Deutschland werde die Meinungsfreiheit eingeschränkt,
ist bei den eingangs skizzierten Protesten immer wieder zu hören. Auch sie gehört zum Standardrepertoire der »Neuen Rechten«, die diese Erzählung ganz
gezielt und explizit als Teil ihrer Strategie einsetzt, um demokratische Begriff-
lichkeiten, Codes und Konzepte zu kapern und mit rechten Inhalten zu füllen.
In der Mitte-Studie haben wir die Ansicht, dass die Meinungsfreiheit eingeschränkt sei, mit zwei Aussagen erhoben. 58 % der Befragten halten sie für
»eher« oder »voll und ganz« zutreffend, in Deutschland dürfe »man nichts
Schlechtes über Ausländer sagen, ohne gleich als Rassist beschimpft zu werden«
(2018/19: 55 %; 2020/21: 49 %), 38 % sind (eher) überzeugt, in Deutschland
könne »man nicht mehr frei seine Meinung äußern, ohne Ärger zu bekommen«
(2018/19: 28 %; 2020/21: 27 %). Die Unterstellung eines Betrugs der regierenden Parteien am Volk haben wir (wie in der Mitte-Studie 2020/21) nicht

Völkisch-autoritär-rebellische Einstellungen 2022/23 (Angaben in Prozent)
(M = 3,02; SD = ,93; n = 2.026; α = ,88)   **Tabelle 4.4**

Trifft ... ⇀
In Deutschland darf man nichts Schlechtes über Ausländer sagen, ohne gleich als Rassist beschimpft zu werden.
In Deutschland kann man nicht mehr frei seine Meinung äußern, ohne Ärger zu bekommen.
Was die Regierung tut, ist illegal.
Es ist Zeit, mehr Widerstand gegen die aktuelle Politik zu zeigen.
Unser Land gleicht inzwischen mehr einer Diktatur als einer Demokratie.
Manche Völker sind begabter als andere.
Unterschiedliche Völker sollten sich nicht vermischen.

Anmerkungen M = arithmetischer Mittelwert; **SD** = Standardabweichung; n = Anzahl der Befragten; α = Cronbachs Alpha.

mehr den völkisch-autoritär-rebellischen Einstellungen zugeordnet (so noch in der Studie 2018/19), sondern den populistischen Einstellungen, da diese Behauptung den Kern des Populismus zum Ausdruck bringt. Sie steigert sich zur Delegitimierung der Regierung, festgehalten in der Aussage: »Was die Regierung tut, ist illegal.«, der sich fast jede:r Fünfte (18 %) anschließt. Ebenso meint jede:r Fünfte (21 %): »Unser Land gleicht inzwischen mehr einer Diktatur als einer Demokratie.« Ein Viertel bis ein Drittel (29 %) schließen sich dem Aufruf nach Widerstand gegen die aktuelle Politik an (2018/19: 34 %; 2020/21: 23 %).

Im Vergleich zu den Vorjahren wird der Vorwurf der beschnittenen Meinungsfreiheit von deutlich mehr Befragten geteilt. Gleiches gilt für die völkische Forderung, unterschiedliche Völker sollten sich nicht miteinander vermischen, wie auch für den Vorwurf, Deutschland gleiche inzwischen mehr einer Diktatur, und für den Aufruf zum Widerstand, der allerdings 2018/19 noch etwas stärker verbreitet war.

Die auf den ersten Blick recht unterschiedlichen Versatzstücke korrelieren erneut bemerkenswert hoch miteinander, sodass wir sie ebenfalls zu einem Index zusammengefasst haben. 19 % der Befragten liegen klar im Zustimmungsbereich, weitere 28 % im Graubereich und nur die Hälfte (52 %) ist nicht empfänglich

Tabelle 4.4

... überhaupt nicht zu	... eher nicht zu	teils/teils	... eher zu	... voll und ganz zu
9,6	11,0	21,6	26,6	31,2
22,4	19,3	20,6	19,2	18,6
41,3	22,2	18,7	9,7	8,1
27,1	17,9	25,8	15,0	14,1
46,0	18,3	15,1	11,9	8,7
44,9	11,9	24,2	12,8	6,2
61,6	12,3	16,2	6,0	3,8

für völkisch-autoritär-rebellische Einstellungen. Gegenüber 2020/21 finden diese mehr Zuspruch, aber im Vergleich zu 2018/19 ist die Verbreitung nahezu konstant (⇒ Abb. 4.4b, S. 124).

Billigung politischer Gewalt (⇒ Kap. 3, S. 53 ff.): Hier geht es um die Frage, inwieweit die Durchsetzung eigener politischer Vorstellungen und Interessen mit Gewalt gebilligt oder legitimiert wird. Wie im Kapitel zuvor berichtet, hält knapp jede:r Zehnte (9 %) Gewalt zum Erreichen politischer Ziele moralisch für gerechtfertigt, 17 % fordern: »Wenn sich andere bei uns breitmachen, muss man ihnen unter Anwendung von Gewalt zeigen, wer Herr im Haus ist.«, und 13 % äußern Verständnis für Gewalt gegenüber Politiker:innen.

Um trotz sich inhaltlich verändernder Konstrukte und adaptierter Erfassung dennoch den Vergleich über die Zeit zu ermöglichen und Entwicklungen nachzuvollziehen, wurden angepasste, verkürzte Indikatoren für den Vergleich genutzt, die trotzdem den inhaltlichen Kern der jeweiligen Phänomene, basierend auf der Theorie, spiegeln. Deutlich wird: 2022/23 haben kritische Einschätzungen zur Demokratie und demokratiegefährdende Einstellungen verglichen mit der Erhebung 2018/19 zugenommen und im Vergleich zur Zeit in der Coronapandemie 2020/21 sogar erheblich.

Demokratiegefährdende Einstellungen im Zeitvergleich 2018–2023
(Angaben in Prozent)   Abb. 4.4b

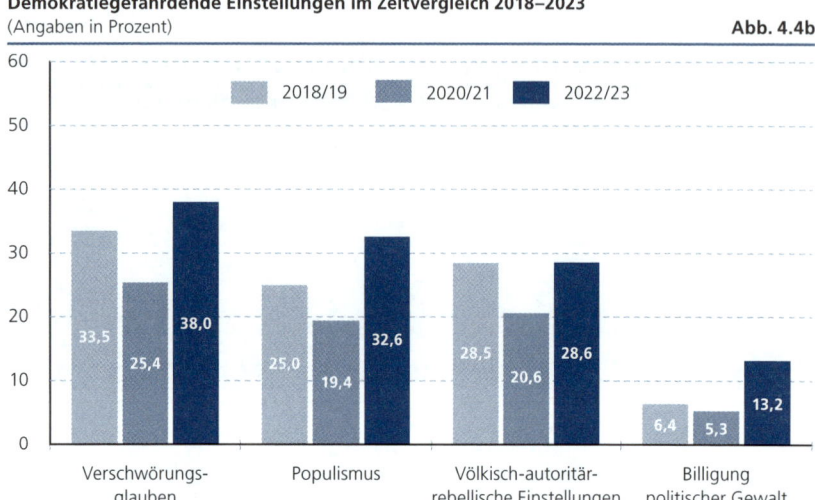

Anmerkungen Für den Zeitvergleich wurden die Indizes nur mit Aussagen gebildet, die in allen Jahren erfasst wurden, wodurch es zu leichten Abweichungen gegenüber den jeweils bereits berichteten Prozentsätzen kommt.

Zusammengefasst: Verglichen mit den Vorjahren ist die Neigung zum Verschwörungsglauben etwas und zum Populismus 2022/23 erheblich stärker geworden, während neurechte Einstellungen ähnlich weitverbreitet sind wie schon 2018/19. Die Billigung politischer Gewalt zugunsten eigener Interessen und der eigenen Vormachtstellung hat sich verdoppelt. Auch bei den demokratiegefährdenden Einstellungen lässt sich das oben beschriebene Muster erkennen: deutliche Zurückhaltung während der Pandemie 2020/21 und nun ein Anstieg über das Niveau von 2018/19 hinaus.

4.3 Wer hält die Demokratie für gefährdet, wer gefährdet die Demokratie?

Man könnte nun in die Falle tappen und meinen, das seien nur wenige Rechtsextreme, die sich auf den Weg in die Radikalisierung begeben. Eine andere Frage ist immer wieder, ob das Beschriebene nicht gleichermaßen auf eine linke Radikalisierung übertragbar ist. Daher haben wir als Nächstes geprüft, inwiefern die skizzierten Schritte in die Radikalisierung von Personen mit der politischen Selbstpositionierung auf der Links-Rechts-Skala (➡ Kap. 4.2.1, S. 98 ff.) korrespondiert.

Deutlich wird: Von links über die Mitte nach rechts nimmt das politische und mediale Vertrauen ab, das Gefühl mangelnder politischer Selbstwirksamkeit nimmt zu (➡ Abb. 4.5a, S. 126).[11] Ebenso steigt von links über die selbstverortete Mitte nach rechts die Zustimmung zu Verschwörungsmythen, Populismus, völkisch-autoritär-rebellischen Einstellungen und politischer Gewalt (➡ Abb. 4.5b, S. 126).[12] Befragte, die sich selbst in der Mitte einstufen – und dies sind, wie oben berichtet, immer noch die meisten –, liegen mit ihren Werten zwischen jenen, die sich politisch links beziehungsweise rechts verorten. Bei Befragten, die sich selbst ganz links einordnen und sich auch sonst praktisch nicht von denen eher links unterscheiden, ist die Billigung politischer Gewalt ähnlich hoch wie bei jenen, die sich genau in der Mitte positionieren.

Eine weitere Annahme ist bisweilen, Radikalisierung sei primär ein Jugendproblem. Auch das findet sich nicht bestätigt: Befragte mittleren Alters fallen durch das geringste politische Vertrauen auf, Ältere setzen das vergleichsweise größte Vertrauen in politische Institutionen und Wahlen, ebenso in öffentlich-rechtliche Medien, die bei Jüngeren das geringste Vertrauen zugunsten des Internets genießen. Von alt nach jung sinkt das Gefühl der politischen Selbstwirksamkeit. Lediglich die ältesten Befragten ab 65 Jahren neigen signifikant weniger zu den hier skizzierten demokratiegefährdenden Einstellungen. Erwachsene in den Altersgruppen zwischen 18 und 64 unterscheiden sich hingegen kaum im Ausmaß ihrer Zustimmung. Gerade Personen mittleren Alters fallen durch vergleichsweise höhere Werte auf. Ausnahme ist die Billigung von

---

11 Berechnet wurde aufgrund der hohen Interkorrelationen der Konstrukte eine multivariate Varianzanalyse mit der politischen Selbstverortung als unabhängige, den drei abgebildeten Konstrukten als abhängige Variablen: multivariate $F_{(12, 5.035)} = 21,94$; univariate Analysen $F_{(4, 1.905)}$: Demokratievertrauen $= 30,09$; mediales Vertrauen $= 47,43$; mangelnde politische Selbstwirksamkeit $= 33,75$; alle $p < {,}001$.

12 Berechnet wurde aufgrund der hohen Interkorrelationen der Konstrukte eine multivariate Varianzanalyse mit der politischen Selbstverortung als unabhängige, den vier abgebildeten Konstrukten als abhängige Variablen: multivariate $F_{(16, 5.784)} = 24,84$; univariate Analysen $F_{(4, 1.896)}$: Verschwörungsglauben $= 29, 64$; Populismus $= 77,71$; völkisch-autoritär-rebellische Einstellungen $= 85,67$; Billigung politischer Gewalt $= 36,13$; alle $p < {,}001$.

**Demokratie- und Medienvertrauen sowie mangelnde politische
Selbstwirksamkeit nach politischer Selbstverortung** (Mittelwerte)   **Abb. 4.5a**

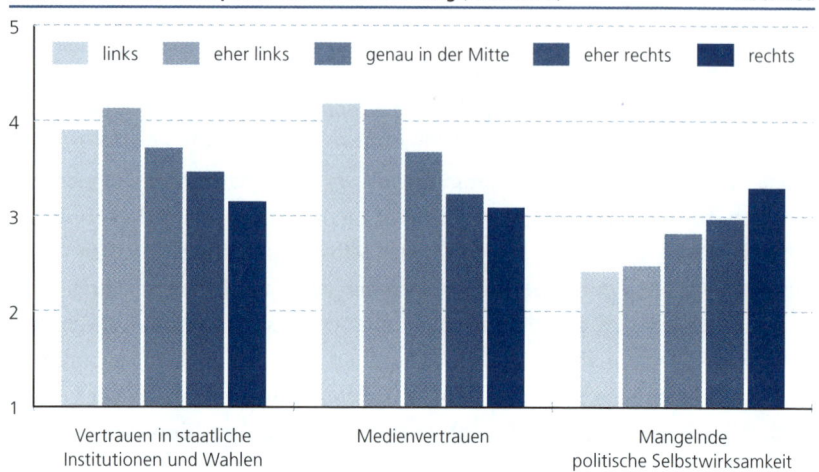

Demokratiegefährdende Einstellungen nach politischer Selbstverortung
(Mittelwerte)   **Abb. 4.5b**

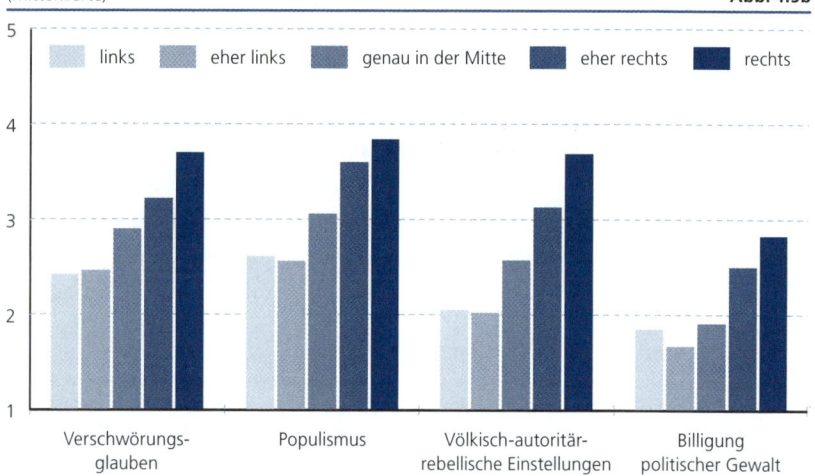

Gewalt, bei der die Zustimmung von Jung nach Alt linear abnimmt. Insgesamt spielt das Alter aber keine große Rolle für die Höhe der Zustimmung.

Hingegen stimmt die Annahme, dass es insbesondere ärmere Menschen sind, die wenig Vertrauen in die Demokratie und die öffentlich-rechtlichen Medien haben und sich zugleich politisch weniger selbstwirksam fühlen, gefolgt von jenen mit mittlerem Einkommen. Eine ähnliche, aber geringere Rolle spielt das Einkommen für demokratiegefährdende Einstellungen, die geringste für die Billigung politischer Gewalt. Nur ein Teil des Einflusses, den das Einkommen hat, lässt sich statistisch durch die Schulbildung erklären.

4.4 Wie hängt die Einstellung zur Demokratie mit demokratiegefährdenden und rechtsextremen Einstellungen zusammen?

Die in diesem Kapitel berichteten und im oben skizzierten Radikalisierungsmodell ($\rightarrow$ Abb. 4.1, S. 97) abgebildeten grundlegenden und gefährdenden Einstellungen zur Demokratie hängen signifikant miteinander zusammen[13]; einige so eng, dass sie statistisch kaum voneinander zu trennen sind, worüber wir in Teilen schon in den vorangegangenen Mitte-Studien berichtet haben.[14] Dies gilt insbesondere für die Neigung zum Populismus und Verschwörungsglauben (r = ,73). Ebenso sind die populistischen und völkisch-autoritär-rebellischen Einstellungen eng miteinander verknüpft (r = ,83). Rechtsextreme Einstellungen korrelieren nicht nur stark mit der Billigung politischer Gewalt (r = ,70) ($\rightarrow$ Kap. 3, S. 53 ff.), sondern auch mit Populismus und völkisch-autoritär-rebellischen Einstellungen, jedoch nicht ganz so stark mit Verschwörungsglauben. Die Billigung politischer Gewalt geht besonders mit rechtsextremen, gefolgt von völkisch-autoritär-rebellischen Einstellungen und Populismus einher.

---

13 Eine vollständige Korrelationsmatrix findet sich unter www.fes.de/mitte-studie. Korrelationen sind, wohlgemerkt, unabhängig von der absoluten und unterschiedlichen Höhe der Zustimmung. Natürlich sind populistische, weniger extreme Einstellungen weiterverbreitet als rechtsextreme, aber sie variieren mit großer Wahrscheinlichkeit miteinander; das heißt, eine Person, die etwa den populistischen Einstellungen zustimmt, wird bei rechtsextremen Einstellungen im Durchschnitt mehr zustimmen als eine Person, die den populistischen Einstellungen nicht zustimmt. Die Enge des Zusammenhangs drückt sich in der Höhe der Korrelation aus.

14 Alle diese demokratiegefährdenden Einstellungen lassen sich empirisch sogar durch eine einzige Dimension abbilden, einschließlich des Populismus. Die explorative Faktorenanalyse über die hier einbezogenen demokratiegefährdenden Einstellungen ergibt einen einzigen starken Faktor, der 72 % der Varianz aufklärt. Die rechtsextremen Einstellungen hinzugenommen, laden auch diese hoch auf jenem Faktor.

Demokratievertrauen und der Eindruck politischer Selbstwirksamkeit hängen hingegen deutlich negativ mit den zuvor genannten Konstrukten zusammen – je weniger Vertrauen die Befragten in staatliche Institutionen und Wahlen haben, je geringer sie ihre politische Selbstwirksamkeit einschätzen, desto eher neigen sie zu demokratiegefährdenden beziehungsweise antidemokratischen Einstellungen (vgl. dazu auch Hirndorf 2023 zu reichsbürgeraffinen Haltungen).

Die drei unterschiedlichen Demokratievorstellungen sind nur vergleichsweise locker bis moderat mit den demokratiegefährdenden Einstellungen verbunden. So korreliert damit die Vorstellung überraschend schwach, in einer Demokratie stünden Würde und Gleichheit an erster Stelle. Dies lässt vermuten, dass die Interpretation dieser Aussage von jeder und jedem unabhängig von den eigenen demokratiezugeneigten oder -feindlichen Einstellungen anders gefüllt wird. Etwas ausgeprägter und wenig überraschend sind die Korrelationen der Überzeugung, eine Demokratie solle vorrangig Ruhe und Ordnung gewährleisten. Die Vorstellung, Demokratie verlange von ihren Bürger:innen vor allem die Fähigkeit zur Vernunft und Moral, korreliert überhaupt nicht mit den zuvor skizzierten demokratiegefährdenden Einstellungen.

Von jenen 27 % mit mangelndem Demokratievertrauen teilen 67 % einen Verschwörungsglauben. Die Befragten mit Verschwörungsglauben teilen 68 % populistische Einstellungen. Jene mit populistischen teilen 51 % völkisch-autoritär-rebellische Einstellungen. Von den Menschen mit völkisch-autoritär-rebellischen Einstellungen neigen 41 % auch zu klassisch rechtsextremen Einstellungen. Von jenen 18 %, die sich zu Beginn deutlich politisch nicht selbstwirksam fühlen, teilen 53 % ein manifest rechtsextremes Weltbild.

Die in Abbildung 4.1 (⟶ S. 97) skizzierten Konstrukte wurden blockweise in eine lineare Regressionsanalyse eingespeist, um die Billigung politischer Gewalt vorherzusagen.[15] Die hohen Interkorrelationen zwischen den einzelnen

---

15 Schritt- und blockweise Regressionsanalyse zur Vorhersage der Billigung politischer Gewalt: *Modell 1*: Demokratievertrauen (β = -,16***), mangelnde politische Selbstwirksamkeit (β = ,25***), Würde und Gleichheit (β = -,19***), Vernunft und Moral (β = -,02), Ruhe und Ordnung (β = ,17***); *Modell 2*: Demokratievertrauen (β = -,07**), mangelnde politische Selbstwirksamkeit (β = ,19***), Würde und Gleichheit (β = -,20***), Vernunft und Moral (β = -,02), Ruhe und Ordnung (β = ,16***),

Konstrukten empfehlen eine zurückhaltende Interpretation der Einflussstärke der einzelnen Prädiktoren, und darum geht es hier primär auch nicht. Vielmehr wird der Weg in die Radikalisierung deutlich. Alle im ersten Schritt eingeführten Variablen tragen signifikant zur Vorhersage der Gewaltbilligung bei (mit Ausnahme der Vorstellung, Demokratie verlange nach der Fähigkeit zur Vernunft und Moral). Die politische Selbstwirksamkeit hat hier besonders viel Einfluss. Anders gesagt: Wer wenig politische Selbstwirksamkeit verspürt, billigt eher politische Gewalt. Auch das politische Vertrauen ist von Bedeutung (das mediale Vertrauen wurde aufgrund der hohen Korrelation mit dem politischen Vertrauen ausgenommen). Die Vorhersagekraft der vorherigen Variablen sinkt dann mit der Einführung jedes weiteren Konstrukts, wie die durchgeführte schrittweise Regressionsanalyse verdeutlicht (➡ Fußn. 15, S. 128 f.). Dies bedeutet, dass die Erklärungskraft der jeweils nachfolgend eingeführten Variable in der zuvor eingeführten Variablen gewissermaßen bereits »enthalten« ist: Wessen Demokratievorstellung weniger an Würde und Gleichwertigkeit ausgerichtet ist, wer weniger Vertrauen in die Demokratie hat und weniger politische Selbstwirksamkeit verspürt, neigt mit größerer Wahrscheinlichkeit zu Verschwörungsglauben. Wer eher an Verschwörungen glaubt, ist offener für Populismus, der diesen den ideologischen Rahmen gibt. Wer offener für Populismus ist, neigt häufiger zu neurechten Einstellungen und wer dazu tendiert, teilt auch eher rechtsextreme Einstellungen.

Verschwörungsdenken (β = ,20***); *Modell 3*: Demokratievertrauen (β = -,01), mangelnde politische Selbstwirksamkeit (β = ,08**), Würde und Gleichheit (β = -,19***), Vernunft und Moral (β = -,03), Ruhe und Ordnung (β = ,11***), Verschwörungsdenken (β = -,01), Populismus (β = ,42***); *Modell 4*: Demokratievertrauen (β = -,11***), mangelnde politische Selbstwirksamkeit (β = ,03), Würde und Gleichheit (β = -,17***), Vernunft und Moral (β = -,02), Ruhe und Ordnung (β = ,07**), Verschwörungsdenken (β = -,06*), Populismus (β = ,12***), völkisch-autoritär-rebellische Einstellungen (β = ,54***); *Modell 5*: Demokratievertrauen (β = -,05*), mangelnde politische Selbstwirksamkeit (β = -,03), Würde und Gleichheit (β = -,10***), Vernunft und Moral (β = -,02), Ruhe und Ordnung (β = ,03), Verschwörungsdenken (β = -,05), Populismus (β = ,10**), völkisch-autoritär-rebellische Einstellungen (β = ,09*); rechtsextreme Einstellungen (β = ,57***). Korrigiertes R^2 = ,24***; ,26***, 33***, ,41***, 50***. Werden die Prädiktoren in dieser im abgebildeten Modell skizzierten Reihenfolge in die Analyse eingeführt, erhöht sich bei jedem Schritt die Varianzaufklärung signifikant und die Vorhersagekraft der zuvor eingeführten Variablen verringert sich. Eine testweise durchgeführte alternative Regressionsanalyse, bei der die Prädiktoren in zu dem abgebildeten Modell umgekehrter Reihenfolge in die Analyse eingeführt wurden, war empirisch weniger überzeugend.

Das bedeutet: Ein erheblicher Teil der Billigung politischer Gewalt lässt sich empirisch durch rechtsextreme Einstellungen erklären, die wiederum für den Einfluss aller anderen Konstrukte verantwortlich sind. Der hier skizzierte Weg in die Radikalisierung ist nur vordergründig politisch neutral, vielmehr hat er einen rechtsextremen Kern. Bedeutsam bleiben jedoch das politische Vertrauen und die Vorstellung von Würde und Gleichwertigkeit als primäre Werte von Demokratie, die Radikalisierungstendenzen verringern.

4.5   Demokratiefeindliche Radikalisierung

Ob und inwieweit die Demokratie in der Krise ist, wird in der Wissenschaft heftig diskutiert (für eine Übersicht vgl. Best et al. 2023) (➡ Kap. 7, S. 219 ff.). Dies hängt nicht zuletzt davon ab, wie Demokratie definiert wird (für eine Übersicht vgl. Mudde & Rovira Kaltwasser 2019) und wie ernst die oben skizzierten radikalisierten Bewegungen genommen werden. Unzweifelhaft ist die liberale Demokratie, wie sie in Deutschland durch das Grundgesetz abgesteckt ist, gefährdet, wenn ein nennenswerter Teil der Bevölkerung Zweifel und Misstrauen äußert, auf die sogenannten »Eliten« und die anderen schimpft, zum Widerstand gegen das vorgeblich »diktatorische System« aufruft und politische Gewalt in Äußerungen billigt und legitimiert. Sie ist durch Rechtsextremismus gefährdet, wenn die Menschen bereit sind, eine rechtsextreme Ideologie zu übernehmen und ihr zu folgen. Unmittelbar bedroht sind jene Bevölkerungsgruppen, die dem Rechtsextremismus als ungleichwertig gelten, ablesbar derzeit etwa auch an der steigenden Gewalt gegenüber Frauen und LSBTIQ*-Personen. Offen bleibt, wie tragfähig und standfest die Demokratie in Deutschland ist. Dass auch länger etablierte Demokratien gefährlich wanken können (und was eine kleine, aber radikalisierte und gewaltbereite Menge anrichten kann), zeigt das Beispiel USA. Wie auch Strömungen von ganz Rechtsaußen trotz oder gerade wegen ihrer Verachtung für die liberale Demokratie in die Regierungsverantwortung kommen können – dafür gibt es inzwischen auch in Europa Beispiele. Großbritannien ist ein solches Land, in dem eine alte, liberale Demokratie von libertärer Seite in Bedrängnis gebracht worden ist.

Das, was sich in den vergangenen Jahren angedeutet hat, das Einsickern und Anheizen rechter Ideologie, zeigt sich nun in einem deutlichen Ruck nach rechts der gesamtgesellschaftlichen Stimmungslage. Misstrauen und das Gefühl politischer Machtlosigkeit haben ebenso wie demokratiegefährdende Einstellungen in der Bevölkerung in Deutschland deutlich zugenommen. Die Mitte-Studie bildet die Bevölkerung wohlgemerkt in ihrer Breite ab, sie untersucht nicht dezidiert rechtsextreme Gruppierungen. Radikalisierung ist kein Problem der jeweils anderen, wie der ohnehin Rechtsextremen, der Jungen, der weniger Gebildeten, der Abgehängten, der prekären Schicht, sondern der Mitte der Gesellschaft.

Dynamiken

Meinungsbildung dauert, Meinungen reifen heran, Entwicklungen zeigen sich dann verzögert. Jetzt scheint sich zu rächen, was viel zu lange nicht ernst genommen, mutwillig populistisch befeuert und mit zu viel Verständnis bedacht wurde. Das, was sich 2020/21 noch als Schlierspuren in einem Graubereich antidemokratischer Einstellungen abzeichnete, tritt nun deutlich als Rechtsruck hervor, der inzwischen durchaus auch selbstbewusst in der eigenen politischen Positionierung und Wahlpräferenz kundgetan wird. Der normative Raum, in dem Menschen ihre eigene Position bilden und mit den Meinungen anderer abgleichen und an diese anpassen, hat sich ganz offensichtlich für einen Teil der Gesellschaft nach rechts verzogen, und dieser trägt nun seinerseits dazu bei, diese Entwicklung zu verstärken.

In der Mitte-Studie 2022/23 haben wir nun erstmalig versucht, die viel und bisweilen nebeneinander diskutierten demokratiegefährdenden Phänomene in ihrer Dynamik zu beleuchten. Die Ergebnisse unterstreichen die Bedeutung vor allem des mangelnden politischen Vertrauens und der mangelnden politischen Selbstwirksamkeit, die Menschen für den Glauben an Verschwörungsmythen und Populismus öffnen. Der Populismus bereitet dann seinerseits den Weg in eine demokratiefeindliche Radikalisierung. Im deutschen Kontext ist dies insbesondere eine Radikalisierung nach rechts, aufgeladen durch rechtsextreme Ideologie. Deutlich wird das Potenzial, das Verschwörungsmythen und Populismus haben, um Demokratien auszuhöhlen und zu gefährden. Sei es absichtsvoll, durch eine rechtsterroristische Strategie der Akzeleration durch Beschleunigung politische Ereignisse zu befeuern, die den demokratischen Staat ins Chaos stürzen sollen, um dann ein neues, autoritäres Regime zu errichten (vgl. Flannery 2016; Quent 2019). Sei es halb absichtsvoll durch mutwilliges Unterlaufen demokratischer Prozesse und Lächerlichmachen demokratischer Akteur:innen oder schlicht als Selbstläufer des Kaputtkritisierens demokratischer Prozesse, Akteur:innen und Institutionen ohne eigene konstruktive Beiträge (vgl. Levitsky & Ziblatt 2018). Die neuen Allianzen der Radikalisierung machen es dem Rechtsextremismus leicht, eine Klammer zu bieten und dabei Teile der Bevölkerung auch für die Akzeptanz oder gar Forderung von Gewalt zu öffnen. Dies schwächt die Demokratie.

Diese Annahme einer Radikalisierung, wie wir sie nun empirisch geprüft haben, spricht auch gegen eine reine Veränderungs- und Krisenthese als Ursache für Populismus (es gibt immer Veränderungen und wahrgenommene Krisen), sondern erst ihre Übersetzung in Verunsicherung und Bedrohung bereitet den Weg für eine demokratiegefährdende Dynamik (➠ Kap. 7, S. 219 ff.). Die multiplen Krisenlagen, begleitet von Empörungsbewegungen, haben Erschöpfungstendenzen in der Gesellschaft hinterlassen. Die Leute sind müde und des Geschreis überdrüssig. In den vergangenen Jahren war der Populismus in der Tendenz rückläufig, wie die Mitte-Studie 2020/21 und verwandte Studien zeigten (vgl. u. a. Vehrkamp & Merkel 2020). Nun wird deutlich, wie nach der Erschöpfung durch die Coronapandemie die Radikalisierung da weitergeht, wo sie vor der Pandemie stehen geblieben war und sich währenddessen weiter aufgeheizt hat. Das Vertrauen in die demokratischen Institutionen und die politische Selbstwirksamkeit sind weiter gesunken, die Zustimmung zu demokratiegefährdenden Positionen ist gestiegen. Hinter allem steht die Tendenz zur Befürwortung explizit antidemokratischer, rechtsextremer Einstellungen – sie stecken sozusagen seit Beginn der Radikalisierung mit drin, auch wenn natürlich nicht jede:r diesen Weg zu Ende geht.

Vertrauen und Selbstwirksamkeit stärken?
Das Versprechen der Demokratie, jeder und jedem Einzelnen eine Stimme zu geben, weckt auch Erwartungen und Ansprüche. Paart sich diese aber mit Individualisierung und Neoliberalismus, kann eine Verengung auf ein eigenes »Ich will!« und ein »Mir steht zu!« (➠ Kap. 11, S. 315 ff.) dabei herauskommen. Läuft es dann nicht genau so, wie man sich selbst das vorstellt, schlägt die Stimmung um in Empörung und Wut, politische Entscheidungen werden als »undemokratisch« kritisiert, nach »Widerstand« gerufen.

Kritik gehört nicht nur zur Demokratie dazu, sondern Demokratie braucht Kritik. Allerdings steckt im einfachen Schimpfen auf die Demokratie auch ein demokratiegefährdendes Potenzial.[16] Und »Protest« ist weder wertneutral noch unpolitisch. Denn die Ergebnisse untermauern erneut: Verschiedenste antidemokratische Positionen sind verbreitet, verbinden sich und können ebenso in die Legitimation von Gewalt wie in Wahlentscheidungen fließen. Und wer mit der AfD sympathisiert, tut dies mit Bedacht. Dies vorschnell und ohne Beleg als Folge von »Angst« zu interpretieren – die Aktivitäten der letzten Jahre auf der Straße und im Netz scheinen eher von Wut als von Angst geprägt –, blendet die Werthaltung aus, die sich im Protest artikuliert und ist obendrein paternalistisch, nimmt es doch die Wähler:innen der AfD nicht als politische Akteur:innen ernst.

Ist es also eine gute Idee, politisches Vertrauen und Selbstwirksamkeit zu stärken, um präventiv ein Abdriften in demokratiegefährdende Positionen zu verhindern? Jein – das empfiehlt sich nur Hand in Hand mit der Stärkung liberaler demokratischer Kultur. Ein einfacher Dialog mit »besorgten Bürgern« ist naiv. Dass ein bloßes »mit Rechten reden« (vgl. Leo, Steinbeis & Zorn 2017) rechten Positionen noch mehr Raum verschafft, hat sich inzwischen herumgesprochen, aber dass rechte Positionen diesen Raum ohnehin haben, dass sie durch zu viel verständnisvolle Aufmerksamkeit, durch spielerisch-provokant-selbstgefälliges Aufgreifen und die neue Empörung über »Wokeness« weitergetragen werden, nicht unbedingt. Die Betrachtung, die AfD schließe schlicht eine Repräsentationslücke in der parlamentarischen Demokratie, erscheint vor dem Hintergrund der Befunde geradezu gefährlich. Das liberaldemokratische Grundgesetz setzt dem Dialog und der Repräsentation politischer Positionen Grenzen, klar formuliert in seinem ersten Artikel, der die Würde und Gleichwertigkeit aller unterstreicht. Hinzu kommt: Demokratiegefährdende und antidemokratische Meinungen sind nicht einfach da, sondern das Resultat von Meinungsbildungs-

---

16 Die Verfassungsrechtlerin Gertrud Lübbe-Wolf (2023) hat jüngst gezeigt, wie konstruktive Kritik vorgebracht werden kann: Sorgfältiges Abwägen verschiedener Positionen, theoretische Überlegungen mit dem Blick auf die Praxis spiegeln, auch wenn man am Ende aus einer sozialwissenschaftlichen Perspektive und vor dem Hintergrund der hier skizzierten Befunde zu den demokratiegefährdenden Einstellungen in der Bevölkerung die direkte Demokratie weniger optimistisch beurteilen mag.

prozessen. Gibt man antidemokratischen Positionen Raum, setzen sie den normativen Rahmen für die Meinungsbildung – rechts wird die neue Mitte. Die Ergebnisse der Mitte-Studie 2022/23 zeichnen nach, wie dies in rechtsextreme Radikalisierung führen kann.

Partizipation ist ebenso wenig ein Garant für Demokratie, wie es Wahlen sind. Daran erinnert uns die deutsche Geschichte. Beides sind erst einmal hohle Gefäße, es braucht demokratische Haltung und Füllung mit demokratischer Kultur. Dass politische Selbstwirksamkeit automatisch zu mehr demokratischem Bewusstsein und Zustimmung führt, ist nicht ausgemacht. Ein selbstbewusst vorgetragenes Misstrauen und die Klage über politische Machtlosigkeit sind nicht nur bequem, sondern können Menschen auch für antidemokratische Positionen öffnen. Jugendliche sind hier sehr feine Seismografen für Stimmungslagen: Die sich politisch selbstwirksam fühlenden jungen Leute sind in Teilen selbstbewusst distanziert zur Demokratie (vgl. Neu et al. 2023).

Wie kann es besser gehen?
Die auffallend geringere Verbreitung antidemokratischer Einstellungen während des zweiten Lockdowns der Coronapandemie zeigt, dass und wie es besser gelöst werden kann. Zumindest im ersten Jahr der Pandemie wurden gegenseitige Achtsamkeit und Rücksichtnahme großgeschrieben, die von den allermeisten auch gewollt und gelebt wurde. Es herrschte vielerorts das Gefühl, wir müssen und wollen aufeinander aufpassen, um gemeinsam durch diese Krise zu gehen. Während des zweiten Lockdowns war das Land dann leise und erschöpft, viele aber – das belegen die Mitte-Studie und verwandte andere Studien – vertrauten auf den Staat mit demokratischer Haltung, die damals schon aufgekommenen Verschwörungsmythen und Proteste gegen die Coronamaßnahmen mit antidemokratischer Richtung wurden von der Mehrheit abgelehnt und als Aktivität verschrobener Spinner:innen betrachtet. Dies wurde erst aufgebrochen, als Partikularinteressen überhandnahmen, die auch von Teilen der Politik betrieben wurden, der Ruf nach individueller Entscheidungsfreiheit, ob man den staatlich verordneten und empfohlenen Maßnahmen folgen möchte, als Randmeinungen von den Medien aufgegriffen und Betroffenheiten gegeneinander ausgespielt wurden. Die Erschöpfung schlug dann bei etlichen in Reaktanz um, die sich nun – das offenbaren die Ergebnisse der Mitte-Studie 2022/23 – in antidemo-

kratischen Positionen radikalisieren. Neben allem Schrecken, Leid und Zumutungen hat die Coronapandemie auch den Wunsch nach und das Potenzial zu mehr Zurückhaltung, Seriosität, Besinnung und Zusammenhalt offenbart und, wie die Mitte-Studien zeigen, auch den Sinn für eine demokratische Grundhaltung gestärkt.

Mittendrin
In der »Querfront«

Beate Küpper

Vermischen sich Links und Rechts?

In Forschung und Prävention zum Rechtsextremismus wie auch in Politik und Medien gibt es Debatten darüber, inwieweit sich eine neue »Querfront«[1] aus Linken und Rechten gebildet hat (vgl. Bozic 2016; Weiß 2020).[2] Tatsächlich ließen sich bei Demonstrationen gegen Migration und Flüchtlingsunterkünfte, Coronamaßnahmen und steigende Energiepreise solche »Querfronten« beobachten, zuletzt bei den sogenannten »Friedenskundgebungen« im Zusammenhang mit dem russischen Angriffskrieg gegen die Ukraine, die – ohne Russland klar als Aggressor zu benennen – Demonstrierende »ohne Gesinnungsprüfung«[3] willkommen hieß. Oft sind dies selbst ernannte »Querdenker«, die von sich behaupten, »weder links noch rechts zu sein«, sondern vordergründig gegen vermeintlich undemokratische Institutionen und Entscheidungen demonstrieren, dies aber (auch) in einer Art und Weise tun, welche Zweifel an ihrer eigenen

---

1 Der Begriff »Querfront« stammt aus der Weimarer Republik und wurde für den angestrebten, aber letztlich nicht erfolgreichen Zusammenschluss von NSDAP mit linken und gewerkschaftlichen Kräften hinter völkischer und antidemokratischer Zielsetzung genutzt. Er gilt heute als Strategie der »Neuen Rechten«, genuin linke Themen, Symbolik und Chiffren zu übernehmen und mit völkisch-rechtsextremen Inhalten zu füllen. Auch wenn der Begriff und seine Nutzung umstritten sind, beschreibt er treffend den Versuch, eine »Volksbewegung« aus unterschiedlicher politischer Richtung gegen emanzipatorische Werte und die liberale Demokratie zu bilden.

2 Ähnlich wurde dies auch bei der »Gelbwesten«-Bewegung in Frankreich diskutiert, die im Winterhalbjahr 2018/19 in Reaktion auf die als Maßnahmen für Klimaschutz geplante höhere Besteuerung fossiler Treibstoffe entstanden war und dann auch Forderungen zu weiteren sozialpolitischen Themen wie dem Mindestlohn, Renten und nach basisdemokratischen Referenden aufstellte, aber auch offen war für Verschwörungsmythen und autoritäre Züge trug (vgl. Rucht 2019; Lefebvre 2019). Die Bewegung brachte zeitweilig bis zu 300.000 Menschen auf die Straße, begleitet auch von gewalttätigen Ausschreitungen. Europa- und weltweit bekam die »Gelbwesten«-Bewegung Zuspruch von Politiker:innen der Linken wie Rechten.

3 Oskar Lafontaine, ehemaliger Fraktionschef der Partei Die Linke im saarländischen Landtag und Ehemann von Sahra Wagenknecht, auf die Frage, ob denn auch AfD-Sympathisant:innen willkommen seien. Wagenknecht hatte zum Jahrestag des russischen Angriffskriegs auf die Ukraine am 24.2.2023 zusammen mit Alice Schwarzer eine große sogenannte »Friedensdemonstration« in Berlin initiiert. Die Veranstaltung wurde in rechten Netzwerken beworben.

demokratischen Grundhaltung wecken. Der Verfassungsschutz hält die neue Mischung für politisch schwer einzuordnen, schätzt ihr Radikalisierungspotenzial aber als möglicherweise staats- und demokratiegefährdend ein. Im neu eingerichteten Phänomenbereich »Verfassungsschutzrelevante Delegitimierung des Staates« werden Akteur:innen und Aktivitäten beobachtet, welche die demokratische Ordnung untergraben (vgl. BMI 2023). Für den Berichtszeitraum 2022 wurden 1.400 diesem Delegitimierungsspektrum zugeordnet und davon etwa 280 Personen als gewaltorientiert eingestuft. Zudem wurden Beziehungen in die Reichsbürgerszene und rechtsterroristische Verschwörungsgruppierungen, die sich auf einen »Tag X« des Systemumsturzes vorbereiten, beobachtet.

In einer Befragung auf Telegram unter Sympathisierenden der »Querdenken«-Szene während der Coronaproteste ließen sich die selbst ernannten »Querdenker« als Personen skizzieren, die von ehemals links nach rechts gewandert waren. Viele hätten früher Bündnis 90/Die Grünen gewählt und wählten nun die AfD. In ihren politischen Einstellungen traten vor allem ein ausgeprägtes Misstrauen gegenüber Staat und Demokratie und eine ausgesprochene Neigung zu Verschwörungsglauben und Populismus gegen die »Eliten« zutage. Hingegen fielen sie nicht durch rechte Einstellungen im Sinne einer Befürwortung von Ungleichwertigkeit sozialer Gruppen auf, das heißt, sie waren nicht auffallend minderheitenfeindlich, antisemitisch oder sozialdarwinistisch – im Gegenteil. Allerdings war diese Befragung selbstselektiv (Befragte wurden in themenspezifischen Chatgruppen auf Telegram rekrutiert). Zudem dürfte vielen Befragten bereits zum damaligen Zeitpunkt klar gewesen sein, dass sie unter Verdacht stehen, rechtsextreme Ideologien zu übernehmen. Ergebnisse der weltweiten Befragung des »PsyCorona«-Projekts[4] legen nahe, dass die Ablehnung, sich impfen zu lassen, negativ mit Prosozialität, hingegen positiv mit dem Hang zum Glauben an Verschwörungsmythen zusammenhängt (Enea et al. 2022). Die Besorgnis vor den Gefahren der Coronapandemie führt zum Wunsch nach Verengung sozialer Normen, diese wiederum macht negative Einstellungen gegenüber Eingewanderten wahrscheinlicher, so ein Ergebnis desselben Projekts (Mula et al. 2022). Die Bereitschaft, gegen die Coronamaßnahmen zu demonstrieren, ging mit der Bereitschaft einher, im Winter 2022 gegen die steigenden

---

4   https://www.rug.nl/rudolf-agricola-school/research/previous-themes/psycorona/[Aufruf am 3.7.2023].

Energiepreise zu demonstrieren, und war unter Personen, die mit der AfD sympathisieren, besonders ausgeprägt, bei Anhänger:innen der Grünen besonders gering (Steinhilper et al. 2022).

Die bisherigen Beobachtungen und Befunde bestätigen zwar die Vermischung von inhaltlichen Positionen, die üblicherweise mit links und rechts in Verbindung gebracht werden, lassen aber ein Fragezeichen hinter die Annahme einer »Querfront« setzen. In der Mitte-Studie sind wir erstmals der Frage nachgegangen, inwieweit sich in den Einstellungen der vermeintlichen Mitte der Gesellschaft Spuren einer solchen »Querfront«, die linke und rechte Überzeugungen vereint, finden lassen und welche antidemokratischen Positionen damit einhergehen. Dies ist kein unproblematisches Unterfangen, gerät die Forschung hier leicht in Verdacht, nicht nur den umstrittenen Begriff, sondern damit auch die Propaganda von ideologisch rechts wie links orientierten Gruppen zu übernehmen und nach Scheinzusammenhängen zu suchen. Allein der Nachweis, dass linke und rechte Ideologien miteinander einhergehen, könnte auch als unkritische Übernahme von Extremismustheorien verstanden werden, welche der Mitte unhinterfragt zuschreiben, demokratisch zu sein. Wir haben uns dennoch dazu entschlossen, der Frage nachzugehen: Scheint sich die klassische Zuordnung von Werthaltungen tatsächlich aufzulösen, zumindest hinter vordergründigen Themen zu verschwimmen?

Erfassung einer linken und rechten Ideologie in der Mitte-Studie 2022/23

Eine linke und rechte Ideologie unterscheidet sich primär in ihrer Haltung zu Gleichheit und Gleichwertigkeit. Eine linke Ideologie folgt der Idee und einem politisch durchzusetzenden Menschenbild von Gleichheit (insbesondere bezogen auf Klasse) und Gleichwertigkeit (insbesondere bezogen auf zugewiesene Merkmale von Race und Gender). Eine rechte Ideologie folgt einer legitimierten Ungleichwertigkeit zwischen primär national, kulturell und rassistisch markierten Gruppen (vgl. u. a. Laponce 1981). Die Grundhaltung zur Gleichwertigkeit von Menschen ist mit einer bestimmten Vorstellung von der Ordnung sozialer Gruppen im gesellschaftlichen und politischen System verknüpft. Die Ideologie, wie sie sich in einer grundlegenden Werthaltung manifestiert, ist dabei zunächst unabhängig von der Selbstverortung im politischen Spektrum und der parteipolitischen Präferenz. In der Mitte-Studie 2022/23 haben wir eine *rechte* und *linke Ideologie* jeweils als generalisierte Überzeugung erhoben und sind dann der Frage nachgegangen, inwieweit diese mit der eigenen politischen Positionierung und mit demokratiegefährdenden Einstellungen einhergehen.

Zentrales Element einer rechten Ideologie ist Exklusion, ausgedrückt in abwertenden und ausgrenzenden Einstellungen gegenüber Gruppen, die als »fremd«, »anders« oder »unnormal« markiert und damit als minderwertig und als nicht zugehörig zu einer homogen und exklusiv verstandenen »Volksgemeinschaft« betrachtet werden (vgl. z. B. Pfahl-Traughber 2019a; zur Ausgrenzung, Verfolgung und Ermordung »Gemeinschaftsfremder« im Nationalsozialismus vgl. Wildt 2019).[5] Dies kann als eine *Ideologie der Ungleichwertigkeit* beschrieben werden, wie sie den Kern der *Gruppenbezogenen Menschenfeindlichkeit* (GMF) bildet (Heitmeyer 2002) (➡ Kap. 5, S. 149 ff.). Diese zeigt sich im Rassismus, wie er sich in der Abwertung schwarzer, muslimischer und asylsuchender Menschen, Sinti:zze und Rom:nja manifestiert wie auch in der Forderung nach Etabliertenvorrechten; ebenso in Antisemitismus, Sexismus und der Abwertung von LSBTIQ*-Personen; zudem drückt sich GMF in Klassismus aus, als Herabwürdigung armer, langzeitarbeitsloser und wohnungsloser Menschen, ferner auch von Personen mit einer Behinderung). Zur Erfassung einer rechten Ideologie fokussieren wir im Folgenden auf diese Ideologie der Ungleichwertigkeit, in der sich der oben skizzierte völkische Charakter als Kernelement einer rechten Ideologie offenbart.[6] Zur Messung nutzen wir einen zusammenfassenden *GMF-Index* aus insgesamt 13 Aussagen – eine für jede der berücksichtigten und von Abwertung betroffenen Gruppen (➡ Tab. 5.5, abrufbar auf www.fes.de/ mitte-studie). Zusammengefasst liegen 9 % der Befragten mit ihren Werten im Zustimmungsbereich. Weitere 28 % in einem Graubereich zwischen Zustimmung und Ablehnung.

---

5   Im Jargon des Nationalsozialismus galten Menschen als »fremdvölkisch«, die nach den berüchtigten Nürnberger Gesetzen in völkisch-rassistischer Weise als nicht »deutschen oder artverwandten Blutes« galten.

6   Um Überschneidungen zu vermeiden, bleibt hier die politische Dimension rechter Ideologie unberücksichtigt, die sich unter anderem in der Antipluralismus-Dimension des Populismus widerspiegelt (➡ Kap. 4, S. 91 ff.).

Zentrales Element einer linken Ideologie ist neben einer verallgemeinerten Einstellung der grundsätzlichen Gleichwertigkeit aller Gruppen insbesondere die Ablehnung des Kapitalismus und die Forderung von Umverteilung. Die Forderung von Umverteilung wird bisweilen auch von Rechten erhoben, dann aber mit dem Zusatz, soziale Leistungen allein auf jene zu beschränken, die als zum eigenen »Volk« gehörig betrachtet werden. Die Auffassung: »Echte Demokratie ist nur ohne Kapitalismus möglich.« teilen 27 % der Befragten, 43 % finden dies »eher« oder »überhaupt nicht« zutreffend, knapp 30 % antworten mit »teils/teils«. Vergleichsweise viele Befragte antworten hier mit einem »weiß nicht« (über 5 %) oder geben keine Antwort (knapp 2 %). Hierin drückt sich möglicherweise schlicht Unsicherheit über eine so grundlegende Frage dieser systembezogenen Größenordnung aus. Auf die konkretere Forderung, Vermögen zugunsten von Armen umzuverteilen, fällt die Antwort leichter; nur wenige Befragte (2 %) antworten mit »weiß nicht« oder geben keine Antwort. 46 % der Befragten befürworten die Forderung: »Das Vermögen der Reichen muss zugunsten der Armen umverteilt werden.«, 22 % finden dies »eher nicht« oder »überhaupt nicht«, 32 % antworten mit »teils/teils«. Beide Aussagen hängen nur locker miteinander zusammen (r = ,32), wurden aber aus Gründen der Übersichtlichkeit zu einer Mittelwertskala mit entsprechend nur bedingt überzeugender Reliabilität zusammengefasst (Cronbachs Alpha = ,48). 42 % der Befragten liegen auf der Skala im Zustimmungsbereich. Zur Validierung haben wir geprüft, inwieweit eine rechte Ideologie (GMF) und eine linke Ideologie (Antikapitalismus) jeweils mit Einstellungen zusammenhängen, in denen sich Präferenzen einer Gesellschaftsordnung widerspiegeln.[7] GMF als Kern einer rechten Ideologie geht ganz klar mit der Ablehnung eines größeren Engagements für eine vielfältige und offene Gesellschaft, einer Beschränkung gleicher Rechte für alle im nationalen Interesse und einer Präferenz für gesellschaftliche Hierarchien einher, wohingegen Antikapitalismus damit kaum korreliert. Das bedeutet, wir erfassen hier nur einen Teilaspekt einer linken Ideologie, die sich theoretisch auch durch eine gleichwertige Haltung in Bezug auf soziale Gruppen

---

7   Person-Korrelationen der linken beziehungsweise rechten Ideologie mit den folgenden Aussagen: »Wir müssen uns stärker für eine vielfältige und offene Gesellschaft engagieren.« (r = ,12/-,41); »Im nationalen Interesse können wir nicht allen die gleichen Rechte gewähren.« (r = ,11/,52); »Es ist gut, dass einige Gruppen in der Gesellschaft oben und andere unten sind.« (r = ,05/,53).

auszeichnet; beides geht in den Einstellungen der Befragten ganz offenbar nicht zwangsläufig miteinander einher.

Die Prüfung der Zusammenhänge mit der eigenen politischen Positionierung und Parteipräferenz bestätigen die Unterscheidung der Ideologien: Befragte, die ihre politischen Meinungen selbst als »links« bezeichnen, vertreten eher eine linke Ideologie, wie sie oben beschrieben und gemessen wurde. Befragte, die sich im politischen Spektrum selbst »rechts« verorten, teilen eher eine rechte Ideologie, wie sie über den GMF-Index erfasst wurde (➡ Abb. 4.6a).[8] Eine antikapitalistische, linke Ideologie ist unter Wähler:innen der Linken besonders verbreitet, gefolgt von jenen der AfD und der Nichtwähler:innen. Jeweils rund ein Drittel der Wähler:innen der anderen im Bundestag vertretenen Parteien teilen Kapitalismuskritik, selbst die der FDP. Einer menschenfeindlichen, rechten Ideologie stimmen die Wähler:innen der AfD mit Abstand vergleichsweise besonders häufig zu, gefolgt von Wähler:innen von CDU/CSU und der FDP. Besonders selten ist die Zustimmung unter Wähler:innen von Bündnis 90/Die Grünen und unter Nichtwähler:innen.[9]

Eine rechte und linke Ideologie sind, wie sie hier gemessen wurden, nicht konträr zueinander, sondern korrelieren signifikant und leicht positiv miteinander (r = ,18). Es gibt also Befragte, die beidem eher zustimmen oder beides eher ablehnen. Gut die Hälfte der Befragten (55 %) folgt weder einer rechten noch einer linken Ideologie, 36 % folgen nur einer linken, aber nicht einer rechten, 3 % nur einer rechten, aber nicht einer linken Ideologie. 6 % der Befragten folgen sowohl einer rechten als auch linken Ideologie. Sie ergänzen ihre linke Ideologie des Antikapitalismus offenbar mit rechten Ideologemen der Abwertung

---

8   Multivariate Varianzanalyse mit der politischen Selbstverortung als unabhängige, einer linken und einer rechten Ideologie als abhängige Variablen: multivariate $F_{(8, 3.786)}$ = 74,71; univariate Analysen: linke Ideologie $F_{(4, 1.886)}$ = 21,13; rechte Ideologie $F_{(4, 1.886)}$ = 105,25; alle p < ,001. Der post hoc durchgeführte Scheffé-Test weist bei der linken Ideologie nur für die sich selbst politisch ganz links verortenden Personen signifikant höhere Zustimmung aus, in der rechten Ideologie steigt die Zustimmung signifikant mit der politischen Selbstverortung nach rechts, lediglich sich selbst politisch ganz links und eher links verortende Personen unterscheiden sich nicht.

9   Linke/rechte Ideologie nach Parteipräferenz (Sonntagsfrage): CDU/CSU: 37 %/12 %; SPD: 35 %/7 %; Bündnis 90/Die Grünen: 33 %/3 %; FDP: 35 %/15 %; Die Linke: 75 %/7 %; AfD: 51 %/21 %; Nichtwähler:innen: 55 %/5 %.

Linke und rechte Ideologie nach politischer Selbstverortung (Mittelwerte)   **Abb. 4.6a**

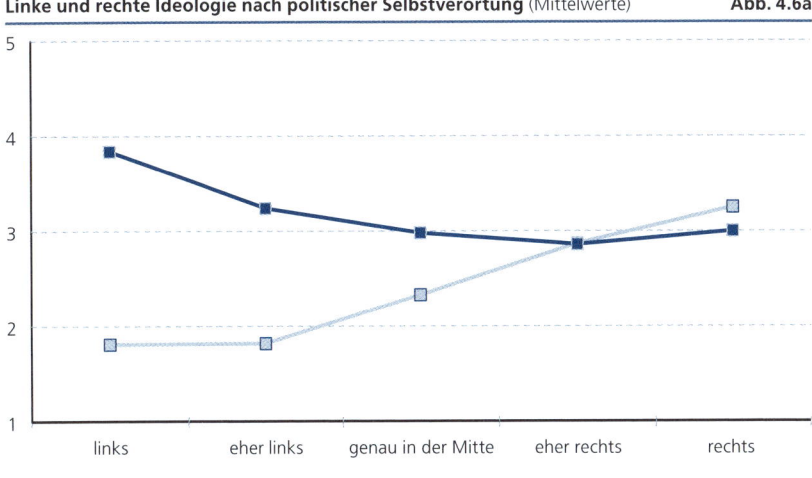

Linke Ideologie (Antikapitalismus)

Rechte Ideologie (GMF – Ideologie der Ungleichwertigkeit)

und Ausgrenzung sozial markierter Gruppen, wie dies etwa der Front National in Frankreich demonstriert, der soziale Forderungen auf *weiße*, nicht muslimische Staatsbürger:innen begrenzt. Diese Personen bezeichnen wir aufgrund ihrer Überzeugung als »Querfront«. Ein Drittel dieser »Querfront«-Personen lebt in Ostdeutschland und zwei Drittel leben in Westdeutschland. Entsprechend ist unter Befragten im Osten eine solche gemischte linke und rechte Ideologie mit 11 % signifikant weiterverbreitet als unter jenen im Westen mit 5 % (➡ Abb. 4.6b, S. 144). Eine nur linke Ideologie ohne rechte Elemente teilen im Osten 43 % der Befragten, im Westen 34 %. Eine nur rechte Ideologie ohne zugleich linke Elemente teilen in Ost wie West jeweils 3 % und weder eine linke noch eine rechte Ideologie im Osten 43 % und im Westen 58 % der Befragten.

Die »Querfront«-Personen verorten sich selbst zu 48 % politisch »genau in der Mitte« (jene ohne linke und rechte Ideologie zu 59 %). 20 % sehen sich selbst »eher links«, 4 % »links«, 24 % »eher rechts«, 4 % »rechts«. Wäre am nächsten Sonntag Bundestagswahl, würden knapp 23 % der Befragten mit einer »Querfront«-Ideologie ihre Stimme der AfD geben, 30 % der CDU/CSU, 12 % der SPD, 16 % der FDP, 8 % den Grünen und 5 % der Partei Die Linke. Weitere

5 % würden nicht wählen gehen. Die »Querfront«-Personen sehen sich selbst also keineswegs am linken oder rechten Rand, sondern durchaus in der politischen Mitte, neigen dann aber doch besonders häufig der AfD und nicht den Linken oder Grünen zu. Ihre Neigung, überhaupt zur Wahl zu gehen, ist vergleichsweise ausgeprägt, aber unter jenen mit einer allein linken Ideologie auffallend gering.

»Querfront« linker und rechter Ideologie nach Wohnort in Ost- oder Westdeutschland (Angaben in Prozent)   **Abb. 4.6b**

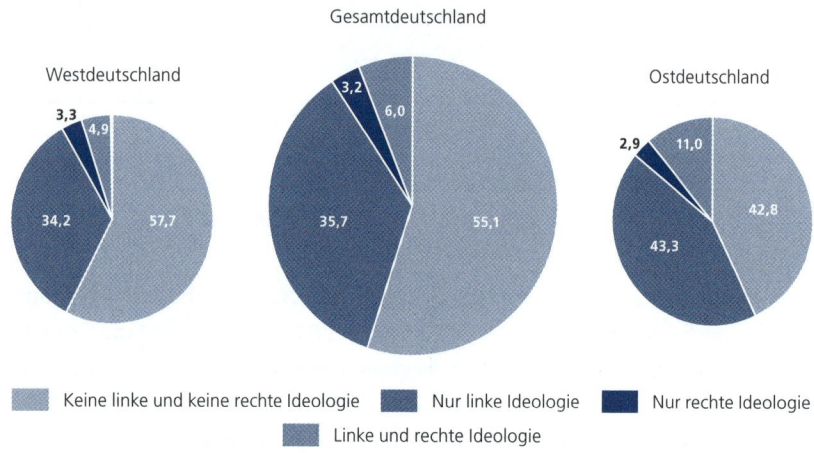

Die »Querfront«-Personen haben – ähnlich wie Befragte mit einer klar rechten Ideologie – besonders wenig Vertrauen in die demokratischen Institutionen und Prozesse sowie die öffentlich-rechtlichen Medien. Als Informationsquelle bevorzugen sie das Internet. Mehr als alle anderen teilen sie das Gefühl mangelnder politischer Selbstwirksamkeit.[10] Sie neigen zudem auffallend oft zu demokratiegefährdenden Einstellungen, wobei sie sich in ihrer Zustimmung zu

---

10 Multivariate Varianzanalyse mit den vier »Ideologie«-Gruppen als unabhängige, den drei demokratiebezogenen Einstellungen als abhängige Variablen: multivariate $F(9, 4.838) = 32,38$; univariate Analysen: politisches Vertrauen $F(3, 1.990) = 43,94$; mediales Vertrauen $F(3, 1.990) = 32,99$; mangelnde politische Selbstwirksamkeit $F(3, 1.990) = 72,02$; alle $p < ,001$; alle Post-hoc-Scheffé-Tests auf Gruppenunterschiede weisen keine signifikanten Unterschiede zwischen Befragten mit allein rechter und »Querfront«-Ideologie aus.

Verschwörungsmythen, Populismus und einer völkisch-autoritär-rebellischen Haltung nicht von jenen Menschen mit nur rechter Ideologie unterscheiden.[11] Und mehr als alle anderen Gruppen billigt die »Querfront«-Gruppe politische Gewalt.[12] (➟ Abb. 4.7a u. 4.7b, S. 146)

Insgesamt ähneln die »Querfrontler« jenen mit einer nur rechten Ideologie eher als jenen mit einer nur linken Ideologie. Befragte, die weder eine linke, antikapitalistische noch eine rechte, menschenfeindliche Ideologie teilen, haben häufiger prodemokratische und seltener antidemokratische Einstellungen.

»Querfront« ernst nehmen

Eine Analyse der Einstellungen von Befragten mit rechten wie linken Ideologien unterstreicht, dass eine rechte Ideologie deutlich mit Demokratiezweifel und demokratiegefährdenden Positionen einhergeht. Und dies ist unabhängig davon, ob jene, die sie teilen, zugleich auch eine linke, antikapitalistische Position befürworten oder nicht. Diese schützen wiederum nicht automatisch vor der Übernahme rechter, menschenfeindlicher Ideologieinhalte. Die Auseinandersetzung innerhalb der politischen Linken um die Übernahme fremdenfeindlicher, antisemitischer und hetero-/sexistischer Einstellungen ebenso wie nationalistischer Positionen von Akteur:innen aus den eigenen Reihen spiegelt sich auch in den Ansichten der Bevölkerung wider. Umgekehrt übernehmen etliche Wähler:innen der AfD mit dem Antikapitalismus auch klassische linke Positionen. Allerdings ist eine »Querfront«-Haltung keineswegs auf diese begrenzt. Die Mehrheit dieser Personen würde andere Parteien wählen. Im reflexhaften politischen »Pingpong«-Spiel wird bisweilen versucht, Rechts gegen Links aus-

---

11 Multivariate Varianzanalyse mit den vier »Ideologie«-Gruppen als unabhängige, den vier demokratiegefährdenden Einstellungen als abhängige Variablen: multivariate $F_{(12, 5.326)} = 60,52$; univariate Analysen: Verschwörungsglauben $F_{(3, 1.982)} = 84,72$; Populismus $F_{(3, 1.982)} = 116,07$; völkisch-autoritär-rebellische Einstellungen $F_{(3, 1.982)} = 168,16$; Gewaltbilligung $F_{(3, 1.982)} = 193,10$; alle Post-hoc-Scheffé-Tests auf Gruppenunterschiede weisen keine signifikanten Unterschiede zwischen Befragten mit allein rechter und »Querfront«-Ideologie aus.

12 Kritisch ließe sich anmerken, dass im Populismus mit der Subdimension Antipluralismus wie auch in den völkisch-autoritär-rebellischen Einstellungen mit dem Ethnopluralismus bereits die Grundzüge einer rechten Ideologie enthalten sind, die hohen Zusammenhänge mit rechter Ideologie also wenig überraschen. Daher haben wir die Korrelationen noch einmal ohne jene Versatzstücke rechtsgerichteter Einstellungen berechnet. Es zeigt sich, dass die Befunde Bestand haben und sich die Höhe der Korrelationen nur unwesentlich ändert.

Demokratiebezogene Einstellungen nach ideologischer Überzeugung
(Mittelwerte)   **Abb. 4.7a**

Demokratiegefährdende Einstellungen nach linker und rechter Ideologie
(Mittelwerte)   **Abb. 4.7b**

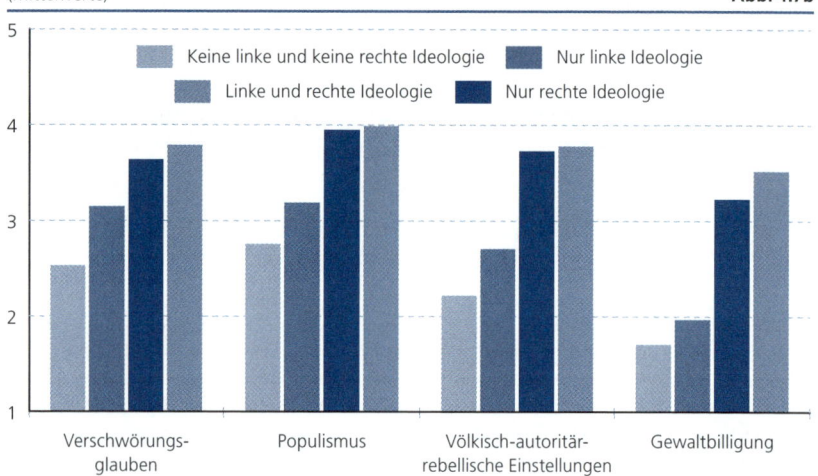

zuspielen und so ernsthafte Anstrengungen gegen den Rechtsextremismus zu konterkarieren. Ebenso eine ernsthafte Auseinandersetzung mit Rassismus, Antisemitismus und Sexismus (in den eigenen Reihen). Die Befunde legen nahe, dass dieses Pingpong der Demokratie schadet. Es gilt, sich (selbstkritisch) mit antidemokratischen Positionen auseinanderzusetzen, egal, wo man selbst glaubt, politisch zu stehen. Der Verdacht, dass sich hinter einer »Querfront« demokratiegefährdende bis antidemokratische Haltungen verbergen, die bis zur Billigung von politischer Gewalt reichen, bestätigt sich mit Blick auf die Einstellungen in der Bevölkerung.

5 Gruppenbezogene Menschenfeindlichkeit zwischen Krisen- und Konfliktbewältigung

Nico Mokros · Andreas Zick

Demokratische Gesellschaften zeichnen sich durch einen Grundsatz aus, nach dem alle Menschen gleichwertig sind und gleichbehandelt werden sollten – egal welcher Nationalität, Kultur und Religion, egal welchen Geschlechts und welcher sexuellen Orientierung und egal welcher Schicht und Klasse sie vermeintlich oder tatsächlich angehören. Diese rechtliche Norm der Gleichheit gilt grundsätzlich. Sie muss daher vor dem Hintergrund von sozialen Verhältnissen, Vorstellungen und Praktiken, die Ungleichheit hervorbringen, anhaltend geprüft und nötigenfalls (wieder-)hergestellt werden. Sie gilt auch jenseits von Rechtsfragen, unabhängigen Kontrollen und dem Schutz vor Diskriminierung. Für Demokratien ist dies eine ständige Herausforderung, denn Ungleichheit und die damit verbundenen Zuschreibungen von Ungleichwertigkeit sind »verlockend«. Sie prägen Gesellschaften, dringen in den Alltag, grenzen Menschen und Gruppen aus, schädigen und entwürdigen sie. Die Zuschreibungen der Ungleichwertigkeit suggerieren mehr oder minder »natürlich« geglaubte Höherwertigkeit, Zugehörigkeit, Einfluss und Selbstwert und können noch viele weitere soziale und psychologische Funktionen erfüllen (Zick/Küpper/Heitmeyer 2011). Soziale Ungleichheiten und daraus erzeugte Abwertungsformen beeinflussen die Wahrnehmung, das Denken und Handeln aller Gesellschaftsmitglieder, vor allem dann, wenn sich daraus Konfliktvorteile und -gewinne erzeugen lassen. Die »Veranderung der Anderen«, ihre Abwertung und Markierung als »ungleichwertig« schafft soziale Hierarchien und rechtfertigt diese zugleich.

In Krisenzeiten, die in der aktuellen Mitte-Studie als gesellschaftlicher Zustand im Vordergrund stehen, liegen innergesellschaftliche Konflikte nahe, wobei der Abwertung und Ausgrenzung von Gruppen nicht notwendigerweise Krisen oder bestimmte Frustrationen vorausgehen müssen (➟ Kap. 1, S. 19 ff. u. 7, S. 219 ff.). Krisen *können* aber besondere Situationen erzeugen, in denen Menschen motiviert sind, die Gleichwertigkeit »der Anderen« infrage zu stellen und ihre Ungleichbehandlung zu rechtfertigen. Das ist besonders dann der Fall, wenn Krisen als Konflikte um Ressourcen, Identitäten und Zugehörigkeiten wahrgenommen und die vermeintliche Höherwertigkeit, Überlegenheit und »Richtigkeit« der eigenen Bezugsgruppe (»Wir«) betont werden, um Vorrechte für sich einzufordern.

Gesellschaftliche Auswirkungen von Krisen auf die Demokratie haben sich in den vergangenen Jahrzehnten an vielen Stellen gezeigt. Gerade hinsichtlich des Gleichheitsanspruchs hat sich angesichts erlebter wie realer Ungleichheit in Deutschland und anderen Ländern ein starkes Konfliktpotenzial offenbart (vgl. z. B. Ketterer & Becker 2019). Die Politikwissenschaftler:innen Frank Decker et al. (2019, 2023) haben in ihren Vertrauensstudien beispielsweise festgestellt, dass es große Unterschiede in der Demokratiezufriedenheit je nach sozialer Lage gibt und sich ein subjektiv wahrgenommener Anstieg von sozialer Ungleichheit im Land negativ auf die Demokratiezufriedenheit auswirkt. Insbesondere in Krisenzeiten finden Appelle, Repressionen und eine Politik Ausdruck, die Verzicht und Zusammenhalt dort beschwören, wo Sicherheiten der Teilhabe und Versprechen des Aufstiegs wiederholt aufgekündigt worden sind (vgl. Butterwegge 2020). Mit Beginn der 2000er-Jahre und besonders infolge der Wirtschafts- und Finanzkrise wurde zunehmend deutlich, dass Demokratie und Wohlfahrtsstaat ihren Kontroll-, Regulier- und Schutzfunktionen nicht mehr für alle ausreichend nachkommen können und Grundprinzipien der Gleichwertigkeit und Unversehrtheit von Menschen für die Allgemeinheit an Wert verlieren (vgl. Heitmeyer 2001). Das Vertrauen in Grundwerte und Solidarität leidet (vgl. Billmann & Held 2013). Bereits nach der Wirtschafts- und Finanzkrise 2008 konnten wir empirisch zeigen, wie die wahrgenommene Krisenbedrohung der Deutschen als Bindeglied dafür diente, den Grundsatz der Gleichwertigkeit von Menschen gegenüber Minderheiten aufzukündigen (Zick, Lobitz & Groß 2010).

Die Vorurteils- und Diskriminierungsforschung hat einige Studien dazu vorgelegt, wie in gesellschaftlichen Krisenlagen nicht nur neue Ungleichheit entsteht beziehungsweise bestehende Ungleichheit verschärft wird, sich institutionalisiert und in den gesellschaftlichen Strukturen verfestigt. Sie hat auch gezeigt, wie Stereotype und Vorurteile zu »Feindbildern« werden können, die auf Kosten von Minderheiten zur Selbstvergewisserung und Selbstentlastung der Mehrheit dienen und damit eine demokratisch fundierte Krisenbewältigung, die Gleichheitsgrundsätze wahrt, verhindert. Zugleich immunisieren sich Teile der Gesellschaft gegen Ansprüche auf rechtliche und soziale Gleichheit von Minderheiten (vgl. u. a. Benz 2020). Dabei spiegeln sich die Probleme sozialer Gerechtigkeit nicht nur im Umgang der Menschen untereinander beziehungsweise zwischen Mehrheiten und Minderheiten wider, sondern auch grundsätzlich in Fragen der Anerkennung von Individuen, Gruppen und Identitäten sowie der Verteilung von Ressourcen (vgl. Fraser & Honneth 2003). Was wird wem zugestanden? Welche Lebenslagen und Zugehörigkeiten bestimmen über die Teilhabe, Chancen oder Ausgrenzung von Menschen? Trotz aller Normen und Werte der Gleichheit und Würdehaftigkeit des Einzelnen sind auch demokratische Gesellschaften hierarchische Gebilde, die ihre Mitglieder nach sozialen Kategorien ordnen und bewerten (vgl. Sidanius & Pratto 2004; Toelstede 2020). Demokratien sind daher um ihrer selbst willen ständig gefordert, erzeugte Ungleichheiten, Ungleichbehandlungen und Ungerechtigkeiten kritisch zu prüfen und damit verbundene Konflikte nicht nur zuzulassen, sondern sie konstruktiv auszuhandeln. In Krisenzeiten steigen aber das Risiko und die Bereitschaft, Menschen und Gruppen aufgrund sozialer Merkmale und Kategorien zu benachteiligen. Nationalität, Ethnizität, Kultur, Religion, Geschlecht, Sexualität, Behinderung sowie Klasse sind zentrale Ordnungs- und Ungleichheitskategorien, die über Anerkennungs- und Verteilungsfragen entscheiden können. Eine in Bezug auf diese Kategorien behauptete Ungleichwertigkeit formt sich jedoch immer erst im Verhältnis zwischen den damit erschaffenen Gruppen heraus und kann auf unterschiedliche Weise in der Gesellschaft zum Tragen kommen. In Form Gruppenbezogener Menschenfeindlichkeit (GMF) sind die Abwertungen und Abgrenzungen wiederum Teil politischer Ideologien sowie Kernbestand rechtsextremer und rechtspopulistischer Gesellschaftsvorstellungen (⟶ Kap. 3, S. 53 ff. u. 4, S. 91 ff.). Vor diesem Hintergrund werden im Folgenden die Einstellungen der Befragten der Mitte-Studie gegenüber gesellschaftlichen Minderheiten vorgestellt, also Gruppen, die weniger Einfluss haben und mit Vorurteilen belegt sind. Es geht um die Frage, wie weit die Gruppenbezogene Menschenfeindlichkeit in der Bevölkerung verbreitet ist. Dazu wird das GMF-Konzept im Vergleich zu den bisherigen Mitte-Studien insofern neu begründet und systematisiert, als die nach Gruppen behauptete Ungleichwertigkeit auf vier zentralen Abwertungsdimensionen untersucht und berichtet wird. Ebenso wird Rassismus gegen Schwarze Menschen ins Verhältnis zu anderen Menschenfeindlichkeiten gesetzt.

5.1 Gruppenbezogene Menschenfeindlichkeit in den Mitte-Studien: Konzept und Methodologie

Seit über 20 Jahren untersuchen wir mit dem GMF-Konzept die Fundierung und Verbreitung menschenfeindlicher Einstellungen in der Bevölkerung. Hier soll nur kurz an die Konzeption sowie Messung erinnert und auf deren methodische Grenzen hingewiesen werden. Das GMF-Konzept beschreibt miteinander zusammenhängende Stereotype, Vorurteile und andere Ausdrucksformen der Abwertung von bestimmten Gruppen in der Gesellschaft, wie Jüdinnen und Juden, Muslim:innen, Sinti:zze und Rom:nja, Wohnungslosen und weiteren Gruppen. Dabei äußert sich das Verhältnis von Gleichheit und Ungleichheit aufgrund von (vermeintlichen) Gruppenzugehörigkeiten als generalisiertes Abwertungs- beziehungsweise Vorurteilsmuster, dessen Zusammenhänge in zahlreichen Studien, allen voran der GMF-Langzeituntersuchung sowie den Mitte-Studien, geprüft und bestätigt wurden. Zum einen zeigen die Analysen, dass Abwertungs- und Vorurteilsmuster wie Rassismus, Antisemitismus, Muslimfeindlichkeit oder Antiziganismus unterschiedlich ausgeprägt sein können und nicht identisch sind, aber eben statistisch mit hoher Wahrscheinlichkeit zusammen auftreten. Zum anderen werden damit keine persönlichen Antipathien gemessen, sondern Überzeugungen von sozialen Kategorien, Stereotypen, sozialen Ordnungen und Hierarchien, die miteinander eine Abwertungsstruktur bilden, die auf einer Ideologie von Ungleichwertigkeit basieren (Zick et al. 2008). Aus sozialpsychologischer Sicht handelt es sich dabei um sozial erworbene und gesellschaftlich geteilte Einstellungen, die neben kognitiv überformten Bildern und Vorstellungen darüber, wie Personen einer Gruppe »typischerweise« aussehen oder sein würden, auch Emotionen wie Neid, Wut, Angst oder Hass und diskriminierende Verhaltensabsichten umfassen. Menschenfeindliche Vorurteile beeinflussen und steuern die alltägliche Wahrnehmung der Umwelt sowie die Art und Weise, wie Menschen miteinander interagieren. Sie markieren, wer »die Anderen« sind, verallgemeinern und urteilen über sie, indem sie ihnen meist negative Merkmale zuschreiben, wie »fremd«, »kriminell«, »falsch«, »bedrohlich«, »pervers«, »dumm« oder »faul«. Die dazu in unseren Studien zuverlässig gemessene Ablehnung beziehungsweise Zustimmung abwertender und diskriminierender Aussagen basiert zwar durchaus auf vergleichbaren oder ähnlichen Affekten, Denkweisen und Motiven, aber sie drücken sich spezifisch aus und betreffen jeweils eine eigene Geschichte der Unterdrückung, Verfolgung,

Bestrafung und Diskriminierung. Dadurch unterscheiden sich die Abwertungen nicht nur in ihrer heutigen Form, sondern haben auch unterschiedliche Folgen für die Betroffenen.

Was die Umfragen und Messungen der Mitte-Studien nicht leisten können und auch nicht vorgeben zu leisten, ist eine genauere Erfassung der mit den Abwertungen der Gruppen verbundenen Praktiken und Erfahrungen alltäglicher, struktureller und institutioneller Diskriminierung. Das GMF-Konzept verfolgt in erster Linie eine ideologiekritische Perspektive, mit der zum Beispiel rassistische Einstellungen in einem Vorurteil, einer feindlichen Haltung und eben einer bewusst wie auch unbewusst verzerrten Wahrnehmung über Gruppen untersucht werden. Andere Perspektiven mögen eher auf die Folgen und strukturellen Hintergründe von Abwertungen und Abgrenzungen abzielen. Beides muss sich in der Problembeschreibung nicht ausschließen.

Mit dem Ziel, GMF in der Bevölkerung und im Kontext von Einstellungen zur Demokratie zu erfassen, sind also besondere methodische Herausforderungen verbunden (➟ auch Kap. 2, S. 35 ff.). So sollten die Messungen zwar nicht selbst Stereotype und Vorurteile produzieren, sie sollten jedoch bestehende sowie von Betroffenen erfahrbare Abwertungen wiedergeben. Als solche müssen sie auch grundsätzlich *ablehnbar* und *zurückweisbar* sein. Ferner ist zu beachten, dass die Vorurteile nur im begrenzten Rahmen eines Fragebogens erfasst werden. Im Alltag können sie sich breiter, facettenreicher, subtiler und versteckter ausdrücken.

Das GMF-Konzept weist eine wesentliche Stärke auf, die sich nicht an der Messung und dem Bericht einzelner Aussagen beziehungsweise Einstellungen festmachen lässt, sondern an der Strukturannahme und der fortlaufend empirisch nachgewiesenen Evidenz, dass die unterschiedlichen – im Konzept meist als *Elemente* bezeichneten – gruppenbezogenen Abwertungen überzufällig zusammenhängen und ein Muster miteinander bilden, in dessen Mittelpunkt die *Ideologie der Ungleichwertigkeit* steht (Zick, Küpper & Heitmeyer 2011). Besondere Kennzeichen des Konzepts sind die Offenheit und Spannbreite an Vorurteilen, die über die Zeit integriert und analysiert worden sind. Ausgangspunkt der Langzeituntersuchung waren sieben Abwertungselemente. Durch deren

Fortschreibung im Rahmen der Mitte-Studien ist das Konzept mit der Erhebung 2018/19 auf 13 Abwertungselemente angewachsen (Zick, Berghan & Mokros 2019). Diese wurden in der Regel über statistisch geprüfte Kurzskalen erfasst – jeweils anhand der Zustimmung beziehungsweise Ablehnung von zwei Aussagen (vgl. Krause & Zick 2013). Dabei gilt für die Aufnahme neuer Abwertungselemente, für deren Änderung oder auch Ausschluss von der Erhebung, dass empirisch und theoretisch gut begründet werden muss, warum welche Einstellungen wie erfasst werden. In der Regel sind in den Studien seit 2002 identische Aussagen verwendet worden, um Zeitverläufe aufzuzeigen. Doch nicht nur deren Grad der Zustimmung beziehungsweise Ablehnung kann sich über die Zeit verändern, sondern auch der Ausdruck und die Vorzeichen von GMF können sich wandeln (vgl. Heitmeyer 2002–2012). Vorurteile werden an den Zeitgeist angepasst, um die Ideologie der Ungleichwertigkeit aufrechtzuerhalten.

Auch aus diesem Grund haben wir in der Mitte-Studie 2020/21 im Vergleich zu den vorherigen Erhebungen Änderungen am Messinstrument vorgenommen: Die GMF-Skala und -Items – also die abwertenden und vorurteilslastigen Aussagen – zur Erfassung von *Fremdenfeindlichkeit* wurden durch die gleichnamige Dimension rechtsextremer Einstellungen ersetzt (➡ Kap. 3, S. 53 ff.). Die Skala zur Erfassung der Abwertung Asyl suchender Menschen wurde um eine dritte Aussage erweitert, um die Validität (➡ Glossar, S. 385) der Messung abzusichern. Zudem wurden die Vorurteile gegen langzeitarbeitslose Menschen präziser formuliert. Darüber hinaus wurde die Erfassung der Abwertung von Menschen mit Behinderung zuletzt ausgesetzt (ausführlicher vgl. Zick 2021b). In der nun vorliegenden Mitte-Studie 2022/23 haben wir die im GMF-Konzept angelegte Grundidee zur Untersuchung von Ungleichwertigkeitsvorstellungen neu systematisiert. Wir differenzieren vier grundlegende Abwertungsmuster beziehungsweise Dimensionen der Menschenfeindlichkeit: *Rassismus, Antisemitismus, Hetero-/Sexismus* und *Klassismus* (➡ Abb. 5.1).

Der *Rassismus*, wie er größtenteils auch in den bisherigen GMF-Studien erfasst wurde, entspricht unseres Erachtens in erster Linie einer Abwertung und Zurückweisung von Gruppen, die als »hinzukommende Fremde« kategorisiert, mit »anderer Herkunft« und vermeintlich kulturellen wie auch scheinbiologischen Merkmalen markiert beziehungsweise als solche rassifiziert werden; dies meist

Die zentralen Dimensionen Gruppenbezogener Menschenfeindlichkeit 2022/23   Abb. 5.1

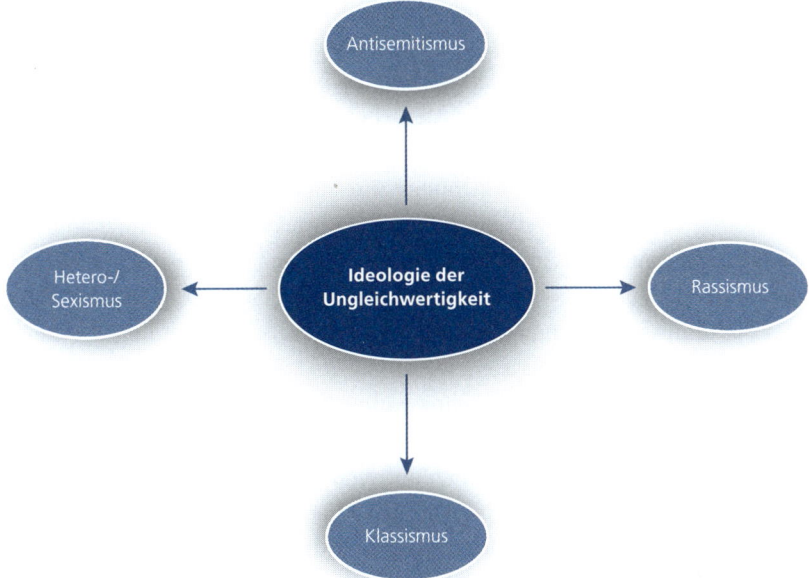

Anmerkungen Anstelle der bisherigen Abbildung aller Elemente Gruppenbezogener Menschenfeindlichkeit wird hier ein Modell mit vier latenten Abwertungsdimensionen präsentiert, dem die Ideologie der Ungleichwertigkeit zugrunde liegt (→ Fußn. 2, S. 159).

ungeachtet von den *tatsächlichen* Herkünften und Heimaten. Jene soziale Praxis, »Ethnie« beziehungsweise »Kultur« als vermeintlich wesentliche Kategorie und Erklärung für bestimmte, denkbar unveränderliche Verhaltens- und Ausdrucksweisen wie auch für Konflikte zwischen Gruppen in der Gesellschaft heranzuziehen, prägt die rassistische Abwertungsgrundlage verschiedener Gruppen. Werden die bisherigen GMF- und Mitte-Studien resümiert, gehört dazu neben der Forderung nach einem Einwanderungsverbot für Muslim:innen (»Muslimen sollte die Zuwanderung nach Deutschland untersagt werden.«) auch die Forderung von Vorrechten für »Etablierte« (»Wer irgendwo neu ist, sollte sich erst mal mit weniger zufriedengeben.«). Elias und Scotson (1990) gehen davon aus, dass die Merkmale und Mechanismen der Abwertung einer Gruppe zugunsten einer anderen Gruppe nicht einfach gegeben, sondern in der Dynamik und Ordnung begründet sind, die die »Etablierten« (»Wir«) und »Außenseiter« (»die

Anderen«) miteinander bilden (➡ Kap. 6, S. 199 ff.). Durch sogenannte Prozesse der *Kulturalisierung* und *Ethnisierung* wird dabei die Zugehörigkeit zur einen oder anderen Gruppe im Sinne von »die Anderen *passen nicht* zu uns« gesellschaftlich vermittelt und festgeschrieben. Sie sind zugleich Ausdruck einer Ideologie der Ungleichwertigkeit. Menschen werden also aufgrund der ihnen zugeschriebenen »Kultur« oder »Ethnie« voneinander unterschieden, als Gruppen vereinheitlicht und auf- beziehungsweise abgewertet. Sie werden fehlender Anpassung oder Problemverhaltens bezichtigt, wie es bei GMF unter anderem im Antiziganismus zum Ausdruck kommt (»Sinti und Roma neigen zur Kriminalität.«), oder auch gegenüber Asylsuchenden und Geflüchteten, denen Asyl- und Sozialmissbrauch vorgeworfen wird (»Die meisten Flüchtlinge kommen nur hierher, um das Sozialsystem auszunutzen.«). Menschen werden dabei in der Regel als Stellvertreter:innen »ihrer Kultur« betrachtet und alles, was sie tun, im Lichte dessen. Dadurch werden Vielfalt und Komplexität der Wirklichkeit von Identitäten und Zugehörigkeiten notwendigerweise ausgeblendet. »Kultur« funktioniert dabei als Äquivalent zum klassischen »Rasse«-Begriff. Damit verwenden wir einen relativ breiten Rassismusbegriff, unter den verschiedene Formen von Vorurteilen, Herabwürdigungen und Ausgrenzungen gegenüber rassifizierten Gruppen wie Muslim:innen, Geflüchteten sowie allgemein Neuhinzukommenden oder Sinti:zze und Rom:nja erfasst werden sollen. Dazu sollen der sogenannte *klassische*, stärker biologistisch ausgerichtete, und der *kulturelle Rassismus* dahin gehend unterschieden werden, dass sich ein Rassismus »ohne Rassen«[1] durchaus als eigenständiges Konstrukt abbildet, welches wiederum im Verhältnis zu einem Rassismus steht, der die Existenz von »Rassen« aufgrund äußerer Erscheinungsformen (Hautfarbe, Aussehen, Geruch etc.) bestimmt und diese als höher- oder minderwertiger konstruiert. In welchem Verhältnis genau der klassische und kulturelle Rassismus zueinander stehen, ist in der Vorurteils- und Rassismusforschung eine strittige, einerseits theoretische

---

1　Vorstellungen von menschlichen »Rassen« sind in ein kulturell-historisches Denksystem eingebettet und erfüllen dabei immer auch eine ideologische Funktion, beispielsweise, um europäische, *weiße* Vorherrschaft und den Kolonialismus gegenüber anderen Ländern zu legitimieren. So behaupteten sich die Europäer:innen gegenüber den kolonialisierten, »farbigen« und Schwarzen Menschen als »kulturell« und »zivilisatorisch« überlegen (vgl. Arndt 2011). »Rasse« ist als ein soziales Konstrukt zu verstehen, das jeder wissenschaftlichen Grundlage entbehrt. Laut dem ersten Nationalen Diskriminierungs- und Rassismusmonitor (2022) glaubt jedoch fast die Hälfte der Menschen in Deutschland an die Existenz menschlicher Rassen.

und definitorische Frage, andererseits auch eine empirische Frage, der wir uns in diesem Kapitel nähern (⟹ Tab. 5.2, S. 162 f. u. 5.3, S. 164). Die nachfolgenden Abwertungen von Gruppen können ebenfalls rassistische Varianten aufweisen, basieren allerdings auf anderen Kategorisierungs- und Hierarchisierungsprozessen, die es zu berücksichtigen gilt.

So kann der *Antisemitismus* zwar auch rassistisch sein und hängt nach allen Analysen auch mit allen anderen GMF-Facetten zusammen, stellt aber als Judenfeindschaft eine eigenständige Dimension der Menschenfeindlichkeit dar. Dabei können *klassische* und *sekundäre* Formen unterschieden werden, die vor allem an die Geschichte gekoppelt sind und die an Jüdinnen und Juden begangenen Verfolgungen und Verbrechen zu rechtfertigen versuchen (»Durch ihr Verhalten sind Juden an ihren Verfolgungen mitschuldig.«) und ihnen in Manier der Täter-Opfer-Umkehr eine heutige Vorteilsnahme vorwerfen (»Viele Juden versuchen, aus der Vergangenheit des Dritten Reiches heute ihren Vorteil zu ziehen.«). Zur modernen Facette des Antisemitismus gehört auch, dass Vorurteile über den »typischen Juden« reflexhaft mit der israelischen Politik in Verbindung gebracht beziehungsweise gleichgesetzt werden (»Bei der Politik, die Israel macht, kann ich gut verstehen, dass man etwas gegen Juden hat.«). Der moderne und so meist über Umwege kommunizierte Antisemitismus ist unterschwellig mit tradierten antisemitischen Motiven wie Rachsucht, Geldgier oder Machtstreben verknüpft, die zusammen ein evidentes Vorurteilsmuster bilden (vgl. Bergmann & Erb 1986; Unabhängiger Expertenkreis Antisemitismus 2017).

Eine weitere zentrale Dimension, die der Abwertung »Anderer« dient, geht auf die in der Alltagswelt vorherrschende Norm und Annahme zurück, es gäbe nur zwei Geschlechter – Mann und Frau – die in heterosexuellen Beziehungen aufeinander bezogen sein müssen. In der Theorie wird in dem Zusammenhang auch von Heteronormativität als gesellschaftlichem Ordnungssystem gesprochen, unter das die Überzeugung fällt, dass Heterosexualität und Cisgeschlechtlichkeit »natürlich«, »normal« und »richtig« seien, wohingegen Abweichungen davon als solche markiert, abgewertet und missbilligt werden. In den bisherigen Studien als Sexismus sowie die Abwertung von Homosexuellen und Trans*-Menschen untersucht, hatten sich durchgehend überzufällig hohe Zusammenhänge dieser

Vorurteilsmuster gezeigt. Darauf aufbauend bildet die »heterosexuelle Matrix« (Butler 1991) eine eigene Skala, die wir als *Hetero-/Sexismus* bezeichnen. Sie drückt sich gemessen an den bisherigen Verfahren der Mitte-Studien unter anderem in Einstellungen aus, die eine Aufrechterhaltung und Reproduktion traditioneller Geschlechterrollen befürworten, bei der Frauen grundsätzlich dem Haushalt und der Kindererziehung zugewiesen werden (»Frauen sollten sich wieder mehr auf die Rolle der Ehefrau und Mutter besinnen.«). Zudem haben wir aus der Erhebung 2020/21 als moderne Facette dieser Abwertung und Unterordnung von Frauen ein Item übernommen, mit dem Bestrebungen zur Gleichberechtigung von Frauen gegenüber Männern als »falsch« und »intrigant« verrufen werden (»Bei der Gleichberechtigung geht es eigentlich darum, dass Frauen mehr Macht bekommen als Männer.«). Als Ausdruck emotionaler Differenzierung erfassen wir weiterhin den Vorwurf »sichtlicher Unangepasstheit« und überhaupt öffentlicher Sichtbarkeit von Homosexualität (»Es ist ekelhaft, wenn Homosexuelle sich in der Öffentlichkeit küssen.«) ebenso wie die kategorische Missbilligung und Zurückweisung von Trans*-Menschen (»Ich finde es albern, wenn ein Mann lieber eine Frau sein will oder umgekehrt, eine Frau lieber ein Mann.«).

Als vierte Dimension beziehen wir die Abwertung von Menschen aufgrund ihrer sozialen und ökonomischen Lage als *Klassismus* ein. Der Klassismus folgt hier keiner bestimmten Theorie oder Definition von »Klasse«, wie sie von Marx, Bourdieu oder Weber verstanden wird, drückt jedoch eine Verachtung und Ausgrenzung auf Grundlage expliziter oder impliziter Schichtzugehörigkeiten aus. Menschen und Gruppen, die dem Leistungsprinzip in der Gesellschaft scheinbar willentlich und mutwillig zuwiderhandeln, wird beispielsweise zugeschrieben, »nutzlos«, »dumm« oder »faul« zu sein. Wiederum mit Blick auf die bisherigen Messungen betrifft der Klassismus in der aktuellen Mitte-Studie in erster Linie die Abwertung von arbeitslosen oder obdachlosen Menschen. Dies äußert sich zum einen in der Zuschreibung und im Vorwurf gegenüber Langzeitarbeitslosen, sie würden sich »auf Kosten der Gesellschaft ein bequemes Leben machen«. Zum anderen zeigt sich der Klassismus in einer scharfen Aggression und Feindseligkeit gegenüber Obdachlosen, die im Stadtbild als »störend« wahrgenommen werden (»Bettelnde Obdachlose sollten aus den Fußgängerzonen entfernt werden.«). Außerdem neu aufgenommen haben wir die Abwertung von Menschen, die auf staatliche Transferleistungen angewiesen sind (»Empfänger von Sozialhilfe und Bürgergeld neigen zu Faulheit.«) oder allgemein als »arm« wahrgenommen werden (»Arme Menschen können nicht mit Geld umgehen.«). Auch dabei gilt maßgeblich die Unterstellung von Faulheit sowie Selbstverschuldung als Abwertungs- und Vorurteilskriterium.

Das Modell mit den vier zentralen Dimensionen der Ungleichwertigkeit haben wir für die Mitte-Studie 2022/23 statistisch ausführlich geprüft und für angemessen befunden, um die innere Struktur der GMF-Daten wiederzugeben.[2] Im Folgenden berichten wir Ergebnisse der Studie zu den Verbreitungen von Rassismus, Antisemitismus, Hetero-/Sexismus und Klassismus in der Bevölkerung sowie zu Zusammenhängen mit ausgewählten Erklärungsfaktoren, insbesondere im Kontext der Krisendiagnose des vorliegenden Mitte-Bandes.

---

2 Dazu wurde mit IBM SPSS Statistics 27 zunächst eine explorative Faktorenanalyse durchgeführt, für die vier theoretische Faktoren angenommen wurden, die die Zusammenhänge zwischen den jeweiligen Items als rassistisches, antisemitisches, hetero-/sexistisches und klassistisches Abwertungsmuster erklären würden. Die durchweg positiven (> ,16) und signifikanten (p < ,001) Korrelationskoeffizienten der Items, deren KMO-Wert (,92) sowie der Bartlett-Test (Chi² (105) = 11749,02; p < ,001) indizierten eine gute Eignung für die Faktorenanalyse. Die mit dem Rotationsverfahren Oblimin durchgeführte Hauptachsenanalyse weist auf das Vorliegen eines starken Faktors hin, der über 42 % der Varianz erklärt. Die angenommene 4-Faktoren-Lösung verfügt zwar nur über zwei Faktoren mit Eigenwerten > 1, erklärt insgesamt aber über 56 % der Varianz; 1) 42,2 %; 2) 7,2 %; 3) 3,8 %; 4) 3 %. Aufgrund kohärent und eindeutig zu interpretierender Ladungen, die genau zu den theoretischen Überlegungen passen, wurde die Umstrukturierung der Items für die vier latenten Faktoren erster Ordnung in einem Strukturgleichungsmodell mit AMOS geprüft, in dem die Ideologie der Ungleichwertigkeit einen Faktor zweiter Ordnung zur Vorhersage und Erklärung der Einstellungen darstellt (inneres Modell ⟶ Abb. 5.1, S. 155). Das Modell hat bei einer Maximum-Likelihood-Schätzung nur einen teilweise akzeptablen Fit (χ² = 1.045,772; d.f. = 86; χ²/d.f. = 12,2; p = ,000; GFI = ,91; AGFI = ,88; NFI = ,91; CFI = ,92; RMSEA = ,08; PCLOSE = ,000; SRMR = ,06). Da keine (multivariate) Normalverteilung der Daten vorliegt, muss davon ausgegangen werden, dass der χ²-Wert in Richtung eines schlechteren Fit überschätzt wird (vgl. Weiber & Mühlhaus 2014). Ein besserer Modell-Fit wird daher über das verteilungsfreie Schätzverfahren ADF erreicht (χ² = 479,34; d.f. = 86; χ²/d.f. = 5,6; p = ,000; GFI = ,93; AGFI = ,90; NFI = ,80; CFI = ,83; RMSEA = ,05; PCLOSE = ,12; SRMR = ,07). Ein alternatives zweidimensionales Modell haben Heyder et al. (2022) vorgeschlagen.

Ablehnung bzw. Zustimmung zu den Aussagen
Gruppenbezogener Menschenfeindlichkeit 2022/23 (Angaben in Prozent)   Tabelle 5.1

Ich stimme ... →

Rassismus (M = 2,83; SD = 1,04; n = 2.023; α = ,82)

Die meisten Flüchtlinge kommen nur hierher, um das Sozialsystem auszunutzen.

Muslimen sollte die Zuwanderung nach Deutschland untersagt werden.

Sinti und Roma neigen zu Kriminalität.

Wer irgendwo neu ist, sollte sich erst mal mit weniger zufriedengeben.

Antisemitismus (M = 1,98; SD = 1,00; n = 1.973; α = ,79)

Viele Juden versuchen, aus der Vergangenheit des Dritten Reiches heute ihren Vorteil zu ziehen.

Durch ihr Verhalten sind Juden an ihren Verfolgungen mitschuldig.

Bei der Politik, die Israel macht, kann ich gut verstehen, dass man etwas gegen Juden hat.

Hetero-/Sexismus (M = 1,97; SD = 1,00; n = 2.022; α = ,81)

Ich finde es albern, wenn ein Mann lieber eine Frau sein will oder umgekehrt, eine Frau lieber ein Mann.

Es ist ekelhaft, wenn Homosexuelle sich in der Öffentlichkeit küssen.

Frauen sollten sich wieder mehr auf die Rolle der Ehefrau und Mutter besinnen.

Bei der Gleichberechtigung geht es eigentlich darum, dass Frauen mehr Macht bekommen als Männer.

Klassismus (M = 2,50; SD = ,95; n = 2.025; α = ,77)

Langzeitarbeitslose machen sich auf Kosten der Gesellschaft ein bequemes Leben.

Empfänger von Sozialhilfe und Bürgergeld neigen zu Faulheit.

Arme Menschen können nicht mit Geld umgehen.

Bettelnde Obdachlose sollten aus den Fußgängerzonen entfernt werden.

Anmerkungen M = arithmetischer Mittelwert; SD = Standardabweichung; n = Anzahl der Befragten; α = Cronbachs Alpha.

5.2   Verbreitung von Menschenfeindlichkeit – Befunde der Mitte-Studie 2022/23

Menschenfeindliche Einstellungen wurden gemessen, indem die entsprechenden Aussagen den Befragten vorgelesen und diese dann gebeten wurden, anzugeben, ob sie (1) »überhaupt nicht zustimmen«, (2) »eher nicht zustimmen«, (3) »teils/teils«, (4) »eher zustimmen« oder (5) »voll und ganz zustimmen«. In Tabelle 5.1 ist für alle Aussagen der prozentuale Anteil der Ablehnung bezie-

Tabelle 5.1

... überhaupt nicht zu	... eher nicht zu	teils/teils	... eher zu	... voll und ganz zu
19,1	17,4	29,3	15,1	19,0
41,1	17,7	23,0	9,7	8,4
23,6	22,1	25,8	16,9	11,5
8,6	13,8	29,9	27,4	20,2
44,8	20,0	18,8	8,8	7,7
68,0	14,0	10,8	4,1	3,1
40,2	20,2	24,2	10,1	5,3
50,8	15,7	16,8	7,5	9,3
56,3	12,7	14,8	8,3	7,9
58,3	16,7	14,4	7,1	3,5
48,8	20,9	18,1	7,9	4,3
17,7	16,2	31,2	17,2	17,6
24,9	19,7	32,5	14,7	8,2
42,7	28,2	20,3	5,8	3,0
32,8	25,1	22,4	10,9	8,9

hungsweise Zustimmung in der Bevölkerung wiedergegeben. Dort sind für die Skalen zum Rassismus, Antisemitismus, Hetero-/Sexismus und Klassismus auch die statistischen Angaben des arithmetischen Mittelwerts (M), der Standardabweichung (SD), der Anzahl der Befragten (n) sowie Cronbachs Alpha (α) zu finden (⟶ Glossar, S. 378 f.). Die Antwortkategorien »stimme eher zu« und »stimme voll und ganz zu« werden in der Regel zusammen als Zustimmung berichtet.

**Ablehnung bzw. Zustimmung zum Rassismus
gegen Schwarze Menschen 2022/23** (Angaben in Prozent)   Tabelle 5.2

Ich stimme ... ➡
Anti-Schwarzen-Rassismus (M = 1,77; SD = 1,04; n = 1.992; α = ,72)
Die Weißen sind zu Recht führend in der Welt.
Wenn sich Schwarze Menschen mehr anstrengen würden, würden sie es auch zu etwas bringen.

Anmerkungen M = arithmetischer Mittelwert; SD = Standardabweichung; n = Anzahl der Befragten;
α = Cronbachs Alpha.

Beim kulturellen Rassismus sind hohe Zustimmungswerte festzustellen. Annähernd jede:r zweite Befragte stimmt dabei Etabliertenvorrechten zu (48 %); knapp jede:r Dritte »teils/teils« (30 %). Das entspricht der in der Mitte-Studie 2018/19[3] gemessenen Zustimmung, ist aber ein erheblicher Anstieg gegenüber 2020/21 (33 %). Die anderen Aussagen weisen ebenfalls mittlere Antwortraten von 23 bis 30 % auf, was ungefähr dem Niveau der Vorjahre entspricht. Fast jede:r fünfte Befragte (18 %) befürwortet ein Einwanderungsverbot für Muslim:innen (2018/19; 2020/21: 11 bis 12 %), was im Vergleich zu 2020/21 auch mehr Befragte zumindest teilweise fordern (15,5 % zu 23 %). Mehr als ein Drittel (34 %) unterstellt Geflüchteten Sozialmissbrauch. Etwas mehr als ein Viertel (28 %) halten Sinti:zze und Rom:nja »eher« oder »voll und ganz« für kriminell; das sind deutlich mehr als 2020/21 (18 %) und ähnlich viele Befragte wie 2018/19 (26 %). Insgesamt teilen 31 % der Bevölkerung jene rassistischen Einstellungen.

Im Anschluss an die Mitte-Studie 2020/21 haben wir mit einer Kurzskala auch nach rassistischen Einstellungen gefragt, die direkt auf Vorstellungen von »Rasse« Bezug nehmen und Schwarze Menschen herabwürdigen (Zick 2021b); zum einen in offener Form als (post-)kolonialer Ausdruck der Vorherrschaft und ver-

---

3   In der Mitte-Studie 2018/19 wurde GMF nur etwa bei der Hälfte der Befragten 5-stufig, das heißt mit mittlerer Antwortkategorie erfasst. In der Mitte-Studie 2020/21 sind dann alle GMF-Items 5-stufig erfasst worden, wobei nur eine zufällige Hälfte nach ihren Einstellungen zu Langzeitarbeitslosen, Obdachlosen, Homosexuellen und Trans*-Menschen gefragt wurde, aber alle Befragten die GMF-Items zu Rassismus, Antisemitismus und traditionellem Sexismus erhielten.

Tabelle 5.2

… überhaupt nicht zu	… eher nicht zu	teils/teils	… eher zu	… voll und ganz zu
62,5	15,9	12,9	5,8	2,8
51,3	19,4	17,1	8,3	4,0

meintlichen Überlegenheit *weißer* Menschen (»Die Weißen sind zu Recht führend in der Welt.«); zum anderen in subtiler Form als Unterstellung von Disziplin- und Leistungsdefiziten gegenüber Schwarzen Menschen (»Wenn sich Schwarze Menschen mehr anstrengen würden, würden sie es auch zu etwas bringen.«). Die beiden Aussagen sowie die prozentualen Zustimmungen zu den Antwortkategorien sind in Tabelle 5.2 aufgeführt. Insgesamt lehnt die große Mehrheit der Befragten den Anti-Schwarzen-Rassismus ab, während knapp 10 % zu mindestens einer der beiden Aussagen ihre Zustimmung äußern (zum Vergleich 2020/21: 7 %). Dabei hat sich die Häufigkeit der »teils/teils«-Antworten von rund 10 % (2020/21) auf 11 % in diesem Jahr nur geringfügig verändert, was noch mal dem gleichen Anteil wie dem an Zustimmung entspricht (➟ Tab. 5.2).

Um Aufschluss über das Verhältnis des klassischen und kulturellen Rassismus zu erhalten, haben wir die Befragten in Tabelle 5.3 (➟ S. 164) danach unterschieden, ob sie sowohl der einen als auch der anderen Facette zustimmen oder sie der einen zustimmen, während sie die andere ablehnen oder auch beide ablehnen. Letzteres trifft auf 67 % der Befragten zu, womit die Ablehnung größtenteils übereinstimmend ausfällt. Allerdings stimmen 23,5 % der Abwertung als »fremd« markierter Gruppen zu, auch wenn sie den Rassismus gegenüber Schwarzen Menschen ablehnen. Demgegenüber sind es weniger als 3 %, die den kulturellen Rassismus ablehnen, aber dem klassischen Rassismus zustimmen. In beide Zustimmungskategorien fallen wiederum 7 % der Befragten. Daran wird deutlich, dass die beiden Facetten rassistischer Einstellungen nicht in einem 1:1-Verhältnis zu verstehen sind und empirisch nicht allein von *dem*

Rassismus gesprochen werden kann. Die Rassismen bilden auch trotz ihres statistischen Zusammenhangs (r = ,51; p = ,001) im Wesentlichen kein gemeinsames Konstrukt, was sich in dem Gesamtgeflecht menschenfeindlicher Einstellungen auch faktorenanalytisch (➟ Glossar, S. 379 u. 379 f.) herausstellt. Gleichwohl gibt es eine Schnittmenge der Konstrukte, die sich nicht zuletzt darin widerspiegelt, dass im Kern eine Ideologie der Ungleichwertigkeit zugrunde liegt (siehe auch ➟ Fußn. 18, S. 183).

Verhältnis der Ablehnung bzw. Zustimmung zum Rassismus gegenüber Schwarzen und als »fremd« markierten Menschen (n = 1.990 | Angaben in Prozent)   **Tabelle 5.3**

		Klassischer Rassismus	
		Ablehnung	Zustimmung
Kultureller Rassismus	Ablehnung	66,8	2,6
	Zustimmung	23,5	7,1

Anmerkungen n = Anzahl der Befragten.

Hinsichtlich des Antisemitismus ist in der Mitte-Studie 2022/23 erneut eine Zunahme zu verzeichnen. Zwar lehnt die Mehrheit der Befragten antisemitische Aussagen ab, gleichwohl tendierten sie bei den Aussagen zum klassischen und sekundären Antisemitismus stärker als zuvor zur mittleren Antwortkategorie »teils/teils« und auch eher zur Zustimmung. So meinen 7 %, jüdische Menschen hätten »eher« oder »voll und ganz« eine Mitschuld an ihren Verfolgungen (2018/19; 2020/21: je 4 %) und 11 % meinen dies »teils/teils« (2018/19; 2020/21: 7 bis 8 %). Bei der subtileren Form des sekundären Antisemitismus stimmen 16,5 % dem Vorwurf heutiger Vorteilsnahme von Jüdinnen und Juden *wegen* der Vergangenheit des Nationalsozialismus zu. 19 % machen diesen Vorwurf teilweise (2018/19; 2020/21: 14 bis 15 %). Zudem können wegen des politischen und militärischen Vorgehens der israelischen Regierung im Nahostkonflikt mit 15 % fast genauso viele Befragte wie schon 2018/19 »gut verstehen, dass man etwas gegen Juden hat«. Damit hat nach der letzten Erhebung (2020/21: 10 %) der israelbezogene Antisemitismus ebenfalls zugenommen, wobei sich der Anteil der »teils/teils«-Antworten von 24 % gegenüber den beiden Vorjahren nicht beziehungsweise nur unwesentlich verändert hat. Allen drei Facetten des Antisemitismus stimmen 9 % der Befragten zu.

Geschlechtliche und sexuelle Vorurteile zeigten über die letzten 20 Jahre, gemessen an den von uns verwendeten Indikatoren, einen rückläufigen Trend. Dieser Rückgang kann auf einen Werte- und Normenwandel mit zunehmender Liberalisierung des öffentlichen Lebens zurückgeführt werden (vgl. u. a. Küpper & Zick 2015). Die gesellschaftliche Akzeptanz der Ehe für gleichgeschlechtliche Paare ging mit rechtlichen und institutionellen Gleichstellungen einher und hat die Verankerung von Normen der Gleichwertigkeit von Gruppen in der Bevölkerung gestärkt. Auf der anderen Seite haben politische Ereignisse und Gegenbewegungen der jüngeren Zeit deutlich gemacht, wie kontrovers, reaktionär und auch feindselig auf Zugewinne an Rechten und Freiheiten für Frauen, Homosexuelle und Trans*-Menschen hin diskutiert und reagiert wird (Mokros, Rump & Küpper 2021). Entgegen den Vorjahren stellen wir in der Mitte-Studie 2022/23 einen beachtlichen Anstieg beim Hetero-/Sexismus fest. Dabei wird wie zuvor zwar am häufigsten die Ernsthaftigkeit geschlechtlicher Transitionswünsche in Abrede gestellt, was mit knapp 17 % Zustimmung aber einen Höchstwert erreicht (2018/19; 2020/21: 11 bis 12 %). Wie noch 2018/19 äußern aktuell wieder 16 % Ekel, »wenn Homosexuelle sich in der Öffentlichkeit küssen«; vor zwei Jahren stimmten dem nahezu halb so viele Befragte zu (2020/21: 8,7 %). Und auch der Sexismus bekommt in traditioneller und moderner Form wieder mehr Zuspruch: Rund 11 % schreiben Frauen eine Rolle als Ehefrau und Mutter zu (2018/19: 10 %; 2020/21: 8 %) und über 12 % halten die Gleichberechtigung »eher« oder »voll und ganz« für einen Vorwand, der Frauen mehr Macht verschaffen soll als Männern (2020/21: 9,5 %). Im Vergleich zu den Vorjahren ebenfalls deutlich größer geworden ist bei allen vier Aussagen der Anteil an Befragten, die jeweils mit »teils/teils« antworten. Die Zustimmungsrate zu den hetero-/sexistischen Einstellungen beträgt insgesamt 12 %.

Der Klassismus ist seit vielen Jahren auf einem hohen Niveau. Für das Jahr 2022/23 differenziert sich das Einstellungsmuster etwas. Etwas mehr als ein Drittel (35 %) teilt die Auffassung, Langzeitarbeitslose würden der Gesellschaft nur zur Last fallen; das sind deutlich mehr Befragte als 2020/21 (21 %), aber deutlich weniger als der bisher höchste gemessene Anteil zum Jahreswechsel 2018/19 (51 %). Zugleich finden sich im Vergleich zu 2020/21 sichtlich weniger (36 %) und zu 2018/19 deutlich mehr (23 %) Befragte in der mittleren Antwortkategorie wieder (31 %), wenn nach der gesellschaftlichen Belastung durch Arbeitslose gefragt wird. Stärker noch zeigt sich eine u-förmige Entwicklung bei der Abwertung von Obdachlosen: Wie bereits 2018/19 stimmen rund 20 % der Aussage zu, bettelnde Obdachlose sollten aus den Fußgängerzonen »entfernt« werden, was in der Erhebung 2020/21 deutlich weniger Befragte gefordert haben (13 %). Dabei hat sich der aktuelle Anteil der »teils/teils«-Antworten mit etwas über 20 % kaum verändert (2018/19; 2020/21: 19 bis 20 %). Demgegenüber unterscheiden sich die beiden neu aufgenommen Aussage zur Erfassung klassistischer Einstellungen beträchtlich in der Zustimmung. Mit rund 23 % überwiegt dabei die Meinung, Empfänger:innen von Sozialhilfe und Bürgergeld seien faul, während nur knapp 9 % »eher« oder »voll und ganz« dem Vorurteil zustimmen, dass arme Menschen nicht mit Geld umgehen könnten; weitere 20 % der Befragten meinen dies »teils/teils«. Insgesamt sind klassistische Einstellungen mit 18 % Zustimmung in der Bevölkerung verbreitet.

5.2.1 Soziodemografische Unterschiede

Je nach soziodemografischem Hintergrund variieren menschenfeindliche Einstellungen zwischen Bevölkerungsgruppen, die sich zum Beispiel nach Geschlecht, Alter oder Einkommen unterscheiden lassen. Die Zugehörigkeit zu bestimmten Bevölkerungsgruppen kann mit unterschiedlichen Lebenslagen, Sozialisationserfahrungen, Wert- und Normvorstellungen sowie anderen Wahrnehmungen und Beurteilungen der sozialen Wirklichkeit verbunden sein. Daraus können sich Einstellungen zur Gesellschaft entwickeln, die wiederum innerhalb der Bevölkerungsgruppen mehr oder weniger geteilt werden. Dies kann auch Schlüsse und Motive umfassen, als »anders« markierte Gruppen abzuwerten und sie als ungleichwertig zu betrachten, womöglich um sich selbst und die eigene Gruppe aufzuwerten. Für die Analyse von Unterschieden in bestimmten Bevölkerungsgruppen wurde aus den zuvor berichteten Einzelaussagen eine Mittelwertskala (➥ Glossar, S. 381) für jede Einstellungsdimension gebildet, auf der gültige Werte über alle Befragten hinweg in den drei Antwortbereichen Ablehnung, Graubereich und Zustimmung zusammengefasst wurden (➥ Kap. 2, S. 35 ff.). Die auf diese Weise kumulierten Skalen sind dann nach Bevölkerungsgruppen ausgewertet (➥ Abb. 5.2, S. 170 f.) und auf Abhängigkeiten geprüft worden (➥ Fußn. 4 bis 9, S. 167 ff.). Einige der Ergebnisse werden im Folgenden herausgestellt.

Geschlecht: Männliche Befragte stimmen insbesondere dem Hetero-/Sexismus häufiger zu als weibliche Befragte (17 zu 8 %), aber tendenziell auch dem Antisemitismus (11 zu 9 %) und Klassismus (20 zu 17 %). Dem kulturellen Rassismus stimmen in etwa genauso viele Frauen wie Männer zu, während Letztere noch etwas häufiger dem klassischen Rassismus zustimmen (12 zu 8 %).[4]

Alter: Unter den 18- bis 34-Jährigen werden die hetero-/sexistischen Einstellungen von knapp einem Fünftel geteilt. Zusammen mit der mittleren Altersgruppe machen die Jüngeren bei allen Abwertungsformen den Großteil der Zustimmung aus. Entgegen der langjährigen Beobachtung eines Anstiegs an Vorurteilen mit dem Lebensalter, die teilweise noch durch einen u-förmigen Trend gebrochen wurde, zeigt sich unter Befragten ab 65 Jahren in der aktuellen Mitte-Studie die geringste Zustimmung zu menschenfeindlichen Einstellungen.[5]

Ost-West: Gegenüber den Vorjahren bleibt der generelle Unterschied zwischen Befragten aus Ost- und Westdeutschland unverändert. Dabei geht die Angabe, überwiegend im Osten aufgewachsen zu sein, durchgehend mit häufigerer Zustimmung zum kulturellen (41 zu 28 %) wie auch klassischen Rassismus (19 zu 7 %), zum Antisemitismus (15 zu 8 %), zum Hetero-/Sexismus (15 zu 11 %) und Klassismus (23 zu 16 %) einher.[6]

Schulbildung: Die Befragten unterscheiden sich wie bisher deutlich nach ihrem formalen Bildungsgrad. Die offene Abwertungsbereitschaft nimmt mit höherer Schulbildung ab. Dabei sind sich Befragte mit mittlerer oder hoher Schulbildung

---

4   Chi²-Tests zur Bestimmung signifikanter Unterschiede nach Geschlecht: Antisemitismus: Chi² (2, 1.967) = 11,48, p < ,01; Hetero-/Sexismus: Chi² (2, 2.014) = 60,84, p < ,001; Klassismus: Chi² (2, 2.017) = 7,58, p < ,05; Anti-Schwarzen-Rassismus: Chi² (2, 1.985) = 8,60, p < ,05.

5   Chi²-Tests zur Bestimmung signifikanter Unterschiede nach Altersgruppen: Rassismus: Chi² (4, 2.020) = 21,67, p < ,001; Anti-Schwarzen-Rassismus: Chi² (4, 1.991) = 25,34, p < ,001; Antisemitismus: Chi² (4, 1.968) = 10,72, p < ,05; Hetero-/Sexismus: Chi² (4, 2.019) = 56,99, p < ,001; Klassismus: Chi² (4, 2.021) = 24,88, p < ,001.

6   Chi²-Tests zur Bestimmung signifikanter Unterschiede nach Sozialisation in Ost- oder Westdeutschland: Rassismus: Chi² (2, 1.932) = 35,49, p < ,001; Anti-Schwarzen-Rassismus: Chi² (2, 1.901) = 49,80, p < ,001; Antisemitismus: Chi² (2, 1.880) = 26,78, p < ,001; Hetero-/Sexismus: Chi² (2, 1.929) = 12,21, p < ,01; Klassismus: Chi² (2, 1.932) = 20,79, p < ,001.

in den Abwertungsmustern ähnlich und äußern deutlich weniger Zustimmung als Befragte mit niedriger Schulbildung. Etwas geringer sind die Unterschiede zwischen den Bildungsgruppen beim Hetero-/Sexismus (11 bis 15,5 %). Hingegen fällt die Breite der Zustimmung beim kulturellen Rassismus (20 bis 44,5 %) wesentlich größer aus, auch als beim klassischen Rassismus (7 bis 11 %).[7]

Einkommen: Befragte, die über mehr Einkommen verfügen, stimmen den GMF-Dimensionen im Vergleich am geringsten zu (6 bis 22,5 %), während die breite Einkommensmitte auch den mittleren Anteil an der Zustimmung ausmacht (9 bis 29 %) und Einkommensschwächere überdurchschnittlich häufig zur Abwertung anderer neigen (14 bis 43 %). Allerdings unterscheiden sich die Einkommensmitte und Einkommensstärkeren beim klassischen Rassismus kaum (8 zu 9 %), stimmen jedoch auch deutlich seltener zu, als Einkommensschwächere dies tun (15 %).[8] In den Vorjahreserhebungen zeichneten sich die Einkommensunterschiede weniger durch eine unmittelbar stufenförmige Abnahme der Zustimmung von der einkommensschwächeren zur einkommensstärkeren Gruppe aus. So waren 2018/19 und 2020/21 die Zustimmungen zu den menschenfeindlichen Einstellungen in der Einkommensmitte teilweise am stärksten ausgeprägt und entsprachen zum Beispiel hinsichtlich rassistischer wie auch antisemitischer Einstellungen eher noch denen der einkommensschwächeren Gruppe oder – bei der Zustimmung zu klassischen Einstellungen – eher der einkommensstärkeren Gruppe. Dabei werden die Einkommensgruppen anhand des mittleren Nettoeinkommens innerhalb der Stichprobe gebildet, wobei alle Einkommensarten, die Anzahl und das Alter der Personen im Haushalt berücksichtigt werden.

Subjektive Schichtzugehörigkeit: Werden die Befragten danach unterschieden, ob sie sich in der Gesellschaft *unten*, in der *Mitte* oder *oben* verorten würden, fallen

---

7   Chi²-Tests zur Bestimmung signifikanter Unterschiede nach Bildungsgruppen: Rassismus: Chi² (4, 1.992) = 153,50, p < ,001; Anti-Schwarzen-Rassismus: Chi² (4, 1.961) = 30,37, p < ,001; Antisemitismus: Chi² (4, 1.943) = 106,48, p < ,001; Hetero-/Sexismus: Chi² (4, 1.991) = 34,27, p < ,001; Klassismus: Chi² (4, 1.993) = 58,69, p < ,001.

8   Chi²-Tests zur Bestimmung signifikanter Unterschiede nach Einkommensgruppen: Rassismus: Chi² (4, 1.852) = 62,31, p < ,001; Anti-Schwarzen-Rassismus: Chi² (4, 1.819) = 32,54, p < ,001; Antisemitismus: Chi² (4, 1.804) = 38,61, p < ,001; Hetero-/Sexismus: Chi² (4, 1.849) = 31,12, p < ,001; Klassismus: Chi² (1, 1.853) = 13,97, p < ,01.

zunächst beim Rassismus deutliche Unterschiede nach der sozialen Schichtung auf. Unter Befragten, die selbst schätzen, in der Gesellschaft eher unten zu stehen, stimmen 40 % rassistischer Abwertung und Ausgrenzung zu. In der Mitte liegt die Zustimmung dazu bei knapp 31 % und weiter oben bei rund 26 %. Beim Anti-Schwarzen-Rassismus bestehen hingegen keine Unterschiede nach subjektiver Schichtzugehörigkeit. Anders verhält es sich beim Klassismus. Der Herabwürdigung und Diskriminierung von Gruppen aufgrund von Armut, Arbeitslosigkeit oder Obdachlosigkeit stimmen 19 bis 20 % der Befragten zu, die sich gesellschaftlich in der Mitte oder oben verorten. Demgegenüber werten mit 14 % derjenigen, die selbst angeben, unten zu stehen, deutlich weniger auch andere klassistisch ab.[9] (➡ Abb. 5.2, S. 170 f.)

5.2.2 Politische Unterschiede

Die soziodemografischen Unterschiede geben erste Hinweise auf Hintergründe, Motive und Einflussfaktoren von Abwertungs- und Vorurteilstendenzen in der Bevölkerung. Dies gilt ebenso für die politischen Positionen der Befragten (➡ Abb. 5.3, S. 173).

Politische Selbstverortung: Für die Mitte-Studie von besonderem Interesse sind die Einstellungen der Mehrheit der Befragten, die ihre eigenen politischen Ansichten »genau in der Mitte« sehen und sich selbst nicht als »links«, »eher links«, »eher rechts« oder »rechts« bezeichnen würden. Jene Mitte zeichnet sich im Vergleich zu den anderen Befragten auch durch eine mittlere Zustimmung zu den Abwertungsdimensionen aus. Beim Hetero-/Sexismus (9,5 %) und Antisemitismus (8 %) liegt deren Anteil unter dem Durchschnitt der Bevölkerung und ist kaum verbreiteter als unter Befragten, die sich links der Mitte verorten. Unter denen, die sich politisch »links« oder »eher links« verorten, stimmen die wenigsten menschenfeindlichen Aussagen zu (7 bis 15 %), wohingegen rechts der Mitte alle Formen der Abwertung am weitesten verbreitet sind. Dabei wird den hetero-/sexistischen Einstellungen mehr als dreimal häufiger (31 %) und den rassistischen (61 % und 21 %), klassistischen (31 %) sowie antisemitischen (20 %) Einstellungen annähernd doppelt so oft zugestimmt wie in der Gesamt-

---

9   Chi²-Tests zur Bestimmung signifikanter Unterschiede nach subjektiver Schichtzugehörigkeit: Rassismus: Chi² (4, 1.969) = 37,51, p < ,001; Klassismus: Chi² (4, 1.972) = 17,42, p < ,01.

Zustimmung zu den Dimensionen Gruppenbezogener Menschenfeindlichkeit nach Soziodemografie (Angaben in Prozent)   **Abb. 5.2**

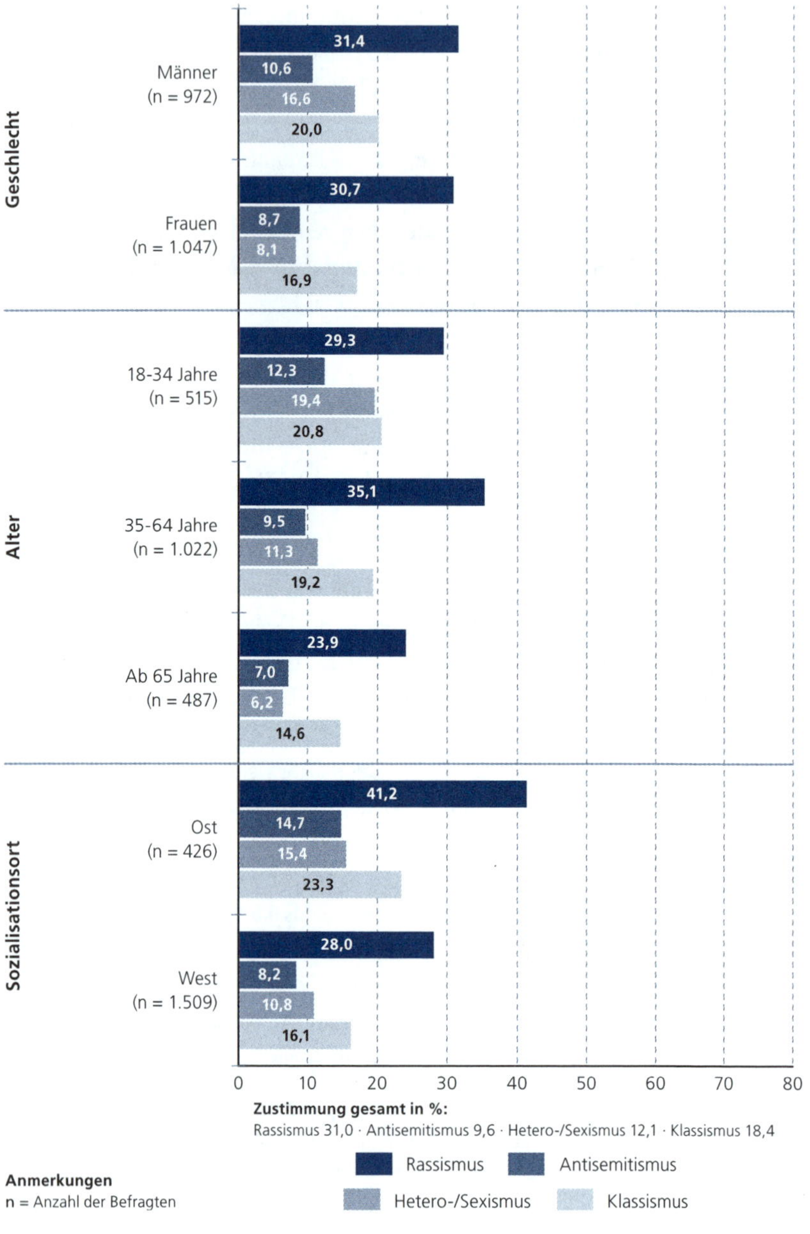

Geschlecht

Männer
(n = 972)
- 31,4
- 10,6
- 16,6
- 20,0

Frauen
(n = 1.047)
- 30,7
- 8,7
- 8,1
- 16,9

Alter

18-34 Jahre
(n = 515)
- 29,3
- 12,3
- 19,4
- 20,8

35-64 Jahre
(n = 1.022)
- 35,1
- 9,5
- 11,3
- 19,2

Ab 65 Jahre
(n = 487)
- 23,9
- 7,0
- 6,2
- 14,6

Sozialisationsort

Ost
(n = 426)
- 41,2
- 14,7
- 15,4
- 23,3

West
(n = 1.509)
- 28,0
- 8,2
- 10,8
- 16,1

0   10   20   30   40   50   60   70   80

Zustimmung gesamt in %:
Rassismus 31,0 · Antisemitismus 9,6 · Hetero-/Sexismus 12,1 · Klassismus 18,4

■ Rassismus   ■ Antisemitismus
■ Hetero-/Sexismus   ■ Klassismus

Anmerkungen
n = Anzahl der Befragten

Zustimmung zu den Dimensionen Gruppenbezogener Menschenfeindlichkeit nach Soziodemografie (Angaben in Prozent)　　　Abb. 5.2

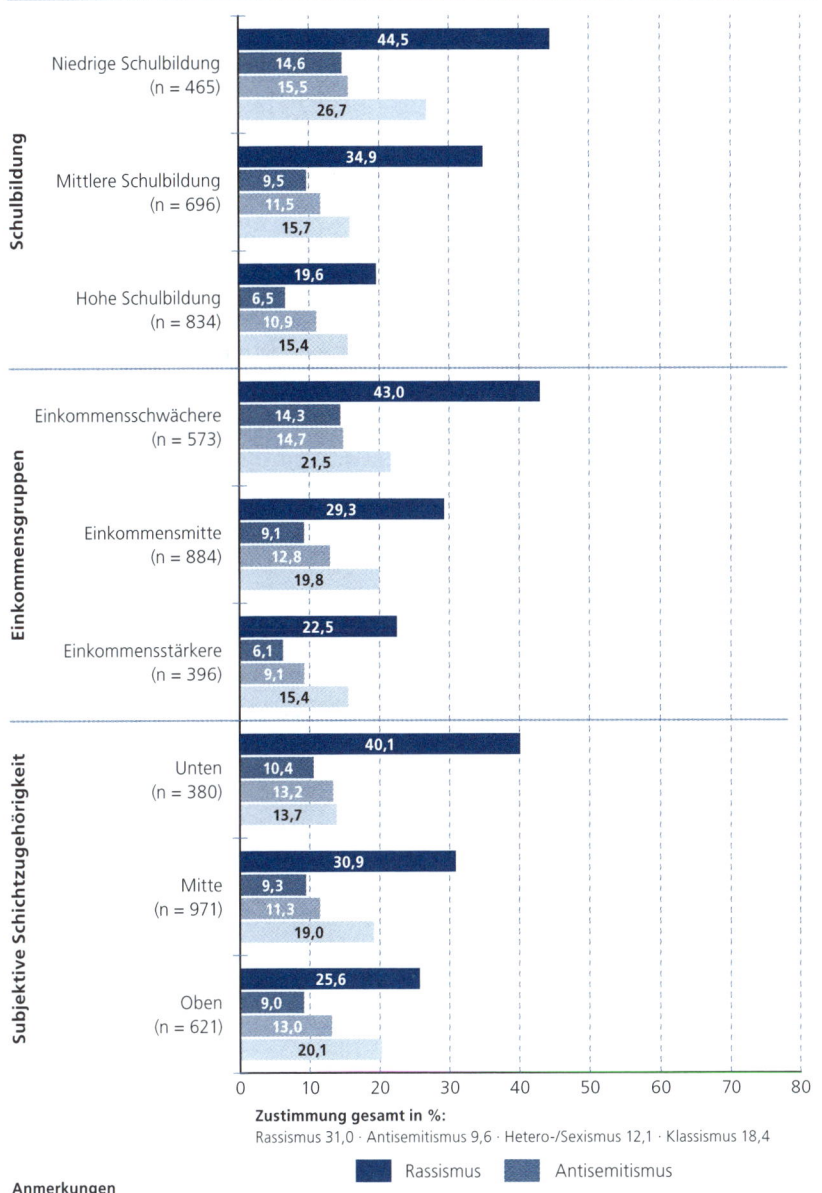

Zustimmung gesamt in %:
Rassismus 31,0 · Antisemitismus 9,6 · Hetero-/Sexismus 12,1 · Klassismus 18,4

■ Rassismus　　■ Antisemitismus
■ Hetero-/Sexismus　　■ Klassismus

Anmerkungen
n = Anzahl der Befragten

bevölkerung. So steigt durchgehend die Zustimmung zu den GMF-Dimensionen nach der politischen Selbstverortung von links nach rechts.[10]

Parteipräferenz: Ein daran anschließendes Bild zeigt sich, wenn die Befragten nach ihrer Parteipräferenz unterschieden werden. Dazu wurden sie gefragt, welche Partei sie wählen würden, wenn »am nächsten Sonntag Bundestagswahl wäre«. Durchweg auffällig sind die hohen Anteile der Zustimmung unter den Wähler:innen der AfD, insbesondere zum kulturellen Rassismus, dem nahezu Dreiviertel zustimmen (72 %), wie auch zum klassischen Rassismus (21 %). Gleichwohl stimmen Befragte, die angegeben haben, die CDU/CSU zu wählen oder aber nicht zur Wahl zu gehen, auch überdurchschnittlich häufig dem kulturellen Rassismus zu (36 bis 38 %), nicht aber dem klassischen Rassismus (6,5 bis 7,5 %). Unter den Wähler:innengruppen der SPD und der Partei Die Linke gleichen sich die Zustimmungen zum kulturellen (24 bis 26 %) und klassischen (10 bis 11 %) Rassismus annähernd. Allen Formen der Abwertung stimmen Wähler:innen der Grünen am wenigsten zu (1 bis 6 %). Beim Antisemitismus und Hetero-/Sexismus äußert mit 10 bis 12 % ein durchschnittlicher Anteil der Bevölkerung seine Zustimmung, der eine Parteipräferenz für die CDU/CSU, SPD oder Die Linke angegeben hat. Wähler:innen der FDP fallen dabei durch ein deutlich höheres Abwertungsniveau auf, welches im Vergleich der Parteipräferenzen beim Antisemitismus (20 %) auch die meiste Zustimmung bedeutet und beim Hetero-/Sexismus (25,5 %) einen ähnlich hohen Anteil ausmacht wie unter AfD-Wähler:innen; ebenso beim Anti-Schwarzen-Rassismus (21 %). Auch der Klassismus ist etwas stärker unter FDP-Wähler:innen (20 %) anzutreffen als unter Wähler:innen der SPD (16 %) oder der Partei Die Linke (12 %), aber in noch größerem Maße unter Befragten, die die CDU/CSU (23 %) oder die AfD (31 %) bevorzugen oder auch nicht wählen würden (26 %).[11] (→ Abb. 5.3)

---

10 Chi^2-Tests zur Bestimmung signifikanter Unterschiede nach politischer Selbstverortung: Rassismus: Chi^2 (4, 1.926) = 319,93, p < ,001; Anti-Schwarzen-Rassismus: Chi^2 (4, 1.897) = 96,14, p < ,001; Antisemitismus: Chi^2 (4, 1.881) = 102,38, p < ,001; Hetero-/Sexismus: Chi^2 (4, 1.923) = 200,84, p < ,001; Klassismus: Chi^2 (4, 1.925) = 155,09, p < ,001.

11 Chi^2-Tests zur Bestimmung signifikanter Unterschiede nach Parteipräferenz: Rassismus: Chi^2 (12, 1.715) = 439,62, p < ,001; Anti-Schwarzen Rassismus: Chi^2 (12, 1.688) = 115,75, p < ,001; Antisemitismus: Chi^2 (12, 1.674) = 122,17, p < ,001; Hetero-/Sexismus: Chi^2 (12, 1.714) = 160,93, p < ,001; Klassismus: Chi^2 (12, 1.716) = 177,88, p < ,001.

**Zustimmung zu den Dimensionen Gruppenbezogener Menschenfeindlichkeit
nach politischer Selbstverortung und Parteipräferenz** (Angaben in Prozent)   **Abb. 5.3**

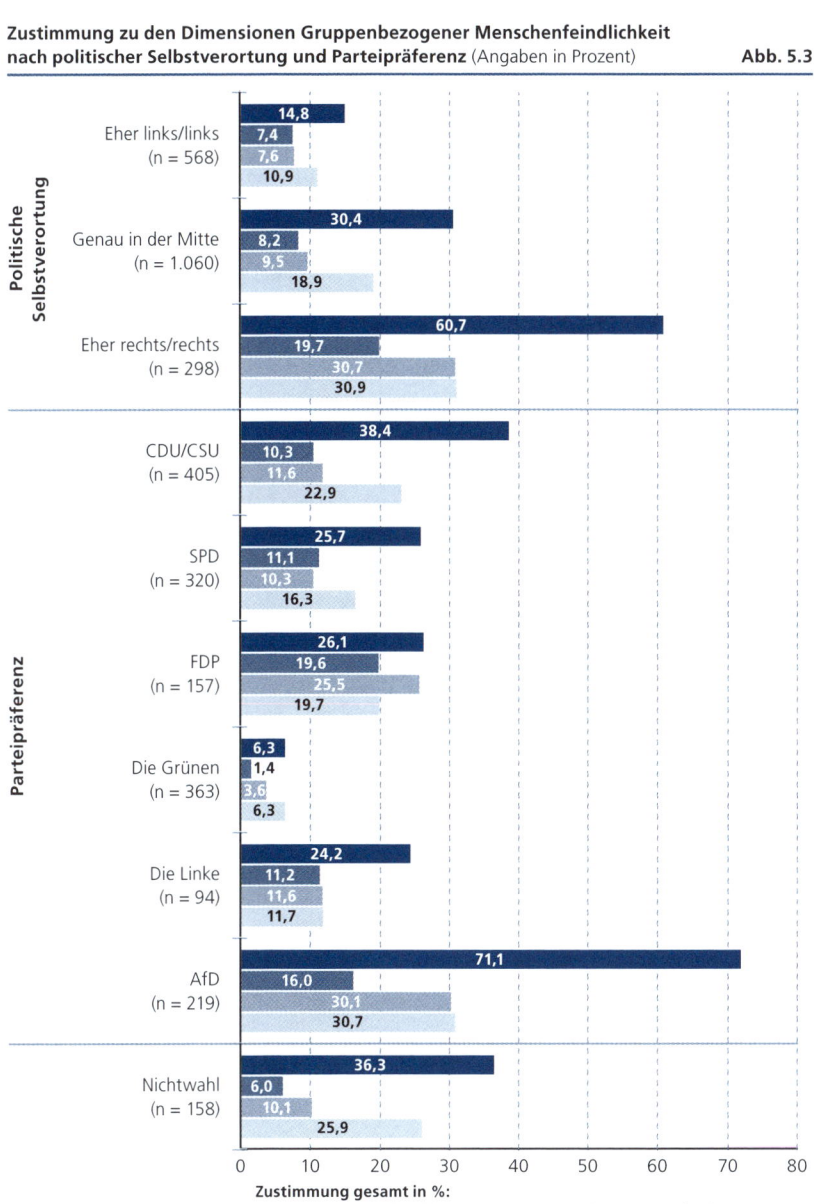

Politische Selbstverortung

Eher links/links
(n = 568)
14,8 · 7,4 · 7,6 · 10,9

Genau in der Mitte
(n = 1.060)
30,4 · 8,2 · 9,5 · 18,9

Eher rechts/rechts
(n = 298)
60,7 · 19,7 · 30,7 · 30,9

Parteipräferenz

CDU/CSU
(n = 405)
38,4 · 10,3 · 11,6 · 22,9

SPD
(n = 320)
25,7 · 11,1 · 10,3 · 16,3

FDP
(n = 157)
26,1 · 19,6 · 25,5 · 19,7

Die Grünen
(n = 363)
6,3 · 1,4 · 3,6 · 6,3

Die Linke
(n = 94)
24,2 · 11,2 · 11,6 · 11,7

AfD
(n = 219)
71,1 · 16,0 · 30,1 · 30,7

Nichtwahl
(n = 158)
36,3 · 6,0 · 10,1 · 25,9

Zustimmung gesamt in %:
Rassismus 31,0 · Antisemitismus 9,6 · Hetero-/Sexismus 12,1 · Klassismus 18,4

■ Rassismus   ■ Antisemitismus
■ Hetero-/Sexismus   ■ Klassismus

Anmerkungen
n = Anzahl der Befragten

5.3 Erklärungsansätze und Zusammenhänge der Menschenfeindlichkeit

Die bereits dargestellten Unterschiede, Auffälligkeiten und Gemeinsamkeiten in den Bevölkerungsgruppen zeigen, dass soziale, ökonomische und politische Hintergründe, Motive und Einflussfaktoren auf die menschenfeindlichen Einstellungen einwirken können. Für ein besseres Verständnis der Abwertungsdimensionen sollten aber die Unterschiede in den Ablehnungen beziehungsweise Zustimmungen noch mehr erklärt werden. Solche Erklärungen bieten autoritäre und dominanzorientierte Überzeugungssysteme, in denen sich Vorstellungen zum Zusammenleben von Gruppen manifestieren wie auch Formen der Krisen- und Konfliktbewältigung.

5.3.1 Autoritarismus oder Soziale Dominanzorientierung

Der *Autoritarismus* und die *Soziale Dominanzorientierung* sind zwei zentrale Erklärungsansätze für Vorurteile. Gemeint sind relativ stabile Überzeugungen von Menschen zu gesellschaftlichen Verhältnissen, die sich über ähnliche Situationen und Umstände hinweg verallgemeinern und Vorgaben zur Ordnung und zum Verhalten der Mehrheit gegenüber Minderheiten bereithalten. Diese können besonders bei Unsicherheit oder Bedrohung aktiviert werden (vgl. Duckitt & Fisher 2003). Zum Autoritarismus werden mehrere Theorien und Konzepte diskutiert, die sich in ihren Grundzügen zumindest darin gleichen, dass *autoritäre Unterordnung* und *autoritäre Aggression* als zwei seiner zentralen Komponenten beschrieben werden (vgl. u. a. Altemeyer 1988; Feldman 2003). Als autoritäre Einstellungen wurden diese mit vier Aussagen erfasst, die sich empirisch weitgehend bewährt haben (➥ Kap. 4, S. 91 ff.). Die Soziale Dominanzorientierung beschreibt die Überzeugung, dass grundsätzliche Hierarchien und ordnende Höher- und Minderwertigkeiten zwischen Gruppen bestehen sollen, damit eine Gesellschaft funktioniert. Die Ungleichwertigkeit wird am sozialen Status einer Gruppe festgemacht und über bestimmte Wert- und Normvorstellungen, Ideologien und Mythen legitimiert (vgl. Sidanius & Pratto 2004). Die Soziale Dominanzorientierung wurde mit zwei Aussagen erfasst, die sich auf die Überlegenheit von »statushöheren« gegenüber »statusniedrigeren« Gruppen sowie der Aufrechterhaltung von Hierarchien beziehen (➥ Kap. 3, Fußn. 10, S. 87). Während der Autoritarismus stärker auf soziale Kontrolle und Sicherheit ausgerichtet ist, dient die Soziale Dominanzorientierung der Überzeugung von Überlegenheit.

Um die Erklärungskraft der beiden Überzeugungssysteme für GMF zu ermitteln, haben wir unter Berücksichtigung der Einflüsse Geschlecht, Alter und Bildung zunächst Regressionen (➡ Glossar, S. 382) berechnet. Sowohl der Autoritarismus als auch die Soziale Dominanzorientierung erweisen sich demnach als relevante Prädiktoren für die spezifischen Abwertungsmuster.[12] Eine autoritäre Grundorientierung erklärt dabei kaum mehr als die Soziale Dominanzorientierung rassistische Einstellungen, also die Abwertungen gegenüber Geflüchteten, Muslim:innen, Sinti:zze und Rom:nja oder allgemein als »fremd« markierten Gruppen. Die Soziale Dominanzorientierung erklärt hingegen vor allem die Abwertungen von Gruppen, die als »mächtig« oder auch »übervorteilt« gelten, wie es sich oft im Antisemitismus gegenüber Jüdinnen und Juden äußert, aber – wie die Mitte-Studie 2022/23 zeigt – ebenso zur Erklärung des Hetero-/Sexismus herangezogen werden kann. Eine dominanzorientierte Abwertung scheint sich auf Frauen, Homosexuelle und Trans*-Menschen auszurichten, die in diesem Sinne womöglich zurück ins Private gedrängt werden sollen. Für den Klassismus stellt sich – wie auch schon für den Rassismus – am ehesten eine Kombination der beiden Prädiktoren dar, die darauf hinweist, dass sich eine stärkere Abwertung von als »faul« oder »schwächer« markierten Gruppen, die besonders Obdachlose, Langzeitarbeitslose oder Sozialhilfeempfänger:innen trifft, gleichermaßen mit Sozialer Dominanzorientierung als hierarchiebefürwortendem Denken wie auch mit Autoritarismus als straf- und kontrollgeneigtem Denken erklären lässt.[13]

12 Das Modell mit den Prädiktoren Geschlecht, Alter, Schulbildung, Autoritarismus und Sozialer Dominanzorientierung hat jeweils eine hohe Varianzaufklärung der Kriteriumsvariablen *Rassismus* (R^2_{korr} = ,40; $F(6, 1.029)$ = 118,20, p < ,001); *Antisemitismus* (R^2_{korr} = ,28; $F(6, 1.004)$ = 66,46, p < ,001); *Hetero-/Sexismus* (R^2_{korr} = ,35; $F(6, 1.028)$ = 93,69, p < ,001); sowie *Klassismus* (R^2_{korr} = ,41; $F(6, 1.030)$ = 121,10, p < ,001); und sagt diese statistisch signifikant voraus.

13 Beta-Regressionsgewichte zur Erklärung von *Rassismus*: Geschlecht n. s., Alter n. s., niedrige Schulbildung (β = ,22***), mittlere Schulbildung (β = ,20***), AUT (β = ,39***), SDO (β = ,29***); *Antisemitismus*: Geschlecht (β = ,07**), Alter (β = ,07*), niedrige Schulbildung (β = ,15***), mittlere Schulbildung (β = ,12***), AUT (β = ,11***), SDO (β = ,43***); *Hetero-/Sexismus*: Geschlecht (β = ,14***), Alter n. s., niedrige Schulbildung (β = ,09**), mittlere Schulbildung (β = ,10***), AUT (β = ,15***), SDO (β = ,47***); *Klassismus*: Geschlecht n. s., Alter (β = -,10***), niedrige Schulbildung (β = ,11***), mittlere Schulbildung (β = ,07*), AUT (β = ,33***), SDO (β = ,40***). AUT = Autoritarismus; SDO = Soziale Dominanzorientierung; n. s. = nicht signifikant; *** = p < ,001. Zusammen betrachtet sprechen die Befunde der Regressionsanalyse für das Zwei-Prozess-Modell nach Duckitt et al. (2002).

5.3.2 Krisenwahrnehmung als Abwertungsbedingung?

Wie bereits einführend beschrieben, können autoritäres und dominanzorientiertes Denken besonders durch Krisen- oder Bedrohungserfahrungen ausgelöst werden und wiederum menschenfeindliche Einstellungen verstärken und vermitteln (vgl. z. B. Cohrs & Stelzl 2010; Asbrock, Sibley & Duckitt 2010). Je nach Intensität einer Krisenwahrnehmung lassen sich daher Unterschiede im Ausmaß Gruppenbezogener Menschenfeindlichkeit erwarten. In der Mitte-Studie wurde die Krisenwahrnehmung auf Grundlage der Einschätzung ermittelt, wie stark die Befragten Deutschland, ihre eigene Bezugsgruppe beziehungsweise sich selbst als von Krisen betroffen erleben und wie sicher oder unsicher sie sich aufgrund dessen fühlen (➡ Kap. 7, S. 219 ff. dazu ausführlich).

Zustimmung zu den Dimensionen Gruppenbezogener Menschenfeindlichkeit nach Krisenwahrnehmung und Autoritarismus (Angaben in Prozent)   **Abb. 5.4**

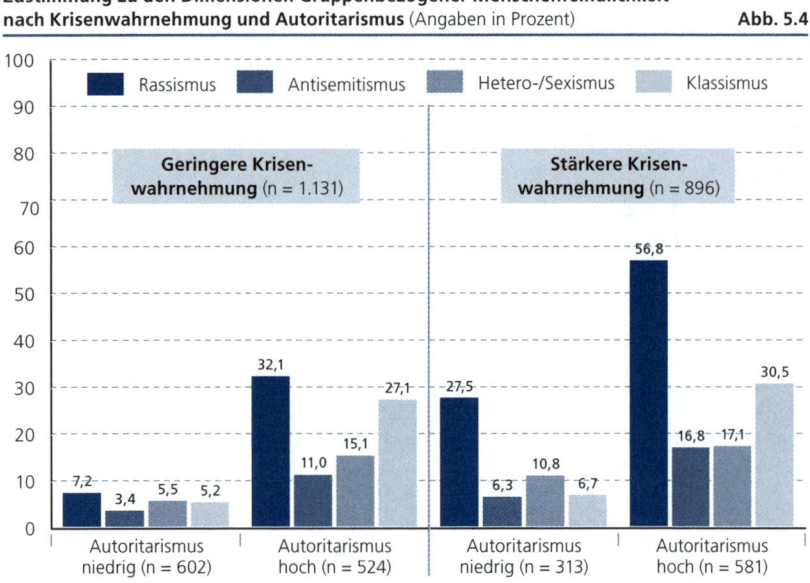

In Abbildung 5.4 ist jeweils nach zwei Stufen der Krisenwahrnehmung und des Autoritarismus unterschieden, wie viel Prozent der Befragten den unterschiedlichen Abwertungs- und Vorurteilsmustern zustimmen.[15] Bei geringerer Krisenwahrnehmung und niedrigem Autoritarismus liegen die Zustimmungen über alle GMF-Dimensionen hinweg weit unter dem Durchschnitt der Bevölkerung und sind deutlich niedriger, als wenn die Befragten autoritär eingestellt sind. Dann werden die Zustimmungen durch eine autoritäre Grundhaltung verstärkt und über das in diesem Jahr gemessene Bevölkerungsniveau angehoben. Dabei nimmt die Zustimmung bei stärkerer Krisenwahrnehmung zwar weiter zu, was sich vor allem am Rassismus zeigt. Bei niedrigem Autoritarismus erreicht er ein Niveau von 27,5 %, nimmt aber erheblich zu, wenn der Autoritarismus hoch ist (57 %). Anders verhält es sich beim Klassismus, der zwar auch von niedrigem zu hohem Autoritarismus deutlich ansteigt, letztlich aber unabhängig von der Krisenwahrnehmung (5 zu 27 % bzw. 7 zu 30,5 %). Auch die Zustimmung zum Hetero-/Sexismus verändert sich bei hohem Autoritarismus von schwächerer zu stärkerer Krisenwahrnehmung nur unwesentlich (15 zu 17 %). Der Antisemitismus nimmt in dem Zusammenhang hingegen zu (11 zu 17 %) (⇒ Abb. 5.5, S. 178).[15]

Abbildung 5.5 zeigt die Zustimmung zu den GMF-Dimensionen für die zwei Stufen der Krisenwahrnehmung und Sozialen Dominanzorientierung. Dabei fallen zunächst unabhängig von der Krisenwahrnehmung die Unterschiede in den Gruppen von einer niedrigen zu einer hohen Sozialen Dominanzorientierung auf. Beim Antisemitismus und Hetero-/Sexismus fallen die Zustimmungen jedoch bei einer geringeren Krisenwahrnehmung verhältnismäßig höher aus, während sie unter den dominanzorientierten Befragten auch bei stärkerer Krisenwahrnehmung auf diesem Niveau bleiben. Dies zeigt sich ebenso beim Klassismus. Die Intensität der Krisenwahrnehmung scheint hier praktisch

---

14 Aus den Aussagen zur Krisenbetroffenheit und -unsicherheit wurde eine Mittelwertskala zur Krisenwahrnehmung berechnet (MW = 3,28; SD = ,82; n = 2.002; α = ,82). Befragte, die auf einer 5-stufigen Antwortskala zur Krisenbetroffenheit beziehungsweise Krisenunsicherheit durchschnittlich einen Wert kleiner < 3,5 angegeben haben, wurde zur Gruppe mit einer geringeren Krisenwahrnehmung gezählt und Befragte mit einem Wert ≥ 3,5 zur Gruppe mit einer stärkeren Krisenwahrnehmung. Zur Unterscheidung, ob bei Befragten der Autoritarismus beziehungsweise die Soziale Dominanzorientierung niedrig oder hoch ausgeprägt ist, wurde jeweils der gleiche Cut-off-Wert genutzt.

15 Chi²-Tests zur Bestimmung signifikanter Unterschiede bei geringerer Krisenwahrnehmung nach Autoritarismus: Rassismus: Chi² (1, 1.124) = 114,33, p < ,001; Antisemitismus: Chi² (1, 1.104) = 24,81, p < ,001; Hetero-/Sexismus: Chi² (1, 1.125) = 28,69, p < ,001; Klassismus: Chi² (1, 1.125) = 103,56, p < ,001. Chi²-Tests zur Bestimmung signifikanter Unterschiede bei stärkerer Krisenwahrnehmung nach Autoritarismus: Rassismus: Chi² (1, 894) = 70,30, p < ,001; Antisemitismus: Chi² (1, 864) = 19,03, p < ,001; Hetero-/Sexismus: Chi² (1, 892) = 6,36, p < ,05; Klassismus: Chi² (1, 894) = 66,57, p < ,001.

**Zustimmung zu den Dimensionen Gruppenbezogener Menschenfeindlichkeit
nach Krisenwahrnehmung und Sozialer Dominanzorientierung** (Angaben in Prozent)   **Abb. 5.5**

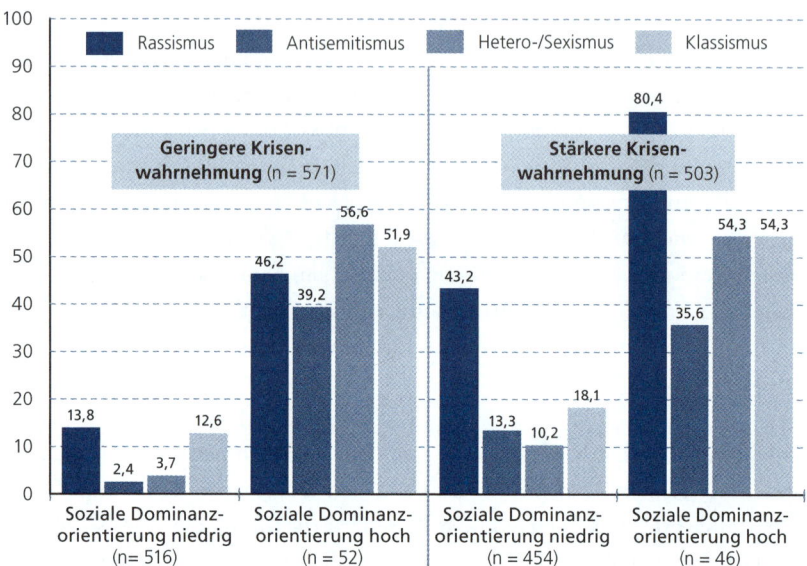

Anmerkungen n = Anzahl der Befragten; Die Items zur Sozialen Dominanzorientierung wurden nur bei einer zufällig ausgewählten Hälfte der Befragten erhoben. Dementsprechend fällt die Anzahl der Befragten auf Konstruktebene sowie bei der Unterscheidung nach niedrig und hoch geringer aus. Die Repräsentativität der Ergebnisse bleibt davon unberührt (→ Kap. 2, S. 35 ff.).

keine Bedeutung zu haben, wenn die Soziale Dominanzorientierung hoch ist. Hingegen sind bei Befragten mit einer niedrigen Sozialen Dominanzorientierung vermehrt Abwertungen festzustellen, wenn sie angesichts der Krisen ein stärkeres Betroffenheits- oder Unsicherheitserleben haben. Besonders deutlich wird diese Beobachtung beim Rassismus, dem bei stärkerer Krisenwahrnehmung ungleich häufiger zugestimmt wird als bei geringerer Krisenwahrnehmung (43 % zu 14 %). Aber auch in der dominanzorientierten Gruppe steigt die Zustimmung zum Rassismus von 46 % bei geringerer Krisenwahrnehmung auf 80 % bei stärkerer Krisenwahrnehmung.[17]

5.3.3 Konflikte über »die Anderen«

Krisen gehen mit Konflikten zwischen gesellschaftlichen Gruppen einher. Für den Zusammenhang mit menschenfeindlichen Abwertungen kommen daher der Wahrnehmung und Bewältigung von Konflikten ebenfalls eine besondere Bedeutung zu. Gerade Demokratien sind darauf angelegt und auch angewiesen, dass soziale Konflikte ausgetragen, ausgeglichen und die gesellschaftlichen Verhältnisse, in denen sie entstehen, reflektiert und bestenfalls weiter demokratisiert werden. Die Bruchlinie wird jedoch immer wieder von sozialer Ungleichheit markiert, die entlang globaler, ökonomischer, national-kultureller sowie geschlechtlich gefärbter Gegensätze und Spannungen verläuft, aber auch an Demokratiedefiziten (vgl. z. B. Schmidt 2019, S. 471 ff.).

Dabei werden in jüngerer Zeit häufiger Forderungen und Demokratievorstellungen laut, nach denen Minderheitenrechte zurückgewiesen werden sollten und Minderheiten keine politische, soziale oder materielle Unterstützung mehr erwarten dürften. Die Demokratie hätte vor allem der Mehrheit zu dienen. So meinen in der Mitte-Studie 2022/23 rund 26 %, es werde »zu viel Rücksicht« auf Minderheiten genommen; 28 % beurteilen dies mit »teils/teils«. Und über 34 % denken, es können »im nationalen Interesse« nicht allen die gleichen Rechte gewährt werden (vgl. auch Berghan & Zick 2019). Ebenso viele Befragte denken über Minderheiten in Deutschland, sie würden es »mittlerweile mit ihren Forderungen übertreiben« (34 %) oder seien »zu empfindlich, wenn es um Diskriminierung geht« (31 %). Beide Aussagen drücken eine *illiberale* oder *antipluralistische* Einstellung aus (➡ Kap. 4, S. 91 ff.), die eng im Zusammenhang mit den GMF-Dimensionen steht, wie Tabelle 5.4 (➡ S. 182 f.) zeigt. Befragte mit einer illiberalen Haltung gegenüber Minderheiten neigen deutlich eher zu rassistischen, antisemitischen, hetero-/sexistischen und klassistischen Abwertungen, wodurch Formen der Entsolidarisierung oder Leugnung

---

16 Chi²-Tests zur Bestimmung signifikanter Unterschiede bei geringerer Krisenwahrnehmung nach Sozialer Dominanzorientierung: Rassismus: Chi² (1, 567) = 35,48, p < ,001; Antisemitismus: Chi² (1, 560) = 166,88, p < ,001; Hetero-/Sexismus: Chi² (1, 570) = 171,39, p < ,001; Klassismus: Chi² (1, 568) = 53,82, p < ,001. Chi²-Tests zur Bestimmung signifikanter Unterschiede bei stärkerer Krisenwahrnehmung nach Sozialer Dominanzorientierung: Rassismus: Chi² (1, 500) = 23,31, p < ,001; Antisemitismus: Chi² (1, 481) = 15,52, p < ,001; Hetero-/Sexismus: Chi² (1, 498) = 66,64, p < ,001; Klassismus: Chi² (1, 500) = 32,70, p < ,001.

von Diskriminierung gegenüber bestimmten Gruppen bereits als Anhaltspunkte für die Ideologie der Ungleichwertigkeit verstanden werden können. In diesem Zusammenhang deutet eine illiberale Haltung auch auf eine Distanz zu den möglichen Konflikten und Streitthemen in der Demokratie hin. Je stärker Befragte vor Ort, wo sie leben, oder in der eigenen Familie Konflikte zwischen verschiedenen gesellschaftlichen Gruppen wahrnehmen, sogenannte *Intergruppenkonflikte*, desto eher tendieren sie zu einer illiberalen Haltung, stärker aber noch dazu, den Abwertungsdimensionen zuzustimmen. Solche Konflikte konnten von den Befragten jeweils von (1) »gar nicht« oder (2) »wenig«, über (3) »mittel«, bis (4) »stark« oder (5) »sehr stark« eingeschätzt werden, wobei lediglich 15 % bei sich vor Ort und nur 8 % in der Familie eine starke Konfliktausprägung angeben. Über 40 % nehmen hingegen starke Intergruppenkonflikte in Deutschland wahr. Die erheblichen Unterschiede zwischen der Wahrnehmung von Konflikten im persönlichen Umfeld und in der Gesellschaft insgesamt könnten für eine Verschiebung oder Verzerrung der Konfliktwahrnehmung stehen. Zwar muss in der Familie oder am Wohnort keinen Konflikt auslösen, was sonst in der Gesellschaft einen Konflikt darstellt, doch dürfte anzunehmen sein, dass Wechselwirkungen zwischen den unterschiedlichen Ebenen entstehen. Gleichzeitig zeigt sich in den Analysen eine deutliche Tendenz zur Vermeidung von politischen Konflikten, die signifikant mit GMF zusammenhängt. Befragte, die Gespräche über politische Themen zu meiden versuchen, um Streit aus dem Weg zu gehen (28 %), grundsätzlich bei einer Meinung bleiben, die sie sich gebildet haben (34 %) und sich in erster Linie »Ruhe und Ordnung« von der Demokratie versprechen (45 %), stimmen auch menschenfeindlichen Einstellungen deutlich eher zu (➠ Tab. 5.4, S. 182 f.). Die Indikatoren der *Konfliktvermeidung* setzen sich an dieser Stelle aus der Überzeugung mangelnder politischer Selbstwirksamkeit und einer spezifischen Demokratievorstellung (➠ Kap. 4, S. 91 ff.) zusammen, die sich in der Aufrechterhaltung einer reaktionär-resignierenden Gesellschaftspolitik verdichtet.

Zahlreiche Studien zeigen, dass Personen gezielt Informationen und Auseinandersetzungen meiden, die ihrer schon bestehenden Meinung entgegenstehen (vgl. Hart et al. 2009). Sowohl liberal als auch konservativ eingestellte Personen scheinen der hohen Anstrengung und den Konflikten, die Demokratien zwangsläufig bedeuten und bereithalten, lieber aus dem Weg gehen zu wollen, sich und die eigene Meinung abzuschotten, wie zum Beispiel Frimer, Skitka und Motyl (2017) zeigen. Nicht hören oder wissen zu wollen, wie die andere Seite denkt, Konflikte und Widersprüche in der Gesellschaft auszublenden und darüber zu schweigen, bedeutet jedoch nicht nur eine Konfliktvermeidung zwischen Menschen und Gruppen, sondern verhindert in der Konsequenz eine Auseinandersetzung über Ungleichheiten, Ungleichbehandlungen und Ungerechtigkeiten. Ein womöglich »falsch« verstandenes Harmonieideal der Mitte verschleppt, verschärft und verfestigt Probleme, an denen Demokratie und Zivilgesellschaft Schaden nehmen. So kann die generelle Strategie, Konflikte zu vermeiden, auch ein Ausdruck von Demokratiedistanz sein, nämlich dann, wenn das Austragen der Konflikte bedeuten würde, das *bessere* Argument gelten zu lassen und anderen gegenüber einzugestehen, selbst nicht recht zu haben. Ebenso kann die Abschottung und Vermeidung von politischen Konflikten dazu dienen, starke Vorurteile vor Widersprüchen zu bewahren (vgl. Degner 2022) (⟶ Tab. 5.4, S. 182 f.).

5.4 Die Ideologie der Ungleichwertigkeit als Krisen- und Konfliktphänomen

In Zeiten von Krisen beziehungsweise von Konflikten aufgrund von Krisen kann die Mitte dazu neigen, sich des eigenen Status und der Bemessung ihres Selbstwerts, ihres Wohlstands, ihrer Freiheiten sowie ihres Lebens in Frieden vergewissern zu wollen. Dabei stützt sie sich auf Mehrheits- und Minderheitsdifferenzen, die konstitutiv erscheinen für das Gefühl von Normalität, Sicherheit, Orientierung und das Streben nach kollektiver Identität. Doch wenn diese Bedürfnisse enttäuscht werden, sich soziale Verwerfungen und Verletzungen häufen, kann die Mitte in einen Krisen- und Konfliktmodus geraten, in dem scheinbar nur »um den Preis der Verleugnung der Wertmaßstäbe, die sich die bürgerliche Gesellschaft in ihren politischen Revolutionen selbst gesetzt hat« (Dörre, Lessenich & Rosa 2009, S. 14), der eigene Status und Selbstwert wiederhergestellt werden können. Es ist nachvollziehbar, dass das über Generationen aufrechterhaltene und fest verankerte Versprechen von den Möglichkeiten des sozialen Aufstiegs in Krisenzeiten von Erfahrungen sozialer Ungleichheit ausgehöhlt wird und auf Abstiegsängste trifft. Im Konflikt sozialer Klassen und Gruppen stehen Existenz und Wert des Einzelnen fortwährend infrage, ohne dass die Sozialisation von und über Ungleichheit beziehungsweise Ungleich-

Zusammenhänge der Dimensionen Gruppenbezogener Menschenfeindlichkeit mit illiberaler Haltung, gesellschaftlicher Konfliktwahrnehmung und politischer Konfliktvermeidung (Korrelationskoeffizienten)   Tabelle 5.4

	Antisemitismus	Hetero-/Sexismus
Rassismus	,51***	,54***
Antisemitismus		,64***
Hetero-/Sexismus		
Klassismus		
Illiberale Haltung		
Konfliktwahrnehmung vor Ort/in der Familie		

Anmerkungen [a] Mittelwertskala aus »Minderheiten in Deutschland übertreiben es mittlerweile mit ihren Forderungen.« und »Minderheiten in Deutschland sind zu empfindlich, wenn es um Diskriminierung geht.« (**MW** = 2,92; **SD** = 1,21; **n** = 2.018; **korr** r_{tt} = ,80). [b] Zwischen verschiedenen gesellschaftlichen Gruppen (**MW** = 2,23; **SD** = ,87; **n** = 2.012; **korr** r_{tt} = ,61). [c] Mittelwertskala aus »In letzter Zeit meide ich Gespräche über politische Themen, weil es dann nur Streit gibt.«; »Wenn ich mir erst einmal

wertigkeit bewusst reflektiert werden kann. Die Widersprüche und Zwänge der Selbsterhaltung berühren dabei humanistische Prinzipien der Gleichwertigkeit und Unversehrtheit von Menschen, die unter anhaltenden Krisen- und Konfliktkonstellationen an Gewicht und Gültigkeit verlieren können, wie die Analysen dieses Kapitels aufzeigen.

Nachdem die menschenfeindlichen Abwertungen während der Hochphase der Coronapandemie 2020/21 etwas zurückgegangen und aus heutiger Sicht mehr oder minder überlagert waren, scheint die Mitte 2022/23 – gemessen an GMF – ähnlich wie 2018/19 an demokratischer Integrität verloren zu haben. Unter anderem liegt die Vermutung nahe, dass durch eine distanzierte Haltung der Mitte zu einer liberalen, aber geschwächten Demokratie die Sprache und Ideologie autoritärer Kontrolle und sozialer Dominanz in weite Teile der Bevölkerung vordringen können und dort beispielsweise in die Logiken von Marktkonformität und Wettbewerb übersetzt werden (➡ Kap. 8, S. 243 ff.). Eine solche Haltung wird womöglich durch Bildungs- und Einkommensunterschiede gestützt, wenn auch nicht verursacht. Ansatzweise bildet sich dies hier in bestimmten Bevölkerungsteilen ab und zeigt sich ebenfalls an den Zusammen-

Tabelle 5.4

Klassismus	Illiberale Haltung[a]	Konfliktwahrnehmung vor Ort/in der Familie[b]	Konfliktvermeidung[c]
,64***	,65***	,25***	,49***
,48***	,42***	,25***	,33***
,54***	,45***	,35***	,40***
	,51***	,30***	,45***
		,16***	,32***
			,23***

eine Meinung gebildet habe, dann bleibe ich auch dabei.« und »Demokratie heißt vor allem erst einmal Ruhe und Ordnung.« (**MW** = 3,00; **SD** = ,86; **n** = 2.026; α = ,50).
M = arithmetischer Mittelwert; **SD** = Standardabweichung; **n** = Anzahl der Befragten; α = Cronbachs Alpha; **korr r$_{tt}$** = korrigierter Split-Half-Reliabilitätskoeffizient; *** = p ≤ ,001.

hängen der Abwertungsformen untereinander sowie mit Autoritarismus, Sozialer Dominanzorientierung, Krisenwahrnehmung, Illiberalität und Konfliktvermeidung. Die überzufälligen Zusammenhänge des Rassismus, Antisemitismus, Sexismus und Klassismus unterstützen zudem die Annahme, dass wir es mit dem Syndrom einer generalisierten Abwertung »der Anderen« zu tun haben (➟ Tab. 5.2, S. 162 f. u. Abb. 5.1, S. 155).[17] Besonders eng und strukturell hängen hier die Dimensionen Rassismus und Klassismus sowie Antisemitismus und Hetero-/Sexismus zusammen, wobei deren theoretische

---

17 Auf Basis des Syndroms der Gruppenbezogenen Menschenfeindlichkeit wurde für weitere Analysen in diesem Band ein Mittelwertindex aus jenen Items gebildet, welche jeweils die Abwertung gegenüber den spezifisch benannten Gruppen ermitteln lassen, sodass keine Gruppe mehrfach in die Berechnung eingeht. Dabei wurden auch Items in den Index aufgenommen, die unter den zuvor berichteten Abwertungsdimensionen keine Berücksichtigung fanden oder nicht eindeutig zugeordnet werden konnten: »Wer schon immer hier lebt, sollte mehr Rechte haben als die, die später zugezogen sind.« (Etabliertenvorrechte); »Die Weißen sind zurecht führend in der Welt.« (klassischer Rassismus) sowie »Es ist für alle besser, wenn behinderte Menschen unter sich bleiben.« (Abwertung von Menschen mit Behinderung). Der Index wurde wiederum auf Eindimensionalität geprüft und umfasst insgesamt 13 Items (M = 2,27; SD = ,85; n = 2.025; α = ,90). Alle in den GMF-Index eingegangenen Items können auf unter www.fes.de/mitte-studie nachvollzogen werden.

Beziehung noch weiter zu diskutieren wäre. Ebenfalls signifikant ausgeprägt sind die Zusammenhänge mit dem Anti-Schwarzen-Rassismus.[18] Insgesamt sprechen die angeführten Analysen, Erklärungsansätze und Zusammenhänge für die Tauglichkeit des auf vier Abwertungsdimensionen ausgerichteten GMF-Modells. Diese bilden auch die Grundlage für zahlreiche weitere Analysen im vorliegenden Band.

---

18 Korrelation zwischen Anti-Schwarzen-Rassismus und Antisemitismus (r = ,61), Hetero-/Sexismus (r = ,59) sowie Klassismus (r = ,49) mit p < ,001.

Mittendrin
Mysterium Ausländerbehörde: Über Gefahrenabwehr, Selektion und Haltung, aber auch das ewige Personalproblem

Souad Lamroubal

Die Coronakrise ist bei vielen Menschen noch sehr präsent, und die Auswirkungen sind heute noch spürbar. Ich hätte mir nie vorstellen können, dass sich meine Normalität irgendwann insofern verändern würde, als ich Freiheitseinschränkungen akzeptieren muss und mein Leben nicht mehr so leben kann, wie ich es möchte. Ich war es immer gewohnt zu reisen, wann ich möchte, mich zu treffen, mit wem ich möchte, und meine Familie im Ausland zu besuchen, wann immer mir danach war. Grenzen gab es zwar auf dem Papier, aber diese waren immer weit weg von meiner Realität. Es waren die Grenzen der *anderen*. Ich schreibe dieses Kapitel als Teil der *Mitte*, obgleich auch das längst nicht zu meiner Normalität zählt, denn ich bin nicht *weiß* und nicht nur *deutsch*. Einige Privilegien habe ich aber durch meinen deutschen Pass, und ich werde mich nicht beklagen. Nicht in diesem Kapitel.

Die Krise zeigte mir, welch großes Privileg gesetzlich legitimierte Freiheit eigentlich ist, und sie zeigte mir auch, dass dieses Privileg nicht für alle Menschen normal ist. Die Mitte hat ihre Freiheit inzwischen nach der Coronakrise zurück, und wir freuen uns, dass wir die Krise gemeinsam hinter uns gebracht haben. Aber was ist mit den Menschen, für die gesetzliche Einschränkungen aufgrund ihres Herkunftslandes bestehen bleiben und seit Jahren zu ihrem Alltag zählen? Ich darf diesen Alltag seit vielen Jahren als Kommunalbeamtin begleiten, und ich möchte meine Erfahrungen teilen. Dabei werde ich Kritik üben an den hiesigen Verwaltungsstrukturen und am Umgang mit Migration. Für die einen ist meine Kritik Teil der Lösung, für andere Teil des Problems, denn die Widersprüche gegen Veränderungsprozesse innerhalb von Behörden sind enorm, und somit bringt mir diese Kritik nicht nur Beifall.

Wie sich die Meinungen über den Wunsch nach der Anpassung von Behördenstrukturen unterscheiden, merke ich an den Zuschriften, die mich seit der Veröffentlichung meines Buches »Yallah Deutschland, wir müssen reden!« erreichen. Die Zuschriften sind interessant. Sie verdeutlichen eine gesellschaftliche Spaltung in Bezug auf die Haltung der Deutschen zur Migration. Ich lese alle Zuschriften, im Gedächtnis bleiben mir aber hauptsächlich die verzweifelten Menschen, die Ausgrenzung erleiden und sich den Behörden machtlos ausgeliefert fühlen. Jene Stimmen, die verzweifelt versuchen, mit Einschüchterungsversuchen ihre Privilegien zu sichern, nehme ich auch wahr. Ich könnte mein Privileg, als *deutsche* Kommunalbeamtin assimilierter Teil der Gesellschaft zu sein, ausnutzen und mich abwenden und den Satz »Amtssprache ist Deutsch« verinnerlichen, doch bin ich es nicht gewohnt, den Weg des geringsten Widerstandes zu gehen.

Ich schreibe dieses Kapitel also als eine Art Denkanstoß durch meine Einblicke in die Berufspraxis innerhalb einer Behörde. Mein Ziel dabei ist die Reflexion von Behördenstrukturen im Kontext von Flucht und Migration. Thematisieren werde ich die Situation von Menschen ohne deutsche Staatsangehörigkeit in Kommunen, aber auch, wie dies die gesamte Gesellschaft beeinflusst. Vorrangig geht es um den Umgang mit Menschen in kommunalen Ausländerbehörden und anderen Abteilungen einer Stadtverwaltung, die für die Unterbringung und Integration von Geflüchteten und Migrant:innen zuständig sind. Mein Denkanstoß richtet sich an Verantwortliche in Kommunen, vor allem aber an die Landesregierungen und die Bundesregierung und sollte nicht nur als Kritik, sondern als eine Art Einladung zur Selbstreflexion gewertet werden. Kommunen tragen nicht die alleinige Verantwortung, sondern sind das Resultat einer Zusammenarbeit der benannten Ebenen.

Es ist aber auch meine dringliche Bitte, die Stimmen derer zu hören, die keine Wähler:innen und dennoch gleichwertige Menschen mit gleichberechtigten Ansprüchen sind. Teilhabemöglichkeiten sind die Basis einer gelungenen Integration. Wie ist die aktuelle Situation von Menschen, die aufgrund von Fluchtursachen eine neue Heimat suchen, allerdings nicht aus *privilegierten Herkunftsländern* kommen? Wie sieht hier die kommunale Migrationsarbeit aus? Welchem Personenkreis wird Integration durch vorhandene Angebote ermöglicht und für welche Menschen sind keine unterstützenden Strukturen vorhanden? Inwiefern kann nicht einmal das Erfüllen gesetzlicher Voraussetzungen ihre Situation begünstigen? Ungleichbehandlung in Verwaltungen und Ungleichverteilung vorhandener Kapazitäten haben gravierende Auswirkungen auf die Integration und auf die Situationen aller Menschen in Kommunen. Welche Konflikte dadurch ausgelöst werden und dass stabile und humane Verwaltungsstrukturen die beste Prävention für alle sind, werde ich mit diesem Kapitel deutlich machen.

Ausländerbehörde, ein Ort fern von Willkommenskultur

Seit vielen Jahren klagen Menschen bereits darüber, dass mit ihnen nicht gerecht in Behörden umgegangen wird. Sie berichten über Abwertungen, Druck, Drohungen und Diskriminierung. Sie berichten von Überforderung, fehlenden niederschwelligen Informationsangeboten und langen Bearbeitungszeiten. Sie berichten über Ängste und Perspektivlosigkeit, über Stigmatisierung und Ausgrenzung. Sie berichten über Hilferufe, die nicht gehört werden. Oft habe ich die Ängste der Menschen gesehen, die sie im Rahmen ihrer Vorsprachen in einer Ausländerbehörde begleiteten. Viele Menschen verhielten sich durch ihre Ängste übermäßig freundlich und versuchten zu lächeln, um zuständigen Sachbearbeiter:innen eventuell auch ein Lächeln abzugewinnen und so eine gute Atmosphäre zu schaffen. Das Machtgefälle und das einseitige Abhängigkeitsverhältnis waren nicht zu übersehen und die Regeln in Ausländerbehörden klar.

Institutioneller Rassismus ist laut zahlreichen Erfahrungsberichten Nichtdeutscher kein Märchen, sondern ein Albtraum, der für viele Realität ist. Umso wichtiger ist es, genau zu verstehen, wo struktureller Rassismus beginnt, wie dieser zu definieren ist und wer über die Gültigkeit dieser Definition entscheidet. Was begründet diese Strukturen und von wem werden diese unterstützt? Wichtig zu klären ist, ob wir als Behörde mit unserem Handeln auf der einen Seite stehen und die deutsche Mehrheitsgesellschaft auf der anderen. Oder ob auch Stimmen aus der Mitte der Gesellschaft dazu beitragen, destruktive Strukturen innerhalb unserer Stadtverwaltungen aufrechtzuerhalten, da manche aus der Mitte die Ungleichbehandlung und Priorisierung von Deutschen in Behörden als legitim bewerten und eine Selektion fordern (⟶ Kap. 6, S. 199 ff.). Somit wäre nicht das Ziel, Verwaltungsstrukturen zu schaffen, die unter Berücksichtigung von unterschiedlichen Lebensverhältnissen gleiche Chancen ermöglichen, sondern eine Verwaltung, die die Unterschiede verdeutlicht, um Gefahren abzuwehren und eine Belastung des Sozialsystems durch Migration zu verhindern. Eine Differenzierung von Ressentiments und Realität scheint vielen jedoch zu komplex, was schlussendlich dazu führt, dass Migration immer eine Prüfung nach guten und schlechten Migrant:innen erfordert. Das ist eine Normalität, die bereits seit vielen Jahren in Deutschland herrscht und nicht infrage gestellt wird. Ein Indiz dafür, dass eine Ungleichbehandlung in Verwaltungen durch die Mitte gefördert und gefordert wird, ist, dass von jenen Menschen, die nicht zur Mehrheitsgesellschaft zählen, mehr Dankbarkeit und Geduld verlangt wird. Wer von ihnen also in Deutschland leben möchte, sollte sich in Geduld üben und seine Ansprüche bei Vorsprachen in Behörden etwas herunterschrauben, heißt es oftmals. Die Forderung, sich auf Augenhöhe zu begegnen, scheint utopisch, denn Macht und Einfluss von Behördenentscheidungen sind gravierend.

Für mich ist es dennoch fraglich, ob ausreichend Informationen in der Mitte der Gesellschaft darüber vorhanden sind, was für Menschen ohne deutsche Staatsbürgerschaft von der Erteilung eines Aufenthaltsstatus und seiner Klärung abhängt. Wie würde wohl die Mitte mit solch einem einseitigen Abhängigkeitsverhältnis umgehen, wo das Privileg der Freiheit und Unabhängigkeit doch für sie kaum wegzudenken ist?

Die Entscheidungen, die wir in Behörden treffen, haben Auswirkungen auf existenzielle Lebensbereiche und können bis zu Freiheitseinschränkungen reichen. Dies mag für den einen oder die andere befremdlich klingen oder zumindest überraschend, da Freiheitseinschränkungen ein Konzept aus der Vergangenheit zu sein scheinen und den meisten Menschen in Deutschland jegliche Freiheiten zustehen. Wir denken nur für einen kleinen Moment an die Coronakrise. Welche Auswirkungen der jeweilige Aufenthaltsstatus – über den auch in kommunalen Ausländerbehörden entschieden wird – tatsächlich auf die Freiheit der Menschen haben kann, werde ich hier erläutern. Einige Einschränkungen zählen im Kontext von Flucht und Migration zur Normalität, da sie gesetzlich erlaubt sind und nicht jede:n betreffen, die Mitte am wenigsten:

1. Wohnsitzbeschränkungen führen dazu, dass sich nicht jeder Mensch seinen Wohnsitz aussuchen darf. Es muss entweder eine bestimmte Aufenthalts-

dauer erfüllt sein oder sonstige wichtige Kriterien, wie ein Berufswechsel beispielsweise, die einen Umzug rechtfertigen; außerdem bedarf es in der Regel der Zustimmung der jeweiligen Ausländerbehörde.

2. Eine Duldung schränkt die Bewegungsfreiheit nicht nur ein, sondern geht teilweise so weit, dass das alleinige Anmieten einer Wohnung gesetzlich untersagt wird. Menschen wird vorgegeben, sich in Sammelunterkünften, Ankerzentren oder Landesunterkünften aufzuhalten. Auch hier wird eine Freiheitseinschränkung gesetzlich legitimiert.

3. Der Aufenthaltsstatus entscheidet über den Beruf, den Menschen ausüben dürfen, und teilweise geht es so weit, dass sogar Arbeitgeber:innen vorgeschrieben werden und ein Wechsel umgehend angezeigt werden muss. Selbstständige Tätigkeiten bedürfen in vielen Fällen einer Prüfung oder sind untersagt.

4. Ein Studium ist in Deutschland nicht allen erlaubt. Auch wenn Menschen über Jahre in einem Duldungsstatus verharren, ist dies längst kein Grund, sich in Form eines Studiums weiterbilden zu dürfen und wer sich aus einem Drittstaat für ein Studium in Deutschland entscheidet, kann nicht auf finanzielle Unterstützung durch den Staat hoffen. Ein Wechsel des Studiengangs oder eine Überschreitung der Regelstudienzeit kann zu Schwierigkeiten führen.

5. Mit dem Aufenthaltsstatus werden auch die Berufswahl und die Erlaubnis zur Ausübung einer Berufstätigkeit geregelt. So ist es gesetzlich vorgesehen, dass eine Sanktion seitens der Ausländerbehörden beispielsweise der Entzug der Beschäftigungserlaubnis sein kann. In der Praxis passiert dies beispielsweise, wenn die Mitwirkungspflicht zur Passbeschaffung oder Identitätsklärung verletzt wird.

Die Liste könnte ich um einige Punkte erweitern, sie soll aber erst einmal nur einen kompakten Überblick liefern, um den Freiheitswunsch der Menschen zu verstehen und unsere gesetzliche Realität zu begreifen. Ich halte also zwei Thesen fest:

1. Grundlage für die Art von Freiheiten, die Menschen eingeräumt werden, sind das jeweilige Herkunftsland und die Bleibeperspektive.

2. Die Rechte, die die Demokratie garantiert, sind vorrangig für die Bürger:innen dieses Staates, nicht für Geflüchtete.

»Der Mehrwert und der Nutzen« von Migrant:innen und Geflüchteten müssen sich über den gesamten Zeitraum ihres Aufenthaltes zeigen, dies wird gesichert durch die regelmäßige Kontrolle in Ausländerbehörden. Der Erhalt eines unbefristeten Aufenthaltsstatus oder die Einbürgerung befreit von dieser Art Kontrolle, daher sind sie das Ziel vieler Menschen. Wer wird *deutsch* aus dem Gefühl von Zugehörigkeit und der Identifikation mit der deutschen Gesellschaft und wer nur aus Angst vor ständiger Kontrolle und Freiheitseinschränkung? Welche Auswirkungen hat dieser Zustand auf den gesellschaftlichen Zusammenhalt? Es ist längst nicht so, als würden sich Menschen lediglich kontrolliert fühlen, sondern es gibt eine gesetzliche Legitimation für dieses Handeln. Selektion und Gefahrenabwehr sind die Hauptabsicht der ständigen Prüfung. Diese Aufgabe wird durch Ausländerbehörden als Exekutive gesichert. Die Prüfungen beinhalten beispielsweise nachfolgende Fragestellungen: Werden Sozialleistungen bezogen? Ist der Lebensunterhalt sichergestellt? Sind Straftaten begangen worden? Wurde ein Integrationskurs absolviert? Sind ausreichend Sprachkenntnisse vorhanden? Ist die Identität geklärt? Wie sind die Familienverhältnisse? Wird die Regelstudienzeit eingehalten? Für Menschen aus bestimmten Staaten wird bei jeder Beantragung zusätzlich eine Sicherheitsabfrage durchgeführt, da ihnen aufgrund des Herkunftslandes unterstellt wird, ein höheres Sicherheitsrisiko darzustellen. Da gesellschaftlich eine große Angst vor der Überlastung des Sozialsystems und höherer Kriminalität durch Flucht und Migration herrscht, scheint dieses Vorgehen nicht nur gerechtfertigt, sondern gilt als wichtiges Instrument für den Schutz vor Überlastung und die Sicherheit in Deutschland. Nichtdeutsche sind somit in der Pflicht zu beweisen, dass von ihnen keinerlei Belastung und/oder Gefahr ausgeht. Migration rechtfertigt somit einen Generalverdacht.

Auch die Aufenthaltsangelegenheiten von Menschen aus anerkannten Fluchtgebieten werden hart geprüft. Für die Erteilung einer unbefristeten Aufenthaltserlaubnis aus humanitären Gründen werden neben der überwiegenden Sicherung des Lebensunterhaltes auch fortgeschrittene Sprachkenntnisse vorausgesetzt (C 1). Dass Sprachkenntnisse darüber entscheiden sollten, ob Schutzsuchende dauerhaft in Deutschland leben dürfen, ist nicht nachvollziehbar oder plausibel zu erklären und blendet die humanitäre Grundlage völlig aus.

Nicht alle Menschen, die Schutz benötigen, haben auch einen gesetzlichen Anspruch auf diesen Schutz, sondern das Gesetz entscheidet, wem wir Schutz gewähren, und da das Gesetz in Ausländerbehörden die Grundlage ist, bedeutet dies, dass nicht der Schutzbedarf über das Gesetz entscheidet, sondern das Gesetz über den jeweiligen Schutz einer Person. Hat jede:r Schutzbedürftige einen Anspruch? Gibt es nicht immer eine Auswahl von sicheren und unsicheren Herkunftsländern? Wie viele Menschen aus schutzbedürftigen Ländern erhalten dennoch kein Asyl und Bleiberecht? Was zählt als Schutz? Es ist das Gesetz, das entscheidet und nicht die Schutzbedürftigkeit.

Überforderung und Abhängigkeit statt Entlastung und Autonomie

Aktuell führen Überlastungen und Bearbeitungsrückstände in einigen Ausländerbehörden dazu, dass Gesetze nicht umgesetzt werden können. Grund für die Bearbeitungsrückstände ist unter anderem die fehlende Digitalisierung in Ausländerbehörden. Für viele Menschen ist es kaum möglich, einen Termin für eine Vorsprache zu erhalten. Schreiben an die Ausländerbehörden bleiben oftmals unbeantwortet. Das Chancen-Aufenthaltsrecht, aber auch andere aufenthaltsrechtliche Situationen verdeutlichen, dass Menschen durch die enormen Bearbeitungsrückstände in Behörden ihr Recht vorenthalten wird. Sie tragen somit die Konsequenzen aus nicht funktionierenden und ungeeigneten Verwaltungsstrukturen. Selbstverständlich trifft das auch jene Fachkräfte, die Deutschland so dringend zur Sicherung seines Wohlstandes benötigt. Vor vielen Jahren wurde bereits beschlossen, dass die Digitalisierung in Ausländerbehörden unbedingt fortschreiten müsse und die Einführung der elektronischen Akte unabdingbar sei. Die aktuelle Situation zeigt allerdings, dass kaum eine Ausländerbehörde auf die Papierakte verzichtet und so verlängert zum Beispiel der Versand von Akten die Bearbeitungszeiten extrem. Geschätzt zwei Drittel aller Ausländerbehörden in Deutschland nutzen keine digitalen Akten. So warten Menschen oftmals einige Monate auf den Eingang ihrer Akte in ihrer zuständigen Ausländerbehörde, damit die Antragsbearbeitung endlich starten kann. Verzögerungen haben oft fatale Folgen, denn die Klärung des Aufenthaltsstatus und die Erteilung einer Aufenthaltserlaubnis sind fundamental für die Integrationsmöglichkeiten und können nur bei Vorliegen der Ausländerakte erfolgen. Existiert keine gültige Aufenthaltserlaubnis, sind die Teilhabemöglichkeiten des betroffenen Menschen auf ein Minimum reduziert. Arbeitsverhältnisse platzen oder kommen gar nicht erst zustande. Politisch und gesellschaftlich wird dieser Umstand als gescheiterte Integration gewertet und die Schuld wird Migrant:innen und Geflüchteten zugeschrieben. Welche Ursachen tatsächlich dazu beitragen, dass die Integration unmöglich gemacht wird, findet kaum Aufmerksamkeit. Hier sind es klar die unzureichenden Behördenstrukturen, die Integration verhindern. Der jeweilige Aufenthaltsstatus regelt die Teilhabechancen, und die Entscheidung darüber liegt in überlasteten Behörden. Wenn Integration tatsächlich so existenziell ist, wie wir sie oftmals in den politischen und gesellschaftlichen Debatten diskutieren, duldet die Schaffung geeigneter Strukturen keinerlei Aufschub. Funktioniert die Ausführung von Gesetzen durch die Exekutive nicht, stellt diese Situation in einem demokratischen System eine Störung dar. Das Chancen-Aufenthaltsrecht ist zum 1. Januar 2023 in Kraft getreten. Die Umsetzung des Gesetzes überschreitet die Kapazitätsgrenzen vieler Kommunen. Dieser Umstand hat Auswirkungen auf die Bedeutung gesetzlicher Grundlagen, einen der Grundpfeiler der Demokratie, und das ist eine Gefahr, die keinerlei Aufmerksamkeit in den aktuellen Debatten genießt. Ein weiterer wichtiger Faktor bei der geschilderten Problematik über unzureichende Behördenstrukturen ist meines Erachtens die damit einhergehende Demokratiegefährdung.

Verwaltung in der Krise und viele wiederkehrende Déjà-vus

Krisen haben einen gravierenden Einfluss auf Verwaltungsstrukturen. Die Fluchtbewegungen 2015/16 haben das gezeigt und Behörden den Spiegel vorgehalten. Es zeigte sich, wie fragil Verwaltungsstrukturen waren. Vor allem starre Strukturen führten zu Überlastung. Kanzlerin Angela Merkel sagte damals: »Wir schaffen das!« Kolleg:innen sagten: »Verdammt, wir schaffen hier gar nichts, denn wir können nicht einmal unseren normalen Arbeitsalltag bewältigen! Die Menschen brauchen wichtige Informationen über unser System und wir brauchen wichtige Informationen über sie.« Behördengänge waren unmöglich ohne Begleitung. Dolmetscher:innen wurden händeringend benötigt und gefragt waren Sprachen wie Arabisch, Kurdisch, Farsi und Dari. Die Verwaltung stand ohne Übersetzer:innen still, ohne diese Menschen mit Fremdsprachenkenntnissen war der normale Arbeitsalltag kaum zu bewältigen. Die Hoffnung, dass die gesetzliche Verpflichtung von Geflüchteten, Sprachkurse zu besuchen, Erleichterung bringen würde, erfüllte sich nicht. Die Ernüchterung kam spätestens, nachdem zahlreiche Sprachprüfungen nicht bestanden wurden.

Wir mussten auch feststellen, dass die Menschen am besten lernen konnten, wenn auf sie kein Druck ausgeübt wurde und sie sich in einer sicheren Atmosphäre fühlten. Das ermöglichten Ehrenamtliche. Ohne sie wäre es nicht möglich gewesen, humane Verhältnisse zu schaffen. Einige ehrenamtliche Helfer:innen der Mehrheitsgesellschaft engagierten sich für Geflüchtete und Migrant:innen und versuchten, ihnen eine Stütze zu sein bei Behördengängen. Sie erfahren in Behörden als *weiße* Einheimische, die die Sprache beherrschen und die Gesetze kennen, mehr Anerkennung und Respekt. Egal, wie ehrenvoll diese wichtige Arbeit ist, muss das Ziel aber Autonomie und Selbstständigkeit von Geflüchteten und Migrant:innen heißen. Wie soll Integration gelingen, wenn sich viele Menschen nicht selbstständig um ihre Angelegenheiten kümmern können? Ein Widerspruch schlechthin. Es wird Unabhängigkeit gefordert, aber Abhängigkeit und Überforderung produziert. Interkulturelle Öffnung sollte hier immer noch der Königsweg sein. Doch stattdessen wird die Schuld für die Abhängigkeit den Flüchtlingen und Migrant:innen zugeschrieben. Würden sie besser Deutsch sprechen und sich schneller integrieren, würde alles besser und schneller funktionieren. Diese Argumentation erfolgt meist ohne Rücksicht auf die Besonderheiten von Verwaltungsstrukturen und Verwaltungssprache. Ausreichende Sprachkenntnisse reichen längst nicht aus, um sich im deutschen Verwaltungsdschungel zurechtzufinden, denn die Terminologie der Verwaltungen stellt für die allermeisten Menschen in Deutschland eine große Herausforderung dar. Die Anwendung von einfacher Sprache innerhalb von Stadtverwaltungen ist nicht gängig, stattdessen zählt die Nutzung von komplexen Rechtsbegriffen zum Alltag. Hierzu zählen: »Fiktionsbescheinigung«, »Grenzübertrittsbescheinigung« oder »Identitätsklärung«. Dass es oftmals zu Missverständnissen und Überforderungen kommt, dürfe auf der Hand liegen. Sprache ist hier ein klares Zeichen für die Macht einer Verwaltung und verdeutlicht das Machtgefälle zwischen Migrant:innen und Behörden. Die Anpassung von Verwaltungsstrukturen an die migrationsgesellschaftliche Realität ist eine der Lehren, die Verwaltungen ziehen sollten.

Der Zeitraum 2015/16 zeigte auch, wie sich die Selektion von Geflüchteten nach der Bleibeperspektive und dem jeweiligen Herkunftsland auswirkt. Sprach-

und Integrationskurse durften nur von Menschen mit guter Bleibeperspektive besucht werden. Diese Unterscheidung wurde von Teilen der Gesellschaft übernommen und war für einige Menschen entscheidend bei der Bereitschaft, sich ehrenamtlich zu engagieren. Viele engagierten sich nur noch für Menschen mit guter Bleibeperspektive. Diese Auswirkungen waren in den Jahren 2015/16 in einigen Kommunen deutlich spürbar, als sich die Bleibeperspektive von Menschen aus Afghanistan plötzlich änderte und Afghanistan als sicheres Herkunftsland eingestuft wurde. Die Medienberichte über die Silvesternacht 2015 in Köln und die politischen Debatten und rassistischen Diskurse über Flüchtlinge aus sicheren Herkunftsländern verstärkten die Spaltung durch Pauschalisierungen.

Nicht Migration ist die Lösung für unseren Fachkräftemangel, sondern die Haltung zur Migration

Der »Mehrwert« ist seit vielen Jahren ein wichtiger Aspekt in den Debatten um Migration und Integration. Ein Argument für Migration, über das Konsens herrscht, ist, dass durch Migration der Fachkräftemangel bekämpft werden soll. Ein Großteil der Gesellschaft stimmt diesem Aspekt wahrscheinlich zu. Und doch reicht auch dies meiner Meinung nach nicht, um die Aufmerksamkeit auf die Menschengruppe zu richten, die beispielsweise als Fachkräfte in Ausländerbehörden vorsprechen müssen, um bürokratische Hürden abzubauen. Auch die Stimmen der Wirtschaftsunternehmen sind klar und fordern eine Erleichterung und ein Umdenken zur Förderung gezielter Zuwanderung von Fachkräften. Ich habe in diesem Denkanstoß bewusst die Menschen benannt, die wir in Deutschland *eigentlich* willkommen heißen und die dadurch einen Vorrang haben und in Behörden mit einer gewissen Priorität behandelt werden sollten, zumindest, wenn man dem Vorhaben der Bundesregierung und dem Wunsch vieler Menschen aus der Mitte der Gesellschaft folgen möchte. Die aktuelle Situation zeigt, dass in vielen Kommunen gerade das oft nicht funktioniert. Als Gründe dafür werden beispielsweise die Haltung einiger Verwaltungsmitarbeiter:innen und die Überlastung in Kommunen genannt. Beide Aspekte erschweren eine angemessene Bearbeitung erheblich.

Wichtiger als das Kalkül der Nützlichkeit ist aber die Bewertung der Menschen nach einer *Bleibeperspektive*. Ein Beweis dafür ist, dass der Übergang von einem ungesicherten Aufenthaltsstatus eines Menschen mit schlechter Bleibeperspektive in einen gesicherten Aufenthalt in vielen Fällen nur schwer möglich ist und dies trotz Erfüllung gesetzlicher Voraussetzungen und die Möglichkeit einer beruflichen Integration.

Ein Blick in unser Fachkräfteeinwanderungsgesetz und ergänzend in das Aufenthaltsgesetz zeigt, dass der Fachkräftemangel nicht nur Resultat des demografischen Wandels ist, sondern dass die aktuelle Rechtsprechung und die Haltung zur Migration das eigentliche Problem sind und schlichtweg ungeeignet, die aktuelle Situation auf dem deutschen Arbeitsmarkt zu lindern. Es besteht in Deutschland kein Konsens darüber, dass Migration zwangsläufig die Stabilisierung des Sozialsystems bedeutet, sondern oftmals wird eher die Destabilisierung des Sozialsystems durch Migration befürchtet. Es wird daher versucht, durch gezielte Selektion jene Menschen zu gewinnen, die nützlich für unser Wirtschaftssystem sind und zur Sicherung unseres Sozialsystems beitragen. Einer der Aspekte, nach denen diese Selektion erfolgt, ist der Anspruch an die vorhandene Qualifikation. Bei der Anerkennung von im Ausland erworbenen Qualifikationen ist wenig Flexibilität vorhanden. Als Grund wird Angst vor Qualitätsunterschieden genannt. Auch dieses Vorgehen bestätigt meiner Meinung nach die abwertende Haltung, die in Deutschland der Migration entgegengebracht wird. Für mehr Fachkräfte aus dem Ausland bedarf es meines Erachtens mehr deutscher Bescheidenheit und Konzepte, die dazu beitragen, dass Deutschland wieder attraktiver für Fachkräfte wird, denn an Attraktivität hat Deutschland sehr verloren. Bilder von langen Warteschlangen in Ausländerbehörden und rassistische Debatten wirken wohl eher nicht förderlich. Es ist Zeit für die Reflexion eigener Strukturen und hierfür trägt auch die Mitte Verantwortung.

Long Covid in der Verwaltung?

Die Belastung durch die Coronakrise wirkte sich auf Ausländerbehörden in besonderem Maße aus, allerdings war die Verwaltung insgesamt einer enormen Überlastungssituation ausgesetzt. Für alle Menschen waren Behördengänge in Zeiten der Coronakrise ein Problem. Ohne Priorisierungen von Aufgaben hätten aufgrund fehlender Personalkapazitäten kaum Angelegenheiten geklärt werden können. Der Fachkräftemangel ist bereits in allen Abteilungen einer Stadtverwaltung angekommen. Die meisten Verwaltungen mussten entscheiden, wie die Kapazitäten gebündelt werden können. In einigen Verwaltungen kam man zu der Entscheidung, dass die wichtigste Abteilung das Gesundheitsamt sei. Viele Verwaltungsmitarbeiter:innen wurden daher in die Coronahotline oder in Testzentren abberufen. Einige Verwaltungen hatten entschieden, dass diese Arbeit eine höhere Priorität hat als die enormen Bearbeitungsrückstände in Ausländerbehörden. In Zeiten der Coronakrise zählten endlose Warteschlangen bei Eiseskälte, Sturm oder Regen zur Normalität. Ein Anblick, der zwar störend, aber legitimiert war, denn die Belange der deutschen Bürger:innen hatten einen gewissen Vorrang. Persönliche Vorsprachen in Ausländerbehörden wurden aufgrund der Pandemie, wie in vielen anderen Abteilungen und Lebensbereichen, abgeschafft. Allerdings versäumten einige Behörden, die Menschen in geeigneter Weise darüber zu informieren, was dazu führte, dass viele Menschen versuchten, vor Ort einen Termin zu vereinbaren. Ein Serienbrief in »Behördendeutsch« schien hier nicht ausreichend. Beschwerden waren Alltag. Wichtig war eher, dass die Zurückweisung dieser Menschen funktionierte. Dafür waren Sicherheitsleute zuständig. Meine Erfahrung als Mitarbeiterin einer Ausländerbehörde zeigte, dass die Zurückweisung vor allem durch die Sicherheitsmitarbeiter:innen oft ohne jegliches Empathievermögen erfolgte. Ich vermisste hier das Verständnis für die Verzweiflung und die Notsituation der Menschen, und ich werde nie vergessen, dass der Zustand auch ein Behördenversagen darstellt.

Verwaltungsmitarbeiter:innen der Ausländerbehörden sehen sich dennoch als die eigentlichen Opfer hiesiger Verhältnisse, beschreiben ihre Arbeitsbedingungen als unzumutbar und fühlen sich am Rande der Erschöpfung. Dass personelle Engpässe Überlastung verursachen, ist richtig. Zu behaupten, dies sei das einzige Problem, wäre zu wenig. Aber egal, wie hart die Kritik an der Haltung einiger Sachbearbeiter:innen einer Ausländerbehörde ist: Das Faktum der schlechten Arbeitssituation darf man nicht außer Acht lassen. Bessere Arbeitsbedingungen schaffen nachhaltigere Arbeitsverhältnisse und bringen neue qualifizierte Mitarbeiter:innen. Es muss in Stadtverwaltungen klar werden, dass die Stellenbesetzungen in Ausländerbehörden ebenfalls eine hohe Priorität haben müssen und nicht neben der Besetzung anderer Stellen innerhalb der Verwaltung vernachlässigt werden dürfen. Vor allem deshalb, weil von den Entscheidungen in Ausländerbehörden mehr abhängt als von Entscheidungen in anderen Verwaltungsbereichen. Wünschenswert wären auch hier kurzfristige Lösungen im Umgang mit Bearbeitungsrückständen und der Situation in Ausländerbehörden.

Ein Aspekt ist der Umgang mit dem ewigen Thema von Schulungen in Ausländerbehörden. Der Bedarf an Schulungen zum Thema Rassismus und Diskriminierung in Ausländerbehörden ist definitiv gegeben. Freiwillig werden diese Schulungen allerdings in den seltensten Fällen angenommen und vor verpflichtenden Schulungen scheuen Arbeitgeber:innen zurück. Der Mehrwert, der aus solchen Weiterbildungen gewonnen wird, ist groß, da so vielen Konflikten entgegengewirkt werden kann und Fehlentscheidungen oft auf eigene Vorbehalte zurückzuführen sind. Die offensichtliche Verweigerung der Teilnahme an Schulungen demonstriert deutlich die Machtverhältnisse einer Verwaltung und fördert destruktive Strukturen. Der Wunsch nach einer echten Willkommenskultur in Ausländerbehörden rückt dadurch in immer weitere Ferne. Machtverhältnisse zählen zur Grundstruktur von Behörden, und dieses Faktum allein trägt schon zu Ohnmacht und Konflikten bei. Wirft man einen aktuellen Blick auf die Situation in vielen Ausländerbehörden, stellt man schnell fest, dass weiterer Handlungsbedarf besteht, denn ausreichendes kommunales Migrationsmanagement ist kaum noch möglich.

Stimmen aus der Mitte der Gesellschaft sehen den Grund für diesen Zustand darin, dass Deutschland einfach zu viele Menschen aufgenommen habe und dies zu Überlastungen führe. Die Situation ist allerdings weitaus komplexer. Sieht man sich die aktuelle Überlastungssituation in Ausländerbehörden an, kann man das als ein Resultat jahrelanger personeller Unter- und Fehlbesetzungen sowie des mangelhaften Umgangs mit Veränderungsprozessen und als Folge der Coronakrise bezeichnen. Personalprobleme in Ausländerbehörden sind seit vielen Jahren bekannt und eine reale Lösung dafür existiert derzeit nicht. Für zahlreiche Mitarbeiter:innen in Stadtverwaltungen zählt die Ausländerbehörde nicht zu den Wunscheinsatzorten, weil für die dortige Arbeit ein hoher qualitativer und quantitativer Anspruch herrscht. Die ständigen Änderungen komplexer Gesetze und unzureichende Ausführungsgesetze führen zu inhaltlicher Überforderung, nicht aber zu einer angemessenen Besoldung.

Heute beobachten wir ein großes Engagement für Geflüchtete aus der Ukraine (➥ Kap. 9, S. 267 ff.). In Behörden werden geeignete Strukturen und Förderprogramme geschaffen und gesellschaftlich herrscht eine ausgeprägte Willkommenskultur für Menschen aus der Ukraine. Gleichzeitig genießen nicht alle

Geflüchteten die gleiche Unterstützung, obwohl dies dringend nötig und geboten wäre. Erneut wird der Unterschied gemacht, und das hat Einfluss auf den gesamtgesellschaftlichen Umgang mit den geflüchteten Menschen. Die Notwendigkeit von Hilfestellungen ist aktuell auch für Menschen aus anderen Herkunftsländern gegeben, nicht nur für Menschen aus der Ukraine. Viele von ihnen sind lediglich im Besitz einer Duldung, und das teilweise seit Jahrzehnten. Die Möglichkeiten mit einer Duldung, die ja nur die Aussetzung der Abschiebung bedeutet, sind äußerst eingeschränkt. Die Geduldeten verharren jahrelang in Perspektivlosigkeit. Für diese Menschen stellt das neue Chancen-Aufenthaltsrecht tatsächlich eine Chance dar, denn es ermöglicht den Erhalt einer Aufenthaltserlaubnis. Auch diese Menschen haben vor vielen Jahren ihre Heimatländer verlassen und hier Schutz gesucht oder auf ein besseres Leben gehofft. Wie schnell sich Bleibeperspektiven ändern können, zeigen die Neuerungen der vergangenen Jahre. Die Bleibeperspektive ist nach wie vor der entscheidende Faktor für Hilfeleistungen, Integrationsmöglichkeiten und die Zuerkennung eines gesetzlichen Anspruchs. Jede Krise bietet Chancen, Optimierungsprozesse in Behörden zu implementieren, dennoch scheitert es immer wieder an einem nachhaltigen Umgang mit Verwaltungsproblemen. So wirken sich Bearbeitungsrückstände aus Krisen noch jahrelang auf bestimmte Verwaltungsabteilungen aus. Die Konsequenzen tragen oftmals diejenigen, die von der Entscheidung abhängig sind. Die Anforderungen von Behörden an Geflüchtete und Migrant:innen sind sehr hoch, obgleich wiederum von Behörden selbst keine angemessene Bearbeitung erfolgt. Dieses Faktum ist nicht nur ein Widerspruch zum erklärten Integrationsziel, sondern zeigt die Ungerechtigkeit durch Privilegien und spiegelt den allgemeinen Umgang mit Migration in Deutschland wider.

6 Willkommen in Deutschland? Einstellungen zur Nachrangigkeit Neuhinzukommender

Beate Küpper · Jens Hellmann

Der russische Überfall auf die Ukraine hat die größte Fluchtbewegung in Europa seit dem Zweiten Weltkrieg ausgelöst. Mit Kriegsbeginn am 24. Februar 2022 haben Schätzungen zufolge mindestens acht Millionen Menschen die Ukraine verlassen, mehr als eine Million sind nach Deutschland geflüchtet. Zum Zeitpunkt der Erhebung dieser Studie waren bereits im ersten Kriegsjahr etwa so viele Menschen nach Deutschland gekommen wie in der Fluchtzuwanderung ab 2015. Acht von zehn Schutzsuchenden in Deutschland waren laut Bundesamt für Migration und Flüchtlinge im Jahr 2022 Kriegsflüchtlinge aus der Ukraine (Brücker et al. 2023). Mit diesen Fluchtbewegungen rückt das Thema Geflüchtete und ihr Willkommenheißen in Deutschland nun erneut in den Fokus medialer Aufmerksamkeit und gesellschaftlicher Debatten. Nach der Hochphase von Fluchtbewegungen ab 2015, in der rund 1,1 Millionen Menschen überwiegend aus Syrien, Afghanistan, dem Irak und aus Ländern am Horn von Afrika nach Deutschland kamen, waren das Thema Flucht und die Frage der Aufnahme Geflüchteter zumindest in großen Teilen der Gesellschaft für eine Weile in den Hintergrund getreten. Hauptfluchtgrund waren damals wie heute Kriege beziehungsweise gewalttätige Konflikte und damit verbundene Verfolgung in den Heimatländern (Brücker et al. 2016).

Die anfängliche »Willkommenskultur« in der sogenannten »Flüchtlingskrise« 2015 wich bald der Ernüchterung (Ahrens 2021). Sie wurde auch begleitet von rassistisch unterfütterter Berichterstattung über vermeintlich gewalttätige und sexuell übergriffige junge Männer aus nordafrikanischen Ländern nach der berüchtigten Kölner Silvesternacht zum Jahreswechsel 2015/16. Aktuell scheint auch die große Aufnahmebereitschaft für Geflüchtete aus der Ukraine merklich abzuflauen. Kommunen ächzen im Frühjahr 2023 unter der Aufgabe der Unterbringung und Versorgung. Unterstützer:innen klagen über den Vorrang ukrainischer Geflüchteter, denen Personen aus anderen Ländern weichen müssen, die sich ihrerseits irritiert wundern,[1] warum es jetzt den aus der Ukraine Kommenden in vielen alltäglichen Dingen leichter gemacht wird und ihnen so schwer.[2]

Gerade in Behörden, die für Geflüchtete von geradezu existenzieller Bedeutung sind – entscheiden sie doch über ihr weiteres Schicksal – ist von Willkommenskultur nicht immer viel zu spüren. So wird beispielsweise im großen Bundesprogramm Integration durch Qualifikation von Anpassungsqualifikation gesprochen – Arbeit suchende Personen aus dem Ausland werden an den deutschen Standard angepasst, manchmal auch herunterqualifiziert, denn dies gilt auch für gut und manchmal sogar besser ausgebildete Fachkräfte etwa im Bereich der Pflege. Wer seine im Ausland erworbene berufliche Qualifizierung in Deutschland anerkennen lassen möchte, erhält von den Anerkennungsstellen einen sogenannten »Defizitbescheid«, der ausweist, was ihnen an Qualifikation fehlt, um in Deutschland arbeiten zu dürfen, eine bürokratische Begriffswahl, die gerade für die so dringend benötigten Fachkräfte wenig wertschätzend und einladend klingt. Dazu berichtet Souad Lamroubal als Sachbearbeiterin einer kommunalen Ausländerbehörde mit geschärften Blick als interkulturelle Trainerin und als Person mit eigener familiärer Migrationsgeschichte in ihrem Essay eindrücklich über Alltagserfahrungen. (➡ Mittendrin: Behörde, S. 185 ff.)

Und noch etwas kann beobachtet werden: Das vordergründige Willkommen wird nicht nur im Alltag durch allerlei Hürden und Abwehr erschwert, sondern mittlerweile auch (wieder) für politische Zwecke instrumentalisiert. So versicherte der CDU-Landrat von Bautzen, Udo Witschas, in seiner auch auf Facebook veröffentlichten Weihnachtsrede 2022, Geflüchtete weder in Turnhallen noch in leer stehenden Wohnungen unterzubringen, um den sozialen Frieden

---

1   Bericht im Deutschlandfunk vom 6.5.2022: https://www.deutschlandfunk.de/zwei-klassen-geflu-echtete-100.html [Aufruf am 8.5.2023].

2   Die Europäische Union hatte kurz nach Kriegsbeginn unter Anwendung des nach den Balkankriegen in den 1990er-Jahren entstandenen, aber nun erstmals angewendeten Paragrafen für den »Massenzustrom von Vertriebenen« eine Aufnahmeregelung für ukrainische) Kriegsflüchtlinge aus der Ukraine beschlossen. Infolgedessen wird den aus der Ukraine nach Deutschland Einreisenden ohne Asylverfahren eine Aufenthaltserlaubnis einschließlich des uneingeschränkten Rechts auf Arbeit zum vorübergehenden Schutz für zwei Jahre gewährt.

nicht zu gefährden, auch der Sport solle nicht das Nachsehen haben. Die Rede wurde vereinzelt auch aus der eigenen Partei als populistisch und hetzerisch kritisiert.[3] Begleitet wird sie (erneut) von Protesten gegen Unterkünfte für Geflüchtete, Feindseligkeit und Gewalt – nach einem vorläufigen Höchststand 2016 steigt derzeit die Zahl der »fremdenfeindlichen« Hasstaten gegen Geflüchtete beziehungsweise deren Unterkünfte erneut deutlich an.[4]

Das Bundesinnenministerium zählt auf eine Anfrage der Linksfraktion mit Verweis auf vorläufige Zahlen 121 Angriffe auf Unterkünfte, im Jahr zuvor waren es noch 70, das entspricht einem Anstieg von 73 %.[5]

Gerade in Zeiten, in denen es viele Konflikte gibt, werden Gruppen und ihre Mitglieder danach eingeteilt, wie viel sie die eigene Gruppe kosten und wie sehr sie der eigenen Gruppe nutzen (Zick & Krott 2021). Einwandernde, Asylsuchende und Geflüchtete werden also keineswegs gleichrangig behandelt, auch nicht in Situationen, in denen keine rechtlichen oder organisatorischen Begründungen dafür vorliegen. Das gilt zum einen für Personen, die aus unterschiedlichen Ländern und (zugewiesenen) Kulturkreisen kommen, zum anderen für migrantische und geflüchtete Personen im Vergleich zu »alteingesessenen Deutschen«. Die Rede ist vielerorts von »Geflüchteten erster und zweiter Klasse«, die Rede ist auch von »Deutsche zuerst«.

Im vorliegenden Kapitel gehen wir Einstellungen zur Vor- beziehungsweise Nachrangigkeit von Menschen, die neu ins Land kommen, nach. Nach einem Vergleich mit den Einstellungen zu Geflüchteten in den Mitte-Studien 2016 und 2018/19 berichten wir über die Frage, wie willkommen Geflüchtete aus verschiedenen Ländern sind. Anschließend an die Erfahrungen in Behörden be-

---

3   Unter anderem von Ruprecht Polenz (CDU) via Twitter am 21.12.2022: https://twitter.com/po-lenz_r/status/1605615566022070272?s=20 [Aufruf am 28.2.2023].
4   Siehe dazu auch den Bericht der Forschungsgruppe Anti-Asyl-Agitation (2020) »Radikalisierungs-verläufe im Kontext von Anti-Asyl-Agitation. Abschlussbericht an das Bundesministerium des Innern«, Institut für interdisziplinäre Konflikt- und Gewaltforschung (Universität Bielefeld) sowie Zentrum für Rechtsextremismusforschung, Demokratiebildung und gesellschaftliche Integration (Friedrich-Schiller-Universität Jena).
5   Bericht des ZDF am 2.3.2023: https://www.zdf.de/nachrichten/panorama/angriffe-fluechtlinge-zunahme-100.html [Aufruf am 9.5.2023].

richten wir über die Forderung von Etabliertenvorrechten und untersuchen, wie Alteingesessene zur Gleichbehandlung Neuhinzukommender durch staatliche Stellen stehen.

6.1 Ambivalente Willkommenskultur

»Willkommen ja, aber …« – So in etwa lässt sich die Debatte der vergangenen Jahre mit Blick auf einwandernde und geflüchtete Menschen zusammenfassen, die nach Deutschland kommen. Die Mehrheit der deutschen Bevölkerung bewertet Zuwanderung positiv und heißt Personen, die nach Deutschland migrieren, willkommen (Zick & Krott 2021). Immer weniger Menschen befürchten negative Folgen wie eine Belastung des Sozialstaats oder Konflikte zwischen Neuhinzukommenden und Alteingesessenen, immer mehr erwarten Vorteile für Wirtschaft, Arbeitsmarkt und Rente (Kösemen & Wieland 2022). Insbesondere eine Migration, die dem Fachkräftemangel entgegenwirkt, wird begrüßt (Faus & Storks 2019).

Entsprechend positiv sind die Erwartungen, dass jene, die neu ins Land kommen, hierzulande auch freundlich willkommen geheißen werden: 78 % der Befragten einer repräsentativen Studie zur Willkommenskultur der Bertelsmann Stiftung sind im Jahr 2022 überzeugt, Menschen, die zum Arbeiten oder Studieren nach Deutschland kommen, würden von den staatlichen Stellen in den Kommunen »sehr« oder »eher« willkommen geheißen, 71 % glauben dies von der Bevölkerung vor Ort. Etwas weniger, doch immer noch die Mehrheit der Befragten vermutet dies mit Blick auf Geflüchtete: 68 % glauben, Geflüchtete werden von Behörden, 59 % durch die Bevölkerung willkommen geheißen. Dass dann auch die Integration der Neuhinzukommenden für die Regierung ein Thema von hoher Priorität sei, davon geht ebenfalls eine deutliche Mehrheit von 75 % der Deutschen aus (European Commission 2022).[6] So weit, so positiv sind die Haltungen und Erwartungen gegenüber Einwanderung und Integration.

---

6   Integration versteht ebenfalls die große Mehrheit von 75 % in Übereinstimmung mit der Wissenschaft (vgl. Berry 2006) als einen wechselseitigen Prozess, für den sowohl Einwandernde als auch Alteingesessene Verantwortung tragen (European Commission 2022).

Doch die Realität wirft einen doppelten Schatten auf die vordergründige Willkommenskultur. Die Berichterstattung über Geflüchtete ist überwiegend negativ und widersprüchlich: Personen auf der Flucht werden als Menschen in Not, Geflüchtete in Deutschland vor allem als Sicherheitsrisiko für die einheimische Bevölkerung skizziert (Maurer et al. 2021). Politisch, medial und in der Bevölkerung sind keineswegs alle Migrant:innen und Geflüchteten gleichermaßen willkommen – neben Alter, Bildung und Geschlecht spielen auch Religion und das Herkunftsland eine Rolle, wie erste Studien belegen (Bansak, Hainmueller & Hangartner 2016). Zudem wird der Vorrang der Alteingesessenen diskutiert und immer mehr Menschen fordern Vorrechte für Etablierte, wie bereits andere Studien ermittelt haben (Zick & Krott 2021).

Die eingeforderte Vorrangstellung der Alteingesessenen wird offenbar auch vonseiten des Staates praktiziert. In einer Befragung von Betroffenen im Auftrag der Antidiskriminierungsstelle des Bundes entfielen 14 % der berichteten Diskriminierungserfahrungen aufgrund ethnischer oder rassifizierter Zuschreibungen auf den Bereichen Ämter, Behörden und Politik. Noch mehr Diskriminierung wurde nur in der Öffentlichkeit und bei der Arbeit erlebt (Beigang et al. 2017, S. 133).

6.2 Willkommenskultur je nach Herkunftsland

Zu Beginn der sogenannten »Flüchtlingskrise« ab 2015 haben die Menschen in Deutschland insbesondere den Menschen, die aus Syrien vor dem Bürgerkrieg geflüchtet sind, auf unterschiedliche Art und Weise Hilfe zukommen lassen. Nicht zuletzt bot Deutschland so der Welt wieder ein freundlicheres Gesicht. Doch das drehte sich in der medialen Debatte alsbald. Die medial breit begleitete Kölner Silvesternacht 2015/16, in der es zu sexuellen Übergriffen junger, neu zugewanderter Männer auf junge Frauen kam, gilt als Kipppunkt. Im Nachgang wurden männliche Geflüchtete, insbesondere muslimische junge Männer aus nordafrikanischen Ländern, in der öffentlichen Wahrnehmung nicht mehr als hilfewürdig, sondern generalisiert als bedrohlich markiert. Das ausgerufene »Scheitern der Willkommenskultur« (Frese 12.6.2016) hinterließ dann verzögert auch seine Spuren in den Einstellungen der Bevölkerung. Zumindest gab ein Drittel der Bevölkerung an, die Übergriffe zu Silvester hätten die »Einstellungen in der Flüchtlings- und Asylfrage wesentlich verändert«

(Forschungsgruppe Wahlen 2016). Aus »guten« Flüchtlingen wurden »schlechte« Flüchtlinge. Parallel dazu erlebte die Rechtsaußenpartei AfD mit ihrer xenophoben Agenda einen Aufstieg.

Der Einbruch der »Willkommenskultur« lief allerdings damals primär medial ab, deutlich stärker zumindest als in den Einstellungen der Bevölkerung (Küpper & Zick 2016; Küpper 2017). Denn während Medien nun überwiegend negativ über Geflüchtete berichteten (Maurer et al. 2021), waren viele Menschen – hauptberuflich oder ehrenamtlich – weiter mit der alltäglichen Integrationsarbeit beschäftigt. Dies geschah oft Hand in Hand mit Menschen mit Einwanderungsgeschichte, die sich nur zu gut daran erinnerten, wie schwierig das Hineinwachsen und Akzeptiertwerden sein kann. Sie mussten die Erfahrung machen, trotz der vielen eigenen und gesellschaftlich gemeinsamen Integrationserfolge und trotz ihres Engagements bei der Unterstützung von Neuhinzukommenden selbst erneut zu »Fremden« gemacht zu werden.

Zu Beginn der Fluchtbewegung aus der Ukraine war das Willkommenheißen wieder groß. Vieles lief auch besser, weil Kommunen und Zivilgesellschaft, welche die Hauptintegrationsarbeit leisten, nun deutlich besser aufgestellt waren. Für Geflüchtete aus der Ukraine wurde aufgrund der besonderen Situation eine rechtliche Sonderregelung geschaffen. Sie sind vorübergehend von dem Erhalt eines Aufenthaltstitels befreit, dürfen sich bis zu 90 Tage ohne Visum in Deutschland aufhalten und ihren Aufenthaltsort selbst wählen. Sozialleistungen, Hilfe bei der Unterbringung, Schule samt Material für die Kinder (unterstützt von ukrainischen oder ukrainisch sprechenden Lehrkräften), mit der Möglichkeit, auch ohne Schulabschluss ein Studium beginnen zu können, gehören zu den Angeboten. Schulmaterialien, offizielle Dokumente und Formulare liegen auf Ukrainisch vor, weiterhin aber oft nicht in arabischer Sprache oder in Farsi. Begleitet wird dies durch einen medial-öffentlichen Diskurs, der Geflüchtete aus der Ukraine als »uns« kulturell und äußerlich ähnlicher, gut gebildet, mehrheitlich christlich und leichter zu integrieren betrachtet. Der Krieg gegen die Ukraine wird auch als Krieg gegen westliche Werte gesehen, die Geflüchteten aus der Ukraine pauschal eher zugeschrieben werden als jenen aus arabischen Ländern. Hinzu kommt, dass aus der Ukraine de facto mehrheitlich (80 %) Frauen, oft mit ihren Kindern, nach Deutschland kommen (Brücker et al. 2023), die üblicherweise als weniger bedrohlich erscheinen und es gemessen an der Kriminalitätsrate auch (in jeder Gesellschaft!) sind.

Die Fluchtbewegung ab 2015 wurde – nicht zuletzt in der Medienberichterstattung – als eine von jungen muslimischen Männern dargestellt; die Zahlen des Bundesamts für Migration und Flüchtlinge verwiesen allerdings damals schon auf eine Quote von mehr als 30 % geflüchteter Frauen, die aber marginalisiert wurden und nach wie vor werden (Bundesamt für Migration und Flüchtlinge 2016).

Die Fachliteratur liefert diverse Hinweise darauf, dass Geflüchtete unterschiedlich nach ihrer Herkunft bewertet werden. Eine 2016 veröffentlichte Studie hat in verschiedenen europäischen Ländern untersucht, nach welchen Merkmalen Geflüchteten aus Sicht der Europäer:innen Asyl zugesprochen werden sollte (Bansak et al. 2016). Das Herkunftsland war einer dieser Faktoren. Geflüchtete aus Syrien wurden zum damaligen Zeitpunkt wohlwollender bewertet als solche aus anderen Ländern des Nahen Ostens oder (Nord-)Afrikas. Spätere Studien unterstrichen die unterschiedliche Bewertung von Geflüchteten aus verschiedenen Herkunftsländern auf den zentralen Dimensionen Wärme und Kompetenz (Kotzur et al. 2019). Hier wurden etwa Geflüchtete aus Syrien als wärmer und kompetenter eingeschätzt als diejenigen aus Nordafrika.

2016, auf dem Höhepunkt der damaligen Fluchtbewegung, als viele Menschen insbesondere aus den von Bürgerkriegen erschütterten Ländern Syrien, Irak und Afghanistan nach Deutschland kamen, hatten wir im Rahmen der Mitte-Studie schon einmal nach der Aufnahmebereitschaft gegenüber Geflüchteten gefragt, damals ohne Bezug zu einem Herkunftsland. Damals sagte gut die Hälfte der Befragten (56 %): »Ich finde es gut, dass Deutschland viele Flüchtlinge aufgenommen hat.«, 2018/19 war die Zustimmung auf 44 % gesunken.

In der aktuellen Mitte-Studie 2022/23 haben wir die Frage in Bezug auf Geflüchtete aus Afrika, Syrien oder der Ukraine jeweils einem zufällig ausgewählten Drittel der Befragten gestellt. Dies ermöglicht den direkten Vergleich, inwieweit Menschen aus unterschiedlichen Ländern oder Herkunftsregionen gleichermaßen oder unterschiedlich willkommen geheißen oder abgelehnt werden (⇒ Tab. 6.1). 35 % der Befragten geben an, es »eher« oder »voll und ganz« gut zu finden, dass Deutschland viele Geflüchtete aus Afrika aufgenommen hat. 38,5 % sehen dies bei Geflüchteten aus Syrien so und ganze 62 % mit Blick auf Geflüchtete aus der Ukraine. Es hängt also davon ab, wo die Geflüchteten herkommen, ob ihre Aufnahme in Deutschland gutgeheißen wird. Werden die entsprechenden Angaben über alle drei Gruppen zusammengefasst, zeigt sich, dass knapp 26 % der Befragten die Aufnahme einer der Gruppen nicht gutheißen.

Aufnahmebereitschaft gegenüber Geflüchteten unterschiedlicher Herkunft
(Angaben in Prozent)   Tabelle 6.1

Trifft ...	... überhaupt nicht zu	... eher nicht zu	teils/ teils	... eher zu	... voll und ganz zu
Ich finde es gut, dass Deutschland viele ... aufgenommen hat.					
Geflüchtete aus Afrika (n = 659)	16,7	13,7	34,8	21,9	12,9
Geflüchtete aus Syrien (n = 646)	14,9	15,5	31,1	20,0	18,5
Geflüchtete aus der Ukraine (n = 681)	8,2	8,3	22,0	23,9	37,6

Anmerkungen n = Anzahl der Befragten.

In Bezug auf Geflüchtete aus der Ukraine ist es, vielleicht wenig überraschend, insbesondere die Haltung zum Krieg gegen die Ukraine, die die Aufnahmebereitschaft bestimmt. Wer der Ansicht ist, die Ukraine »verteidigt unsere westlichen Werte«, befürwortet deutlich eher die Aufnahme Geflüchteter aus der Ukraine.[7] Umgekehrt ist der Zusammenhang mit der Ansicht »Russland wehrt sich gegen die Bedrohung aus dem Westen«. In Bezug auf Geflüchtete aus Syrien und Afrika sind die Muster zwar grundsätzlich ähnlich, die Zusammenhänge aber deutlich schwächer. Hinter der Aufnahmebereitschaft gegenüber Geflüchteten aus unterschiedlichen Ländern beziehungsweise Regionen stehen also unterschiedliche Haltungen und Beweggründe.

---

7   Korrelation der Zustimmung zur Aussage »Die Ukraine verteidigt unsere westlichen Werte« respektive »Russland wehrt sich gegen die Bedrohung aus dem Westen« mit der Aufnahmebereitschaft gegenüber Geflüchteten aus der Ukraine: r = ,62/-,41; Geflüchteten aus Syrien: r = ,23/-,14; Geflüchteten aus Afrika: r = ,35/-,03.

6.3 Vorrang für die Etablierten

Die Forderung von Vorrechten für Etablierte (➡ Kap. 5, S. 149 ff.) bezeichnet die Vorstellung, dass jene, die aufgrund ihrer Stellung in der Gesellschaft – abhängig von ihrer sozialen und kulturellen Herkunft und den damit verbundenen zugewiesenen Merkmalen – als etabliert gelten, Vorrang vor anderen haben sollten, die als Außenseiter:innen betrachtet werden. Dabei geht es vor allem um den Vorrang von Alteingesessenen gegenüber Neuhinzukommenden, die als »fremd« wahrgenommen werden, sei es in einem Land, einem Dorf oder einem Haus. Etablierte, dies war bereits die Beobachtung von Elias und Scotson in den 1960er-Jahren, haben aufgrund ihrer gefestigten Position die Macht, über die Normen des Zusammenlebens zu bestimmen und auch darüber, wer am gesellschaftlichen und politischen Leben teilhaben und zu Etablierten aufsteigen darf (Elias & Scotson 1990).

Zur Legitimation und Absicherung der Vorrangstellung werden den Alteingesessenen positive, den Neuhinzukommenden negative Eigenschaften zugeschrieben. Rassismus dient hier als legitimierender Mythos, wie der Ansatz der sozialen Dominanzorientierung beschreibt (vgl. Sidanius & Pratto 1999) (➡ Kap. 11, S. 315 ff.).

47 % der Befragten der Mitte-Studie 2022/23 stimmen der Aussage zu: »Wer irgendwo neu ist, sollte sich erst mal mit weniger zufriedengeben.« (2018/19: 50 %; 2020/21: 33 %). 35,5 % meinen: »Wer schon immer hier lebt, sollte mehr Rechte haben als die, die später zugezogen sind.« (2018/19: 27 %; 2020/21: 19 %). Beide Aussagen korrelieren eng miteinander und wurden, wie bereits in den vergangenen Jahren zu einer Mittelwertskala (➡ Glossar, S. 381) *Etabliertenvorrechte* zusammengefasst.[8]

Eine Strategie, die Vorrechte der Alteingesessenen zu verteidigen, ist die Abwertung von Neuhinzukommenden. Dazu gehört die Unterstellung, Neuhinzukommende wollten gesellschaftliche Strukturen, die eigentlich den Alteingesessenen vorbehalten seien und diese unterstützen sollen, zu deren Ungunsten ausnutzen. Die Mitte-Studie bildet dies als einen Aspekt von Fremdenfeind-

---

8 Die interne Konsistenz ist gut; Cronbachs Alpha = ‚70.

lichkeit ab, über die zuvor als Subdimension von Rechtsextremismus berichtet wurde (⟶ Kap. 3, S. 53 ff.). Ein Viertel der Befragten unterstellt: »Die Ausländer kommen nur hierher, um unseren Sozialstaat auszunutzen.« (2018/19: 19 %; 2020/21: 10 %). Sogar rund ein Drittel (34 %) glaubt dies 2022/23 in Bezug auf Geflüchtete (beide Aussagen korrelieren hoch miteinander; r = ,79). Vor zwei Jahren vermutete dies in Bezug auf Asylbewerber:innen nur rund jede:r Fünfte (19 %).

Zustimmung zu Etabliertenvorrechten, Fremdenfeindlichkeit und Engagement für eine plurale Gesellschaft im Zeitvergleich (Angaben in Prozent)   **Abb. 6.1**

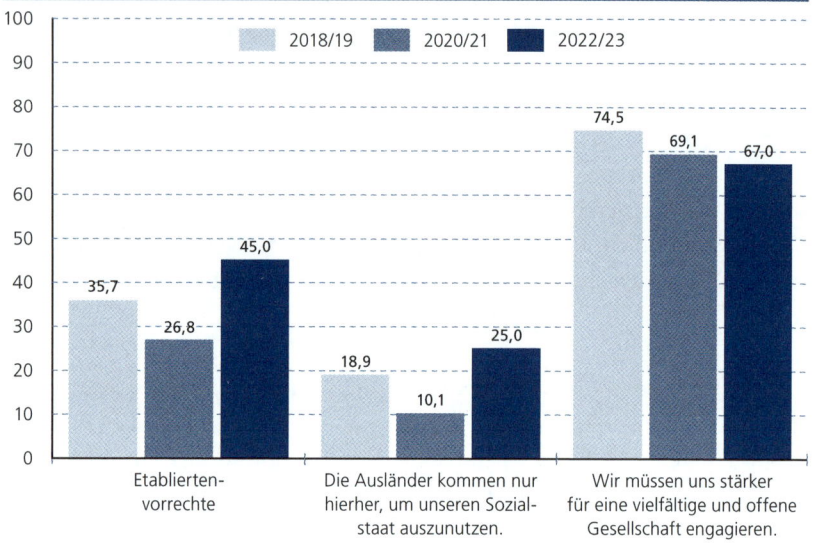

Anmerkungen Hier wird aus inhaltlichen Gründen nur die fremdenfeindliche Zuschreibung eines Sozialmissbrauchs gegenüber Ausländern für die drei Erhebungszeiträume verglichen (siehe Fremdenfeindlichkeit gesamt ⟶ Kap. 3, S. 53 ff.)

Die Forderung nach Etabliertenvorrechten und die Behauptung, Geflüchtete kämen nur aufgrund der Sozialleistungen nach Deutschland, erfahren 2022/23 deutlich mehr Zustimmung als in den vorangegangenen Jahren. Besonders niedrig war die Zustimmung in der Mitte-Studie 2020/21 während des zweiten Lockdowns. Aber auch im Vergleich zu 2018/19 sind die Zustimmungswerte gestiegen (⟶ Abb. 6.1). Bemerkenswert ist zudem die enge Korrelation dieser

Einstellungen, das heißt, die Forderung nach Etabliertenvorrechten geht immer stärker mit dem Verdacht einher, dass Neuhinzukommende die hiesigen Sozialsysteme ausnützen wollen und man sich dagegen wehren müsse.[9]

Umgekehrt sinkt der Wunsch, sich für eine offene und vielfältige Gesellschaft zu engagieren (➡ Kap. 4, S. 91 ff.). »Wir müssen uns stärker für eine vielfältige und offene Gesellschaft engagieren.«, fordern 2022/23 zwar immer noch zwei Drittel der Befragten, aber mit 67 % etwas weniger als in den Vorjahren (2018/19: 74,5 %; 2020/21 69 %). Die Forderung nach Etabliertenvorrechten korreliert negativ mit diesem Wunsch nach mehr Engagement für eine offene, vielfältige Gesellschaft (r = -,33).

6.4 Staatliche Angelegenheiten … Deutsche zuerst

Die Integration in Deutschland ist kein leichtes Unterfangen. Gerade Behörden stellen dabei eine Herausforderung dar. Dies wissen unter anderem jene, die selbst mit Integrationsarbeit in der Verwaltung, in staatlichen und zivilgesellschaftlichen Einrichtungen und als ehrenamtliche Unterstützer:innen beschäftigt sind. Noch stärker damit konfrontiert sind diejenigen, die neu ins Land kommen, ebenso jene, die schon länger hier sind, aber nicht über die deutsche Staatsbürgerschaft verfügen. Dabei spielen diverse Faktoren eine Rolle, unter anderem rechtliche – wie der Aufenthaltsstatus – und bürokratische Hürden. Langsam rückt das Phänomen Diskriminierung – nach wie vor ungern auch in staatlichen Behörden angesprochen – in den Fokus: die *individuelle* Diskriminierung von Person zu Person und die *institutionelle* Diskriminierung durch Zugänge, Regelungen und Abläufe, weniger bisher noch die *strukturelle* Diskriminierung etwa durch die unterschiedliche Abdeckung von Bedarfen verschiedener Bevölkerungsgruppen und den Zuschnitt von Hilfsangeboten. Immer mehr Menschen bewerten die Ungleichbehandlung und Abwertung Neuhinzukommender als Problem für die Integration und befürworten Gesetze gegen Diskriminierung, unter anderem auch, um der Benachteiligung bei Behörden entgegenzuwirken (Special Eurobarometer 2022).

---

9   Korrelation zwischen Etabliertenvorrechten und der Unterstellung, »Die Ausländer kommen nur hierher, um unseren Sozialstaat auszunutzen.« 2018/19: r = ,42; 2019/21: r = ,49; 2022/23: r = ,60.

Geflüchtete mit unsicherem Aufenthaltsstatus und Migrant:innen ohne deutsche Staatsbürgerschaft haben in Deutschland besonders viel mit Ämtern zu tun. Aktuelle, bislang vorwiegend qualitativ ausgerichtete Forschung, berichtet über die institutionelle Verankerung und Reproduktion einer rassistischen Weltsicht in deutschen Behörden (Graevskaia, Menke & Rumpel 2022). Souad Lamroubal schildert in ihrem Beitrag eine Reihe behördlicher Hemmnisse, die schon für Menschen, die hierzulande aufgewachsen sind und Deutsch als Muttersprache sprechen, nicht selten eine Herausforderung darstellen, die aber für Neuhinzukommende riesige Hürden bilden: Das Ausfüllen von Formularen mit komplizierten Begriffen in Amtssprache, unbekannte behördliche und noch viel mehr nicht transparente implizite Regelungen, die Art, wie diese Prozesse ablaufen, wo was wann wie einzureichen ist, wie man sich wo, gegenüber wem, in welcher Situation »zu verhalten hat« … amtliche Prozesse, die formellen Abläufen unterliegen, sind doch nur auf den ersten Blick »für alle gleich«. Wartezeiten, höfliche Behandlung, auch Geduld, Nachsicht und Unterstützung bei Unkenntnis, fehlenden Unterlagen oder verpassten Terminen können sich durchaus unterscheiden. Ist eine solche Unterscheidung nicht einfach zufällig oder abhängig von einzelnen Sachbearbeiter:innen und Kund:innen, sondern werden systematisch die einen bevorzugter, die anderen benachteiligter behandelt, spricht man von institutioneller Diskriminierung beziehungsweise Rassismus (vgl. Gomolla 2010). Dazu gehört auch die Frage, wer zum Beispiel welche Unterlagen postalisch einreichen kann, wer zu einem Termin erscheinen muss und in welcher Sprache welche Informationen vorliegen. Institutionelle Diskriminierung auf Ämtern und bei Behörden kann von individueller Diskriminierung begleitet sein, aber auch absichtslos und losgelöst von Personen sein, etwa weil es praktischer ist, weil man das schon immer so gemacht hat oder schlicht niemand darüber nachgedacht hat. Am Ende sind es doch immer auch Personen, die Abläufe und Strukturen aufbauen und aufrechterhalten oder eben ändern, wenn deutlich wird, dass die einen es systematisch einfacher, die anderen schwerer haben. Belastbaren Daten zu strukturellen und institutionellen Formen von Diskriminierung in Bezug auf unterschiedliche soziale Gruppen und Kontexte liegen bislang jedoch kaum vor (vgl. Koch 2010). Erste Gespräche mit Personen, die in der Hilfe für Geflüchtete tätig sind, bestätigen klar, dass Ungleichbehandlungen unterschiedlicher Geflüchtetengruppen und ihrer Mitglieder institutionell vorkommen und strukturell verankert sind. Derzeit arbeiten eine Reihe von Projekten des Forschungsverbunds »Rassismus als Gefährdung des gesellschaftlichen Zusammenhalts im Kontext ausgewählter gesellschaftlich-institutioneller Bereiche« (InRa) an dieser Fragestellung.[10]

Eine der sich in diesem Kontext stellenden kritischen Fragen ist, inwieweit eine systematische Ungleichbehandlung zugelassen, toleriert oder gar gefordert wird, die sich nicht an Bedarfen von Personen orientiert. Die Mitte-Studie 2022/23 wirft einen Blick auf die besonders kritische Forderung einer bevorzugenden Behandlung von »Deutschen« und einer nachrangigen Behandlung von »Ausländern« durch den Staat beziehungsweise die Behörden (➡ Tab. 6.2, S. 212 f.).

41 % der Befragten sind »eher« oder sogar »voll und ganz« der Ansicht, der »deutsche Staat« kümmere sich »mehr um Flüchtlinge als um hilfsbedürftige Deutsche«. Dies sind im Vergleich zu 2016 noch etwas mehr Befragte, die zustimmen; damals waren es gut 35 % der Befragten. »Die Verwaltung sollte die Angelegenheiten von Deutschen mit Vorrang behandeln.« – in dieser Beziehung sind sich die Befragten überhaupt nicht einig: Während rund ein Drittel (31 %) dieser Ansicht ist, stimmen mit 45 % mehr Befragte »eher« oder »überhaupt nicht« zu, 23 % antworten mit »teils/teils«. Ganz ähnlich verhält es sich mit der Zustimmung zu dieser Aussage: »Wer zu uns nach Deutschland kommt, darf sich nicht beschweren, wenn ihre Angelegenheiten bei Behörden auch schon einmal länger dauern.« Es sind 37 % »eher« oder »voll und ganz« der Ansicht, entsprechende Menschen dürften sich hier nicht beschweren, es stimmen ebenso viele »eher nicht« oder »überhaupt nicht« zu, 26 % wählen die »teils/teils« Antwort. 1,4 beziehungsweise 1,6 % der Befragten antworten mit »weiß nicht« oder geben hier keine Antwort. Die drei Aussagen hängen eng zusammen, das bedeutet, wer einer der Aussagen zustimmt, stimmt mit recht hoher Wahrscheinlichkeit auch einer der anderen zu.[11] Sie wurden daher zu einer Mittelwertskala (➡ Glossar, S. 381) *Staatliche Nachrangigkeit Neuhinzukommender* berechnet. Zusammengefasst fordern 34 % der Befragten die

---

10 https://www.fgz-risc.de/forschung/inra-studie

11 Korrelationen zwischen den drei Aussagen zur nachrangigen Behandlung Neuhinzukommender: r = ,52 bis ,65. Alle drei Aussagen laden in einer explorativen Faktorenanalyse auf einen einzigen Faktor, der 74 % der Varianz aufklärt.

Zustimmung zur nachrangigen Behandlung von Neuhinzukommenden durch den Staat | Zustimmung zur Diskriminierungserfahrung von Minderheiten
(Angaben in Prozent)   Tabelle 6.2

Trifft ... →

Staatliche Nachrangigkeit Neuhinzukommender (M = 2,95; SD = 1,20; n = 2.015; α = ,82)
Der deutsche Staat kümmert sich mehr um Flüchtlinge als um hilfsbedürftige Deutsche.
Die Verwaltung sollte die Angelegenheiten von Deutschen mit Vorrang behandeln.
Wer zu uns nach Deutschland kommt, darf sich nicht beschweren, wenn ihre Angelegenheiten bei Behörden auch schon einmal länger dauern.
In Deutschland werden ethnisch-kulturelle und religiöse Minderheiten diskriminiert.

Anmerkungen M = arithmetischer Mittelwert; SD = Standardabweichung; n = Anzahl der Befragten; α = Cronbachs Alpha.

nachrangige Behandlung Neuhinzukommender bei staatlichen Angelegenheiten. Im Übrigen unterscheiden sich darin Alteingesessene und Personen mit eigener Migrationsgeschichte deutlich in ihrer Zustimmung (35 zu 24 %), auch wenn sich ein Viertel der Migrant:innen der Forderung nachrangiger Behandlung Neuhinzukommender anschließt. Die Forderung staatlicher Nachrangigkeit Neuhinzukommender ist hoch mit der nach generellen Etabliertenvorrechten korreliert (r = ,69). Zugleich nehmen nur 26 % der Befragten Diskriminierung ethnisch-kultureller und religiöser Minderheiten in Deutschland wahr, ein weiteres Drittel tut dies »teils/teils«, 40 % »nicht« oder »eher nicht« (→ Tab. 6.2).

6.5 Ungleichbehandlung und Rassismus

Die Ablehnung der Aufnahme von Geflüchteten aus Afrika, Syrien und der Ukraine korreliert deutlich und überraschend ähnlich hoch mit der Forderung nach Etabliertenvorrechten und rassistischen Einstellungen (→ Kap. 5, S. 149 ff.) – wer es nicht gut findet, dass Deutschland viele Geflüchtete aus diesen Ländern aufgenommen hat, fordert eher Etabliertenvorrechte und neigt zum Rassismus. Insbesondere fallen hier die vergleichsweise noch etwas höheren Korrelationen mit der Ablehnung der Aufnahme von Geflüchteten aus Syrien auf.[12] Etwas schwächer sind die Zusammenhänge mit rechtsextremen Einstel-

Tabelle 6.2

... überhaupt nicht zu	... eher nicht zu	teils/teils	... eher zu	... voll und ganz zu
17,0	17,9	23,7	18,4	23,0
26,1	19,2	23,4	14,7	16,6
20,8	16,5	25,6	18,0	19,1
17,2	22,9	33,9	17,9	8,2

lungen, insbesondere mit der Ablehnung der Aufnahme von Geflüchteten aus Afrika, das heißt, hier spielen auch andere als rechtsextreme Motive eine Rolle.[13] Die Subdimension rechtsextremer Einstellungen *Fremdenfeindlichkeit*, zu der auch die eingangs in diesem Kapitel beschriebene Unterstellung zählt, »Ausländer« nutzten den Sozialstaat in Deutschland aus, ist hingegen sehr hoch mit der fehlenden Aufnahmebereitschaft aller drei Gruppen korreliert. Die Ablehnung von Geflüchteten, egal aus welcher Herkunftsregion, geht also bei vielen Befragten mit Fremdenfeindlichkeit einher. Umgekehrt hängt sie negativ mit dem Wunsch nach mehr Engagement für eine offene und vielfältige Gesellschaft zusammen, am schwächsten jedoch mit der Aufnahmebereitschaft gegenüber Geflüchteten aus der Ukraine. Gleiches gilt für den Zusammenhang mit der

---

12 Korrelationen der Ablehnung der Aufnahme Geflüchteter aus der Ukraine/Syrien/Afrika beziehungsweise der Forderung von staatlicher Nachrangigkeit Neuhinzukommender mit der Forderung von Etabliertenvorrechten: r = ,44/,49/,45/,69; mit allgemein rassistischen Einstellungen: r =,54/,65/,56/,78; mit rassistischen Einstellungen gegenüber Schwarzen Personen: r = ,25/,29/,18/,46.

13 Korrelationen der Ablehnung der Aufnahme Geflüchteter aus der Ukraine/Syrien/Afrika beziehungsweise Forderung von staatlicher Nachrangigkeit Neuhinzukommender mit rechtsextremen Einstellungen: r = ,41/,50/,30/,71; mit der Subdimension Fremdenfeindlichkeit des Gesamtkonstrukts Rechtsextremismus: r = ,56/,67/,57/,71. Die Unterschiede zwischen den Korrelationen sind allesamt signifikant (z-geprüft).

Wahrnehmung von Diskriminierung kultureller und religiöser Minderheiten in Deutschland.[14]

Ein hoher und deutlich größerer Anteil jener Befragten, die es generell (hier zusammengefasst über die drei Herkunftsregionen) nicht gut finden, dass Deutschland viele Geflüchtete aus diesen Ländern aufgenommen hat, verglichen mit jenen, die dies zumindest »teils/teils«, »eher« oder »voll und ganz« gutheißen, neigt zur Forderung von Etabliertenvorrechten (72 % zu 36 %) und Rassismus (65,5 % zu 19 %), ebenso zu Rassismus gegenüber Schwarzen Personen (15 % zu 8 %). Auch die Zustimmung zu rechtsextremen Einstellungen (15,5 % zu 6 %), insbesondere zur Fremdenfeindlichkeit (44 %), ist unter diesen Befragten verbreiteter als unter denen, die die Aufnahme von Geflüchteten gutheißen beziehungsweise in der Gesamtbevölkerung (➟ Kap. 3, S. 53 ff.). Zugleich stimmen mit 39 % derjenigen, deren Aufnahmebereitschaft gegenüber Geflüchteten gering ist, deutlich weniger für stärkeres Engagement für eine offene, vielfältige Gesellschaft (gegenüber 77 %). Befragte, die generell die Aufnahme von Geflüchteten gleich welcher Herkunftsregion ablehnen, unterscheiden sich hingegen in der Wahrnehmung der Diskriminierung von ethnisch-kulturellen und/oder religiösen Minderheiten in Deutschland nicht signifikant von jenen, die die Aufnahme (zumindest »teils/teils«) gutheißen (41 % zu 37 %).

Der differenzierte Blick auf die Aufnahmebereitschaft nach der Herkunftsregion (➟ Abb. 6.2, S. 216) verweist auf eine ähnlich ausgeprägte Haltung derjenigen, die gegen die Aufnahme von Geflüchteten aus Syrien und Afrika sind; bei Letzteren ist die Zustimmung zu Etabliertenvorrechten, allgemeinem Rassismus und Rechtsextremismus sowie umgekehrt der Forderung nach mehr Engagement für eine vielfältige und offene Gesellschaft vergleichsweise am geringsten. Hingegen sind unter jenen, die sich (auch) gegen eine Aufnahme von Ukrainer:innen aussprechen, diese menschenfeindlichen und antipluralistischen Einstellungen besonders hoch ausgeprägt. Darüber hinaus nehmen jene, die gegen eine Aufnahme von Ukrainer:innen sind, zu 27 % Diskriminierung

---

14 Korrelationen der Ablehnung der Aufnahme Geflüchteter aus der Ukraine/Syrien/Afrika beziehungsweise der Forderung von Nachrangigkeit Neuhinzukommender mit dem Wunsch nach mehr Engagement für eine offene, vielfältige Gesellschaft: r = -,39/-,51/-,44/-,34; mit der Wahrnehmung von Diskriminierung kultureller und religiöser Minderheiten in Deutschland: r =,08/,27/,31/-,09.

in Deutschland wahr. Unter jenen, die gegen die Aufnahme von Syrer:innen sind, sind dies 15 %, respektive gegen Geflüchtete aus Afrika 14 %. Diese Ergebnisse weisen darauf hin, dass die mit einem knappen Drittel der Befragten viel weiter geteilten Ablehnung von Geflüchteten aus Afrika und Syrien nicht nur mit der höheren Zustimmung zu Rassismus einhergeht, sondern dabei auch weitere Gründe eine Rolle spielen. Denkbar ist aber auch, dass sich hier eine subtile Form des Rassismus sozusagen über den Umweg der Ablehnung von Geflüchteten offenbart, die – dies zeigt die langjährige Forschung (zur Übersicht siehe Zick 2020) – nur bedingt mit offenem Rassismus, so wie er hier gemessen wird, korreliert. Ungeklärt bleibt, inwiefern die Befragten Geflüchtete aus Afrika mit Schwarzen Menschen und/oder muslimischen Personen aus nordafrikanischen Ländern assoziieren. Hingegen geht die von lediglich 16 % der Befragten geteilte Ablehnung von Geflüchteten aus der Ukraine deutlich mit einer höheren Zustimmung zu rechtsextremen Einstellungen einher. Umgekehrt wird zudem sehr wohl deutlich: Wer rassistisch eingestellt ist, lehnt insbesondere die Aufnahme von Personen aus Afrika (62 %) und Syrien (64 %) ab, zu einem geringeren Teil auch aus der Ukraine (38 %). Wohlgemerkt, die Ablehnung von Geflüchteten aus unterschiedlichen Ländern dürfte durchaus auch zusammen auftreten (⟶ Abb. 6.2, S. 216).

Auch die Forderung nach einer vorrangigen Behandlung Deutscher beziehungsweise der nachrangigen Behandlung Neuhinzukommender hängt deutlich mit der Forderung nach Etabliertenvorrechten und mit Rassismus zusammen, ebenfalls mit dem Rassismus gegenüber Schwarzen Personen (alle Korrelationen ⟶ Fußn. 12–14, S. 213 f.). 25 % dieser Befragten teilen sogar ein geschlossen rechtsextremes Weltbild, während dies unter jenen, die gegen die staatliche Nachrangigkeit Neuhinzukommender sind, lediglich 1 % ist. Zugleich findet der Wunsch nach mehr Engagement für eine offene und vielfältige Gesellschaft in beiden Befragtengruppen mehrheitlich Zuspruch (53 versus 74,5 %). Die Wahrnehmung von Diskriminierung ethnisch-kultureller und religiöser Minderheiten ist hingegen unabhängig davon, ob die nachrangige Behandlung von Neuhinzukommenden gefordert wird oder nicht.

Ist die Befürwortung der Nachrangigkeit Neuhinzukommender also rassistisch? Die Antwort lautet: Ja, ist sie, und zwar nicht nur, weil die Vor- und Nachran-

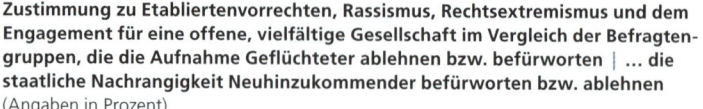

Zustimmung zu Etabliertenvorrechten, Rassismus, Rechtsextremismus und dem Engagement für eine offene, vielfältige Gesellschaft im Vergleich der Befragtengruppen, die die Aufnahme Geflüchteter ablehnen bzw. befürworten | ... die staatliche Nachrangigkeit Neuhinzukommender befürworten bzw. ablehnen
(Angaben in Prozent)

Abb. 6.2

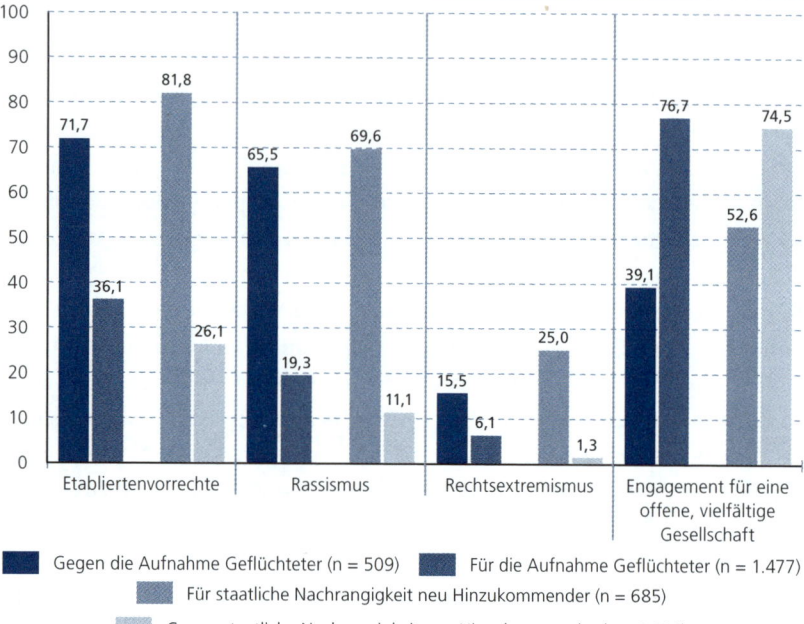

Gegen die Aufnahme Geflüchteter (n = 509)   Für die Aufnahme Geflüchteter (n = 1.477)
Für staatliche Nachrangigkeit neu Hinzukommender (n = 685)
Gegen staatliche Nachrangigkeit neu Hinzukommender (n = 1.330)

Anmerkungen Befragte, die »eher nicht« oder »überhaupt nicht« gutheißen, dass Deutschland Geflüchtete aus der Ukraine, aus Syrien oder Afrika aufgenommen hat, wurden hier zusammengefasst gegenüber Befragten, die die Aufnahme Geflüchteter »teils/teils«, »eher« oder »voll und ganz« gutheißen. Ebenso wurden die Befragten danach unterschieden, ob sie die nachrangige Behandlung Neuhinzukommender durch den Staat befürworten (Mittelwerte ≥ 3,5) oder ablehnen (Mittelwerte < 3,5) | n = Anzahl der Befragten.

gigkeit unterschiedlicher sozialer Gruppen dem Gleichheitsgrundsatz widerspricht. Einwenden ließe sich, die jeweiligen (Flucht- und Einwanderungs-)Situationen seien andere, was dann wiederum die Frage aufwirft, wie viel Rassismus bei der Bewertung der jeweiligen Situation im Spiel ist. Die Befunde der Mitte-Studie sprechen für einen signifikanten und deutlichen Zusammenhang mit Rassismus. Dabei werden bemerkenswerte Diskrepanzen deutlich: Auch von jenen 67 % der Befragten, die sich für ein stärkeres Engagement für eine offene, vielfältige

Gesellschaft aussprechen (➟ Abb. 6.1, S. 208), fordern 37 % Etabliertenvorrechte ein und 35 % sprechen sich für den Vorrang von Deutschen beziehungsweise den Nachrang Neuhinzukommender bei staatlichen Stellen aus (unter jenen, die kein solches Engagement wünschen, sind dies 61 % respektive 57,5 %).

6.6 Schutzsuchende erster und zweiter Klasse

Die Deutschen sehen sich selbst gern als offenes, tolerantes Land und reagiert nicht selten beleidigt auf Rassismusvorwürfe. Zwei Drittel der Befragten sprechen sich für mehr Engagement für eine offene, vielfältige Gesellschaft aus. Dies sind allerdings weniger als in den Jahren zuvor. Gleichzeitig hat die Forderung nach Etabliertenvorrechten zugenommen. Wie offen und gleichwertig ist Deutschland tatsächlich, wenn es darum geht, Menschen aus anderen Ländern und Regionen der Welt aufzunehmen? Die Antwort muss nach Analyse der Mitte-Studie 2022/23 lauten: Es kommt auf das Herkunftsland an – Geflüchtete aus der Ukraine sind deutlich willkommener als jene aus Syrien oder Afrika – und die Botschaft lautet: »Bitte hinten anstellen«. Dabei hängt die Befürwortung oder Ablehnung der Aufnahme von Ukrainer:innen vergleichsweise wenig mit der generellen Werthaltung in Bezug auf Vielfalt zusammen. Dagegen ist die Ablehnung der Aufnahme von Geflüchteten aus Syrien und Afrika nicht immer, aber häufig von Rassismus begleitet.

Behörden als Repräsentanz des Staates haben eine besondere Verantwortung, die Einhaltung des Grundgesetzes in Bezug auf Würde und Gleichwertigkeit aller Menschen ernsthaft zu verfolgen. Gerade kommunale Behörden regeln zentral wichtige Angelegenheiten der Menschen im Land, für einige sind es existenzielle Angelegenheiten. Sie sind zudem zentral für die Integration. In Behörden zeigt sich, wie ernst es Deutschland damit ist. Die von Souad Lamroubal beschriebenen und bisweilen grotesk anmutenden Abläufe bei der Ausländerbehörde werden durch die in diesem Kapitel skizzierten Einstellungen der Bevölkerung geleitet: Ein nicht unerheblicher Teil der Befragten fordert eine solche institutionelle Diskriminierung ein, wenn sie sich für die vorrangige Behandlung von Deutschen und damit die Nachrangigkeit von Neuhinzukommenden bei staatlichen Angelegenheiten aussprechen. Die Forderung von Nachrangigkeit hängt – wenig überraschend – mit der Forderung von Etabliertenvorrechten und mit Rassismus zusammen. Bemerkenswert ist vor allem, dass auch etliche, die sich eine offene, vielfältige Gesellschaft wünschen, Nachrangigkeit fordern, also zugleich offenbar blind dafür sind, dass genau dies Diskriminierung bedeutet.

Verwaltung und Behörden sind keine Orte, an denen rein sachlogisch gehandelt wird. Dort arbeiten Menschen und ihr Aufbau sowie ihre Struktur hängen ebenfalls an Menschen. Gerade auch in und hinter vordergründig administrativer Handlungslogik kann Ungleichwertigkeit umgesetzt werden, selbst wenn die darin arbeitenden Menschen dies vielleicht gar nicht wollen, sich selbst nicht als rassistisch betrachten und es vielleicht individuell auch gar nicht sind. Verwaltung und Behörden sind zudem mit Erwartungshaltungen konfrontiert – wie der Ungleichwertigkeit zugunsten Alteingesessener. Umso mehr sind Behörden, öffentliche Verwaltungen und auch Unternehmen (siehe dazu auch Küpper & Krewer 2020) gefragt, sich, ihr Handeln, ihre Abläufe und Regelungen selbstkritisch zu hinterfragen. Das unterstreicht der Beitrag von Souad Lamroubal eindrücklich – zum einen, weil Behörden Teil einer Gesellschaft sind, in der Gruppenbezogene Menschenfeindlichkeit nach wie vor virulent ist, zum anderen, weil sie als Schaltstellen über besondere Macht über Menschen verfügen und darüber gruppenbasierte (Un-)Gleichheit herstellen. Ihre besondere Macht ist nicht zuletzt dadurch geprägt, dass ihre Funktionsweise auf den ersten Blick rational und sachlogisch erscheint. Gefragt ist auch der Rest der Gesellschaft, der sich selbst gern für offen und tolerant hält, wie ernst es ihm damit eigentlich ist. Die Forderung nach Vorrechten für Etablierte – und erst recht die nach vorrangiger Behandlung Deutscher und nachrangiger Behandlung Neuhinzukommender bei staatlichen Angelegenheiten – fordert den Gleichbehandlungsgrundsatz des Grundgesetzes heraus, den die ganz große Mehrheit zumindest vordergründig unterstützt (➝ Kap. 4, S. 91 ff.).

7 Krisenungewissheit und ihr Zusammenhang zu anti- und prodemokratischen Überzeugungen

Andreas Zick · Elif Sandal-Önal

Die vergangenen Jahre der Bundesrepublik waren geprägt von der Coronapandemie. Das Land ist mit den Folgen dieser Belastung in die nächsten Krisen geraten: Teuerung und Inflation, der Fachkräftemangel und eine sich andeutende Rentenkrise, die Bildungskrise, die Fluchtzuwanderung, die Veränderung der globalen Märkte und Umstellung der Energieversorgung, der Klimawandel und Extremwetterereignisse sowie der Angriffskrieg Russlands gegen die Ukraine und die damit verbundenen Veränderungen, die wiederum Effekte auf die zuvor genannten Krisen haben. Die Rede ist inzwischen von Multi- oder Polykrisen, die ineinander übergehen und sich miteinander verbinden (➡ Kap. 1, S. 19 ff.). Was sich national als Krise niederschlägt, entspringt immer stärker global vernetzten Entwicklungen, geht mit ihnen einher und verstärkt diese. In Zeiten der Krise müssen Demokratien mit Belastungen besonders umsichtig umgehen, weil etwas »auf der Kippe steht«. Im Idealfall kann die Demokratie als ein erfolgreicher Krisenregulator verstanden werden, weil ihr die Auseinandersetzung und der Konflikt als Elemente eigen sind und sie fähig ist, Krisen zu meistern und im besten Falle gestärkt aus der Krisenbewältigung zu kommen.

Krisen gehen in der Regel aber auch mit demokratiedistanzierten, populistischen und extremistischen Deutungen und Gegenbewegungen einher. Politische Gruppen greifen die Krisen auf und wenden sie gegen die Demokratie. Sind diese Versuche erfolgreich, bewegen sich Menschen unter Umständen weg oder verabschieden sich von der Demokratie. Das kann gelingen, weil Krisen das politische, wirtschaftliche und soziale System herausfordern. Regulation und Verknappung von Ressourcen können ein wichtiges Instrument der Politik sein und Menschen reagieren darauf, wie auch Populismus und Extremismus die Eingriffe nutzen, um Menschen gegen die Funktionsfähigkeit der Demokratie aufzubringen. Die Demokratie kann an Stabilität verlieren und in Gefahr geraten, Konflikte nicht mehr konstruktiv zu regulieren, weil eben ihre Kontroll- und Regulationsfähigkeit vom Populismus und Extremismus infrage gestellt werden. Proteste, Nichtwählen, Vertrauensverluste oder auch die Akzeptanz radikaler Einstellungen, wie wir sie in dieser Mitte-Studie analysieren, sind Indikatoren von Distanzierungen, Angriffen oder Delegitimierungen, die Krisen oft begleiten und zu Demokratiekrisen führen können.

Einige solcher Dynamiken der Krisenbewältigung sind aus der Vergangenheit bekannt, und sie lassen trotz aller Stabilität und Fortschritte daran zweifeln, dass die Demokratie hinreichend widerstandsfähig ist. Der »Wirtschafts- und Finanzkrise«, die 2007 mit dem Anstieg der Zinsen für Interbankfinanzkredite einsetzte und nach dem Zusammenbruch der Großbank Lehmann Brothers im September 2008 die Welt mitriss, folgte der Aufschwung eines nationalautoritären Populismus in der Mittelschicht. Die »Krise der EU« zog die Verstärkung des parlamentarischen wie außerparlamentarischen Rechtspopulismus nach sich, der die Fluchtbewegungen aus Kriegsgebieten für sich am allermeisten nutzen konnte. Die »Fluchtmigration« hatte ein Erstarken des Rechtsextremismus und des bürgerlichen Hasses mit einer massiven Zahl an politisch rechts motivierten Anschlägen auf Menschen und Sachwerte zur Konsequenz, die die Straftaten der 1990er-Jahre weit überstieg. Es folgte eine weltweite Pandemie. In der »Coronakrise« entstanden Coronaproteste, die mit einer Demokratiedistanz und – in Teilen – auch einer Delegitimierung der Demokratie ungeahnten Ausmaßes einhergingen und in neue rechte Glaubensbewegungen mündeten, die sogar die Propaganda verbreiteten, das Grundgesetz habe keine Gültigkeit mehr. Als Reaktion auf die »Klimakrise«, die von immer zuverlässigeren Fakten zum Klimawandel und dem Eindringen von wissenschaftlichen Erkenntnissen in die Politik begleitet wird, konstituierte sich eine Klimawandelleugnungsbewegung, die eigene Faktenwelten aufbaut und Rationalität durch Ideologie ersetzt. Die Mitte-Studien haben die Entwicklung von neuen Formen neurechter völkisch-autoritärer Rebellion in der »Coronakrise« schon 2021 ermittelt (Häusler & Küpper 2021).

In Krisenzeiten kann die Mitte Ideen des Populismus und Extremismus adaptieren, um Menschen aus den »eigenen Reihen« nicht zu verlieren (Diehl 2016). Es geht hier nicht darum, ein Untergangsszenario aufzumalen, wie es gerade jene zeichnen, die populistisch argumentieren und etwa davon reden, Deutschland »schaffe sich ab«. Vielmehr soll die Beobachtung ernst genommen werden, dass die »Mitte« in Krisenzeiten für demokratiedistanzierte oder sogar demokratiegefährdende Ideologieangebote offen war.

Im Folgenden gehen wir zunächst der Frage nach, wie das Verhältnis von Krisen und Demokratie ist und warum Menschen sich in der Krise für antidemokratische Überzeugungen öffnen – oder gerade für das Gegenteil und eine stärkere Demokratieorientierung verfolgen. Dabei spielen unseres Erachtens Ungewissheit und Unsicherheit – beide Aspekte sind eng verknüpft – sowie der Umgang mit ihnen eine zentrale Rolle. Zum Umgang mit Unsicherheit in Krisenzeiten wird ein Modell vorgestellt, welches anschließend mit den Daten der Mitte-Studie 2022/23 geprüft wird.

7.1 Krisen, Ungewissheit und Demokratieorientierungen

Zum Verhältnis von Krisen und Demokratie werden unterschiedliche Thesen diskutiert. Zum einen gelten Krisen als besondere Herausforderungen für Demokratien, weil ihre Handlungslogiken andere als in Normalzeiten sind. Krisen verlangen Eindeutigkeit und brauchen schnelles, entschlossenes Handeln. Demokratien setzen auf die sorgsame Verhandlung unterschiedlicher Interessen und die Entwicklung von Lösungen ist ein oft langwieriger Prozess. Daher werden Demokratien gelegentlich selbst als Krisengebilde beurteilt (Schmidt 2016). Sie leben von Konflikten. Was die eine Konfliktpartei dabei als Krise beurteilt, mag von der anderen gar nicht so wahrgenommen werden. Ebenso verhandeln Demokratien, was überhaupt Krisen sind, worin sie bestehen, wer betroffen ist und wie die Bewältigung gelingen kann. Politikwissenschaftlich gibt es unterschiedliche Thesen zum Zusammenhang von Demokratie und Krise (Merkel 2015). Eine These besagt, bestimmte Kritiken an der Demokratie, wie sie von »wütenden« Bürger:innen, Populist:innen oder Radikalen gerade in Krisenzeiten geäußert werden, seien weniger problematisch, solange diese in Parlamenten säßen oder vertreten seien. Was aber, wenn Teile der Mitte in Krisenzeiten in einen Modus einer antidemokratischen Krisenbewältigung verfallen? Dann ist die Stabilität der Demokratie, die zwar Kritik, aber keine Angriffe und Delegitimierung aushalten muss, gefährdet. Schwerwiegend ist eine Krise unseres Erachtens dann, wenn die Grundfesten der Demokratie – ihre Werte, Normen und Rechtsvorstellungen – bei aller Konflikthaftigkeit gefährdet sind und undemokratische Lösungen präferiert werden.

In Krisenzeiten können sich Prozesse der politischen Distanzierung beschleunigen, weil die mit Krisen einhergehende Ungewissheit und Unsicherheit nicht richtig eingeschätzt wird. In Krisen sind eben Entscheidungen von allen notwendig. Zugleich erscheinen die Zeiten nicht sicher, weil eingeübte Rituale und Routinen nicht mehr greifen (Koselleck 1973). In der Coronapandemie funktionierte der normale Infektionsschutz nicht und die Gesundheitspolitik musste den Infektionsschutz bis zur Maßnahme des Lockdowns neu regulieren. Angesichts des rasanten Klimawandels, des Krieges in der Ukraine oder der Inflation funktionieren die üblichen politischen wie sozialen Maßnahmen nicht mehr. Damit rücken neue Belastungen in den Vordergrund, und in Krisenzeiten kommt es noch mehr auf die Wahrnehmung und Bewertung an, weil so viel ungewiss ist (Mergel 2012) und die Wahrscheinlichkeit steigt, dass Politik wie Öffentlichkeit Krisen als »nationale Bedrohung« verstehen, zumal wenn die bisherige Ordnung brüchig wird und ein Eingreifen notwendig, was schnell als Freiheitsverlust verstanden werden kann.

Dabei hoffen demokratische Gesellschaften, adäquat durch Krisen zu navigieren, und sie hoffen, dass die Navigation der Stärkung der Gesellschaft dient. Dazu müssen aber Krisenunsicherheiten und ihre Navigation »angemessen« verstanden werden und Demokratien Modi der Verarbeitung ergreifen, die sie nicht infrage stellen. Krisen können insgesamt Situationen beschreiben, in denen das Wissen, wie mit ihnen umzugehen sei, fehlt, oder wo das, was in Zukunft passieren wird, ungewiss ist, egal welche Regulationsversuche unternommen werden.[1] Die Krise erzeugt Unwissen und Nichtvorhersehbarkeit der Zukunft, produziert also Ungewissheit trotz aller Ressourcen, Rechte, eingeübter Mechanismen und etablierter Systeme der Risikobewältigung. In einer solchen Situation kommt es umso mehr darauf an, eine angemessene »Psychologie des Politischen« zu erzeugen. Ein üblicher Krisenmodus von Politik ist das Sicherheitsversprechen. Wenn aber Krisen von einem großen Ausmaß an Ungewissheit

---

1   Zur Definition von Ungewissheit und Unsicherheit beziehungsweise zum Konzept von *uncertainty*, welches Unsicherheit wie Ungewissheit umfasst (vgl. Bennett & Lemoine 2014).

geprägt sind, dann steigen die Risiken von Regulationsverlusten, greifen Appelle an Ordnungen nicht und öffnen sich die Tore für antidemokratische Sicherheits- und Ordnungsversprechen. Es wird dann noch schwerer für die Regulationsinstanzen, Sicherheit und Ordnung zu versprechen, insbesondere dann, wenn der Katastrophenpopulismus attraktiver und identitätsbildender ist (vgl. auch Freiheit, Uhl & Zick 2023).

Die mit Krisen verbundenen Modi der Kommunikation, Bewältigung und Bildung von politischen Einstellungen zur Demokratie sind also entscheidend für die Stabilität der Demokratie. Dabei kommt es insbesondere auf Modi an, die die Demokratie »in Ordnung lassen«, sie gerade in Krisen stärken und schützen. Die Krisenungewissheit und/oder Krisenunsicherheit ist hierbei zunächst ganz unabhängig von den politischen Urteilen und Einstellungen, die daraus folgen. Krisen können für alle Menschen Ungewissheit und Unsicherheit schaffen. Sie werden dann aber verbunden mit der Frage, wie sehr die Gesellschaft und sie selbst betroffen sind und daraus resultiert eine Krisenwahrnehmung: Ist die Gesellschaft gefährdet, bedroht, instabil oder krisenfest und resilient? Und je nachdem, wie die Bedrohung dann eingeordnet wird, bilden sich politische Urteile dazu, wie der Krise zu begegnen sei. Öffnen sich Menschen demokratiegefährdenden Einstellungen oder begegnen sie der Krise mit einer besonderen Stärkung von Demokratie? Was ist politisch und gesellschaftlich zu tun in der Krise?

Dabei sind unseres Erachtens zwei Wege der politischen Krisenbewältigung möglich: Erstens kann eine Abschottung oder »Schließung« naheliegen. Die Forschung zeigt, dass bei Ungewissheit und Unsicherheit die Zugehörigkeit zu Gruppen oder Identitäten in den Vordergrund rückt, weil Gruppen Sicherheit schaffen (Hogg 2005). Das kann mit einer Distanzierung von demokratischer Vielfalt und Öffnung, einer Betonung des »Nationalen«, einer ethnozentrischen Favorisierung der Eigengruppe (»wir Deutsche«) einhergehen, denn das rechtfertigt, die tatsächlich oder vermeintlich knappen Ressourcen für »die eigenen (uns)« zu reservieren. Besonders, wenn Krisen als Bedrohung der Gesellschaft und der eigenen Lage in der Gesellschaft wahrgenommen werden, kann das der Fall sein. Demgegenüber liegt auch der Weg der »Öffnung« für die Solidarität mit Gruppen, die von Krisen besonders betroffen sind, und Vertrauen in vorhandene Regulationsmechanismen nahe, insbesondere dann, wenn die Krise nicht als nationale Bedrohung wahrgenommen wird.

Die Forschung hat diverse Thesen dazu vorgeschlagen, wie Krisen zur Öffnung für rechtsradikale Ideologien führen. Sie können Schließungs- und Öffnungsprozessen der politischen Einstellungsbildung zugeordnet werden. Zu Schließungs- und Distanzierungsmodellen gehört die »Spaltungs- und Polarisierungsthese«. Sie geht davon aus, dass Krisen zu gesellschaftlichen wie politischen Spaltungen führen, das heißt, die Gräben zwischen politisch unterschiedlichen Gruppen werden höher und Gesellschaften polarisieren sich, sodass Teile der Mitte den Rändern zustreben (vgl. z. B. Stegherr 2022). Es liegen Befunde vor, die sowohl für als auch gegen diese Annahme sprechen (vgl. Beckmann & Schönauer 2021). Spaltungen und Polarisierungen werden auch in der »Erosionsthese« benannt. Ihr zufolge führen Krisen zu einem Verlust an Bindungskräften und der Zusammenhalt erodiert (vgl. Brand et al. 2021).

Die Erosion geht laut »Desintegrationsthese« mit einem Verlust an Integration von Menschen in zentralen gesellschaftlichen Bereichen einher, was sie für den Versuch anfällig macht, diese fehlende Integration durch Ideologien der Ungleichwertigkeit zu erreichen (vgl. z. B. Heitmeyer & Imbusch 2005). Die »Autoritarismusthese« kann ebenfalls zu den Schließungsmodellen gezählt werden. Autoritarismus ist ein Reflex, eine Reaktion, auf Krisen mit Gehorsamsforderungen zu reagieren, um die Unordnung aufzulösen. Es liegen unterschiedliche Theorien zum Autoritarismus vor. Die Leipziger Autoritarismusstudien (Decker et al. 2022a) rekurrieren auf Psychodynamiken. Amlinger und Nachtwey (2022) beobachten dagegen auf Grundlage der Analyse der Coronaproteste einen libertären Autoritarismus (➨ Kap. 8, S. 243 ff.), der neue Formen eines autoritären, verschwörungsorientierten wie spirituellen Rechtspopulismus und -extremismus erklärt. Die Mitte-Studie 2020/21 hatte diese als »neurechten autoritär-rebellischen Rechtspopulismus« identifiziert (Zick & Küpper 2021).

Gerade Einschränkungen in Krisenzeiten, die real oder gefühlt als Freiheitsverluste wahrgenommen werden, können die Mitte für antidemokratische Ideologien anfällig machen. Autoritäre Orientierungen können mit dominanzorientierten und auf Macht über andere Gruppen ausgerichteten politischen Einstellungen einhergehen. Die »Dominanzthese« besagt, dass nicht die autoritäre Unterwerfung unter die »nationale Eigengruppe« und die Ausgrenzung von Minderheiten der Modus der Verarbeitung von Krisen sind, sondern dass in Krisen die Gesellschaft von Menschen als eine »Welt voller Konkurrenz« wahrgenommen werden kann, die dann zu einer Dominanzorientierung gegenüber anderen führt und die Vorrechte der eigenen Bezugsgruppe durchzusetzen sucht (vgl. dazu Duckitt 2006).

Nach der »Identitätsthese« spielt die nationale Identifikation insbesondere mit vermeintlich natürlichen, Nationen prägenden, zugeschriebenen Merkmalen wie Werten und Krisentugenden eine wesentliche Rolle für die Einschätzung, ob die krisenbedingte Ungewissheit als nationale Bedrohung wahrgenommen wird oder nicht (vgl. Hogg 2005).

Das Öffnungs- oder Inklusionsmodell entspricht einem idealen Demokratiemodell, weil es davon ausgeht, dass in Krisen die Demokratie gestärkt, Populismus und Extremismus an den Rändern abgelehnt und Minoritäten unterstützt werden. Die »Zusammenhaltsthese« nimmt an, dass gerade in Krisenzeiten in Demokratien der Zusammenhalt wachsen kann, wie wir es etwa bei Naturkatastrophen erleben (vgl. z. B. Münkler & Wassermann 2008). Die »Solidarisierungsthese« besagt, dass in Krisenzeiten die normativen Orientierungen der Demokratie, jetzt gerade jene zu stärken, die Unterstützung und mehr Zusammenhalt bedürfen, hochgefahren wird (zur Kritik vgl. auch Lessenich 2020). Die »Engagementsthese« geht ähnlich wie die Solidarisierungsthese davon aus, dass in Krisen gerade zivilgesellschaftliche Gruppen sich stärker engagieren und durch das Engagement die demokratische Gemeinschaft gestärkt wird (vgl. dazu z. B. Röbke 2018).[2]

---

2 Beiden Modellen könnten Protest- und Bewegungstheorien zugeordnet werden, denn in der Demokratie ist Kritik erwünscht, die sich in Protest manifestieren kann oder sogar sollte, schließlich sehen Demokratien Proteste als Mittel der Kritik explizit vor (vgl. z. B. Ludwig 2013). Es erscheint naheliegend, dass Distanzierung mit Distanzierungsprotesten und der Bildung neuer antidemokratischer Gruppierungen oder Bewegungen einhergeht. Dem gegenüber stehen Solidarisierungsproteste, die an die Inklusion und den Zusammenhalt von Gesellschaft appellieren, um die Stabilität der Demokratie zu fördern.

Zusammenfassend lassen sich zwei konträre Pfade zu anti- oder prodemokratischen Einstellungen annehmen, die aus einer Krisenungewissheit resultieren können. Das Modell ist in Abbildung 7.1 dargestellt. Demnach kann Krisenunsicherheit zu einer Krisenbetroffenheit führen. Ein Gefühl nationaler Krisenbetroffenheit führt dann dazu, dass Menschen eher Urteile und Einstellungen bilden, die eine »Schließung« betonen, also eine Abschottung der eigenen Bezugsgruppe und Abgrenzung von anderen. Alternativ kann sich eine Gesellschaft für andere »öffnen« – etwa für jene, die von Krisen härter betroffen sind oder Expert:innen, die die Unsicherheit mindern können – und auf Inklusion und den Zusammenhalt aller bauen.

Modell der Krisenmodi politischer Orientierungen   **Abb. 7.1**

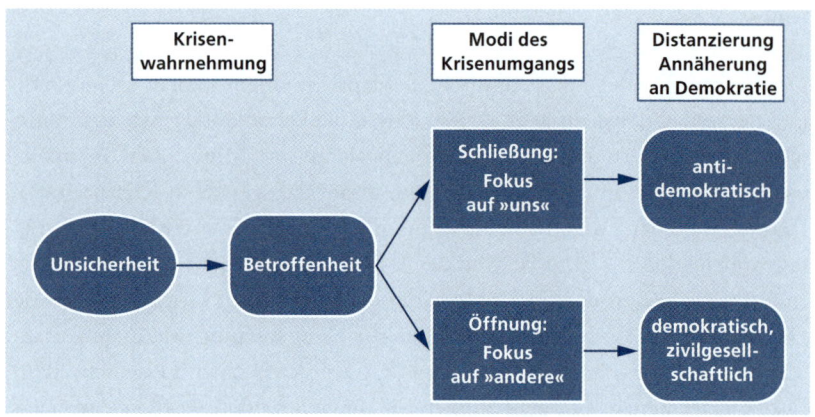

7.2 Krisenwahrnehmung und Demokratieorientierungen in der Mitte 2022/23

Wir haben das oben beschriebene Modell der Krisenmodi in der Mitte-Studie 2022/23 geprüft. Die Studie untersucht, inwieweit wahrgenommene Unsicherheit mit der subjektiven Betroffenheit von Krisen zusammenhängt und dies dann darüber entscheidet, welchen Pfad Menschen einschlagen – den der Öffnung oder den der Schließung, gespiegelt in ihren Einstellungen. Im Folgenden stellen wir die Erfassung von Krisenwahrnehmungen und der Modi der Krisennavigation vor. Im Anschluss prüfen wir, ob diese mit antidemokratischen Einstellungen einhergehen oder nicht.

7.2.1 Krisenwahrnehmungen

Die *Krisenunsicherheit* wurde gleich zu Beginn der Mitte-Studie erfasst. Dazu wurde ein Fragenblock wie folgt eingeleitet: »Aktuell ist viel von Krisen die Rede. Dabei wird zum Beispiel diskutiert um die Coronapandemie und die Gesundheitsversorgung, den Klimawandel und die Energiewende, den Krieg in der Ukraine, steigende Preise und die Inflation, Migration und Flüchtlinge.«[3] Im Anschluss wurde die Unsicherheit über die Zustimmung zu der Aussage: »Wie sicher oder unsicher fühlen Sie sich angesichts der vielen Krisen und Herausforderungen?« gemessen. Die Mehrheit von 42 % der Befragten sind (eher) krisenunsicher, 24 % (eher) krisensicher, rund 34 % krisenambivalent (➠ Abb. 7.2).

Krisenunsicherheit in der Mitte-Studie 2022/23 (n = 2.025 | Angaben in Prozent)   **Abb. 7.2**

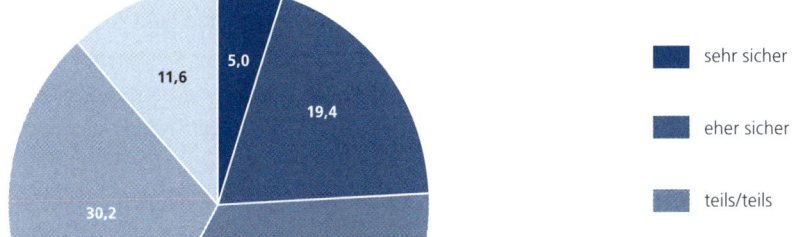

Legende:
- sehr sicher
- eher sicher
- teils/teils
- eher unsicher
- sehr unsicher

Werte: 5,0 | 19,4 | 33,7 | 30,2 | 11,6

Im Anschluss wurde die individuelle und kollektive Krisenbetroffenheit über die Zustimmung zu drei Aussagen erfasst, die das Gefühl, derzeit von Krisen

---

3 Die Reihenfolge, in der die unterschiedlichen Krisen im Interview einleitend angesprochen wurden, war zufällig. Damit wurde kontrolliert, dass nicht eine bestimmte Krisenassoziation die Antworten beeinflusst. Die Abfrage der Krisenunsicherheit erfolgte in jeweils einer zufälligen Hälfte vor beziehungsweise nach den anschließenden Fragen zur Krisenbetroffenheit; die Reihenfolge hatte keinen statistischen Effekt auf die Antworten, sodass hier im Folgenden ein zusammengefasster Indikator verwendet wird.

Krisenbetroffenheit in der Mitte-Studie 2022/23 (Angaben in Prozent)   Tabelle 7.1

Krisenbetroffenheit (M = 3,30; SD = ,87; n = 2.024; α = ,83)
Wie stark ist Deutschland Ihrer Meinung nach derzeit von Krisen betroffen?
Wie stark sind Menschen wie Sie von den Krisen betroffen?
Und wie stark sind Sie von den Krisen betroffen?

Anmerkungen M = arithmetischer Mittelwert; SD = Standardabweichung; n = Anzahl der Befragten; α = Cronbachs Alpha.

betroffen zu sein, mit Blick auf »Deutschland«, »auf Menschen wie Sie« und »Sie persönlich« ansprechen (➞ Tab. 7.1).

Etwas mehr als jede:r zweite Befragte (55 %) sehen Deutschland (eher) stark von Krisen bedroht, 39 % meinen, Menschen wie sie selbst seien (eher stark) betroffen und 31 % geben an, sie persönlich seien von Krisen betroffen. Weniger als jede:r zehnte Befragte (8 %) hält Deutschland derzeit (eher) nicht von Krisen betroffen, rund ein Viertel (24 %) sehen Menschen wie sich (eher) nicht betroffen und ein knappes Drittel fühlt sich persönlich (eher) nicht betroffen (31 %). Die subjektive Krisenbetroffenheit korrespondiert mit objektiven Faktoren. Wie in Kapitel 1 beschrieben (➞ S. 19 ff.), gaben Befragte aus einkommensschwächeren Gruppen stärker als andere an, betroffen zu sein: Der Eindruck der Krisenbetroffenheit nimmt überzufällig mit dem Einkommen ab, wobei das Einkommen bei der Einschätzung mit Blick auf Deutschland kaum eine Rolle spielt.[4] Die unterschiedlichen Einschätzungen der Krisenbetroffenheit hängen dennoch empirisch sehr eng zusammen: Je stärker Befragte Deutschland als von Krisen betroffen einschätzen, desto eher sehen sie auch Menschen wie sich und sich persönlich betroffen und umgekehrt. Sie wurden daher in einem Index der *Krisenbetroffenheit* zusammengefasst.[5]

---

4   Korrelation der Krisenbetroffenheit mit dem Einkommen (gefasst als gewichtetes Haushalt-Netto-äquivalenzeinkommen): Deutschland: r = -,13*, Menschen wie Sie: r = -,32**, Sie persönlich r = -,33.

5   Die explorative Faktorenanalyse mit Varimax-Rotation über die drei Aussagen zur Krisenbetroffenheit ergibt einen Faktor mit Eigenwert 1; Varianzaufklärung von 74 %.

Tabelle 7.1

gar nicht	wenig	mittel	stark	sehr stark
1,7	6,3	37,1	36,4	18,6
3,9	19,9	37,1	26,0	13,1
7,1	24,3	37,7	21,3	9,5

7.2.2 Umgang mit der Krisenwahrnehmung: Öffnung oder Schließung der Gesellschaft?

Im Anschluss an die Krisenbetroffenheit wurde der Umgang mit der Krise abgefragt. Dazu lautete die Einführung: »Es gibt unterschiedliche Ansichten darüber, wie man mit Krisen umgehen sollte. Bitte sagen Sie uns, ob Sie den folgenden Aussagen zustimmen oder sie ablehnen.« Die Befragten wurden nach ihrer Zustimmung oder Ablehnung zu einer Reihe von Modi der Krisenbewältigung gefragt (➡ Tab. 7.2, S. 230 f.).

Die Daten wurden danach geprüft, ob sich aus den Meinungen der Befragten übergeordnete Modi des Krisenumgangs abbilden. Die statistische Analyse ergibt zwei solcher Modi.[6] Der erste Modus umfasst Aussagen zum Traditionalismus, die Betonung nationaler Interessen, die Sicherung der Grenzen, die Betonung eigener Stärke und Leistung sowie den Verweis auf die Pflicht der Jugend. Es ist ein »schließender Modus«, der sich eher exklusiv auf die eigene Nation bezieht. Ein zweiter Modus ist dagegen »öffnend« und inklusiv, und er richtet die Frage, wie die Krisen zu bewältigen sind, nach außen auf andere und nicht auf das eigene »Volk«: Er betont die Bedeutung des Zusammenhalts, Solidarität

---

6 Nicht weiter aufgeführt sind zwei weitere Modi, die erfasst wurden: »… die Politik weniger redet, sondern entscheidet« (Zustimmung 72 %; Ablehnung 12 %), und »… die Gesellschaft offener wird für Spiritualität« (Zustimmung 25 %, Ablehnung 49 %). Eine explorative Faktorenanalyse mit Varimax-Rotation favorisiert zunächst eine dreifaktorielle Lösung, wenn die beiden Aussagen berücksichtigt werden. Sie können aber nicht klar zugeordnet werden. Die weiter verfolgte Lösung ohne die beiden Modi hat eine Varianzaufklärung von rund 49 %.

Zustimmung zu unterschiedlichen Krisenmodi (Angaben in Prozent)   **Tabelle 7.2**

Ich stimme ... ➝

»Schließender Krisenmodus« (M = 3,44; SD = ,84; n = 2.009; α = ,76)
Es kommt jetzt vor allem darauf an, dass ...
... wir unsere alten Tugenden aufleben lassen.
... Deutschland zuerst die eigenen Interessen durchsetzt.
... die Grenzen stärker kontrolliert werden.
... das deutsche Volk seine Stärke zeigt.
... die Leistungsträger unserer Gesellschaft belohnt werden.
... die Jugend mehr in die Pflicht genommen wird.
»Öffnender Krisenmodus« (M = 4,00; SD = ,76; n = 2.022; α = ,58)
... wir alle zusammenhalten.
... die Gesellschaft solidarisch mit den Schwächsten ist.
... auf die Experten und die Wissenschaft gehört wird.

Anmerkungen M = arithmetischer Mittelwert; SD = Standardabweichung; n = Anzahl der Befragten; α = Cronbachs Alpha.

mit Schwächeren und die Expertise der Wissenschaft. Grundsätzlich haben die Befragten eine höhere Präferenz für diesen Modus. Die beiden Modi zur Bewältigung von Krisen schließen sich nicht aus, sind aber nahezu unverbunden (r = ,05**). Sie hängen beide nur gering mit der Krisenunsicherheit zusammen: Je krisenunsicherer die Befragten sind, desto seltener wählen sie den Modus der Öffnung (r = -,12**) und desto eher präferieren sie den Modus der Schließung (r = ,17**).

7.2.3 Krisennavigation mit demokratischen oder antidemokratischen Einstellungen

Das zentrale Ziel der Analysen war eine Prüfung, ob – wie im Modell (➝ Abb. 7.1, S. 226) angenommen – die Krisenwahrnehmung, die aus Unsicherheit und Betroffenheit resultiert, sowie die beiden Modi der Krisenbewältigung »Schließung« oder »Öffnung« zu verschiedenen politischen Orientierungen führen. Unsere Annahme ist: Der Schließungsmodus führt zu antidemokratischen Orientierungen, der Öffnungsmodus zu demokratischen. Die zentrale Annah-

Tabelle 7.2

... überhaupt nicht zu	... eher nicht zu	teils/teils	... eher zu	... voll und ganz zu
9,0	15,0	29,0	27,4	19,6
8,1	15,6	27,3	23,8	25,1
11,6	14,1	21,8	20,7	31,7
10,1	11,4	27,9	26,3	24,3
7,5	13,6	32,4	27,3	19,1
4,7	12,9	25,4	30,0	27,0
1,6	4,6	14,7	25,5	53,5
2,9	6,0	22,6	26,4	42,1
3,3	6,9	27,6	33,8	28,4

me des Krisenmodells lautet: Die Krisenwahrnehmung geht mit Krisenmodi einher, die Menschen eher auf Distanz oder Nähe zur Demokratie bringen, weil sie eine Krisenbewältigung durch »Schließung der eigenen Reihen« oder »Öffnung und Fokussierung auf andere« verfolgen. Obwohl die Unsicherheit also mit den aktuellen nationalen oder globalen Krisen zusammenhängt, führt sie die Menschen nicht direkt zu demokratischen oder antidemokratischen Orientierungen.

Zur Überprüfung dieser Annahmen haben wir drei Indikatoren demokratiegefährdender Orientierungen unterschiedlichen »Schweregrades« herangezogen: erstens *Rechtsextreme Einstellungen*, also die Befürwortung einer rechten Diktatur, Nationalchauvinismus, Verharmlosung der Zeit des Nationalsozialismus sowie Fremdenfeindlichkeit, Antisemitismus und Sozialdarwinismus (⟹ Kap. 3, S. 53 ff.). Zweitens untersuchen wir, wie ein *Anti-Establishment-Populismus*, der sich auf die Ablehnung des etablierten Systems richtet (⟹ Kap. 4, S. 91 ff.), mit den Modi der Krisennavigation zusammenhängt. Drittens haben wir die

Zusammenhänge zwischen Krisenwahrnehmung, Modi der Krisenbewältigung und Demokratieeinstellungen 2022/23 (Korrelationskoeffizienten)   **Tabelle 7.3**

	Krisen-betroffenheit	Schließender Krisenmodus	Öffnender Krisenmodus
Krisenunsicherheit	,52***	,17***	-,12***
Krisenbetroffenheit		,23***	-,17***
Schließender Krisenmodus			,05*
Öffnender Krisenmodus			
Rechtsextremes Weltbild			
Anti-Establishment-Populismus			
Gewaltbilligung			

Anmerkungen *** = p < ,001; * = p < ,05.

politisch orientierte Gewaltbilligung analysiert. Dazu haben wir den Indikator, der in Kapitel 3 (➡ S. 53 ff.) vorgestellt wurde, herangezogen, also die Zustimmung zu den Aussagen »Wenn sich andere bei uns breitmachen, muss man ihnen unter Anwendung von Gewalt zeigen, wer Herr im Hause ist.«; »Gewalt ist zur Erreichung politischer Ziele moralisch gerechtfertigt.«; »Einige Politiker haben es verdient, wenn die Wut gegen sie auch schon mal in Gewalt umschlägt.« Anders als der Weg der nationalen Schließung sollte der Öffnungsmodus zur Befürwortung der Demokratie führen. Um das zu prüfen, haben wir den Indikator für eine »Demokratieorientierung« herangezogen, der sich aus den Aussagen zur Demokratie, wie sie in Kapitel 4 (➡ S. 91 ff.) vorgestellt werden, zusammensetzt.[7] Demokratieorientierte Befragte glauben an die Funktionsfähig-

---

7   Indikatoren Demokratieorientierung: »Die deutsche Demokratie funktioniert im Großen und Ganzen ganz gut.«; »Ich vertraue darauf, dass die Wahlen in Deutschland alles in allem korrekt ablaufen.«; »Alles in allem vertraue ich den staatlichen Institutionen wie Behörden, Gerichten und Universitäten in Deutschland.«; »Den meisten Menschen kann man vertrauen.«; »In Deutschland werden ethnisch-kulturelle und religiöse Minderheiten diskriminiert.«; »Wir müssen uns stärker für eine vielfältige und offene Gesellschaft engagieren.«; »In einer Demokratie sollte die Würde und Gleichheit aller an erster Stelle stehen.« Die explorative Faktorenanalyse erster Ordnung ergab zwei Faktoren für Vertrauen und Gleichheit, die 55,9 % der Varianz erklären. In Anbetracht der Reliabilitäten der Subdimensionen und der hohen Korrelationen zwischen den Items bleiben wir jedoch bei einer 1-Faktor-Lösung mit einer erklärten Varianz von 43,2 % und mit zufriedenstellender Reliabilität (M = 3,59; SD = 1,06; n = 1.036; α = ,70).

Tabelle 7.3

Rechtsextremes Weltbild	Anti-Establishment-Populismus	Gewaltbilligung	Demokratie-orientierung
,24***	,36***	,14***	-,31***
,31***	,42***	,22***	-,33***
,48***	,47***	,31***	-,26***
-,32***	-,26***	-,26***	,49***
	,64***	,70***	-,49***
		,45***	-,60***
			-,36***

keit der Demokratie, vertrauen Wahlen, demokratischen Institutionen und Mitbürger:innen, sie mahnen den Schutz vor Diskriminierung an und betonen den Wert, die Vielfalt und Würde.

Tabelle 7.3 zeigt die Zusammenhänge zwischen Krisenwahrnehmung, dem Modus der Krisennavigation und den anti- beziehungsweise prodemokratischen Einstellungen. Diejenigen, die ein hohes Maß an Unsicherheit angeben, sehen das Land, andere Menschen wie sie oder sich selbst eher von den Krisen betroffen (r = ,52). Ebenso besteht ein positiver, wenn auch schwacher Zusammenhang zwischen der Unsicherheit und der Art der Krisenbewältigung: Je unsicherer die Befragten sind, desto eher befürworten sie einen traditionellen und autoritären Modus, setzen also etwas eher auf einen schließenden Modus der Krisenbewältigung (r = ,17). Diejenigen mit einem geringeren Grad an Unsicherheit befürworten in der Tendenz eher einen öffnenden Modus (r = -,12). Diese Beziehung zeigt sich zwischen dem wahrgenommenen Einfluss der Krise und den Modi, wobei diejenigen, die einen größeren Einfluss der Krise wahrnehmen, eher Schließung (r = ,23) als Öffnung (r = -,17) bevorzugen. Die Art der Krisenbewältigung durch Abschottung steht in einem positiven Zusammenhang mit den antidemokratischen Orientierungen: Diejenigen, die den Schließungsmodus wählen, befürworten eher rechtsextreme Einstellungen (r = ,48) und vertreten einen Anti-Establishment-Populismus (r = ,47). Diejenigen, die auf

Solidarität, Zusammenhalt und Vertrauen in die Wissenschaft setzen, stimmen eher demokratischen Grundwerten zu (r = ,49) (➡ Tab. 7.3, S. 232 f.).

Im nächsten Schritt untersuchen wir, ob die Krisenunsicherheit und Krisenbetroffenheit über die Modi vermittelt eine Vorhersage antidemokratischer oder demokratischer Orientierungen bietet. Die entsprechende statistische Pfadanalyse zur Vorhersage eines rechtsextremen Weltbildes ergibt: Krisenunsicherheit führt direkt zu rechtsextremen Einstellungen, wenn die Befragten denken, das Land und sie seien von Krisen betroffen, und wenn sie es befürworten, die Krisen durch den Schließungsmodus auf nationale Interessen und die Favorisierung der nationalen Bezugsgruppe zu bewältigen.[8] Da es keine direkten Verbindungen zwischen der Krisenungewissheit und Rechtsextremismus oder dem schließenden Krisenmodus gibt, ist festzuhalten: Krisenungewissheit bringt Menschen dazu, Rechtsextremismus zu befürworten, wenn sie denken, dass die Krisen eine Bedrohung für sie und das Land sind und sie sich für einen Schließungsmodus der Krisenbewältigung entscheiden (➡ Abb. 7.3).

Die zweite Pfadanalyse wurde durchgeführt, um festzustellen, ob Populismus gegen ein vermeintliches »Establishment« durch die Krisenunsicherheit und -betroffenheit sowie den Schließungsmodus vorhergesagt werden kann.[9] Die Ergebnisse zeigen eine teilweise vermittelte Erklärung von Kriseneffekten durch

---

8   Die serielle Mediationsanalyse wurde mit PROCESS macro (Hayes 2018) gemäß Modell 6 durchgeführt. Unsicherheit ist als unabhängige Variable festgelegt, Krisenbetroffenheit und Schließungsmodus der Krisenbewältigung sind als Mediatoren und Rechtsextremismus als Ergebnisvariable festgelegt. Krisenunsicherheit ist ein signifikanter Prädiktor für Krisenbetroffenheit (β = ,41; SE = ,016; p < ,001) und diese Betroffenheit ein signifikanter Prädiktor für die Art der Krisenbewältigung (β = ,22; SE = ,03; p < ,001). Rechtsextremismus wird signifikant durch den Schließungsmodus vorhergesagt (β = ,47; SE = ,02; p < ,001). Der Zusammenhang zwischen Ungewissheit und Rechtsextremismus wird vollständig durch die Krisenbetroffenheit und die Art der Krisenbewältigung vermittelt (Gesamteffekt β = ,21; SE = ,02; t = 10.77; p < ,001; CI [,24; ,23], direkter Effekt β = ,05; SE = ,02; t = 2.80; p < ,01; CI [,09; ,06]).

9   Die serielle Mediation (Modell 6) wurde mit der Unsicherheit als unabhängiger Variable, dem wahrgenommenen Einfluss von Krisen und dem Schließungsmodus der Krisenbewältigung als Mediatoren und dem Anti-Establishment-Populismus als Kriteriumsvariable berechnet. Unsicherheit ist ein signifikanter Prädiktor für den Einfluss von Krisen (β = ,42; SE = ,01; p < ,001) und der Einfluss von Krisen ein signifikanter Prädiktor für den Schließungsmodus der Krisenbewältigung (β = ,22; SE = ,02; p < ,001). Schließlich wird der Anti-Establishment-Populismus signifikant durch den Schließungsmodus vorhergesagt (β = ,52; SE = ,02; p < ,001). Der Zusammenhang zwischen

Krisenmodell der Schließung zu einem rechtsextremen Weltbild   Abb. 7.3

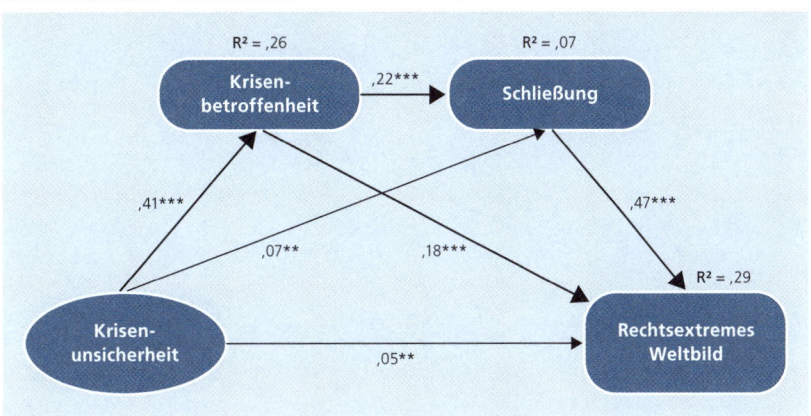

Anmerkungen *** = p < ,001; ** = p < ,01. **R²** = Erklärte Varianz.

Krisenmodi. Diejenigen, die angesichts von Krisen eine hohe Unsicherheit empfinden, neigen eher zu rechtspopulistischen Einstellungen, wenn sie den Einfluss von Krisen als groß wahrnehmen und bei der Krisennavigation den Schließungsmodus präferieren. Wie zuvor bei den rechtsextremen Einstellungen beträgt der prozentuale Anteil der indirekten Effekte am Gesamteffekt mehr als 50 %, sodass diese Facetten der antidemokratischen Orientierung durch Unsicherheit sowohl direkt als auch indirekt durch die Wahrnehmung von Krisen und die Art der Krisenbewältigung vorhergesagt werden können (➡ Abb. 7.4, S. 236).

Anschließend haben wir das Modell auch für den dritten Indikator der antidemokratischen Orientierung geprüft: die Billigung von Gewalt zur Durchsetzung politischer Interessen. Die Ergebnisse[10] deuten auf eine vollständige Mediation

---

Ungewissheit und Rechtsextremismus wird teilweise durch den wahrgenommenen Einfluss von Krisen und die Art der Krisenbewältigung vermittelt (Gesamteffekt β = ,37; SE = ,02; t = 16.41; p < ,001; CI [,32; ,41], direkter Effekt β = ,16; SE = ,02; t = 7.18; p < ,001; CI [,12; ,21]).

10 Die serielle Mediation (Modell 6) wurde mit der Unsicherheit als unabhängiger Variable, dem wahrgenommenen Einfluss von Krisen und dem Schließungsmodus der Krisenbewältigung als Mediatoren und der Gewaltbilligung als Kriteriumsvariable berechnet. Unsicherheit ist ein signifikanter Prädiktor für den Einfluss von Krisen (β = ,42; SE = ,01; p < ,001) und der Einfluss von Krisen ein signifikanter Prädiktor für den Schließungsmodus der Krisenbewältigung (β = ,22;

Krisenmodell der Schließung zu einem Anti-Establishment-Populismus   Abb. 7.4

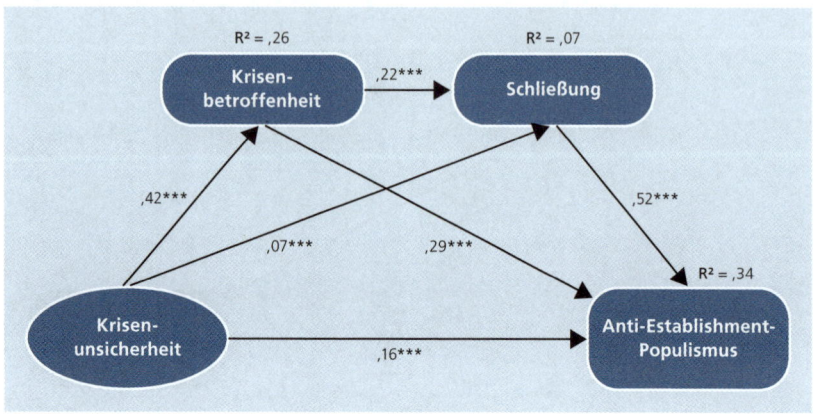

Anmerkungen *** = p < ,001. R² = Erklärte Varianz.

hin: Personen, die krisenungewiss sind, befürworten politische Gewalt, wenn sie sich von den nationalen Auswirkungen von Krisen betroffen fühlen und daher die Schließung der Gesellschaft für notwendig erachten. Da der direkte Effekt in diesem Fall nicht signifikant ist, muss festgehalten werden, dass Menschen, die Krisenungewissheit empfinden, nur dann Gewalt gutheißen, wenn sie glauben, dass die Krisen Auswirkungen auf die Gesellschaft haben und der einzige Weg zur Überwindung dieser Krisen die Schließung der Gesellschaft ist (➟ Abb. 7.5).

In der letzten Analyse wird die Vorhersage demokratischer Orientierungen durch Krisenwahrnehmung und eine Öffnung geprüft.[11] Die Analysen ergeben: Wie

---

SE = ,02; p < ,001). Schließlich wird die Gewaltbilligung signifikant durch den Schließungsmodus vorhergesagt (β = ,37; SE = ,02; p < ,001). Der Zusammenhang zwischen Ungewissheit und Gewaltbilligung wird vollständig durch den wahrgenommenen Einfluss von Krisen und die Art der Krisenbewältigung vermittelt (Gesamteffekt β = ,14; SE = ,02; t = 6,86; p < ,001; CI [,10; ,18], direkter Effekt β = ,01; SE = ,02; t = ,58, nicht signifikant, CI [-,03; ,05]).

11 Die serielle Mediation (Modell 6) wurde mit Unsicherheit als unabhängiger Variable, Krisenbetroffenheit und dem Öffnungsmodus als Mediatoren sowie der Demokratieorientierung als Kriteriumsvariable durchgeführt. Die Unsicherheit ist ein signifikanter Prädiktor für Krisenbetroffenheit (β = ,41; SE = ,01; p < ,001) und diese ein signifikanter negativer Prädiktor für den Öffnungsmodus (β = -,16; SE = ,02; p < ,001). In einem letzten Schritt wird die demokratische Orientierung

Krisenmodell der Schließung zur Gewaltbilligung   Abb. 7.5

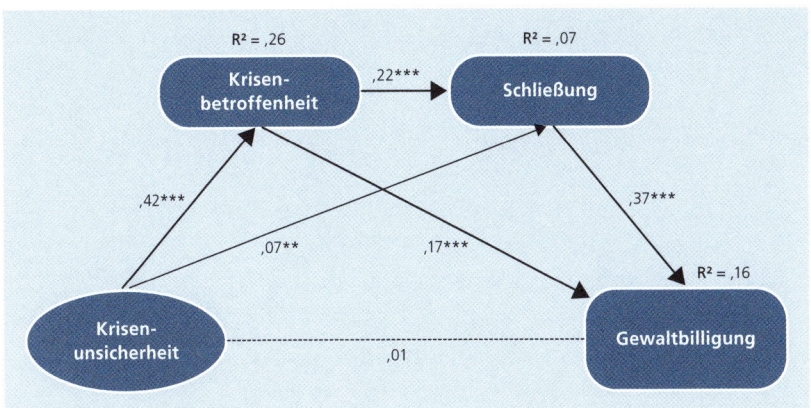

Anmerkungen *** = p < ,001; ** = p < ,01. **R²** = Erklärte Varianz.

zuvor zeigt sich, dass diejenigen, die eine hohe Unsicherheit empfinden, sich auch subjektiv stärker von Krisen betroffen sehen und jene, die krisensicherer sind, auch weniger von Krisen betroffen sind. Eine geringere subjektive Krisenbetroffenheit führt zur Zustimmung zu einer Krisenbewältigung durch eine Öffnung der Gesellschaft durch Zusammenhalt, Solidarität und Expertise von anderen als Krisenmodus. Diejenigen, die diesen Öffnungsmodus wählen, sind eher demokratisch orientiert. Die Analyse zeigt ferner, dass der Zusammenhang zwischen Unsicherheit und demokratischer Orientierung zwar durch die Krisenwahrnehmung und den Öffnungsmodus vermittelt wird, dass aber der Pfad zwischen Unsicherheit, Öffnung und demokratischer Orientierung nicht signifikant ist, sodass die demokratische Orientierung nicht durch eine Krisenunsicherheit und den Öffnungsmodus beeinflusst wird, sondern die Befragten auch meinen, die Gesellschaft sei weniger von Krisen betroffen (➡ Abb. 7.6, S. 238).

---

signifikant durch den Öffnungsmodus vorhergesagt (β = ,45; SE = ,01; p < ,001). Die Beziehung zwischen Unsicherheit und demokratischer Orientierung wird teilweise durch den wahrgenommenen Einfluss von Krisen und die Art des Öffnungsmodus der Krisenbewältigung vermittelt (Gesamteffekt β = -,21; SE = ,01; t = -14,43; p < ,001; CI [-,25; -,19], und der direkte Effekt β = -,11; SE = ,01; t = -7,64; p < ,001; CI [-,14; -,08]). Der indirekte Effekt der Unsicherheit auf die demokratische Orientierung durch den Öffnungsmodus ist nicht signifikant.

Krisenmodell der Öffnung für Demokratie   Abb. 7.6

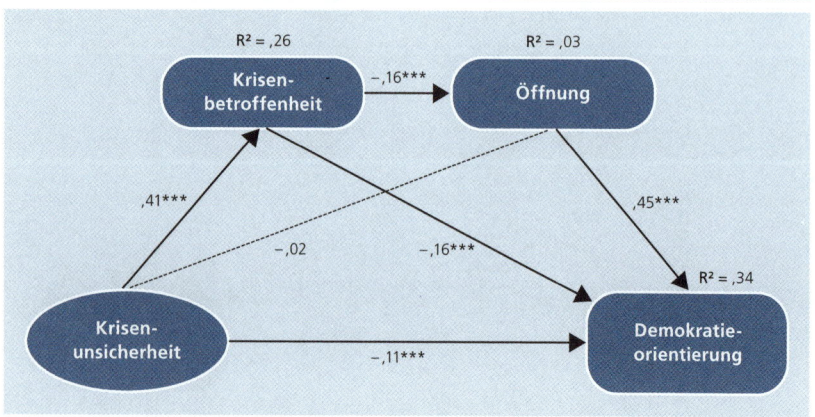

Anmerkungen *** = p < ,001. R² = Erklärte Varianz.

7.3   Krisenungewissheiten und antidemokratische Gewissheiten

Krisen können sehr unterschiedlich definiert werden. Ein wissenschaftlicher Konsens scheint darin zu bestehen, Demokratien selbst als Krisengebilde zu verstehen. Die Auseinandersetzung darüber, wie eine demokratische oder auch demokratiestabilisierende und -fördernde Bewältigung gestaltet werden kann, mag ebenso dazugehören. Hierüber könnte politischer wie gesellschaftlicher Konsens erzielt werden. Die Art und Weise, wie Menschen die Demokratie unter dem Einfluss verschiedener Krisen verstehen und auf sie reagieren, ist entscheidend für die Erklärung, ob Bürger:innen sich distanziert zu den Grundfesten der Demokratie verhalten oder auf diese bauen. Studien über die Einstellung zur Demokratie werden seit vielen Jahren durchgeführt. Einige konzentrieren sich auf die Entwicklungen vor und nach bestimmten Krisen oder auf dramatische Veränderungen, die mit Krisen einhergehen (vgl. z. B. Navia & Osorio 2019). Allerdings ist bis heute weitaus weniger analysiert worden, auf welchem Wege Krisenungewissheiten, die von Unsicherheiten geprägt sind, zu demokratischen oder antidemokratischen Einstellungen führen. Dabei zeichnen sich Krisen gerade dadurch aus, dass sie mit Ungewissheit für alle Menschen einhergehen, gleich welcher politischen Couleur und Meinung. Auch in der Politik und Gesellschaft werden Ungewissheiten offensichtlich weniger als solche angesprochen, sondern in der Regel wird über Sicherungsmaßnahmen und Lösungen debattiert, aber auch über die Frage, wie ernst Krisen zu bewerten sind. Das spiegelt sich wider in der Zustimmung von nahezu drei Vierteln (72 %) der Befragten der Mitte-Studie zu der Meinung, es käme angesichts der vielen Krisen darauf an, dass »die Politik weniger redet, sondern entscheidet«. Nur 12 % sind nicht dieser Meinung, der Rest ist unentschieden. Politik in einer Demokratie muss aber debattieren, und es ist gerade in Zeiten von Ungewissheit und Unsicherheit geraten, rationale Lösungen zu finden und dann zu entscheiden.

Die vorliegenden Analysen haben Krisenunsicherheit, Krisenbetroffenheit und die Wege, die die Mitte als Mittel präferiert, getrennt behandelt und auf ihrer Grundlage für die Entwicklung von pro- oder antidemokratischen Meinungen wie einer Billigung von Gewalt als Mittel der politischen Durchsetzung untersucht. Mit Blick auf die Demokratieorientierungen zeigt sich: Wenn Ungewissheiten, die von Unsicherheit geprägt sind, mit einer Krisenbetroffenheit zusammenfallen, die nicht nur auf der persönlichen Ebene wahrgenommen wird, sondern Krisenbetroffene davon ausgehen, dass auch Menschen wie sie selbst und »die Nation« betroffen sind, dann ist damit zu rechnen, dass sich das Ausmaß der Unsicherheit und der Krisen von der individuellen auf die kollektive Ebene ausweitet, also sich eine sozial geteilte Unsicherheit einstellt (Breakwell 2021). Diese Wahrnehmung der Krisen erfordert gemeinsame Rezepte zu ihrer Überwindung. In Demokratien können sich Menschen an die Politik, das Recht und die Behörden, die nach dem Prinzip der Gewaltenteilung zuständig sind, wenden oder sich an ihnen orientieren. Diese werden aber Ungewissheiten nicht ausschalten oder zurückweisen können, sondern müssten sogar betonen, dass Krisenungewissheiten »normal« sind. Sie müssten sich in vielen Fällen nach Expert:innen richten und an die Gesellschaft appellieren, wie es in der Coronapandemie der Fall war. Allerdings erhöht sich, wie wir zeigen konnten, in Krisen die Gefahr, dass Menschen sich jenen öffnen, die ein »Modell« anbieten, welches exklusive Vorteile und Vorrechte für Teile der Gesellschaft verspricht. Zugleich erhöht sich allerdings auch die Wahrscheinlichkeit für einen zivilgesellschaftlichen Krisenmodus, der auf Solidarität und Zusammenhalt baut, aber nur dann, wenn Krisen nicht als Bedrohungen einer wie immer auch gearteten nationalen Bezugsgruppe wahrgenommen werden.

Die Menschen in einer Demokratie entscheiden über die Art und Weise, wie sie mit diesen Krisen umgehen, um die kollektive Bedrohung und Unsicherheit zu verringern. Nach den Analysen der Mitte-Studie können wir zwei Modi der Krisennavigation unterscheiden: erstens einen Schließungsmodus, der auf Grenzsetzungen zum »Einschluss der eigenen« und »Ausschluss der anderen« sowie auf traditionelle Werte setzt und die Interessen der Nation in den Vordergrund stellt. Zweitens einen Öffnungsmodus, der auf gesellschaftlichen Zusammenhalt, Solidarität mit den anderen Mitgliedern der Gesellschaft – auch der Schwächsten – und auf rationale, wissenschaftliche Lösungen setzt. Die Analyse zeigt: Wenn sich Menschen individuell und kollektiv bedroht fühlen, ist es wahrscheinlicher, dass sie den Modus der gesellschaftlichen Abschottung wählen, um mit den Krisen fertigzuwerden. Die Befragung zu subjektiver Krisenwahrnehmung bedeutet dabei im Übrigen nicht, dass sie nichts mit objektiven sozialen Lagen zu tun hätte. Wird ein Vergleich der räumlichen Verteilung von tendenziell als strukturschwach beziehungsweise strukturstark klassifizierten Gemeinden (*GRW-C-Fördergebiete*; vgl. BMWi 2021), in denen die Befragten leben, herangezogen, dann fällt auf, dass die Krisenwahrnehmung in strukturschwachen Regionen (M = 3,51) signifikant stärker ist als in strukturstärkeren Regionen (M = 3,27; t(1871) = -5,03; p < ,001). Die subjektive Krisenwahrnehmung korrespondiert also mit objektiven Lebensumständen.

Die Krisenwahrnehmung ebnet den Weg zu einer antidemokratischen Orientierung. Wir wissen um die begrenzte Aussagekraft der Daten, da für eine strenge Prüfung der Kausalannahmen (*wenn, dann*) andere Studienformate besser geeignet sind als Querschnittsbefragungen. Die Pfadanalysen legen aber nahe, dass der Schließungsmodus den Weg zur Entstehung rechtsextremer Einstellungen, zu einem rechten Populismus und sogar zur Billigung von Gewalt ebnet und nicht zu einer demokratischen Orientierung. Wenn Menschen also unsicher sind und wahrnehmen, dass die Krisen sie auf verschiedenen Ebenen – sie selbst, andere und das Land – beeinflussen, entscheiden sie sich eher für den Modus der Abschottung der Gesellschaft und entwickeln schließlich im schlimmsten Fall rechtsextreme Einstellungen. Beim Anti-Establishment-Populismus können wir einen direkten wie indirekten Einfluss der Krisenunsicherheit erkennen. Krisenunsicherheit kann auch dann zu Zweifeln am Funktionieren der Demokratie führen, wenn es keine Krisen und Einstellungen gegenüber

Krisen gibt. Da der Anti-Establishment-Populismus nicht nur eine Anti-Eliten-Haltung beinhaltet, sondern sich auch gegen die Erfordernisse des demokratischen Prozesses richtet, können wir schließen, dass die pluralistischen, deliberativen Prozesse der Demokratie als Hindernisse für das Gefühl von Gewissheit betrachtet werden.

Was ist mit dem anderen Weg, dem der Demokratie? Offensichtlich besteht ein schwacher, aber überzufällig negativer Zusammenhang zwischen Unsicherheit und der Art der Krisenbewältigung, bei der Solidarität, Zusammenhalt und Rationalität im Vordergrund stehen. Es besteht ebenso ein etwas stärkerer und ebenfalls negativer Zusammenhang mit einer demokratischen Orientierung, die gekennzeichnet ist von zwischenmenschlichem Vertrauen wie Vertrauen in Institutionen, in Wahlprozesse und in die Demokratie, in den Glauben an die Notwendigkeit von Vielfalt, Gleichheit und eine offene Gesellschaft sowie der Anerkennung der Diskriminierung von Minderheiten. Die Ergebnisse deuten darauf hin, dass Menschen, die verunsichert sind und den Einfluss der Krise wahrnehmen, sich seltener für den Weg der Öffnung für andere entscheiden, um mit der Krise umzugehen. Allerdings neigen diejenigen, die diesen Modus der Krisennavigation wählen würden, eher zu einer demokratischen Orientierung. Der Modus der Öffnung, der das Potenzial hat, die destruktiven Auswirkungen von Krisenbetroffenheit und Unsicherheit zu verändern, zeigt, wie wichtig es sein kann, Menschen diesen Modus zugänglich zu machen. Er findet auch den meisten Zuspruch, was als politische Chance beurteilt werden kann. Die Vermittlung und Stärkung einer demokratieorientierten Krisenbewältigung ist nicht identisch mit einem Kontroll- oder Sicherheitsversprechen für Kriseneffekte oder einer Bekämpfung von Menschenfeindlichkeit und Rechtsextremismus. Sie käme hinzu und ist in der Demokratiebildung zu Hause.

8 Entsicherte Marktförmigkeit als Treiber eines libertären Autoritarismus

Eva Groß · Andreas Hövermann · Amelie Nickel

Die Gegenwart ist geprägt von sogenannten Polykrisen, die einander verstärken und verschärfen. Diese multiplen Krisendynamiken führen zu einem Gefühl von Unsicherheit und Kontrollverlust (➡ Kap. 7, S. 219 ff.), welches wir in Anlehnung an Frankenberg und Heitmeyer (2022) als »Entsicherung« bezeichnen. »Entsicherte« Zeiten, so die Autor:innen, bieten auch immer einen fruchtbaren Nährboden für autoritäre Bestrebungen, die Ordnung und Stabilität versprechen. Auch empirisch finden sich Indizien für die Existenz (poly-)krisenhafter Entsicherungen. Wie Umfragen belegen, lösen die gegenwärtigen Mehrfachkrisen weitverbreitete Sorgen vor sozialem Abstieg aus sowie das Gefühl, finanziell durch den Staat nicht ausreichend geschützt zu sein (vgl. u. a. Kohlrausch & Hövermann 2022).

Das lange Zeit als sicher geglaubte Versprechen der *neoliberalen Leistungsgesellschaft*[1] wird zunehmend brüchig und damit auch der implizite Gesellschaftsvertrag von Leistungsgesellschaften, der Freiheit, Recht auf Selbstverwirklichung und steigenden Wohlstand für all diejenigen verspricht, die sich nur genug anstrengen (vgl. Amlinger & Nachtwey 2022, S. 295 u. 326). Infolge der Erfahrungen, dass Sicherheiten abhandenkommen und neue Gefährdungen entstehen, wie etwa Arbeitsplatzverlust durch Privatisierung, Statusverlust und andere biografische Brüche, empfinden Individuen diesen Vertrag als nicht mehr erfüllt. Solche »disruptiven Einbrüche« (ebd., S. 201) führen, so die Annahme, insbesondere bei Personen mit hoher individueller Leistungsbereitschaft, Erfolgsorientierung und Flexibilität zu moralischer Empörung und Protestbereitschaft (vgl. ebd., S. 295).

---

[1] Mit neoliberaler Gesellschaft ist ein Gesellschaftsmodell gemeint, in dem ökonomische und marktorientierte Prinzipien letztlich auf alle »Sphären der sozialstaatlichen Integration, der politischen Willensbildung und der privaten Lebensführung« (Neckel 2008, S. 23) angewandt werden. In Deutschland und anderen westlichen Gesellschaften vollzieht sich die neoliberale Wende in der Sozial- und Wirtschaftspolitik seit den 1970er-Jahren und entstand als eine Reaktion auf die damalige Wirtschaftskrise, steigende Arbeitslosigkeit und hohe Inflation.

Was das Krisenerleben mit Menschen macht, die eigentlich damit gerechnet haben, ihren Teil durch Anpassung an die neoliberalen Leitbilder beigetragen und sich damit weitgehend abgesichert zu haben, steht im Mittelpunkt des vorliegenden Beitrags. Es ist einerseits zu erwarten, dass sich einige Menschen als Reaktion enttäuscht von den neoliberalen Idealen abwenden. Andererseits könnten gerade Personen, die sich in hohem Maße mit unternehmerischen Tugenden wie Flexibilität, Eigenverantwortlichkeit, Individualität, Innovation und Wettbewerbsorientierung identifizieren, »gekränkt«, »beschämt« und mit »Groll«[2] erfüllt reagieren, wenn sich die Versprechen von Wohlstand und Aufstieg für sie nicht mehr zu erfüllen scheinen, so unsere These (vgl. auch Amlinger & Nachtwey 2022). Groll als tief verwurzelte Emotion – nach innen gekehrt und passiv – könnte gerade bei dieser Personengruppe einen Nährboden finden. In (spät-)modernen Gesellschaften speise sich dieser aus den unerfüllten Erwartungen auf Wohlstand und der Enttäuschung darüber, dass dieser nicht durch eigene Leistung und Anstrengung zu erreichen ist, wie Neckel (2021) ausführt. In Gruppen, die in ihren Ansprüchen frustriert werden, könne lang anhaltender Groll ein politisch zündfähiges Gemisch aus Demütigung und Aggressionsbereitschaft entstehen lassen (ebd.). Diese aggressiven Energien, die aus Kränkungen und Frustrationserfahrungen erwachsen, können sich bei vielen allerdings nicht direkt gegen den Auslöser – die neoliberale Gesellschaft – richten, da die Identifikation mit entsprechenden Leitbildern und die Angst vor Beschämung zu groß sind, so eine weitere Annahme (vgl. auch Amlinger & Nachtwey 2022). Als Ersatzobjekte der Aggression und Ablehnung rücken dann zum einen Repräsentationen des Staates in den Fokus – Politiker:innen ebenso wie gesellschaftliche Institutionen oder gar das etablierte politische System als Ganzes. Zum anderen entlädt sich der Groll auf als »fremd« markierte Gruppen, beispielsweise personifiziert als Geflüchtete, insbesondere aber auch auf Minderheitengruppen wie wohnungslose oder langzeitarbeitslose Personen, die vermeintlich den Normen der unternehmerischen Erfolgs- und Leistungsgesellschaft nicht entsprechen (vgl. Hövermann et al. 2015). Hier bildet sich auch die Grundlogik des Populismus ab (➡ Kap. 4, S. 91 ff.).

---

2   Die Emotionen »Kränkung«, »Scham« und »Groll« sind im Zusammenhang mit unserer Analyse in Anlehnung an Amlinger & Nachtwey (2022) und Neckel (1991, 2009, 2021) aus einer emotionssoziologischen Perspektive als analytische Kategorien zu verstehen und nicht als individualpsychologische, wertende Beschreibungen.

Im Folgenden betrachten wir die subjektive Unterwerfung unter die individualistischen, konkurrenzbasierten Anrufungen des Leitbildes eines unternehmerischen Selbst (Bröckling 2007), welches Individuen dazu anhält, ihre Lebenswege in einer ökonomisch effizienten, Kosten und Nutzen abwägenden – eben unternehmerischen – Weise zu führen. Die neoliberalen Anrufungen des marktförmigen Leitbildes drücken sich in den Einstellungen von Menschen als relevante Normen aus, denen vor knapp zehn Jahren noch mehr als jede zweite Person in Deutschland zustimmte (Groß & Hövermann 2014, S. 107). Kommt nun eine massive Verunsicherung durch aktuelle Krisen hinzu, entsteht eine *entsicherte Marktförmigkeit*, so unsere These, die gegenwärtig ein gefährliches Konglomerat für die liberale Demokratie darstellt. Anknüpfend an Amlinger und Nachtwey (2022) vermuten wir in der entsicherten Marktförmigkeit ein hohes Protest- und Gewaltpotenzial wie auch einen potenziellen Treiber des von ihnen beschriebenen »libertären Autoritarismus«.

8.1 Libertärer Autoritarismus als Gefährdung der Demokratie

Wir ziehen den libertären Autoritarismus als theoretische Hintergrundfolie für die Deutung eines spezifischen marktförmigen Krisenzustandes mit Blick auf dessen mögliche Auswirkung für die Demokratie heran. In der Logik des libertären Autoritarismus funktioniert nicht nur die Abwertung der anderen als Krisenmodus der entsicherten Marktförmigkeit, sondern auch die Abkehr von etablierten demokratischen Parteien. Mit großer Distanz zum etablierten demokratischen System entwickelt sich ein »generalisiertes Misstrauen« (Amlinger & Nachtwey 2022, S. 328), das sich auf nahezu alle politischen und sozialen Institutionen bezieht. Die etablierten Institutionen repräsentieren dann eine »unzugängliche, den Bürgern radikal entfremdete Autorität« (ebd.), die für »gekränkte und grollende Selbstunternehmer:innen« schwer zu ertragen ist. Stattdessen sehen libertär Autoritäre sich selbst als souveräne Subjekte, als einzige alternative Autorität, deren (unternehmerische) Freiheit unter keinen Umständen beschnitten werden darf. Erfahrene (externe) Abhängigkeiten, die zu Beschämung führen, können so ausgeblendet werden. »Insofern lässt sich die libertäre Ausprägung des autoritären Charakters auch als eine Beziehung der demonstrativen Beziehungslosigkeit verstehen«, so Amlinger und Nachtwey (2022, S. 183).

»Freiheit« wird zu einem »Insistieren auf einem individuellen Anrecht auf negative Freiheit« (ebd., S. 172) und entfaltet ein destruktives Potenzial (vgl. u. a. Brown 2019). Diese Art der Freiheit provoziere und werde angetrieben »von gekränkten, rachsüchtigen Reaktionen gegen jene, die für das eigene Leiden und die Herabsetzung verantwortlich gemacht werden« (ebd., S. 567, zitiert nach Amlinger & Nachtwey 2022, S. 172 f.). Freiheit ist in der Vorstellung des libertären Autoritarismus dann kein inklusiver gesellschaftlicher Modus mehr, sondern desintegrativer individueller Besitz (Amlinger & Nachtwey 2022). Sie ist eine verdinglichte Freiheit – »[…] eine Freiheit zu konsumieren, zu erleben, zu investieren, […] eine rohe negative (Wirtschafts-)Freiheit, die gegen hemmende staatliche oder gesellschaftliche Autoritäten in Stellung gebracht wird«. (ebd., S. 177)

Solche negativen Freiheitsvorstellungen befeuern in den Krisen der Gegenwart für »gekränkte Selbstunternehmer:innen« Verschwörungsgläubigkeit, Demokratiemissachtung und Gruppenbezogene Menschenfeindlichkeit (GMF) (➡ Kap. 5, S. 149 ff.). Die feindselige, aggressive Abwertung anderer Positionen und derjenigen, die das individuelle Recht auf negative Freiheit ihrer Ansicht nach missachten, macht den autoritären Charakter aus. Gemeinsam mit dem Groll gegen übergeordnete Instanzen wird der Zorn der libertär Autoritären auf Minderheitengruppen projiziert (ebd., S. 178). Libertär Autoritäre fühlen sich im Sinne der negativen Freiheit nur noch sich selbst verpflichtet – das macht das Libertäre aus. Von bindenden sozialen Normen oder verinnerlichter Rücksichtnahme auf andere, etwa in Form von Solidarität, haben sie sich distanziert und sind stattdessen auf äußere Gefahren gegen ihre individuellen Selbstverwirklichungsräume fokussiert. Angepasst seien sie »nur insofern, als sie die Normen der Konkurrenzgesellschaft internalisiert haben« (ebd.). Die »aggressive Enthemmung« des libertären Autoritarismus ließe sich zudem über eine Identifikation mit den Normen der Konkurrenzgesellschaft verstehen, die Teil der unternehmerischen Anrufungen sind. Diese Normen der Konkurrenz- und »Unternehmergesellschaft«[3] (Bröckling 2007, S. 84) bergen ein »destruktives,

---

3   Die »Unternehmenskultur« in dieser Unternehmensgesellschaft versteht Bröckling als »die symbolische Ordnung jenes Kraftfeldes, das die Maxime ›Handle unternehmerisch!‹ zur übergreifenden Richtschnur der Selbst- und Fremdführung erhebt« (2007, S. 13).

aggressives und exzessives Potenzial« (Amlinger & Nachtwey 2022, S. 190) in sich. Gepaart mit Aggression und rechtsextremen Einstellungen können die beschriebenen Eigenschaften des libertär-autoritären Milieus zu einer gefährlichen Gemengelage für demokratische Gesellschaften amalgamieren, so die These, der dieser Beitrag im Folgenden empirisch nachgeht.

Wir nehmen an, dass eine entsicherte Marktförmigkeit – also eine starke Identifikation mit unternehmerischen Leitbildern in Kombination mit einer hohen Entsicherung infolge aktueller Krisen – als Treiber eines libertären Autoritarismus fungiert, der besonders anschlussfähig für Autoritarismus, Verschwörungsgläubigkeit, Demokratiemissachtung, GMF und rechte Ideologien ist.

8.2 Entsicherte Marktförmigkeit in der Gesellschaft

Um eine entsicherte Marktförmigkeit in der aktuellen Mitte-Studie erfassen zu können, ziehen wir zwei Messungen heran – den *unternehmerischen Universalismus* und die *Entsicherung*.

Der unternehmerische Universalismus beschreibt eine verallgemeinerte neoliberale Norm der Selbstoptimierung, die von allen ein hohes Maß unternehmerischer Tugenden wie Kreativität, Flexibilität, Risikobereitschaft und Eigenverantwortung fordert (➞ Tab. 8.1, S. 248). Der unternehmerische Universalismus zielt dabei auf den Abbau von Solidarität und legt die Verantwortung für Erfolg und Misserfolg auf einzelne Personen und deren Fähigkeit zur Selbstoptimierung (vgl. Groß 2016). Zustimmungen der Befragten zum unternehmerischen Universalismus verstehen wir als individuelle Anlehnung an und Identifikation mit dem oben beschriebenen marktförmigen Leitbild der neoliberalen Gesellschaft.[4]

---

4 In vorherigen Studien wurde *unternehmerischer Universalismus* zusammen mit *ökonomistischen Werthaltungen*, welche erfassen, wie stark Kosten-Nutzen-Kalküle auf die Bewertung von Menschen(-gruppen) angewendet werden, zum *marktförmigen Extremismus* zusammengefasst. Diese Zusammenfassung wäre aufgrund der hohen Korrelationen zwischen den beiden Konzepten empirisch auch anhand der vorliegenden Daten möglich. Aufgrund des inhaltlichen Fokus des vorliegenden Beitrags betrachten wir aber hier lediglich den Aspekt der unternehmerischen Norm.

Um Entsicherung zu operationalisieren, wurden den Befragten die in Kap. 7 (➡ S. 219 ff.) dargestellten Aussagen zur Krisenwahrnehmung vorgelegt. Sie zielen auf die gefühlte, durch Krisen ausgelöste Entsicherung ab. Diese geht mit einer *subjektiv wahrgenommenen* Krisenbetroffenheit einher, die zwar sicherlich auch mit *objektiver* Krisenbetroffenheit korreliert, aber eben nicht zwangsläufig dasselbe ist. Die vier Aussagen wurden zu einem Index zusammengefasst. Personen, die hier hohe Werte erreichen, nennen wir im Folgenden (subjektiv) *Entsicherte*.

Unternehmerischer Universalismus und Entsicherung (Angaben in Prozent)   **Tab. 8.1**

	Jahr	Ableh-nung	teils/teils	Zustim-mung
Unternehmerischer Universalismus [n = 1.907 (2014), n = 1.884 (2016), n = 1.067 (2023)]				
Wer nicht bereit ist, was Neues zu wagen, der ist selber schuld, wenn er scheitert.	2023	22,8	37,2	40,0
	2016	13,0	13,2	73,8
	2014	14,6	23,7	61,8
Wer keine Ideen hat, wie er sich gut verkaufen kann, der ist selber schuld, wenn er scheitert.	2023	44,2	35,3	20,4
	2016	27,9	25,1	47,1
	2014	28,5	33,2	38,3
Marktförmige	2023			35,1
	2016			64,6
	2014			59,2
Entsicherte	2023			64,9

Anmerkungen n = Anzahl der Befragten | Die Aussagen zum unternehmerischen Universalismus wurden nur einer zufällig ausgewählten Hälfte der Befragten gestellt, sodass hier aus Konsistenzgründen auch für die Gruppe der Entsicherten nur der Anteil der Gesamtstichprobe abgebildet wird, der auch die Aussagen zum unternehmerischen Universalismus beantwortet hat.

Mit mehr als einem Drittel der Befragten teilt zwar weiterhin ein nicht unerheblicher Teil der Bevölkerung die Norm des unternehmerischen Universalismus, die Zustimmung ist aber im Vergleich zu vorherigen Erhebungen 2014 und 2016 deutlich zurückgegangen. Dies könnte ein Indiz dafür sein, dass sich viele Menschen zuletzt enttäuscht von den neoliberalen Leitbildern distanziert und abgewendet haben. Mit 64 % gilt deutlich mehr als die Hälfte der Befragten durch ihre hohe subjektive Betroffenheit von Krisen und ihre geäußerte Verunsicherung als »entsichert«.

Vier Gruppen der Entsicherung und Marktförmigkeit (n = 1.067 | Angaben in Prozent) **Abb. 8.1**

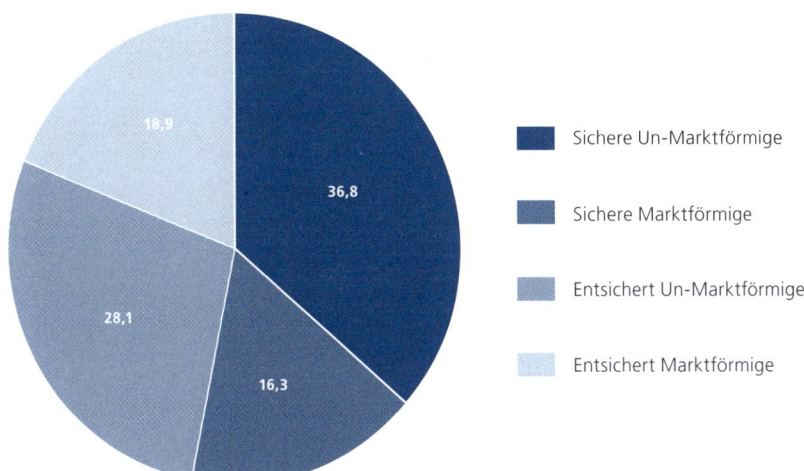

Anmerkungen n = Anzahl der Befragten.

In einem nächsten Schritt haben wir den unternehmerischen Universalismus und die Entsicherung miteinander kombiniert und alle Befragten in vier Gruppen kategorisiert (➡ Abb. 8.1). Die für die Fragestellung dieses Kapitels relevanteste Gruppe der *entsichert Marktförmigen* setzt sich aus Personen zusammen, die eine hohe Identifikation mit den Leitbildern des unternehmerischen Universalismus aufweisen und gleichzeitig eine hohe Entsicherung empfinden. Fast ein Fünftel der Befragten (19 %) lässt sich anhand ihres Antwortverhaltens hier zuordnen. Wir erwarten, dass speziell diese Gruppe mit libertär-autoritären sowie demokratiegefährdenden Tendenzen auffällt. Etwas weniger Menschen (16 %) identifizieren sich mit den neoliberalen Normen und sind gleichzeitig wenig von den Krisen betroffen – die *sicheren Marktförmigen*. Hier scheint es sich um eine Gruppe zu handeln, die aus einer guten Absicherung heraus weiterhin marktförmige Leistungs- und Erfolgsnormen teilt und sie womöglich auch zur Legitimierung ihres eigenen Erfolgs heranzieht. Die zweitgrößte Gruppe (28 %) umfasst Befragte, die sich nicht (mehr) oder nur wenig mit unternehmerischen Werten identifizieren und sich gleichzeitig stark von den Krisen betroffen und entsichert fühlen. Sie werden von uns daher als *entsichert Un-Marktförmige* bezeichnet. Schließlich ergibt sich in der Zuordnungslogik eine vierte und größte Gruppe der *sicheren Un-Marktförmigen* (37 %). Sie teilen weder verallgemeinerte unternehmerische Leitbilder noch fühlen sie sich von Krisen betroffen.

Die Befragten in der Gruppe der entsichert Marktförmigen sind verglichen mit den drei anderen Gruppen signifikant häufiger jünger (18–34 Jahre) und mittelalt (35–64 Jahre), kommen aus einkommensschwachen Haushalten, verfügen eher über einen niedrigen oder mittleren Bildungsabschluss und stufen ihren eigenen sozialen Status eher unten oder in der Mitte ein (⇒ Abb. 8.2). Unter Befragten, die sich politisch selbst als »eher rechts« oder »rechts« einstufen, sind besonders viele entsichert Marktförmige. Doch auch unter jenen, die sich in der politischen Mitte einstufen, finden sich entsichert Marktförmige. Deutlich seltener vertreten ist diese Gruppe unter älteren Befragten (über 65 Jahren), solchen mit hohem Schulabschluss und jenen, die sich selbst schichtbezogen als eher »oben« einstufen. Die Marktförmigkeit in Form des unternehmerischen Leitbilds findet sich aber keineswegs nur bei benachteiligten Personengruppen, sondern auch unter solchen mit hohen Einkommen und hohen Bildungsabschlüssen, wie die Verortung der sicheren Marktförmigen zeigt.[5] Jedoch tritt Marktförmigkeit in Kombination mit Entsicherung eher in den unteren und mittleren sozialen Lagen auf.

---

5   Die weiteren Gruppen lassen sich wie folgt verorten: Die *sicheren Marktförmigen* sind überdurchschnittlich häufig unter Männern, jüngeren Befragten sowie bei Befragten mit hohen Einkommen und hohen Bildungsabschlüssen zu finden. Deutlich seltener werden zu dieser Gruppe Frauen, einkommensschwache Befragte und Befragte mit niedrigem Schulabschluss zugeordnet. Die *sicheren Un-Marktförmigen* setzen sich etwas stärker aus Frauen als aus Männern zusammen und eher aus älteren Befragten. Zudem sind hier häufiger hohe Bildungsabschlüsse und hohe Einkommen zu finden. Die *entsichert Un-Marktförmigen* setzen sich hingegen überdurchschnittlich häufig aus Frauen zusammen und sind häufiger unter einkommensschwachen Befragten anzutreffen.

Anteil der entsichert Marktförmigen nach soziodemografischen Bevölkerungsgruppen (n = 202 | Angaben in Prozent) **Abb. 8.2**

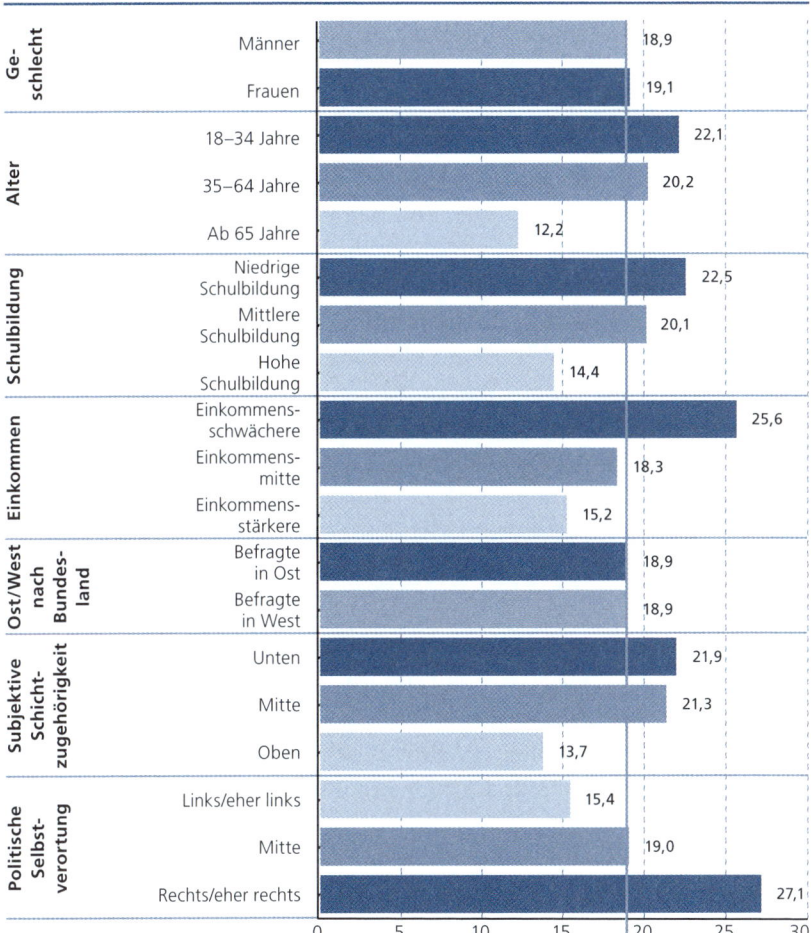

Anmerkungen Zum Vergleich mit den soziodemografischen Bevölkerungsgruppen zeigt die vertikal durchgezogene Linie den durchschnittlichen Anteil der entsichert Marktförmigen unter allen Befragten (→ Abb. 8.1, S. 249). Lesebeispiel: Unter den Befragten mit niedriger Schulbildung entfallen 22,5 % in die Gruppe der entsichert Marktförmigen, während unter den Befragten mit hoher Schulbildung 14,4 % in diese Gruppe entfallen. Signifikanzen: Geschlecht (n. s.); Alter (U35 > Ü65**; U65 > Ü65*); Schulbildung (niedrig > hoch**); Einkommen (Schwächere > Stärkere**; Schwächere > Mitte*); Ost/West (n. s.); Schicht (Unten, Mitte > Oben*); Politische Selbsteinstufung (rechts > links**, rechts > Mitte*) | n. s. = nicht signifikant; * = p ≤ ,05; ** = p ≤ ,01.

8.3 Entsichert Marktförmige – libertär und autoritär?

Fallen entsichert Marktförmige nun, wie wir vermuten, durch besonders libertär-autoritäre Einstellungen auf? Um dies zu prüfen, betrachten wir drei Aspekte: den Autoritarismus, das Vertrauen in etablierte demokratische Institutionen und die ökonomistischen Werthaltungen.

Vergleicht man die verschiedenen Gruppen hinsichtlich ihrer libertär-autoritären Einstellungen, zeigt sich ein klares Bild (➡ Abb. 8.3). Entsichert Marktförmige stimmen mit 73 % signifikant häufiger als alle anderen Gruppen und als der Durchschnitt (55 %) autoritären Einstellungen zu. Zudem ist das Misstrauen in etablierte demokratische Institutionen in dieser Gruppe deutlich höher ausgeprägt als in allen anderen Gruppen. Anknüpfend an unsere theoretischen Ausführungen deutet dies an, dass entsichert Marktförmige sich und ihre individuelle Freiheit – entsprechend der Logik des libertären Autoritarismus – gegen staatliche oder gesellschaftliche Autoritäten in Stellung bringen. Auch wird unter ihnen deutlich häufiger öffentlich-rechtlichen Medien misstraut oder mit knapp 80 % den Anti-Establishment-Aussagen zugestimmt (Durchschnitt: 45 %).

So glaubt etwa eine Mehrheit von 53 % der entsichert Marktförmigen, dass »die regierenden Parteien das Volk betrügen« (Durchschnitt: 30 %) oder gar 84 %, dass Politiker:innen »sich mehr Rechte als normale Bürger herausnehmen« (Durchschnitt: 63 %). Ähnlich verhält es sich beim Verschwörungsglauben, dem auch überdurchschnittlich häufig von entsichert Marktförmigen zugestimmt wird: Eine Mehrheit von 55 % glaubt, dass »Politiker und andere Führungspersönlichkeiten nur Marionetten der dahinterstehenden Mächte« sind (Durchschnitt: 32 %).

Schließlich ziehen wir hier die *ökonomistischen Werthaltungen* heran, also die Bereitschaft, ökonomische Kosten-Nutzen-Kalküle auf die Bewertung von Menschen oder Gruppen anzuwenden. Das Konzept adressiert damit einen Aspekt des »Libertären« nach Amlinger und Nachtwey (2022) über die Ablehnung der sozialen Norm der Solidarität mit vulnerablen Gruppen. Auch hier stimmen entsichert Marktförmige überdurchschnittlich häufig zu. Anders als bei den anderen Dimensionen scheint es hier jedoch die Marktförmigkeit an

Zustimmung zu verschiedenen Dimensionen libertär-autoritärer Einstellungen in den vier Gruppen aus Entsicherung und Marktförmigkeit (Angaben in Prozent)   **Abb. 8.3**

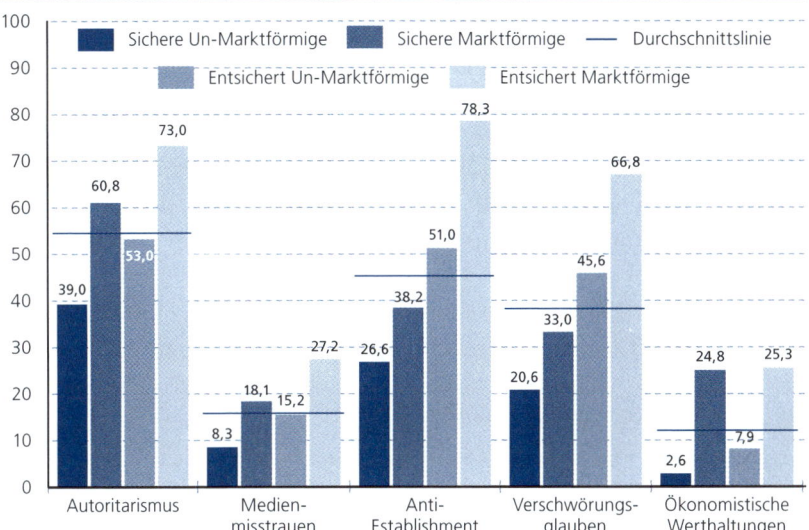

Anmerkungen n = 1.067 | Zum Vergleich mit den vier Gruppen zeigen die horizontal eingezogenen Linien den durchschnittlichen Anteil der Zustimmung aller Befragten auf den jeweiligen Skalen an. Lesebeispiel: 73 % der entsichert Marktförmigen teilen autoritäre Einstellungen, während dies 39 % der sicheren Un-Marktförmigen tun. Unter allen Befragten sind es 54,7 %. Signifikanzen: Autoritarismus (entsichert Marktförmige > alle anderen**); Medienmisstrauen (entsichert Marktförmige > entsichert Un-Marktförmige, sichere Un-Marktförmige***); Anti-Establishment (entsichert Marktförmige > alle anderen***); Verschwörungsglaube (entsichert Marktförmige > alle anderen***); Ökonomistische Werthaltungen (entsichert Marktförmige, sichere Marktförmige > entsichert, sichere Un-Marktförmige***) | n = Anzahl der Befragten. ** = p ≤ ,01; *** = p ≤ ,001.

sich zu sein, die ausschlaggebend ist und nicht die spezifische Kombination aus Entsicherung und Marktförmigkeit, da hier auch sichere Marktförmige überdurchschnittlich häufig zustimmen.

Zusammengenommen ergeben die Befunde aber ein klares Bild der besonders hohen Zustimmung zu den fokussierten libertär-autoritären Einstellungen unter entsichert Marktförmigen. Es bestätigt sich empirisch eine große inhaltliche Überschneidung mit den Überzeugungen des libertären Autoritarismus. Diese gelten zudem – wie zusätzliche Analysen zeigen – unabhängig von der spezifischen soziodemografischen Zusammensetzung der vier Gruppen, das heißt, die berichteten Unterschiede gehen nicht etwa auf die größere Benachteiligung der entsichert Marktförmigen zurück (➟ Abb. 8.3, S. 253).[6]

8.4   Entsichert Marktförmige – menschenfeindlich und rechts?

Fällt die Gruppe der entsichert Marktförmigen neben libertär-autoritären auch mit menschenfeindlichen und rechten Einstellungen auf? Im Folgenden prüfen wir dies mit Blick auf die AfD-Wahlintention und die Zustimmung zu neurechten Orientierungen, Gewalt billigenden Einstellungen, den GMF-Index und die Ausbildung eines manifest rechtsextremen Weltbildes (➟ Abb. 8.4).

Unter entsichert Marktförmigen werden zu 40 % neurechte Orientierungen geteilt; darunter fallen Aussagen wie »Unser Land gleicht inzwischen mehr einer Diktatur als einer Demokratie.« oder »Es ist Zeit, mehr Widerstand gegen die aktuelle Politik zu zeigen.« (➟ Kap. 4, S. 91 ff.). Unter den sicheren Un-Marktförmigen sind dies nur 7 %. Rund jede:r Fünfte der entsichert Marktförmigen – doppelt so viele wie in der gesamten Stichprobe aller Befragten – stimmt den Aussagen zur GMF zu. Auffällig ist: Unter den entsichert Marktförmigen finden Rassismus (57 %; zu 31 % bei allen Befragten) und Klassismus (32 %; zu 18 % bei allen Befragten) überdurchschnittlich viel Zustimmung (➟ Kap. 5, S. 149 ff.). Dies bestätigt die Annahme, dass sich der Groll in dieser Gruppe insbesondere gegen als »fremd« markierte Gruppen entlädt sowie gegen Gruppen, die aus einer verallgemeinerten Kosten-Nutzen-Logik abgewertet werden. Hierunter fällt die Abwertung von armen, wohnungslosen oder langzeitarbeitslosen Menschen – das heißt jener vulnerablen Gruppen, die als wirtschaftlich »unprofitabel« oder gar als »nutzlos« stigmatisiert werden und den marktförmig unternehmerischen Leitbildern wenig entsprechen. Klar überdurchschnittlich ist hier zudem die Verbreitung rechtsextremer Einstellungen (➟ Kap. 3, S. 53 ff.). Jede:r Fünfte der entsichert Marktförmigen teilt ein manifest rechtsextremes Weltbild (20 %; zu 8 % unter allen Befragten).

---

6   In zusätzlich durchgeführten Analysen zeigte die Kombination aus Marktförmigkeit und Entsicherung (*entsichert Marktförmige*) auch unter Kontrolle soziodemografischer Faktoren eigenständige signifikante Mittelwertunterschiede.

Zustimmung zu neurechten Orientierungen, Gewaltbilligung, AfD-Wahlabsicht, GMF und rechtsextremem Weltbild in den vier Gruppen (Angaben in Prozent)   **Abb. 8.4**

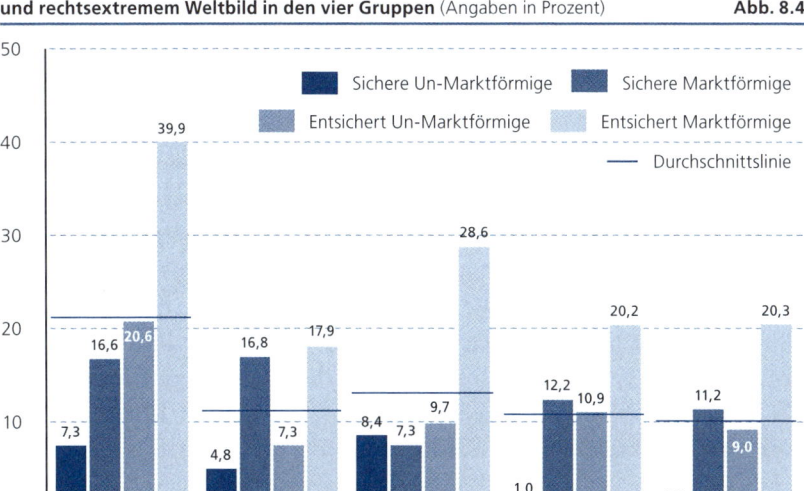

Anmerkungen n = 1.067 | Die zu den Säulen horizontal eingezeichneten Linien zeigen zum Vergleich den durchschnittlichen Anteil der Zustimmung aller Befragten auf den jeweiligen Skalen an. Lesebeispiel: 39,9 % der entsichert Marktförmigen teilen neurechte Orientierungen, während dies 7,3 % der sicheren Un-Marktförmigen tun. Unter allen Befragten sind es 38,4 %. Signifikanzen: Neurechte Orientierungen (entsichert Marktförmige > alle anderen***); Gewaltbilligung (entsichert Marktförmige, sichere Marktförmige > entsichert Un-Marktförmige, sichere Un-Marktförmige***); AfD-Wahlabsicht (entsichert Marktförmige > alle anderen***); GMF (entsichert Marktförmige > alle anderen**); Manifest rechtsextremes Weltbild (entsichert Marktförmige > alle anderen***) | n = Anzahl der Befragten. ** = p ≤ ,01; *** = p ≤ ,001.

Schließlich fallen die entsichert Marktförmigen auch bei den handlungsnahen Einstellungen wie der AfD-Wahlintention oder der Billigung von Gewalthandlungen auf. Sie würden mit rund 29 % klar am häufigsten die AfD wählen. Zudem billigen – verglichen mit allen Befragten – annähernd doppelt so viele der entsichert Marktförmigen politische Gewalt.

Es zeigt sich somit, dass entsichert Marktförmige nicht nur für libertär-autoritäre Einstellungen besonders empfänglich sind, sondern auch für Gruppenbezogene Menschenfeindlichkeit, Demokratiefeindlichkeit und rechtsextreme Ideologien.

8.5 Marktförmig-autoritäre Tendenzen in der Mitte

Die vorliegende Analyse trägt dazu bei, gegenwärtige marktförmig-illiberale Verschiebungen im gesellschaftlichen Bewusstsein besser zu verstehen. Wir haben empirisch untersucht, welche Rolle ein spezifischer marktförmiger Krisenzustand mit Blick auf libertär-autoritäre, menschenfeindliche und rechte Einstellungen spielt. Wir haben erstmalig anhand repräsentativer Daten quantitativ geprüft, inwieweit Personen, die sich stark mit neoliberalen Leitbildern identifizieren, jetzt aber Krisen und Entsicherungen erleben, demokratiegefährdende Einstellungen und Stimmungslagen entwickeln. Anhand der Daten lässt sich eine hier besonders relevante Gruppe identifizieren – die *entsichert Marktförmigen*. Sie setzt sich zu einem großen Teil aus Personen in prekären und benachteiligten Verhältnissen zusammen – jedoch keineswegs ausschließlich. Die entsicherte Marktförmigkeit ist vielmehr auch Teil der Mittelschichten (Soziallagen und Bildung) der Gesellschaft.

Auffällig ist das enorme Ausmaß an Illiberalität und demokratiegefährdenden Einstellungen in dieser Gruppe. Hier paart sich die entsicherte Marktförmigkeit mit einer feindseligen Abgrenzung gegenüber den als ungleichwertig markierten anderen und den Grundwerten der liberalen Demokratie. Unter ihnen sind libertär-autoritäre Einstellungen zum Beispiel in Form des Misstrauens gegenüber dem Establishment und den öffentlich-rechtlichen Medien besonders ausgeprägt. Die entsichert Marktförmigen sind in ihren Einstellungen überdurchschnittlich menschenfeindlich, verschwörungsgläubig und rechtsextrem. Auch bezogen auf verhaltensnahe Einstellungen fallen sie durch demokratiegefährdende Tendenzen auf: Die AfD scheint für entsichert Marktförmige eine politische Alternative zu sein – 29 % gaben an, die AfD wählen zu wollen, ein klar überdurchschnittlicher Wert. Auch kommt in dieser Gruppe eine deutlich erhöhte Gewaltbilligung zutage. Wenn man sich vor Augen führt, dass fast jede:r Dritte in dieser Gruppe der Aussage zustimmt, einige Politiker:innen hätten es verdient, »wenn die Wut gegen sie auch schon mal in Gewalt umschlägt«, zeigt das, wie hemmungslos hier gedacht wird.

Zusammengenommen zeigen die Analysen: Es sind insbesondere gefühlte Krisenerfahrungen und damit verbundene Entsicherungen, die die Erfolgs- und Leistungsidentifizierten auch und gerade in der Mitte der Gesellschaft ins Autoritäre und Illiberale driften lassen. Insgesamt zeichnet sich hier mit knapp 20 % der deutschen Bevölkerung eine rabiat marktförmig-libertäre Gruppe ab. Die betreffenden Personen zeigen wenig Solidarität gerade mit jenen, die den neoliberalen Erfolgsanrufungen nicht entsprechen. Ihre Vorstellung von Freiheit beschränkt sich auf die eigene Freiheit zur Selbstentfaltung, Rücksicht auf andere ist bestenfalls zweitrangig. Gepaart mit einem Widerstandswillen gegen die aktuelle Politik, der in dieser Gruppe von mehr als der Hälfte deutlich stärker als in allen anderen Gruppen geteilt wird, haben wir es gegenwärtig mit einer zündfähigen, marktförmig-autoritären Gemengelage aus der Mitte der Gesellschaft heraus zu tun.

Mittendrin
Aufwachsen in Armut

Alexander Mavroudis

In fachlichen und politischen Diskussionen ebenso wie in der öffentlichen Berichterstattung werden Kinder, Jugendliche und Familien, die in finanzieller Armut leben, besonders kritisch »beäugt«. So wird zwar durchaus festgestellt, dass es Kinderarmut in einem reichen Land wie Deutschland eigentlich nicht geben dürfte. Jenseits von politischer Programmatik und von Lippenbekenntnissen – und vor allem zwischen den Zeilen – wird aber oft ein anderes Bild gemalt: das des individuellen Scheiterns, verbunden mit dem vorwurfsvollen Blick, auf Kosten der Gesellschaft zu leben. In der vorliegenden Mitte-Studie 2022/23 meinen 23 % der Befragten: »Empfänger von Sozialhilfe und Bürgergeld neigen zu Faulheit.«; 32,5 % stimmen dem »teils/teils« zu. Fast jede:r zehnte Befragte stimmt der Aussage zu: »Arme Menschen können nicht mit Geld umgehen«, jede fünfte Person aus der Mitte meint, das stimme »teils/teils«.

Kinder, Jugendliche und ihre Eltern werden im Alltag mit solchen öffentlichen Meinungen und Vorwürfen konfrontiert. Das verstärkt die Herausforderungen, die ein Leben in Armut sowieso schon mit sich bringt. Der vorliegende Beitrag plädiert deshalb für mehr Armutssensibilität. Diese ist in der Öffentlichkeit, wie sie die Mitte-Studien beschreiben, ebenso wie in der Arbeit mit und für Kinder und Jugendliche essenziell. Damit geht die Notwendigkeit einher, die strukturellen Ursachen für Armut zu benennen und der gängigen Tendenz zur Individualisierung der »Lebenslage Armut« zu widersprechen (siehe hierzu auch die Befunde in ⇒ Kap. 5, S. 149 ff. und ⇒ 8, S. 243 ff.). Und es geht darum, Leistungen von Familien anzuerkennen, die ihr Leben mit begrenzten Ressourcen meistern. Der Beitrag basiert auf der langjährigen Arbeit des Autors bei der Koordinationsstelle Kinderarmut im Landesjugendamt Rheinland und auf Erfahrungen aus der Beratung und Fortbildung von Kommunen und Fachkräften bei der Armutsprävention.

Was es bedeutet, in Armut aufzuwachsen

Wenn von Kinderarmut die Rede ist, so meint dies im Kern die finanzielle Armut der Familie, in die Kinder hineingeboren werden. Nun ist das allein noch kein »Drama«, bedeutet es zunächst für Betroffene doch nur, dass begrenzte finanzielle Ressourcen zur Verfügung stehen. Damit können aber sichtbare wie auch unsichtbare Einschränkungen für gesellschaftliche Teilhabe und das gelingende Aufwachsen der Kinder und Jugendlichen einhergehen. Das wissen betroffene Familien, damit leben sie.

Nichtteilhabe im Alltag ist erfahrbar in fast allen Lebensbereichen, gerade in einer Gesellschaft, die Teilhabe als Integrationsmotor betrachtet. Dabei gibt es nicht *die* Armut. Sie hat unterschiedliche Ausprägungen und kann sich auf Gesundheit, Soziales, Bildung bis hin zur Persönlichkeitsbildung auswirken. Die konkreten Folgen fallen je nach Stadt, Quartier, Milieu und persönlichen Kompetenzen der Menschen sehr unterschiedlich aus. So können zum Beispiel Netzwerke aus Freund:innen, Verwandtschaft und in der Nachbarschaft eine wertvolle Unterstützung bei der Kinderbetreuung sein. Wer gelernt hat, resilient zu sein, wird Herausforderungen besser bewältigen können.

Das eine ist, wie Armut sich sozial und psychisch auswirkt. Armutslagen sind aber strukturell verursacht und Ausdruck der ungleichen Verteilung von Ressourcen in unserer Gesellschaft und gehen mit möglichen Diskriminierungen einher. Dies gilt es zu berücksichtigen – nicht nur, aber auch, weil Strukturen beharrlich und stabil sind. Im Alltag und in sozialpolitischen Maßnahmen wird dies dann immer wieder überspielt, so die Erfahrung aus der Praxis. Der Blick richtet sich auf die Menschen: Ihnen wird nicht nur unterstellt, sie kämen mit dem Geld nicht zurecht und seien faul. Mehr noch, sie werden selbst für ihre Lage verantwortlich gemacht – gemäß der alten Redewendung »Jeder ist seines Glückes Schmied.« All dies wird über den Klassismus als weitverbreitete Überzeugung (➡ Kap. 5, S. 149 ff.) armen Menschen zugeschrieben.

Statt also die Verhältnisse in den Blick zu nehmen, unter denen Menschen leben, wird ihr Verhalten kritisiert, wie auch die Analysen der Mitte-Studie unterstreichen. Es kommt zu Zuschreibungen wie zum Beispiel »Die wollen ja gar nicht arbeiten«, »Die liegen uns auf der Tasche« oder »Die verplempern ihr Geld für Alkohol, Zigaretten und Technik«. Sozialleistungen werden im politischen Diskurs mit dem Argument verweigert, dadurch fehle der Anreiz, sich eine Arbeit zu suchen. Dass Arbeit für Menschen sinnstiftend ist, wird ausgeblendet. Und manchmal wird aus einer Armutslage der Familie mehr oder weniger direkt geschlossen, das Wohl des Kindes sei in Gefahr. Damit wird eine ganze Gruppe von Menschen pauschal mit Vorurteilen überzogen und unter Generalverdacht gestellt. Unberücksichtigt bleibt dabei, dass es »die Armen« als homogene Gruppe gar nicht gibt: Es sind sehr unterschiedliche Gründe, weshalb Familien in bestimmten biografischen Phasen über wenige finanzielle Ressourcen verfügen – auch die Milieus und kulturellen Hintergründe der Menschen können sehr unterschiedlich sein. So macht es einen großen Unterschied, ob ein Kind in eine finanzielle Armutslage hineingeboren wird oder sich die finanzielle Lage der Familie erst später verschlechtert, zum Beispiel weil ein Elternteil stirbt. Hierbei spielt insbesondere auch die Zuweisung zu sozialen Gruppen eine Rolle – es ist in der Gesellschaft eben nicht zufällig verteilt, wer arm ist.

Wer ist hier sozial schwach?

Exemplarisch kann das an der Zuschreibung »sozial schwach« aufgezeigt werden, mit der sich Menschen tituliert sehen, die unter schwierigen Bedingungen leben oder aufwachsen. Manchmal wird sogar gleich der Stadtteil, in dem die betroffenen Menschen wohnen, als sozial schwach bezeichnet – als »abgehängt«, »Problemviertel«, »Brennpunkt« oder auch »Ghetto«. Ganze Stadtteilnamen werden markiert und oft reicht es, den Stadtteil zu nennen, um medial von »sozial Schwachen« zu berichten. Und was auf den ersten Blick vielleicht als Versuch erscheinen mag, Verständnis für ungleiche Lebensbedingungen und -chancen zu zeigen, ist bei genauerem Hinsehen doch viel mehr und in doppelter Hinsicht problematisch.

Erstens findet oft eine Zuschreibung statt. Pauschal wird all diesen Menschen unterstellt, sie seien sozial schwach. Was heißt das aber? Das Soziale nimmt Bezug auf das Zusammenleben in unserer Gesellschaft. Es geht also darum, welche Kompetenzen man hier hat, ob man zum Beispiel zugewandt ist, sich für andere einsetzt, in der Familie, in der Nachbarschaft. Auch die Eingebundenheit in das soziale Umfeld spielt eine Rolle: Sind Familien im eigenen Lebensumfeld gut vernetzt, haben sie Freund:innen, die unterstützen, und vieles mehr?

Unter diesen Gesichtspunkten sind Menschen, die über wenige finanzielle Mittel verfügen, eben nicht per se »sozial schwach«. Vielmehr müsste man Akteur:innen in den Blick nehmen, die die Gesellschaft schwächen und damit nicht zuletzt Armut miterzeugen. Zum Beispiel Unternehmen, die Mitarbeitende nicht angemessen bezahlen, Personen, die Steuern hinterziehen, Banken, die durch risikoreiche Investments gesellschaftliche Ressourcen vernichten oder auch Populist:innen, die im politischen Diskurs polarisieren.

Zweitens findet mit der Zuschreibung »sozial schwach« eine Verkehrung von Ursache und Wirkung statt, und gesellschaftspolitische Probleme werden individualisiert. Menschen sind arm, weil sie vermeintlich »sozial schwach« sind. Damit ist die Gesellschaft aus der Verantwortung und die betroffenen Menschen sind sich selbst überlassen. Die wirklichen Ursachen für Armut wie etwa prekäre Einkommen im Niedriglohnsektor oder die Verteilung von Reichtum bleiben unangetastet.

Nun ist nicht von der Hand zu weisen, dass fehlende finanzielle Ressourcen den Lebensalltag beeinflussen, zum Beispiel was Mobilität oder Teilhabe an Kultur angeht. Dies begründet jedoch keinen Automatismus im Sinne von »Wer arm ist, ist auch (sozial) schwach.« Ganz im Gegenteil ist es wichtig zu beleuchten, welche Bewältigungsstrategien Menschen in schwierigen Lebenslagen entwickeln, welchen Zusammenhalt es in den Familien gibt, wie viel Eltern auf sich nehmen, um ihren Kindern ein gutes Aufwachsen zu ermöglichen und wie man sich untereinander im Wohnquartier sowie im Familien- und Freund:innenkreis hilft. Einen solchen erkenntnisoffenen und wertschätzenden Blick gebietet nicht nur der Respekt. Er ist zudem eine wichtige Voraussetzung, um die vorhandenen Kompetenzen dieser Menschen zu erkennen und sie gut unterstützen zu können. Und dieser Blick kann nicht nur von uns eingenommen werden, die wir uns professionell mit Armut beschäftigen, sondern von einer Mitte, die sich im Grundsatz demokratisch versteht, wie die Mitte-Studien ausweisen.

Hinsehen, wie Betroffene mit ihrer (Armuts-)Lage umgehen

Im Alltag erfahrene Zuschreibungen und Vorurteile können das Denken und Handeln betroffener Kinder, Jugendlicher und ihrer Familien beeinflussen. Das lässt sich aus den unterschiedlichen Umgangsweisen mit der »Lebenslage Armut«

ablesen. Grundsätzlich ist immer wieder der Versuch zu erkennen, die schwierige Situation vor der Umwelt geheim zu halten. Das gilt insbesondere in Bildungseinrichtungen. Die Eltern ebenso wie die Kinder und Jugendlichen selbst versuchen, dass Fachkräfte und die anderen Kinder und deren Eltern nicht mitbekommen, dass das Geld zu Hause knapp ist – vor allem, wenn die anderen Kinder oder Jugendlichen in finanziell gesicherten Verhältnissen leben. Gleichzeitig ist es mit begrenzten Mitteln schwierig, bei Exkursionen, Klassenfahrten oder Geburtstagsfeiern mitzuhalten. Aufmerksamen Lehr- und Fachkräften fällt dann vielleicht auf, dass Kinder öfter krankgemeldet werden. Unwohl fühlen sich Kinder auch, wenn sie nach den Ferien in Kita oder Schule erzählen sollen, wo sie denn im Urlaub waren. Wenngleich sicherlich nicht in böser Absicht, werden arme Kinder und Jugendliche doch häufig beschämt.

Scham ist ein Gefühl von großer Tragweite, welches auch das Selbstkonzept und Verhalten armutsbetroffener Menschen prägen kann. Das widerspricht natürlich diametral dem Vorurteil, auf Kosten des Sozialstaates leben zu wollen. Welche Wirkung solche Vorurteile entfalten, kann nur vermutet werden. Für Kinder und noch mehr für Jugendliche bedeutet es auf jeden Fall, sich nicht frei zu fühlen. Sie schränken sich »freiwillig« ein, versuchen, die familiäre Fassade zu wahren, nehmen nicht an Freizeitaktivitäten der Peers teil – und schränken damit ihr Recht auf ein unbeschwertes Erleben ihrer Kindheit und Jugend ein.

Zu berücksichtigen ist zudem die Selbstwahrnehmung der Menschen, die zum Beispiel in der Aussage zum Ausdruck kommt: »Arm waren nicht wir, das waren die anderen.« Zwar gibt es objektive Kriterien wie den Bezug von Bürgergeld, nach denen Armut definiert wird – die Innensicht der betroffenen Menschen kann gleichwohl eine andere sein. Zudem können auch Familien, die laut Statistik nicht als arm gelten, Einschränkungen im Alltag durch begrenzte Ressourcen erfahren. Der Übergang von der Armutslage in die Mitte ist ein großer Graubereich; schon die gefühlte Nähe zu Armut kann verunsichern, weckt Ängste und schränkt gesellschaftliche Teilhabe ein.

Eine weitere Erfahrung ist das Gefühl, einen unsichtbaren »Armutsrucksack« zu tragen, weil Einschränkungen, die durch fehlende finanzielle Ressourcen in der Familie ausgelöst werden, oft nicht sichtbar sind. Das betrifft nicht zuletzt die Selbstwahrnehmung bei der Frage, was man sich zutraut im Leben. Von Armut betroffene Kinder und Jugendliche lernen früh, dass vieles nicht möglich ist. Das kann das Zutrauen in die eigenen Fähigkeiten beeinflussen. Fehlende Erfahrungsbezüge grenzen die beruflichen Wahlmöglichkeiten ein. Dies sind Einschränkungen, die den gesamten Prozess des Aufwachsens begleiten und manchmal sogar bis ins Erwachsenenleben hineinwirken.

Wenn dann alles »schiefläuft«, vererbt sich nicht nur die Armut. Die Betroffenen glauben dann sogar, selbst an ihrer Lebenslage schuld zu sein. Diese mögliche Armutsspirale zu durchbrechen, muss nicht nur das Ziel von Sozialpolitik und von sozialer Arbeit sein, sondern aller Menschen, die durch Grundwerte und -rechte zu einer Gesellschaft gehören.

Demokratie im Alltag erfahrbar machen

Wie eingangs festgestellt, gehören Armut und gesellschaftliche Teilhabe zusammen. Damit ist die Frage verbunden, wie Menschen sich von der Politik wahrgenommen fühlen. In sogenannten benachteiligten Quartieren und Stadtteilen ist die Wahlbeteiligung verhältnismäßig gering. Das ist bekannt und wird auch problematisiert, aber oft nicht als Hinweis wahrgenommen, einmal genauer zu erkunden, warum die Menschen sich von der Politik nicht mehr gehört fühlen.

Ehrlicherweise muss man feststellen, dass diese »Nicht-Gehörten« da höchstwahrscheinlich auch nicht ganz falschliegen. Politik ist zwar grundsätzlich dem Gemeinwohl verpflichtet, gleichzeitig sind Parteien Interessenvertretungen ihrer Wähler:innenschaft. Damit entsteht ein »Teufelskreis«. Da die Menschen nicht wählen, haben sie keine politische Lobby.

Das ist ein Phänomen, das im Übrigen Kinder und junge Menschen ganz generell betrifft, wie die zurückliegenden Jahre der Pandemiebekämpfung sehr deutlich gemacht haben: Die Rechte von Kindern und Jugendlichen hatten einfach keine Priorität, erst recht nicht die von armen Kindern und Jugendlichen. Diese waren noch einmal in besonderer Weise von der Pandemie und den einschränkenden Maßnahmen betroffen.

Ob nun Menschen unpolitisch sind, nur weil sie nicht wählen, ist eine ganz andere Frage. Nachvollziehbar liegt der Fokus von Menschen in Armutslagen auf den konkreten Rahmenbedingungen ihres Alltags. Bedeutsam sind deshalb für sie vor allem Entscheidungsprozesse auf kommunaler Ebene, die sich ganz konkret auf ihr Lebensumfeld auswirken, zum Beispiel die Ausstattung eines Stadtteils mit Bildungseinrichtungen, kurze Wege zu gut ausgestatteten Kitas und Schulen, verbunden mit der Möglichkeit, sich diese auszusuchen, niedrigschwellige Anlaufstellen wie Familienbüros, Einrichtungen der Gesundheitsvorsorge wie Kinderarztpraxen, aber auch ein guter Anschluss zum öffentlichen Personennahverkehr, erreichbare Bankfilialen und Briefkästen und natürlich bezahlbarer Wohnraum. Wenn es der Politik gelingt, in den Lebensquartieren der Menschen hier erkennbar Verbesserungen zu erreichen, dann werden Menschen sich auch gehört fühlen und darauf vertrauen, mit ihren Sorgen und Nöten ernst genommen zu werden. Und darum geht es ja letztlich in einer Demokratie.

Vorurteile aufbrechen durch armutssensible Sprache

Sprache ist Ausdruck von Denkmustern und transportiert beabsichtigt wie unbeabsichtigt verzerrte und vorurteilsgetriebene Bilder und Einstellungen. Gerade deshalb sollte sich eine Gesellschaft, die alle Kinder, Jugendlichen und ihre Familien als zentrale Elemente betrachtet, ihrer Sprache und Begriffe bewusst werden. Dazu gehört, darauf zu achten, welche Wahrnehmungsmuster – zum Beispiel bezogen auf die Gruppe von Menschen in Armut – uns leiten und welche Bilder wir vermitteln, im Reden über wie auch im direkten Miteinander mit den betroffenen Menschen.

Und wir müssen sensibel sein beim Sprachgebrauch anderer und gegebenenfalls Einspruch erheben, wenn im fachlichen oder auch öffentlichen Diskurs mal wieder von »sozial Schwachen« die Rede ist oder Menschen nur deshalb negative Eigenschaften zugeschrieben werden, weil sie arm sind.

Das gilt insbesondere dort, wo wir mit und für Menschen in benachteiligten Lebenslagen tätig sind. Denn sonst verstärken wir Zuschreibungen; die Menschen hören uns aufmerksam zu und sind sensibel für unsere Sprachbilder. Zudem laufen wir Gefahr, keinen Zugang zu ihnen zu bekommen, von Vertrauen ganz zu schweigen, und ihre Potenziale zu übersehen. Und nur so können wir als Gesellschaft unserem sozialpolitischen Mandat gerecht werden und die wirklichen gesellschaftspolitischen Ursachen von Ungleichheit und Armut in den Blick nehmen.

Dabei ist eines zu berücksichtigen: Bei aller Bedeutung von Armut geht es nicht darum, den Fokus auf die Kompensation von Defiziten und Problemen zu richten. Das Leitziel sollte vielmehr sein, das Erleben einer guten Kindheit und Jugend zu ermöglichen. Und hier gibt es noch viel zu tun!

9 Der Ukrainekrieg und die Mitte zwischen Pazifismus und Militarismus

Mathias Albert · Lena Hilkermeier

Der Ukrainekrieg hat für die in Deutschland lebenden Menschen eine Reihe unmittelbar erfahrbarer Auswirkungen. Dabei geht es nicht nur um die hohen Energiepreise und die damit verbundenen allgemeinen Preissteigerungen, die für fast alle Haushalte eine große Herausforderung darstellen oder aber die massive Erhöhung der Verteidigungsausgaben, die sich zwangsläufig auf die Finanzierbarkeit anderer Vorhaben etwa in den Bereichen Bildung oder Soziales auswirkt. Primär geht es auch darum, dass der Ukrainekrieg für viele das Gefühl einer *Angst vor Krieg* erstmals direkt erfahrbar gemacht hat.

9.1 Der Krieg als »Zeitenwende«?

Der russische Angriffskrieg in der Ukraine ist nicht der erste Krieg in Europa seit dem Ende des Zweiten Weltkrieges. Aber trotz ihrer geografischen Nähe und der Beteiligung der Bundeswehr an NATO-Einsätzen erschienen vor allem die Kriege auf dem Gebiet des ehemaligen Jugoslawiens in den 1990er-Jahren »weit weg« zu sein und kaum nennenswerte Auswirkungen auf das Angstempfinden der deutschen Bevölkerung zu haben. Eine Ausweitung zu einem Großmachtkonflikt und einem daran möglicherweise anschließenden Welt- und Atomkrieg erschien als nicht denkbar. Auch weitere Auslandseinsätze (besonders in Afghanistan) führten emotional eher zu Auswirkungen bei unmittelbar Betroffenen (sprich: den Soldat:innen und ihrem familiären Umfeld) als bei einer spätestens nach der Aussetzung der Wehrpflicht im Jahre 2011 im Alltag kaum mit der Bundeswehr in Berührung stehenden Bevölkerung. An unmittelbare Kriegsängste, einschließlich der Ängste vor einem Atomkrieg, erinnern sich hauptsächlich Angehörige der Altersgruppe der über 50-Jährigen, welche die Auseinandersetzungen um den NATO-Doppelbeschluss und die Stationierung einer sogenannten Neutronenbombe akut in der ersten Hälfte der 1980er-Jahre miterlebten (vgl. Gassert, Geiger & Wentker 2011). Für den allergrößten Teil der Jüngeren – mit der bedeutenden Ausnahme der vor Kriegen nach Deutschland Geflüchteten – sind solche Ängste neu.

Kriegsängste, welche auf der Denkmöglichkeit eines Krieges unter NATO-Beteiligung oder dem Einsatz von Nuklearwaffen gründen, machen es schwierig, die Veränderung von Einstellungen zu außen- und weltpolitischen Fragen im Kontext längerfristiger Entwicklungen zu betrachten. In dem Moment, in dem bestimmte Fragen im Zusammenhang mit einer existenziellen Bedrohung gesehen werden, werden sie »versicherheitlicht«. Damit ist gemeint, dass die Einstufung bestimmter Probleme als existenzielle Risiken zur Folge hat, dass »besondere« Maßnahmen und abrupte Politikwechsel eher akzeptiert werden als in »normalen« Zeiten (vgl. Buzan, Wæver & de Wilde 1998). Kurzfristige Einstellungswandel überlagern sich dann mit einer Reihe von längerfristig fest gefügten Vorstellungen darüber, wie Weltpolitik beschaffen ist (*geopolitische Leitbilder*; vgl. Albert, Reuber & Wolkersdorfer 2003). Solche Vorstellungen sehen etwa Weltpolitik als das beständige Spiel großer Mächte, als rein »anarchisches« Machtsystem oder als Völkerrechtsgemeinschaft an. Zusätzlich zu solchen allgemeinen Vorstellungen existieren (mit einer längeren Geschichte) Diskussionen um die außenpolitische Ausrichtung Deutschlands, über das Verhältnis zu den USA und zu Russland, über die Rolle Deutschlands in Europa und in der Welt, die Beteiligung der Bundeswehr an Einsätzen im Ausland oder etwa die Höhe der Ausgaben für die Bundeswehr.

Vor dem Hintergrund dieser Überlagerung von geopolitischen Leitbildern und konkreten außenpolitischen Orientierungen versucht das vorliegende Kapitel, ein nuanciertes Bild nicht nur der Einstellungen zum Ukrainekrieg zu zeichnen. Vielmehr möchte es in diesem Zusammenhang ebenfalls Fragen nach der grundsätzlichen Sicht auf weltpolitische Herausforderungen erheben sowie zumindest kurz auf wichtige Fragen im Kontext der gegenwärtigen sicherheitspolitischen Diskussionen eingehen, wie etwa die Reaktivierung der Wehrpflicht. Vorrangig interessiert dabei, inwieweit vermeintlich »extreme« Positionen, etwa hinsichtlich einer einseitig positiven Einstellung zu Russland oder aber einer Bewaffnung Deutschlands mit Atomwaffen, nicht nur randständig sind, sondern möglicherweise Bruchlinien in der Mitte markieren. Wir haben das »extrem« im vorhergehenden Satz bewusst in Anführungszeichen gesetzt, da es bei der Beurteilung des extremen Charakters einer Position sehr stark auf einen differenzierten Blick ankommt: So mag etwa in Zeiten des Krieges eine strikt pazifistische Haltung, die konsequent für Verhandlungen und gegen Waffenlieferungen eintritt, als extrem erscheinen. Dennoch markiert sie eine über viele Jahrzehnte in der Bundesrepublik in breiten Bevölkerungsschichten vorherrschende außenpolitische Grundeinstellung. Hier wäre es eher überraschend, wenn selbst ein so einschneidendes Ereignis wie der Ukrainekrieg eine solche vollkommen zum Verschwinden gebracht hätte. Auf der anderen Seite gilt aber natürlich ein besonderes Augenmerk der Frage, inwieweit die politische Positionierung, die gerade am rechten Rand oftmals eng mit antidemokratischen und menschenfeindlichen Einstellungen verknüpft ist, ebenfalls mit bestimmten welt- beziehungsweise außenpolitischen Sichtweisen und Einstellungen einhergeht (vgl. auch Decker et al. 2022b).

Wenn im Folgenden nach Positionierungen in Bezug auf den Ukrainekrieg und das Verhältnis zu Russland sowie im weiteren Zusammenhang nach der breiteren außenpolitischen Orientierung gefragt wird, dann gilt es zu bedenken, dass Meinungsbilder inmitten einer anhaltenden Krise immer kurzfristigen Schwankungen unterworfen sein können. Dabei mag es dann andererseits für die Analyse grundlegender Einstellungen schon eher hilfreich sein, dass die Befragungen zur vorliegenden Studie Anfang 2023 in einer Zeit durchgeführt wurden, in welcher sich der Ukrainekrieg durch eine vergleichsweise geringe Dynamik des Kriegsgeschehens auszeichnete. Meinungen waren mithin nicht dadurch beeinflusst, dass sich der Krieg mit hoher Wahrscheinlichkeit in die eine oder andere Richtung entwickelte.

9.2 Der Krieg im Gefüge von Sorgen – eine »breite« Mitte?

Der Krieg bereitet sowohl Sorgen hinsichtlich seiner möglichen Ausweitung oder gar der Möglichkeit eines Atomkrieges als auch in Bezug auf die wirtschaftliche Entwicklung, die Zahl der Geflüchteten, die steigenden Energiepreise oder die Sorge davor, den eigenen Lebensstandard nicht halten zu können (➡ Abb. 9.1, S. 270).[1] Bemerkenswerterweise stehen die Sorgen hinsichtlich steigender Energiepreise an erster Stelle (66 %), gefolgt von den Sorgen um eine Ausweitung des Krieges (62 %) sowie um die weitere wirtschaftliche Entwicklung (58 %). Die steigende Zahl an Geflüchteten ist unter den abgefragten Sorgen am ge-

---

[1] Die Einstellungen zum Ukrainekrieg wurden bei einer zufällig ausgewählten Hälfte der Stichprobe erhoben.

ringsten ausgeprägt (siehe auch ➡ Kap. 6, S. 199 ff.). 44 % machen sich »große« oder »sehr große Sorgen« und 29 % »gar keine« oder »geringe Sorgen« wegen der Anzahl der Geflüchteten. Dies dürfte auch damit zusammenhängen, dass die Fluchtmigration aus der Ukraine nach Beginn des Krieges zum Zeitpunkt der Befragung bereits seit Längerem deutlich abgeflacht, wenngleich immer noch deutlich vorhanden war.

Sorgen über mögliche Auswirkungen des Krieges (Angaben in Prozent)   **Abb. 9.1**

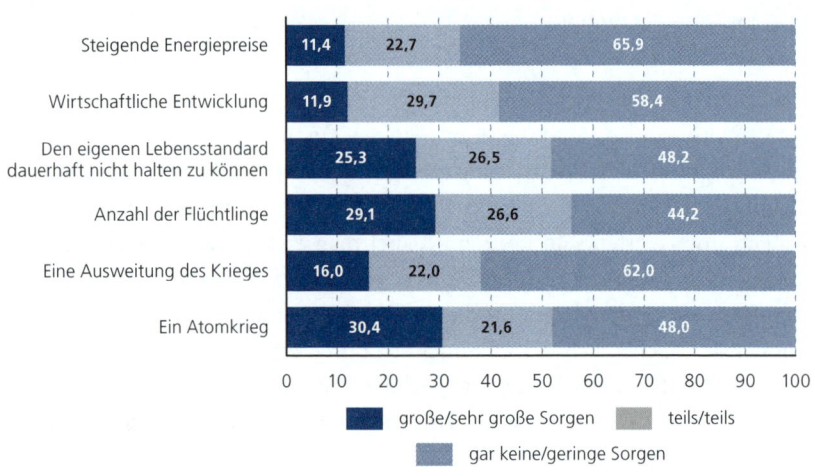

Hinter diesen aggregierten Daten lässt sich ein deutlicher Zusammenhang zwischen politischer Selbstverortung und Sorgenniveau ausmachen (➡ Abb. 9.2). Generell machen sich Menschen, die sich selbst politisch »genau in der Mitte« verorten, mehr Sorgen als solche, die sich politisch links davon verorten. Und wer sich wiederum politisch rechts verortet, macht sich noch mehr Sorgen als diejenigen, die sich politisch in der Mitte sehen. Ins Auge fällt zudem, dass die politische Selbstverortung zwischen links und rechts dort am wenigsten einen Unterschied macht, wo es um direkte auf den Krieg bezogene Sorgen geht. So spielt bei der Sorge um eine mögliche Ausweitung des Krieges die politische Selbstverortung eine geringere, bei der Sorge vor einem Atomkrieg praktisch gar keine Rolle. Die als Folge des Kriegs steigende Zahl Geflüchteter bereitet zwar ebenfalls vergleichsweise wenigen Befragten Sorgen; doch fallen hier die

Unterschiede nach politischer Selbstverortung auf: So machen sich 27 % derjenigen, die sich politisch »links« oder »eher links« sehen, Sorgen über die hohe Zahl Geflüchteter, dahingegen aber 62 % derjenigen, die sich politisch »rechts« oder »eher rechts« sehen.

Große/sehr große Sorgen über mögliche Auswirkungen des Krieges nach politischer Selbstverortung und Wohnen in Ost- oder Westdeutschland (Angaben in Prozent)   **Abb. 9.2**

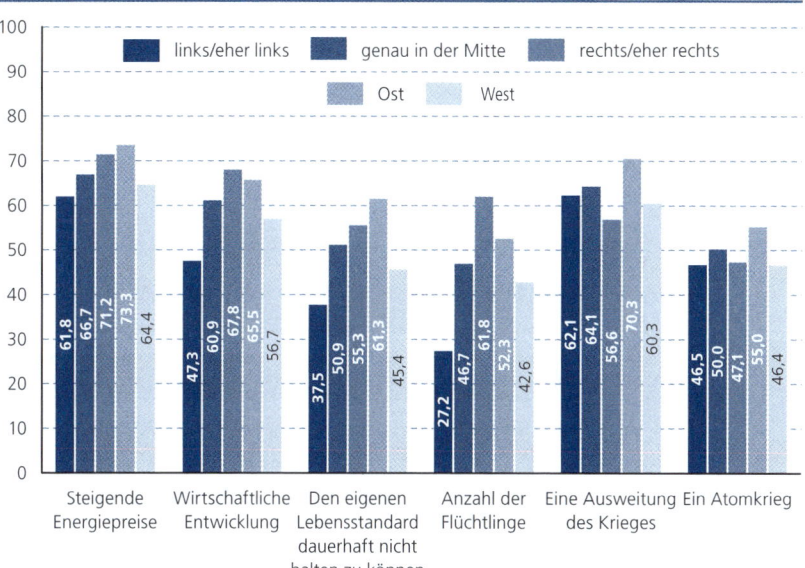

Betrachtet man das gesamte Sorgenprofil näher, fallen die Unterschiede nach politischer Selbstverortung zwar besonders ins Auge, werden aber ergänzt durch ebenfalls deutlich sichtbare Unterschiede nach Geschlecht und regionaler Herkunft. Grundsätzlich gilt: Frauen machen sich hinsichtlich aller genannter Auswirkungen des Krieges deutlich mehr Sorgen als Männer. Bemerkenswert hier erscheint die sehr große Differenz bei der Angst vor einem Atomkrieg: Hier machen sich fast zwei Drittel aller Frauen »große« oder »sehr große Sorgen«, aber nur gut ein Drittel der Männer. Ein nicht ganz so stark umrissenes, insgesamt aber ähnliches Bild ergibt sich bei einer Unterscheidung zwischen Befragten, die in ost- beziehungsweise westdeutschen Bundesländern leben: Menschen in Ostdeutschland machen sich bei allen abgefragten Punkten mehr

**Handlungsoptionen für Deutschland; »Deutschland sollte ...«. Gesamt
und nach politischer Selbstverortung** (Angaben in Prozent)   **Abb. 9.3**

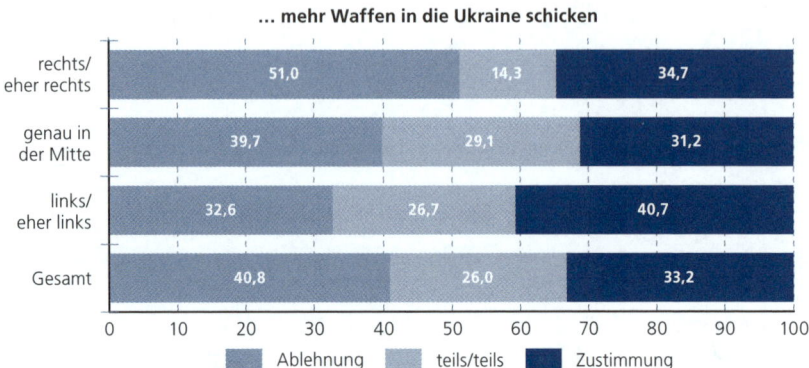

... mehr Waffen in die Ukraine schicken

	Ablehnung	teils/teils	Zustimmung
rechts/eher rechts	51,0	14,3	34,7
genau in der Mitte	39,7	29,1	31,2
links/eher links	32,6	26,7	40,7
Gesamt	40,8	26,0	33,2

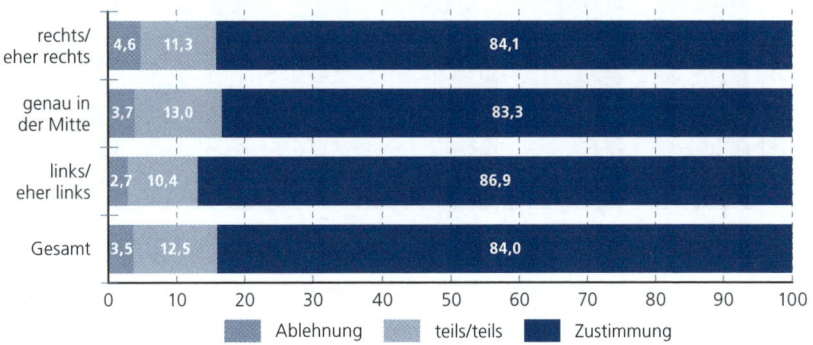

... sich auf diplomatischem Weg um den Frieden bemühen

	Ablehnung	teils/teils	Zustimmung
rechts/eher rechts	4,6	11,3	84,1
genau in der Mitte	3,7	13,0	83,3
links/eher links	2,7	10,4	86,9
Gesamt	3,5	12,5	84,0

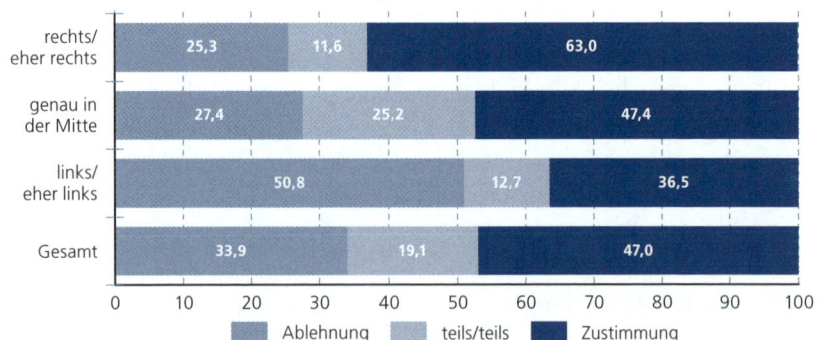

... die Wehrpflicht wieder einführen

	Ablehnung	teils/teils	Zustimmung
rechts/eher rechts	25,3	11,6	63,0
genau in der Mitte	27,4	25,2	47,4
links/eher links	50,8	12,7	36,5
Gesamt	33,9	19,1	47,0

**Handlungsoptionen für Deutschland; »Deutschland sollte ...«. Gesamt
und nach politischer Selbstverortung** (Angaben in Prozent) **Abb. 9.3**

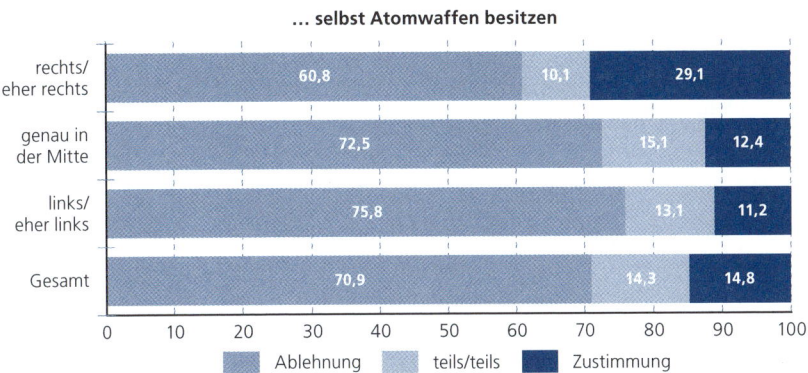

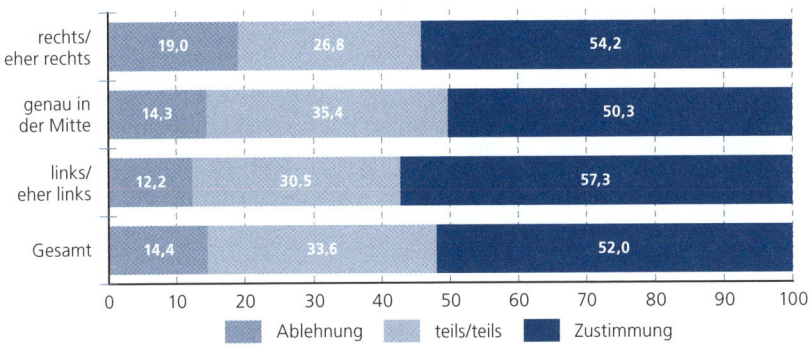

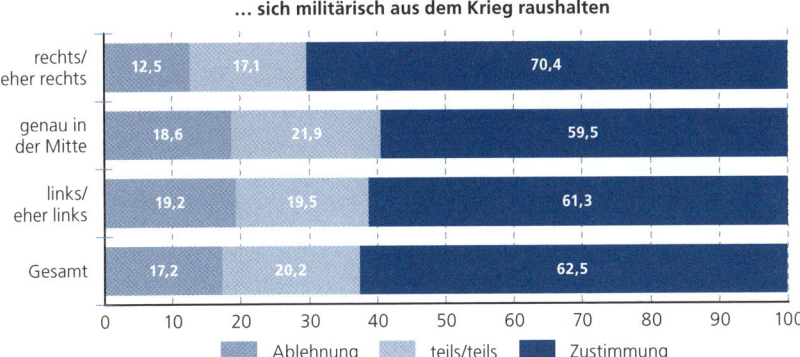

Sorgen als Menschen in Westdeutschland. So unterschiedlich das oben im Detail skizzierte Sorgenprofil ist, lässt es sich empirisch mit Einschränkungen auf einen einzigen Faktor zurückführen. Das heißt, wer sich eine bestimmte Sorge hinsichtlich der Auswirkungen des Krieges macht, macht sich wahrscheinlich auch Sorgen um andere mögliche Auswirkungen. Auf diese Weise betrachtet teilen 58 % der Befragten Kriegsfolgesorgen.[2]

Vor dem Hintergrund dieser bisweilen deutlichen Unterschiede bei den Sorgen um die Auswirkungen des Krieges und damit gleichsam der Frage nach dessen »passiven« Folgen interessiert nunmehr auch der Blick auf mögliche »aktive« Folgen; sprich die Zustimmung zu einer Reihe von Handlungsoptionen für Deutschland (⟶ Abb. 9.3, S. 272 f.).

Angesichts des insgesamt hohen Niveaus an Sorgen vor den Auswirkungen des Krieges überrascht es kaum, dass breite Einigkeit darüber besteht, Deutschland solle sich auf diplomatischem Weg um Frieden bemühen (84 %). Da diese Frage allerdings nicht als aktuelle Handlungsalternative formuliert war, also etwa als Frage danach, sofort Verhandlungen mit Russland zu beginnen, erstaunt der hohe Grad an Zustimmung hier kaum. Deutlich interessanter wird es daher bei der weiteren Frage, ob Deutschland sich militärisch aus dem Krieg heraushalten sollte. 62,5 % der Befragten stimmen dem »eher« oder »voll und ganz« zu (⟶ Abb. 9.4).

Beim Blick auf die parteipolitischen Präferenzen fällt die hohe Zustimmung zu der Forderung, Deutschland solle sich militärisch aus dem Krieg heraushalten, bei Befragten auf, die der AfD (77 %) und der Linken (83 %) zuneigen, während unter Anhänger:innen der Grünen die Zustimmung seltener ist (52 %). Eine stark ausgeprägte linke, pazifistisch-antimilitaristische Gesinnung, welche die

---

2 Die explorative Faktorenanalyse konzentriert alle sechs erfassten Sorgen angesichts des Krieges auf einem einzigen starken Faktor, der 55 % der Varianz erklärt. Die Sorge vor der Anzahl an Geflüchteten lädt allerdings nur recht schwach, die Sorge vor einem Atomkrieg ebenfalls schwach auf diesem Faktor. Die Reliabilitätsanalyse belegt jedoch eine zufriedenstellende interne Konsistenz (Cronbachs Alpha = ,82), sodass alle sechs Aussagen zu einer Mittelwertskala der Kriegsfolgesorgen zusammengefasst wurden. Angelegt wurde der Cut-off-Wert ≥ 3,5 auf der zugrunde liegenden 5-stufigen Antwortskala, um Befragte mit geringen beziehungsweise großen Sorgen zu unterteilen.

»Deutschland sollte sich militärisch aus dem Krieg raushalten.«
nach Parteipräferenz (Angaben in Prozent)   **Abb. 9.4**

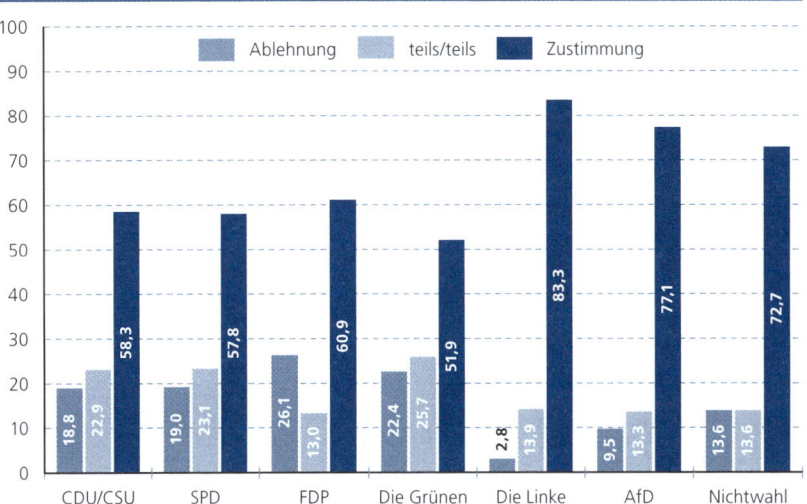

Grünen in ihrer Gründungszeit in den 1980er-Jahren auszeichnete, ist so nicht mehr zu erkennen. Dies allein bedeutet jedoch noch nicht, dass ein mit der von Bundeskanzler Scholz am 27. Februar 2022 ausgerufenen »Zeitenwende« einhergehender Konsens hinsichtlich der Positionierungen zum Krieg und darüber hinausgehend zur grundlegenden außenpolitischen (Neu-)Orientierung zweifelsfrei zu einem gemeinsamen Merkmal einer »breiten« Mitte geworden wäre. Hier lohnt ein etwas genauerer Blick darauf, welche Positionierungen sich im Hinblick auf die komplexe Konfliktkonstellation des Ukrainekrieges feststellen lassen.

9.3 Positionierungen zur Ukraine, zu Russland und zu Deutschlands Engagement – die klaren Ränder der Mitte

Im Vergleich zu den relativ »einfachen« Fragen nach den durch den Krieg hervorgerufenen Sorgen sowie nach einer direkten militärischen Beteiligung Deutschlands erlauben es Fragen nach Verantwortlichkeiten (»Russland wehrt sich gegen die Bedrohung durch den Westen.«), der Bewertung von Handlungskontexten (»Die Ukraine verteidigt unsere europäischen Werte.«) sowie von Handlungen unterhalb eines direkten militärischen Eingreifens (»Deutschland sollte mehr

Waffen in die Ukraine schicken.«), differenziert Einstellungsmustern und den damit verknüpften Weltbildern nachzugehen (➡ Abb. 9.5).

Gerade in letztgenannter Hinsicht geht es bei der Frage danach, ob die Ukraine europäische Werte verteidigt, nicht nur um die Zugehörigkeit der Ukraine zu einer europäischen Wertegemeinschaft, sondern immer auch darum, inwieweit überhaupt von der Existenz einer solchen ausgegangen wird (mit der Europäischen Union als einem relevanten Träger).

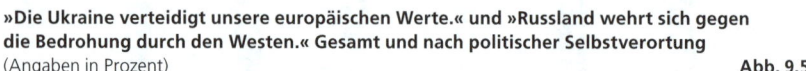

»Die Ukraine verteidigt unsere europäischen Werte.« und **»Russland wehrt sich gegen die Bedrohung durch den Westen.«** Gesamt und nach politischer Selbstverortung
(Angaben in Prozent)   **Abb. 9.5**

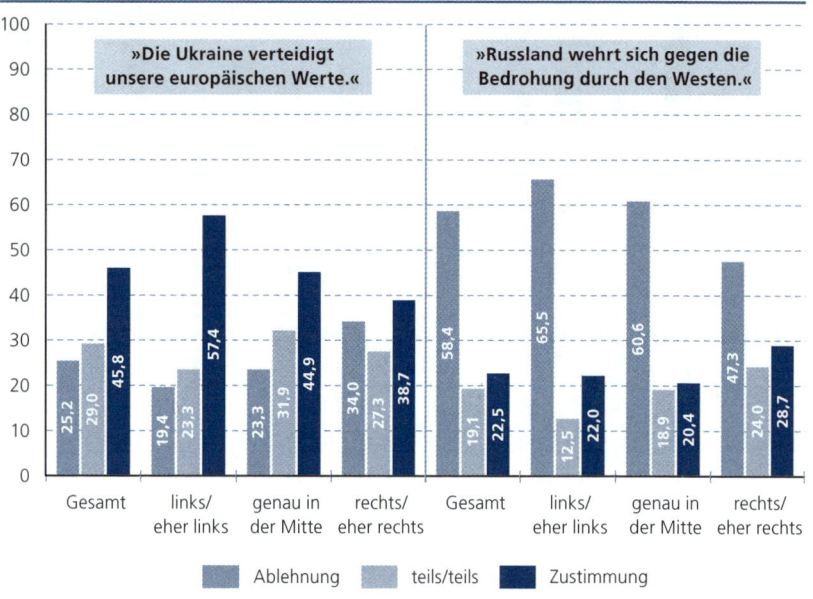

Annähernd die Hälfte der Befragten (46 %) ist davon überzeugt: »Die Ukraine verteidigt unsere europäischen Werte.«, rund ein Viertel stimmt dem nicht zu, 29 % antworten mit »teils/teils«. Umgekehrt sind 22,5 % der Befragten der Meinung: »Russland wehrt sich gegen die Bedrohung durch den Westen.« 58 % stimmen dem »eher« oder »überhaupt nicht« zu. Beide Aussagen müssen dabei nicht unbedingt im Widerspruch zueinander stehen. Es ist durchaus möglich, dass Befragte beide Positionen gleichzeitig befürworten oder ablehnen. Eindeutiger ist das Bild hingegen bei der politischen Selbstverortung. Eine politische Selbstverortung als »rechts«/»eher rechts« geht einher mit einer stärkeren Ablehnung der Aussage, die Ukraine verteidige europäische Werte: 34 % lehnen diese Aussage ab; wenngleich ihr selbst hier immer noch eine Mehrheit von 39 % zustimmt. Zum Vergleich lehnen jedoch nur 19 % der sich »links«/»eher links« Verortenden die Aussage ab, die Ukraine verteidige europäische Werte, während 57 % zustimmen. Hinsichtlich der parteipolitischen Präferenzen ist diese Ablehnung bei Anhänger:innen der AfD (57 %) sehr stark ausgeprägt, gefolgt, aber weniger als halb so stark, von Anhänger:innen der Linken (25 %).

Bei der Frage, ob Russland in der Ukraine auf eine Bedrohung durch den Westen reagiert, ergibt sich zunächst ein ähnlicher Gesamteindruck, wobei hier die Zustimmung seitens der Befragten, die sich links der Mitte verorten, etwas schwächer ausgeprägt ist (22 %) als bei denen, die sich rechts der Mitte verorten (29 %; die dezidierte Ablehnung der Aussage ist hingegen links deutlich stärker als rechts ausgeprägt). Zudem fällt auf: Befragte, die sich selbst »rechts« beziehungsweise »eher rechts« verorten, lehnen die Aussage, die Ukraine verteidige europäische Werte, stärker ab (34 %) als umgekehrt der Aussage zugestimmt wird, Russland reagiere auf eine Bedrohung durch den Westen (29 %). Eine Erklärung für diese Diskrepanz dürfte darin liegen, dass eine Positionierung bei eindeutiger Schuld- und Verantwortungszuweisung für einen Krieg – völkerrechtlich ganz profan im Sinne der Frage, wer zuerst geschossen hat; ohne dass auch nur ein Bemühen vorgelegen hätte, ein Recht auf kollektive Selbstverteidigung nach Art. 51 der UN-Charta als Rechtfertigung heranzuziehen – deutlich schwieriger im Vagen zu halten sein dürfte als Verantwortungszuschreibungen in einer eher diffusen Zone geopolitischer Ordnungs- und Wertvorstellungen.

Wieder differenzierter sieht es dann hingegen aus, wenn es darum geht, ob Deutschland mehr Waffen in die Ukraine schicken sollte. Insgesamt stimmen 41 % der Befragten dem zu. Deutlich mehr der sich politisch »rechts«/»eher rechts« (51 %) als der sich »links«/»eher links« Verortenden (33 %) lehnen dies ab, wobei sich dieses Bild nur dann leicht ändert, wenn man nach den parteipolitischen Präferenzen fragt: 60 % der Anhänger:innen der Linken lehnen dies ab, aber nur 25 % der Anhänger:innen der Grünen. Dies markiert den Umstand, dass die linke politische Selbstverortung von Anhänger:innen der Grünen auch heute noch bei vielen Themen, wie etwa Klimaschutz und Zuwanderung, Differenzen zu denjenigen aufweist, die sich selbst politisch in der Mitte verorten – in Bezug auf den Krieg sind diese Differenzen aber praktisch verschwunden.

In zentralen, unmittelbar auf den Ukrainekrieg bezogenen Fragen könnte man sagen: Die Mitte »hält« nicht nur, in gewissem Sinne wird sie sogar insbesondere dadurch stärker, dass sie in zentralen außenpolitischen Fragen eine zunehmende Zahl von Anhänger:innen der Grünen inkludiert. Eine allgemeine Selbstverortung »eher links« (in diesem Falle allerdings nicht ganz »links«) markiert im politischen Spektrum keine automatische Positionierung zum Krieg, welche gleichsam mitten durch die Mitte hindurch verlaufen würde. Die offensichtlichste Differenz ergibt sich einerseits zwischen einer hinsichtlich der politischen Selbstverortung gleichsam weit nach links ausgreifenden Mitte und einer rechten politischen Selbstverortung anderseits; parteipolitisch vor allem bei Anhänger:innen der AfD. Kaum Bruchlinien, sondern einen breiten Konsens gilt es dort auszumachen, wo es um die eindeutige Ablehnung eines aktiven militärischen Eingreifens Deutschlands in den Krieg geht.

Vor dem Hintergrund dieser ziemlich klaren Diagnose hinsichtlich Themen mit unmittelbarem Bezug zum Krieg stellt sich nunmehr allerdings die Frage, inwieweit sich ein solches eindeutiges Bild ebenfalls dort ablesen lässt, wo es in einem weiteren Sinne um die außenpolitische Verortung Deutschlands sowie um weitreichende politische Strukturentscheidungen geht, wie zum Beispiel bei der Wehrpflicht.

9.4   Der außen- und sicherheitspolitische Standort Deutschlands – kaum Bruchlinien in der Mitte

Die traditionelle Verbindung politischer Positionierung zwischen links und rechts einerseits und der Haltung zu bestimmten Sachfragen andererseits ist gerade bei der Einstellung zum Krieg so nicht mehr gegeben, wie sich speziell bei den Anhänger:innen der Grünen zeigt. Die Frage in diesem Zusammenhang ist jedoch, inwieweit sich dies ebenfalls in geopolitische Leitbilder übersetzt, insbesondere in eine grundsätzlich vorgenommene außen- und sicherheitspolitische Positionierung Deutschlands (vgl. Enskat 2015; Roos 2017; Stengel 2020).

Bei aller Schwierigkeit, dies inmitten einer geopolitischen Umbruchsituation zu tun, gilt zu fragen, wie tief und wie weit die »Zeitenwende« jenseits der gegenwärtigen Unterstützung für die Ukraine sowie für einen (dauerhaft) erhöhten Verteidigungsetat reichen mag. Hier ist es instruktiv, sich die Einstellungen zu einer (möglichen) Führungsrolle Deutschlands und seiner Beziehungen zu anderen Staaten ebenso anzuschauen wie die Einstellungen zu sehr weitreichenden Forderungen, etwa nach einer nuklearen Bewaffnung der Bundeswehr. Stärker nach innen gerichtet und mit einer Reihe weiterer gesellschaftspolitischer Themen verbunden, geht es in diesem Zusammenhang auch um die Zukunft der Wehrpflicht.

Zur Frage, ob Deutschland eine politische Führungsrolle in Europa innehaben sollte (zur Diskussion vgl. Bulmer & Paterson 2019), lässt sich mit 52 % eine relativ breite Zustimmung ausmachen. Nur 14 % stimmen dem nicht zu. Bemerkenswert hierbei ist, dass der politischen Selbstverortung im Vergleich zu vielen anderen Fragen eine geringere Bedeutung zukommt. Von denjenigen, die sich links der Mitte verorten, stimmen 57 % der Aussage zu, Deutschland solle eine politische Führungsrolle in Europa einnehmen, während dies rechts der Mitte mit 54 % kaum weniger Befragte denken – lediglich die Zustimmung in der Mitte selbst fällt bemerkenswerterweise etwas geringer aus (50 %). Hinter dieser relativ breiten Zustimmung in der Bevölkerung ist eine zumindest zum Teil durch den Krieg bedingte Auffassung zu vermuten, Deutschland habe sich, auch unabhängig von der außenpolitischen Orientierung, zu lange aus der Verantwortung gezogen – wenngleich der Inhalt dieser Verantwortung abhängig von der politischen Verortung ganz unterschiedlich ausdefiniert werden kann.

Deutlich wird der Zusammenhang zwischen außenpolitischer Orientierung und politischer Selbstverortung bei der Frage nach der gewünschten engeren Kooperation mit verschiedenen Staaten. Hier ist zunächst eine insgesamt starke Befürwortung einer engeren Kooperation mit den westlichen Partnern USA, Frankreich und Großbritannien festzustellen. Während insgesamt 92 % eine engere Zusammenarbeit mit Frankreich, 84 % eine engere Zusammenarbeit mit Großbritannien und 74 % eine engere Zusammenarbeit mit den USA befürworten, sind die entsprechenden Werte für China mit 37 % und Russland mit 23 % deutlich geringer. Auch in diesem Falle gilt wiederum: Von einer im politischen Spektrum sehr breiten Mitte sind die Abweichungen dort am stärksten ausgeprägt, wo parteipolitische Präferenzen für die AfD und Die Linke angegeben werden. Hier bleibt eine stärker antiwestliche und tendenziell russland- und chinafreundliche Einstellung prägender. Eine solche fällt ebenfalls bei einer Differenzierung nach Ost- oder Westdeutschland ins Auge, hier je nachdem, wo die Befragten überwiegend aufgewachsen sind. Während wenig Unterschiede in Bezug auf die Zusammenarbeit mit Frankreich, Großbritannien oder afrikanischen Ländern auszumachen sind, wirken mutmaßlich unterschiedliche Sozialisationspfade in den östlichen beziehungsweise westlichen Bundesländern sowie entsprechende historisch bedingte Einstellungen weiter nach, wenn es um die Kooperation mit den Großmächten geht. Deutlich mehr im Westen als im Osten aufgewachsene Menschen befürworten eine engere Zusammenarbeit mit den USA. Umgekehrt befürworten deutlich mehr im Osten als im Westen aufgewachsene Menschen eine engere Zusammenarbeit mit China oder Russland, Letzteres jedoch auf einem deutlich niedrigeren Niveau (⇒ Abb. 9.6).

Bemerkenswert ist in diesem Zusammenhang jedoch auch eine gewisse Altersdifferenzierung. Wenngleich dabei keine extremen Unterschiede ins Auge fallen, so gilt doch insgesamt, dass die »europäische« Orientierung mit steigendem Alter eher zunimmt; mutmaßlich insbesondere im Westen viel stärker auch noch mit dem Kalten Krieg verknüpfte Orientierungsmuster. Klare Unterschiede nach Altersgruppe zeigen sich jedoch bei der Frage, ob Deutschland Atomwaffen besitzen sollte. Bei einer Ablehnung von insgesamt über 70 % und einer Zustimmung von 15 % aller Befragten fällt knapp ein Viertel der 18- bis 34-Jährigen ins Auge, die dem Atomwaffenbesitz häufiger zustimmt (24 %), während es in der Gruppe der 35- bis 64-Jährigen (15,5 %) sowie der über 65-Jährigen (5 %) deutlich weniger sind. Es lässt sich stark vermuten, dass lebensweltliche Erfahrungen mit dem Kalten Krieg und der erlebten Angst vor einem Atomkrieg hier weiter meinungsprägend wirken.

Das geopolitische Leitbild und die damit einhergehende Selbstverortung einer breiten Mitte bleibt, allenfalls mit leichten Verwerfungen zwischen Ost- und Westdeutschland, *europäisch-atlantisch* statt *eurasisch*. Dies entspricht zunächst

Wunsch nach engerer Zusammenarbeit mit verschiedenen Ländern. Gesamt und nach Sozialisation in Ost- oder Westdeutschland (Angaben in Prozent)   **Abb. 9.6**

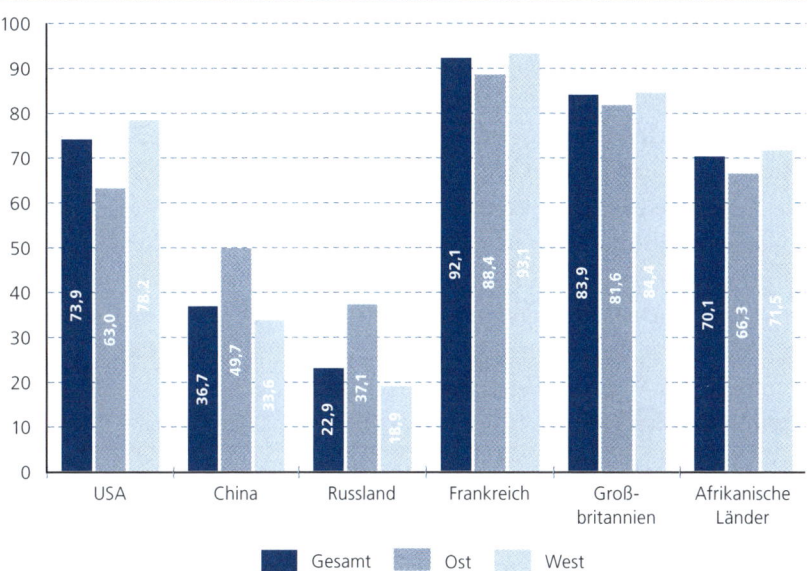

kaum einer grundsätzlichen »Zeitenwende«. Vielmehr stehen eine eher verhaltene Unterstützung für eine politische Führungsrolle Deutschlands in Europa sowie eine sehr breite Ablehnung einer atomaren Bewaffnung der Bundeswehr als Zeichen für die kollektive Vorstellung von Deutschland als einer »Zivilmacht« in Europas Mitte. In diesem Sinne erscheint die »Zeitenwende« auf den ersten Blick vielleicht eher als eine »Rolle rückwärts« in die Zeiten des Kalten Krieges. Dahinter verbirgt sich jedoch bei allen in anderen Hinsichten wichtigen Differenzierungen eine besonders bemerkenswerte tektonische Verschiebung: Die Ablehnung eines breiten außenpolitischen Konsenses ist Markenzeichen eines sich mit bestimmten Parteien, namentlich der AfD und der Linken, verbindenden *rechten* oder *linken* Weltbilds (➡ Kap. Mittendrin: »Querfront«, S. 137 ff.), während die Grünen in dieser Hinsicht in die Mitte gerückt sind und dort für ein demokratisches Grundverständnis stehen, das im Zweifelsfall aber auch militärisch verteidigt werden soll.

Dabei erstreckt sich ein so breiter außenpolitischer Konsens einer gleichsam verbreiterten Mitte nicht notwendigerweise auf weitere damit zusammenhängende gesellschaftspolitische Fragen. Herausragendes Beispiel ist die Frage nach einer Wiedereinführung der Wehrpflicht. Die Zustimmung zu einer Wiedereinführung ist bei denjenigen, die sich politisch »rechts«/»eher rechts« positionieren, deutlich stärker ausgeprägt (63 %) als bei denjenigen, die sich in der Mitte (47 %) oder »links«/»eher links« (36,5 %) positionieren. Ein Blick auf die Parteipräferenz zeigt aber, dass die Wiedereinführung der Wehrpflicht bei Anhänger:innen der Grünen sogar noch weniger populär ist und von einer Mehrheit abgelehnt wird (59 %) als bei Anhänger:innen der Linken (40 %). Besonders beachtenswert erscheint hier neben der politischen Positionierung jedoch ein deutlicher Unterschied nach Alter. Nur 29 % der 18- bis 34-Jährigen stimmen einer Wiedereinführung der Wehrpflicht zu, bei den 35- bis 64-Jährigen sind es hingegen 50 %, und bei den über 65-Jährigen sogar 57 %.

Diese Beobachtungen verweisen darauf, dass sich ein vermeintlich außenpolitischer Konsens der Mitte nicht auf die Wiedereinführung der Wehrpflicht erstreckt. Vielmehr scheint trotz des sicherheitspolitischen Anstoßes von vielen Befragten die Debatte um die Wehrpflicht eher mit der viel weitreichenderen Frage einer stärkeren gesellschaftlichen Verantwortung junger Leute verknüpft zu werden. Damit wird nicht zuletzt auf den Anstoß einer entsprechenden Debatte in der Politik reagiert (Der Bundespräsident 2022). Vorliegend festzuhalten ist jedoch, dass der angesprochene außenpolitische Konsens allein nicht in der Lage scheint, ein Ende der Aussetzung der Wehrpflicht zu tragen.

9.5 Der Krieg in der Ukraine und die Demokratie in Deutschland

Beate Küpper

Abschließend haben wir untersucht, inwiefern Befragte mit großen Sorgen wie auch konträren Positionen zum Krieg in der Ukraine Vertrauen in die Demokratie in Deutschland haben oder zu Populismus (➝ Kap. 4, S. 91 ff.) und Rechtsextremismus (➝ Kap. 3, S. 53 ff.) neigen. Deutlich wird: Befragte mit einem geringeren Vertrauen in staatliche Institutionen und Wahlen und jene, die eher zu Populismus neigen, machen sich vermehrt Sorgen über die Auswirkungen des Krieges (➝ Abb. 9.7a, S. 284).[3] Diese demokratiemisstrauischen und -gefährdenden Einstellungen werden häufiger von Wähler:innen der AfD geteilt, sind allerdings keineswegs auf diese Personen beschränkt (➝ Kap. 4, S. 91 ff.). Insofern korrespondiert dies mit den oben berichteten Befunden zur Kriegshaltung in Abhängigkeit von der Parteipräferenz, geht aber darüber hinaus. Ebenso teilen Befragte mit rechtsextremen Einstellungen häufiger Kriegsfolgesorgen, wobei die Zusammenhänge zu den Subdimensionen Fremdenfeindlichkeit und Nationalchauvinismus am stärksten ausgeprägt sind.[4] Im Weiteren verweist der Blick auf die spezifischen Kriegsfolgesorgen auf einen engen Zusammenhang der Sorge vor der Anzahl an Flüchtlingen mit schwächerem Demokratievertrauen und stärker populistischen wie auch rechtsextremen Einstellungen, während zum Beispiel die Sorge vor einer Ausweitung des Krieges damit jeweils weniger eng verbunden ist.[5]

---

3 Alle Chi²-Tests zur statistischen Prüfung der Zusammenhänge der Einstellungskategorien sind signifikant mit p < ,001.

4 Pearson-Korrelationen der Mittelwertskala *Kriegsfolgesorgen* mit Demokratievertrauen (r = -,37); Populismus (r = ,48); Rechtsextremismus (r = ,38) sowie den Subdimensionen Befürwortung einer rechtsgerichteten Diktatur (r = ,33), Nationalchauvinismus (r = ,40), Verharmlosung des Nationalsozialismus (r = ,20), Fremdenfeindlichkeit (r = ,44), Antisemitismus (r = ,24) und Sozialdarwinismus (r = ,29). Alle Korrelationen sind signifikant mit p < ,001.

5 Pearson-Korrelationen der spezifischen Kriegsfolgesorgen: die *steigenden Energiepreise/die wirtschaftliche Entwicklung/den eigenen Lebensstandard dauerhaft nicht halten zu können/die Anzahl der Flüchtlinge/eine Ausweitung des Krieges/ein Atomkrieg* mit Demokratievertrauen (r = -,20/-,33/-,32/-,43/ -,17/-,17); Populismus (r = ,32/,39/,41/,57/,17/,24); Rechtsextremismus (r = ,22/,28/,33/,52/,10/,19). Alle Korrelationen sind signifikant mit p < ,001.

**Kriegsfolgesorgen und Positionierung im Ukrainekrieg nach Demokratie-
vertrauen, Populismus und Rechtsextremismus** (Angaben in Prozent)   **Abb. 9.7a**

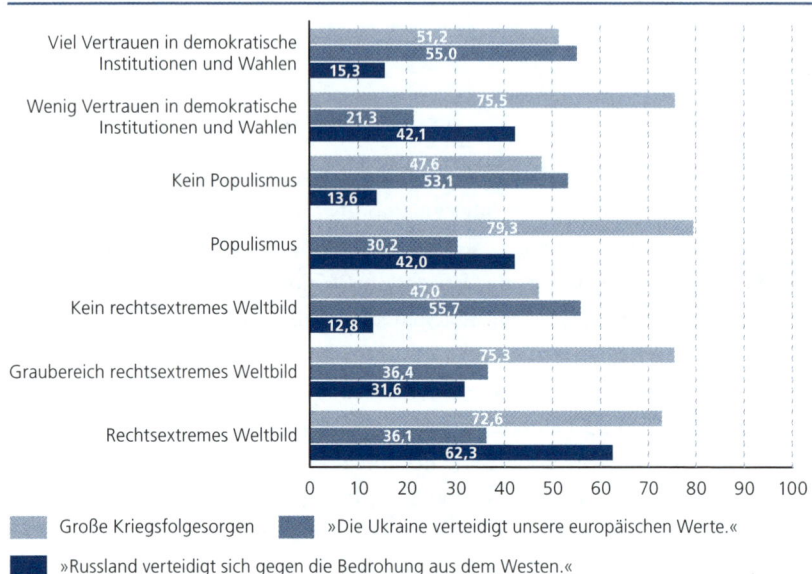

Hinsichtlich der zwei konträren Positionen zum Krieg äußern sich Befragte mit
wenig Vertrauen in die Demokratie und einer Neigung zum Populismus seltener proukrainisch (»Die Ukraine verteidigt unsere europäischen Werte.«) und
häufiger prorussisch (»Russland wehrt sich gegen die Bedrohung durch den
Westen.«) als jene mit viel Demokratievertrauen und geringem Hang zum
Populismus. Zudem korreliert die prorussische Position deutlich mit rechtsextremen Einstellungen, insbesondere mit der Befürwortung einer rechtsgerichteten Diktatur und Sozialdarwinismus.[6]

---

6   Pearson-Korrelationen der *proukrainischen/prorussischen Positionierung* mit Demokratievertrauen
    (r =,47/-,38); Populismus (r = -,38/,43); Rechtsextremismus (r = -,26/,47) sowie den Subdimensi-
    onen Befürwortung einer rechtsgerichteten Diktatur (r = -,23/,44), Nationalchauvinismus
    (r = -,25/,36), Verharmlosung des Nationalsozialismus (r = -,20/,42), Fremdenfeindlichkeit
    (r = -,30/,39), Antisemitismus (r = -,16/,42) und Sozialdarwinismus (r = -,16/,43). Alle Korrelatio-
    nen sind signifikant mit p < ,001.

Die unterschiedlichen Handlungsoptionen für Deutschland angesichts des Krieges hängen hingegen nur geringfügig mit Demokratievertrauen sowie populistischen und rechtsextremen Einstellungen zusammen.[7] Im Folgenden werden nur einige Auffälligkeiten berichtet. Wer Vertrauen in die Demokratie hat, ist eher dafür, mehr Waffen in die Ukraine zu schicken und spricht sich eher für eine politische Führungsrolle Deutschlands in Europa aus. Bei den potenziell demokratiegefährdenden Einstellungen fällt besonders die Ablehnung von mehr Waffenlieferungen aus Deutschland unter denjenigen auf, die zum Populismus neigen, während diese sich im Gegenzug häufiger für die Wiedereinführung der Wehrpflicht aussprechen. Die militaristischen Ansätze gehen ebenfalls vermehrt mit rechtsextremen Einstellungen einher, so vor allem auch mit der Befürwortung des Atomwaffenbesitzes Deutschlands. Ferner sprechen sich Befragte mit populistischen und rechtsextremen Einstellungen etwas eher dafür aus, dass sich Deutschland militärisch aus dem Krieg heraushalten sollte. Grundsätzlich fallen die Tendenzen und Unterschiede nach potenziell demokratiegefährdenden Einstellungen ähnlich aus. Exemplarisch wird hier noch die Zustimmung zu den jeweiligen Handlungsoptionen nach Befragten mit und ohne Neigung zum Populismus abgebildet (➞ Abb. 9.7b, S. 286).[8]

Darüber hinaus sprechen sich Befragte mit weniger Vertrauen in die Demokratie und mehr demokratiegefährdenden Einstellungen seltener für eine starke Westbindung Deutschlands aus als jene mit mehr Vertrauen und weniger demokratiegefährdenden Einstellungen. Dabei unterscheiden sich die Befragten insbesondere in ihrem Wunsch nach einer engeren Zusammenarbeit mit den USA oder Russland. So sind jene mit hohem Demokratievertrauen zu 80 % für eine enge Zusammenarbeit mit den USA, jene mit niedrigem Demokratiever-

---

7 Pearson-Korrelationen der Handlungsoptionen (»Deutschland sollte …«) *mehr Waffen in die Ukraine schicken/sich auf diplomatischem Weg um den Frieden bemühen/die Wehrpflicht wieder einführen/ selbst Atomwaffen besitzen/eine politische Führungsrolle in Europa haben/sich militärisch aus dem Krieg raushalten* mit Demokratievertrauen (r = ,38/,20/-,01 (n. s.)/-,12/,26/,-14); Populismus (r = -,30/- ,05 (n. s.)/,30/,34/,06 (n. s.)/,22) und Rechtsextremismus (r = -,20/-,12/,28/,42/,02 (n. s.)/,16). Die Korrelationen sind signifikant mit p < ,001, sofern nicht anders angegeben; n. s. = nicht signifikant.

8 Die Chi²-Tests zur statistischen Prüfung der Zusammenhänge der Einstellungskategorien sind signifikant mit p < ,05 mit Ausnahme der Forderung »Deutschland sollte sich auf diplomatischem Weg um den Frieden bemühen.«.

Handlungsoptionen für Deutschland nach Neigung zum Populismus
(Angaben in Prozent)　　　　　　　　　　　　　　　　　　　　**Abb. 9.7b**

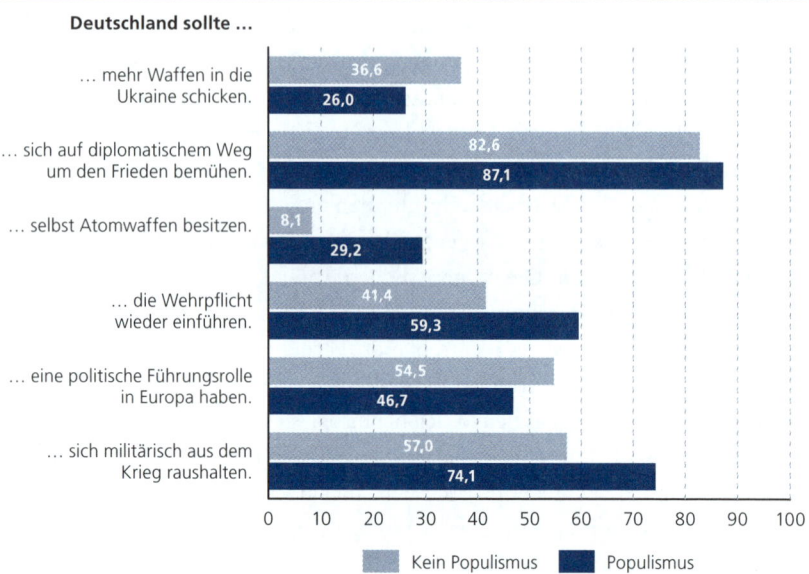

trauen nur zu 53 %. Umgekehrt sprechen sich Letztere zu 35 % für eine engere Zusammenarbeit mit Russland aus (zu 18,5 % mit hohem Demokratievertrauen). Befragte, die zu Populismus neigen, befürworten mit 61 % eine engere Zusammenarbeit mit den USA und 33 % mit Russland; gegenüber 80 % respektive 18 % der Befragten, die nicht zum Populismus neigen. Während sich in der Frage nach der Zusammenarbeit mit anderen Ländern die Befragten ansonsten kaum unterscheiden, fallen jene mit einem rechtsextremen Weltbild neben einer geringeren Westbindung durch die Forderung auf, Deutschland sollte in Zukunft enger mit China, aber nicht mit afrikanischen Ländern zusammenarbeiten.

Vielleicht nicht unerwartet geht im Übrigen eine linksideologische Haltung (hier erfasst in der Facette des Antikapitalismus) ebenso wie eine rechtsideologische Haltung (hier erfasst über Gruppenbezogene Menschenfeindlichkeit (➟ Kap. Mittendrin: »Querfront«, S. 137 ff., und Kap. 5, S. 149 ff.) eher mit der Position einher, Russland wehre sich gegen die Bedrohung durch den

Westen wie auch tendenziell mit Ablehnung der Position, dass die Ukraine europäische Werte verteidige. Die Zusammenhänge sind vergleichsweise schwach, aber signifikant. Das Ausmaß an Kriegsfolgesorgen ist nur geringfügig mit den jeweiligen Ideologien verknüpft, augenfällig ist aber die Sorge vor der Anzahl an Flüchtlingen, die deutlich mit einer rechtsideologischen Haltung verbunden ist, und auch mit der Forderung einer militärischen Reaktion Deutschlands auf den Krieg. Je eher die Befragten zu einer links- oder rechtsideologischen Haltung neigen, desto eher tendieren sie zudem zu der Forderung, Deutschland solle sich aus dem Krieg heraushalten, wobei diese Zusammenhänge ebenfalls nur schwach, aber signifikant sind.[9] Doch auch Befragte mit einer linken, antikapitalistischen Haltung sind zu zwei Dritteln (67 %) für eine enge Zusammenarbeit mit den USA (zu 79 % ohne antikapitalistische Haltung); nur rund ein Fünftel (22 %) spricht sich für eine engere Zusammenarbeit mit Russland aus (zu 23 % ohne antikapitalistische Haltung). Ebenso sind Befragte mit einer rechten, menschenfeindlichen Haltung mehrheitlich und ohne signifikanten Unterschied zu jenen ohne eine solche Haltung für eine engere Zusammenarbeit mit den USA (65 % zu 75 %). Etwas häufiger sprechen sie sich allerdings auch für eine engere Zusammenarbeit mit Russland aus (34 % zu 22 %).

Die grundsätzliche Position zum russischen Angriff auf die Ukraine und ebenso die geäußerten Sorgen vor den Kriegsfolgen sind nicht losgelöst vom grundsätzlichen Muster der politischen Einstellungen der Befragten ausgeprägt. Befragte im Graubereich rechtsextremer Einstellungen ähneln sich in ihren Einstellungen zum Krieg in der Ukraine eher Befragten mit einem rechtsextremen Weltbild als jenen ohne.

---

9   Pearson-Korrelation der Kriegsfolgesorgen/proukrainischen/prorussischen Positionierung mit einer linken Ideologie (*Antikapitalismus*) (r = ,19/-,12/,26) und einer rechten Ideologie (*Index Gruppenbezogene Menschenfeindlichkeit*) (r = ,35/-,25/,38). Eine linke Ideologie korreliert insbesondere mit wirtschaftlichen Sorgen, wie den eigenen Lebensstandard nicht halten zu können oder die steigenden Energiepreise (beide r = ,21). Zwischen linker Ideologie und den Handlungsoptionen bestehen nur sehr schwache Zusammenhänge, am deutlichsten noch mit der Forderung, Deutschland sollte sich militärisch aus dem Krieg raushalten (r = ,13). Hingegen korreliert eine rechte Ideologie insbesondere mit der Sorge vor der Anzahl der Geflüchteten (r = ,54) sowie mit militaristischen Forderungen, wie nach dem Besitz eigener Atomwaffen Deutschlands (r = ,45) und einer Wiedereinführung der Wehrpflicht (r = ,32) wie auch einer Ablehnung der Forderung, Deutschland sollte mehr Waffen in die Ukraine liefern (r = -,18). Zudem ist tendenziell auch eine rechtsideologische Haltung mit der Forderung verknüpft, Deutschland sollte sich militärisch aus dem Krieg raushalten (r = ,15).

9.6　Die Mitte in der »Zeitenwende«

In Bezug auf die Einstellungen zum Ukrainekrieg sowie sich darin widerspiegelnden respektive dadurch beförderten geopolitischen Weltsichten und außenpolitischen Orientierungen ließe sich im Hinblick auf politische Positionierungen und parteipolitische Präferenzen sagen, dass sich die Mitte in gewissem Sinne eher verstärkt, was insbesondere an der klaren Konturierung von Positionen an den linken und rechten Rändern sichtbar wird. Dabei geht es nicht nur unmittelbar um eine Unterstützung für die Ukraine und eine Schuldzuweisung an Russland. Es geht auch um die klare Befürwortung einer starken euroatlantischen Orientierung beziehungsweise »Westbindung« Deutschlands. Diese erscheint jedoch in vielerlei Hinsicht – nämlich im Vergleich zu den letzten beiden Jahrzehnten – nur in Teilen als eine »Zeitenwende«. Sie markiert gerade im Vergleich mit der Bundesrepublik vor dem Ende des Kalten Krieges auch eine Kontinuität in außenpolitischer Zurückhaltung, welche eine Führungsposition Deutschlands, selbst nur in Europa, zumindest nicht enthusiastisch befürwortet und extremen Kurswechseln wie aktiver Kriegsbeteiligung oder atomarer Bewaffnung der Bundeswehr keine Sympathien entgegenbringt. Die eigentliche »Zeitenwende« mag daher auch sein, dass die Grünen trotz einer weiterhin primär linken politischen Positionierung nicht nur in die außenpolitische Mitte der Gesellschaft gerückt sind, sondern diese geradezu repräsentieren.

10 Klimapolitische Einstellungen im Kontext des Krieges gegen die Ukraine

Fritz Reusswig · Beate Küpper

Auch wenn der »Wutwinter« ausblieb, gingen Zehntausende – insbesondere in Ostdeutschland – gegen die Coronapolitik, Ukraine- und Energiekrise auf die Straßen. Sowohl von der Linken als auch der AfD wurden die Bundesregierung und der »Westen« in weiten Teilen für eine »antirussische« Politik kritisiert. Der massive Anstieg der Energiepreise wurde insbesondere von rechtspopulistischer Seite aus nicht nur einseitig als Folge unangemessener westlicher Sanktionen interpretiert, sondern in eine Kontinuitätslinie einer viel zu teuren und »gescheiterten« Energiewende gestellt, die schon immer ein grünes »Elitenprojekt« gegen die »Mehrheit des Volkes« gewesen sei.[1] Die Folgen des russischen Angriffskrieges gegen die Ukraine werden dem Klimaschutz in die Schuhe geschoben (⇒ Kap. 9, S. 267 ff.). Zugleich ist der Klimawandel eine globale Krisenlage ersten Ranges, die in den vergangenen Jahren eine Themenaufwertung und eine emotionale Aufladung erfahren hat. So steht im Sommer 2022 der Klimawandel an erster Stelle von Entwicklungen, die den Menschen in Deutschland Sorgen bereiten, fast gleichauf liegen wachsender Hass und Feindseligkeit, gefolgt vom Krieg gegen die Ukraine (vgl. Best et al. 2023).

Diese emotionale Aufladung macht gleichzeitig anfällig für polarisierende Zuspitzungen und Schuldzuweisungen. Bereits die Beschränkungen aufgrund der Coronapandemie wurden von fast 40 % der Befragten einer repräsentativen Studie zumindest teilweise als »nur ein Probelauf für geplante staatliche Zwangsmaßnahmen infolge der Klimapolitik« interpretiert (Salheiser, Richter & Quent 2022). Der Weltklimarat betonte erstmals in einem von allen Mitgliedsstaaten unterzeichneten Dokument, die Desinformation und Fehlinformation sowie

---

1 Fritz Vahrenholt, Ex-Politiker, SPD-Mitglied und ehemaliger Manager von Energieunternehmen, findet in der Szene der Klimaleugner:innen mit seiner These großen Anklang, der Klimawandel sei wesentlich durch Sonnenaktivitäten bedingt und die deutsche Klimaschutzpolitik unsinnig, überteuert und verfehlt. Seine Bücher werden auch im Onlineshop des extrem rechten »Compact«-Magazins vertrieben.

die Politisierung der Wissenschaft seien Haupthindernisse des Handelns für mehr Klimaschutz. Begleitet wird dies nicht selten von Populismus gegen die »links-rot-grünen Eliten«, die das Volk mit Ökoauflagen »knechten und unterjochen« wollen, wobei gerade die superreichen »Verschmutzereliten« (Neckel 2023), die für einen erheblichen Teil der weltweiten Emissionen verantwortlich sind, oft nicht adressiert werden.

Das vorliegende Kapitel geht der Frage nach, welchen Einfluss die Doppelkrise der Energieversorgung und des Klimawandels auf die Einstellungen der Bevölkerung zu Klimapolitik und Energiewende hat. Bremst der Krieg diese Möglichkeit aus oder wirkt er als Katalysator für den schnelleren Ausbau der Erneuerbaren? Die große Mehrheit von 82 % spricht sich laut Eurobarometer dafür aus, so schnell wie möglich die Abhängigkeit von Russland bei der Energieversorgung zu verringern und 87 % der Deutschen fordern den massiven Ausbau der erneuerbaren Energien (Europäische Kommission 2023). Wie Studien zeigen, machen sich die Deutschen mehr noch als der EU-Durchschnitt Sorgen wegen steigender Energiekosten (vgl. de Vries & Hoffmann 2022). Gelingt es dem Rechtspopulismus, diese Sorgen für sein Programm einer Destabilisierung des politischen Systems zu instrumentalisieren?

10.1 Der Klimawandel schreitet voran

Der Sommer 2023 schlägt erneut Rekorde in Ereignissen von Hitze, Dürre und Feuer. Wie schon der 6. Sachstandsbericht des Weltklimarates von 2021/22 wiederholt vor Augen führte, ändert sich das Weltklima längst sehr deutlich und wird – falls es zu keinem wirksamen globalen Klimaschutz kommt – nicht nur zu massiven greifbaren wie monetären Schäden führen, sondern an vielen Stellen des Planeten auch die Frage nach seiner Bewohnbarkeit für Menschen aufwerfen.[2] Das 2015 im Pariser Klimaabkommen beschlossene 1,5-Grad-Ziel – also die Begrenzung der Erderwärmung auf ein noch vertretbares Plus von 1,5 °C bis zum Jahr 2100 gegenüber der vorindustriellen Periode – ist angesichts des

---

2   Die Sachstandsberichte des Weltklimarates (IPCC) tragen alle Forschungsergebnisse zu Klimawandel, Klimafolgen, Klimaanpassung und Klimaschutz zusammen. Einen guten Überblick bieten die sogenannten »Zusammenfassungen für Entscheidungsträger«; in deutscher Übersetzung verfügbar auf der Homepage der Deutschen Koordinierungsstelle des IPCC: https://www.de-ipcc.de [Aufruf am 4.7.2023].

ungebremsten Wachstums der Treibhausgasemissionen kaum noch erreichbar. Geht die reale Klimapolitik so weiter, sind ca. +2,7 °C wahrscheinlich. Mit jedem Jahr wächst damit das Risiko eines wirklich gefährlichen Klimawandels, selbst ein katastrophales Szenario von +4 bis +6 °C bis 2100 kann nicht ganz ausgeschlossen werden. Das erklärt, warum sich in wachsenden Teilen der Gesellschaft und insbesondere unter Angehörigen der jungen Generation, die diese riskanten Entwicklungen noch persönlich erleben werden, zunehmend Angst, aber auch Enttäuschung und Wut über die Untätigkeit der Politik breitmacht (vgl. Neckel & Hasenfratz 2021; Swim et al. 2022); spürbar bis hinein in die therapeutische Alltagspraxis (vgl. Dohm et al. 2023). Zunehmend ist auch Deutschland betroffen: Das Robert Koch-Institut zählt für die drei aufeinanderfolgenden Jahre 2018, 2019 und 2020 mit außergewöhnlich langen, heißen, trockenen Sommern rund 20.000 Hitzetote (Winklmayr et al. 2022). Zusammen mit der Hochwasserkatastrophe um die Ahr hinterließen diese Extremwetterereignisse monetäre Schäden von rund 80 Milliarden Euro (Trenczek et al. 2022). Umso dringlicher ist die rasche Senkung der Treibhausgasemissionen etwa durch den massiven Ausbau der erneuerbaren Energien wie Windkraft, Solar, Erdwärme und Biomasse, wie es die deutsche Energiewende vorsieht.

Der Klimawandel bringt darüber hinaus diverse Verluste mit sich, wie sie in jüngerer Zeit von einer »Soziologie des Verlustes« (*Sociology of Loss*, Elliot 2018) adressiert werden: Arten verschwinden für immer, bestimmte Verhaltensweisen und Berufsbilder gehen verloren oder ändern sich. Gleiches gilt für den Klimaschutz. Um die Emissionen zu senken, müssen Menschen ihre tradierten Gewohnheiten aufgeben (u. a. Fleisch essen, Fliegen, Verbrennerautos fahren, mit Öl heizen etc.) beziehungsweise neu definieren. Der bereits real existierende, vor allem aber der zukünftig noch verstärkte Klimawandel erzeugt Unsicherheit, Angst und Ablehnung (➡ Kap. 7, S. 219 ff.). Diese »Klimaangst« (*Eco-anxiety*) steht im Mittelpunkt von Klimaprotestbewegungen wie »Fridays for Future« oder »Letzte Generation«. Doch auch der Klimaschutz selbst kann mit Ängsten und mindestens Unwillen einhergehen, bedeutet er eben Veränderung und damit Kontrollverluste. Menschen fürchten um ihre vertraute Lebensweise und ihre lieb gewonnenen Gewohnheiten. Hinzu kommen gestiegene Sorgen um die Energiesicherheit und Preisstabilität. Angst, so scheint es, ist ubiquitär, aber über gegensätzliche Positionen sich teilweise bekämpfender Gruppierungen hinweg polar verteilt: Jede dieser Gruppen hat Ängste, aber während die einen den Untergang des Planeten befürchten, sehen die anderen ihr Lebens- und/oder Geschäftsmodell gefährdet. Und beide empfinden Wut übereinander.

10.2 Akzeptanz von Klimapolitik und Energiewende

Der Klimawandel wird neben dem Rechtsextremismus als eine der größten Bedrohungen für Deutschland gesehen, wie die Mitte-Studie 2020/21 gezeigt hat. Dieser Befund wird auch von anderen Studien bestätigt. 81 % der Deutschen halten den Klimawandel für ein Problem und 77 % fordern, Deutschland müsse den Klimawandel bekämpfen, so das Ergebnis einer weltweiten Studie von 2021/22 unter zwanzig Ländern (Dechezleprêtre et al. 2022). Auch die Akzeptanz der Energiewende ist in Deutschland nach wie vor hoch. Doch vor Ort kommt es immer wieder zu Protesten und Klagen vor Gericht. Auch wenn die dafür angestrebten 2 % der Landfläche im Vergleich zu den Flächen, die für Siedlungen und Verkehrsinfrastruktur belegt werden (derzeit rund 14 %), gering sind, entbrennen gerade im ländlichen Raum häufig heftige Konflikte um einzelne Maßnahmen.

Die Energiewende wird mehrheitlich als notwendig angesehen, aber mit der Umsetzung vor Ort sind viele Menschen unzufrieden: Nur 10 % der bundesweit im Jahr 2021 Befragten des Projekts »Demokon – Eine demokratische Konfliktkultur für die Energiewende« waren *sowohl* mit der Grundidee der Energiewende *als auch* mit ihrer Umsetzung zufrieden; 40 % fanden die Energiewende grundsätzlich gut, aber die Umsetzung schlecht, weitere 44 % waren ambivalent (mit beidem nur mäßig zufrieden). 6 % waren *sowohl* mit der Grundidee *als auch* der Umsetzung unzufrieden (Teune et al. 2021). Nach Ansicht von 64 % geht es mit der Energiewende »zu langsam, um das Klima wirksam zu schützen«, während nur 24 % meinen, es ginge »zu schnell, der Wandel braucht mehr Zeit«. Mehr als die Hälfte der Befragten kritisiert die Energiewende allerdings als zu teuer und rund ein Drittel bemängelt, sie sei ungerecht. Unter den mit der Umsetzung Unzufriedenen sind viele, denen die Energiewende zu langsam geht, während sie vor allem von den Gegner:innen und teilweise auch den Ambivalenten als zu schnell, zu teuer und zu ungerecht bewertet wird.

Im Rahmen der Mitte-Studie 2021/22 konnten wir zeigen, wie sich die Klimadebatte in Deutschland im Vergleich zum Stand zehn Jahre vorher weiterentwickelt hat: Viel mehr Menschen sind davon überzeugt, dass der Klimawandel menschengemacht ist (Reusswig, Küpper & Rump 2021; vgl. auch BMUV/UBA 2022). Gleichzeitig konnten Klimaskeptiker:innen weltweit und in Deutschland ihre Resonanz erhöhen. Über die sozialen Medien sind Verschwörungsmythen auch über den Klimawandel und den Klimaschutz im Umlauf, über die sich nicht nur Gleichgesinnte finden und sich gegenseitig bestärken, sondern die ebenso das Vertrauen in die Klimawissenschaften, Klimaschutzpolitik und die Bereitschaft zu eigenem klimaschützenden Verhalten unterminieren (vgl. Biddlestone, Azevedo & van der Linden 2022). Mittlerweile sitzt mit der AfD eine politische Partei im Deutschen Bundestag, die den menschengemachten Klimawandel bezweifelt. Der Rechtspopulismus hat inzwischen auch im Bereich der Klimadebatte zu einer Polarisierung und Verschärfung ihres polemischen Charakters geführt (Reusswig & Küpper 2022).

Nicht zuletzt unter dem Eindruck wachsender Mehrheiten für den Klimaschutz wird die Leugnung des Klimawandels mittlerweile durch eine Verzögerungsstrategie ergänzt (vgl. Lamb et al. 2020). Der Verzögerungsdiskurs umfasst Argumente, warum konsequenter Klimaschutz sinnlos, schädlich oder zu spät sei. Ein Argument lautet, wir könnten ohnehin nichts mehr tun, es sei zu spät zum Handeln. Ein zweites Argument weist jede Verantwortung der Bevölkerung zurück und sieht es als ausschließliche Aufgabe anderer Akteur:innen an – Staat, Industrie, China – etwas zu tun. Eine dritte Variante akzeptiert zwar die Notwendigkeit von Klimaschutz, leugnet aber die Behauptung, es müssten jetzt drastische Maßnahmen ergriffen werden. Kleinere technische Maßnahmen oder ein paar Anreize – am besten auch erst morgen – würden ausreichen. Eine vierte Variante des Ausbremsens besteht darin, die Nachteile und Schwierigkeiten von Klimaschutz zu betonen, also auf den drohenden Wohlstandsverlust hinzuweisen oder die sozialen Härten von Klimaschutzpolitik herauszustellen. Unterfüttert werden diese Argumente bisweilen mit pseudowissenschaftlichen Befunden, verschwörungsideologischen Versatzstücken und Angriffen auf Klimaschützer:innen, vorangetrieben von einer kleinen Anzahl Aktiver in den sozialen Medien (vgl. King, Janulewicz & Arcostanzo 2022). Von Rechtsaußen wird eine besonders vehemente, herabwürdigende und emotional aufgeladene

Einstellungen zum Klimawandel und zur Energiewende 2022/23
(Angaben in Prozent)   Tabelle 10.1

Trifft ... →
»Progressive« Haltung (M = 3,64; SD = ,92; n = 952; α = ,74)
Der Klimawandel ist eine große Bedrohung für das Land.
Der Ukrainekonflikt macht deutlich, dass wir den Ausbau erneuerbarer Energien schneller vorantreiben müssen.
Die Energiewende braucht mehr Bürgerbeteiligung.
Ich finde die Proteste und Blockaden der Klimaaktivisten nachvollziehbar.
»Regressive« Haltung (M = 2,98; SD = ,91; n = 947; α = ,72)
Die Energiewende gehört raus aus der Politik in die Hand von echten Fachleuten.
Statt Klimaschutz braucht es die Förderung von Technologien zur Anpassung an den Klimawandel.
Im Moment können wir uns die Energiewende einfach nicht leisten.
Wir sollten uns mit Russland einigen und wieder mehr Gas und Öl von dort beziehen.
Klimaschutz ist letztlich Ökoterrorismus gegen die Bevölkerung.
Sorgen vor steigenden Energiepreisen aufgrund des Kriegs gegen die Ukraine (→ Kap. 9, Abb. 9.1, S. 257)

Anmerkungen Die Aussagen wurden den Befragten in randomisierter Reihenfolge vorgelegt. **M** = arithmetischer Mittelwert; **SD** = Standardabweichung; **n** = Anzahl der Befragten; α = Cronbachs Alpha.

Kritik an der Klimabewegung befeuert, die sich prominent an der Person Greta Thunbergs entlud. Breiteres Publikum fand jüngst der Versuch, die Protestaktionen der »Letzten Generation« als »Ökoterrorismus«[3] zu kriminalisieren, in deren Zuge sich viele – auch in der Mitte – mehr über die »Klimakleber« als über den Klimawandel echauffierten.

10.3 Klimapolitische Einstellungen in der Mitte 2022/23

In der Mitte-Studie 2022/23 haben wir eine Reihe von Fragen zum Themenfeld Klima und Energie gestellt (→ Tab. 10.1). Ausgewählt wurden solche Themen und Aussagen, die in der aktuellen Debatte im Ringen um Klimaschutz und

---

3   Ein Blick in die entsprechenden Positionen sowie die Meldungen des Onlinemagazins »AfD Kompakt« macht dies deutlich. Die »Fridays for Future«-Bewegung und die »Letzte Generation« werden hier unisono als »Klimaterroristen« bezeichnet und Klimaschutz und Energiewende als »Ökoterrorismus«, der mit Sozialismus und Diktatur in Verbindung gebracht wird.

Tabelle 10.1

... überhaupt nicht zu	... eher nicht zu	teils/teils	... eher zu	... voll und ganz zu
4,2	6,9	20,0	25,6	43,4
4,9	5,6	14,9	24,3	50,2
5,0	7,4	22,3	29,5	35,8
30,7	16,6	23,0	13,5	16,3
7,9	10,5	30,4	25,5	25,6
7,8	10,4	27,9	25,8	28,1
19,6	16,0	24,5	17,5	22,4
39,3	14,5	19,8	13,8	12,7
42,3	15,3	21,3	13,0	8,0

Energieversorgung so oder ähnlich zu hören sind. Diese Fragen wurden einer zufällig ausgewählten Hälfte der Befragten vorgelegt.

Bedrohung durch den Klimawandel: 70 % der Befragten schätzen den Klimawandel als eine »große Bedrohung für das Land« ein, darunter sind sogar 43 %, die das »voll und ganz« so sehen; nur etwa jeder zehnte (11 %) sieht das (eher) nicht so. In der Mitte-Studie 2020/21, die ebenfalls im Winter durchgeführt wurde, hielt ein fast identisch hoher Anteil an Befragten den Klimawandel für eine große Bedrohung für Deutschland (69 %). In einer im Sommer 2022 durchgeführten Studie zum Demokratievertrauen in Krisenzeiten äußerten sogar 80 % Sorgen aufgrund des Klimawandels wie auch aufgrund von Hass und Feindseligkeit in der Gesellschaft, gefolgt von 74 %, die sich Sorgen aufgrund des Krieges in der Ukraine machten (Best et al. 2023). Der Krieg hat – bei aller naheliegenden Fokussierung der Aufmerksamkeit auf außen- und sicherheitspolitische Fragen – offenbar nicht zu einem Bedeutungsverlust des Klimathemas geführt, eher scheint hier der Sommer mit seinen merkbaren Hitzeereignissen Einfluss auf die Einstellungen zu haben.[4]

Proteste: Um auf die Klimakrise und die mutmaßliche Inaktivität der Politik aufmerksam zu machen, nutzen Klimaaktivist:innen wie die erst 2019 gegründete »Letzte Generation« inzwischen auch Formen des zivilen Ungehorsams wie Blockaden von Straßen und Flughäfen oder das Beschmieren von Kunstwerken. Anders als noch die »Fridays for Future«-Bewegung, die hauptsächlich auf Massenmobilisierung im öffentlichen Raum setzte, zielt der neue Klimaprotest bewusst auf die Störung des Alltags der Menschen. Viele Massenmedien, die »Fridays for Future« noch wohlwollend begleitet hatten, berichten jetzt eher kritisch. Selbst Politiker:innen der Grünen distanzierten sich von den Protesten. Diese neue Protestform polarisiert und emotionalisiert die öffentliche Klimadebatte bis zu einem populistischen Zungenschlag. »Klimaterroristen« wurde Unwort des Jahres 2022 mit dem Potenzial, nicht nur die Protestform, sondern generell den Klimaschutz zu diskreditieren. Die Bevölkerung positioniert sich unterschiedlich zu den drastischeren Protestformen für mehr Klimaschutz: Rund die Hälfte der Befragten lehnt solche Proteste ab, darunter ein knappes Drittel der Befragten (31 %) »voll und ganz«. Doch immerhin 30 % der Bevölkerung können die Proteste und Blockaden nachvollziehen. Ein weiteres Fünftel ist in seiner Haltung dazu gespalten (»teils/teils«).

Ausbau erneuerbarer Energien: Mit fast 70 % zieht eine deutliche Mehrheit der Befragten aus dem Ukrainekrieg den Schluss, »dass wir den Ausbau erneuerbarer Energien schneller vorantreiben müssen« – darunter 50 % sogar »voll und ganz« –, und steht damit grundsätzlich hinter der von der Bundesregierung auf den Weg gebrachten Beschleunigung des Ausbaus erneuerbarer Energien. Nur gut jede:r Zehnte sieht dies nicht so. Dieser Befund der Mitte-Studie deckt sich mit den Ergebnissen der »Akzeptanzumfrage« 2022 der Agentur für erneuerbare Energien (AEE). 66 % der Befragten konnten sich demnach vorstellen,

---

4   Ein Teil der noch höheren Werte kann gegebenenfalls auch auf die jeweils verwendete Methodik zurückgeführt werden. Die Studie von Best et al. (2023) erhebt nicht nur telefonisch wie die Mitte-Studie, sondern befragt ergänzend auch online.

Erneuerbare-Energien-Anlagen auch in der näheren Umgebung des eigenen Wohnorts zu akzeptieren. Das sind 11 % mehr als 2021 und nur 11 % lehnten dies ab (AEE 2022).

Energiewende zu teuer: Angesichts der hohen Energiepreise könnte man der Meinung sein, die Energiewende sei derzeit nicht bezahlbar – auch wenn damit das Problem des umso teureren Klimawandels nicht verschwindet. Diese Position findet ein geteiltes Echo: Rund 40 % der Befragten schließen sich dem an, mit annähernd 36 % tun dies genauso viele (eher) nicht. Aber 40 % sind ein erhebliches Potenzial für das zumindest temporäre Ausbremsen der Energiewende.

Einigung mit Russland für Import von Gas und Öl: Ähnlich gespalten sind die Befragten gegenüber der Forderung, den Konflikt mit Russland zu beenden und zum Status quo ante des Bezugs von Gas und Öl aus Russland zurückzukehren. In der Politik wird die Forderung nach »Frieden«, oder doch einem Arrangement mit Russland und der Wiederaufnahme der fossilen Energielieferungen von dort sowohl von der AfD als auch von Teilen der Linken erhoben (siehe auch ➥ Kap. 9, S. 267 ff.). Mehrheitlich (54 %) lehnt die Bevölkerung diesen Vorschlag ab. Darunter finden ihn 39 % »überhaupt nicht« richtig. Doch rund die Hälfte schließt sich der Forderung zumindest »teils/teils« an und circa ein Viertel sogar »eher« oder »voll und ganz«.

Anschließend an die Befunde anderer Studien, nach denen zwar ein Großteil der Bevölkerung den Klimawandel als Bedrohung erkennt und die Energiewende grundsätzlich unterstützt, aber Kritik an ihrer Umsetzung hat, haben wir drei prominente Positionen aus der öffentlichen Debatte aufgegriffen und die Befragten um deren Beurteilung gebeten.

Bürger:innenbeteiligung: Immer wieder wird mehr Beteiligung eingefordert, sowohl aus Gründen der Ausweitung partizipativer Demokratie als auch in der Hoffnung, dadurch die Akzeptanz von Energiewendemaßnahmen zu erhöhen. Tatsächlich befürworten Bürger:innen etwa Windkraftanlagen auch in ihrer Nähe, wenn sie persönlich oder ihre Gemeinde finanziell an den Gewinnen beteiligt sind (vgl. Hübner et al. 2020). Mit rund 65 % ist eine deutliche Mehrheit der Befragten in der Mitte-Studie der Meinung: »Die Energiewende braucht mehr Bürgerbeteiligung«. Umgekehrt ist aber auch rund ein Drittel der Bevölkerung »überhaupt nicht«, »eher nicht« oder nur »teils/teils« dieser Ansicht.

Energiewende als Expert:innensache: Wie stehen die Menschen zu einer sogenannten »expertokratischen« Energiewende? Immerhin gut die Hälfte aller Befragten schließt sich der entpolitisierten und zugleich politikmisstrauenden Forderung an, die Energiewende raus aus der Politik und in die Hände von »echten Fachleuten« zu legen, rund ein Viertel sogar »voll und ganz«, während ein knappes Fünftel (18 %) dies (eher) ablehnt. Offen muss bleiben, was die Befragten unter »echten Experten« verstehen. »Fridays for Future« etwa trat mit der Forderung »Hört auf die Wissenschaft« auf und meinte den Weltklimarat. Aus vielen Veranstaltungen zu Klima- und Energiethemen wissen wir aber, dass darunter auch Pseudowissenschaft oder gar Klimaleugnung gemeint sein können. Daher bleibt auch die Frage offen, wie es denn mit der Energiewende weitergehen soll, wenn solche selbsterklärten »Expert:innen« Aufmerksamkeit bekommen, sich die »echten« Expert:innen uneins sind und die Politik (damit auch: der Wähler:innenwille) sich heraushalten soll.

Klimaanpassung statt Klimaschutz: Klimapolitik steht auf zwei Säulen: Klimaschutz und Klimaanpassung. Da der Klimawandel bereits begonnen hat und aufgrund der Trägheit des Erdsystems auch dann noch eine Weile weitergehen wird, wenn die weltweiten Emissionen beginnen sollten zu sinken, ist es ein Gebot der Klugheit, neben dem Klimaschutz auch in die Klimaanpassung zu investieren. Es gibt allerdings immer wieder Stimmen, die beide Säulen der Klimapolitik gegeneinander ausspielen: Klimaanpassung *statt* Klimaschutz. Mehr als die Hälfte der Befragten (54 %) schließt sich dieser Forderung an. De facto ist eine Fülle von Klimaanpassungsmaßnahmen erforderlich. Der zweite Fortschrittsbericht zur Deutschen Anpassungsstrategie (DAS) nennt allein 188 Maßnahmen ohne den Bereich Internationales (Die Bundesregierung 2020), die keineswegs alle allein durch Technik zu erreichen sind. Zudem kann Klimaanpassung nur dann Schäden zu vertretbaren Kosten vermeiden, wenn der Klimawandel ein gewisses Maß nicht überschreitet, ein »Entweder-oder« ist also sachlich völlig unangemessen. Doch ein erheblicher Teil der Bevölkerung scheint einer »technologischen Illusion« mit Blick auf Klimaanpassung aufzusitzen, die ihr den Klimaschutz ersparen soll. Diese Position ist anschlussfähig an eine rechtspopulistische Strategie der Abschaffung oder doch des massiven Zurücknehmens von Klimaschutz, an dessen Stelle eine Klimaanpassungspolitik tritt, die technologisch verengt und sogar als Exportinitiative für die deutsche Wirtschaft verkauft werden kann. Wissenschaftsgläubigkeit und Wissenschaftsskepsis vereinen sich mit technologischem Fundamentalismus und sogenannter Technologieoffenheit in der populistischen Logik der »betrügerischen Eliten« gegen den »gesunden Menschenverstand des Volkes« zu einem »technokratischen Populismus« (Marg 2023).

»Ökoterrorismus«: Um die Stimmung gegenüber der Klimaschutzpolitik besser abschätzen zu können, wurde abschließend ein sehr drastisches Statement in den Fragenkatalog aufgenommen: »Klimaschutz ist letztlich Ökoterrorismus gegen die Bevölkerung«. Diese Aussage greift das rechtspopulistische Narrativ einer angeblichen »Klimahysterie« auf, also einer sachlich nicht gerechtfertigten, rein ideologisch motivierten Politik, die die eigene Bevölkerung durch Verbote und »Gehirnwäsche« in eine »Ökodiktatur« führen wolle. Der energie- und klimapolitische Diskurs der AfD ist durch genau diese Rahmung geprägt. Mit 58 % lehnt zwar mehr als die Hälfte der Befragten diese Aussage (eher) ab, doch umgekehrt stimmt ihr auch ein Fünftel der Befragten (21 %) »eher« oder sogar »voll und ganz zu«. Ein weiteres Fünftel (21 %) beurteilt diese Aussage mit »teils/teils«.

Die Einstellungsergebnisse zusammen betrachtet, herrscht eine große Einigkeit hinsichtlich der Bedrohlichkeit des Klimawandels und nur eine kleine Minderheit sieht dies nicht so. Mit Blick auf drastischere Formen des Protestes für mehr Klimaschutz gehen die Meinungen mehr auseinander. Rund die Hälfte der Befragten folgt der technologischen Illusion einer Klimaanpassung statt des Klimaschutzes. Angesichts des Angriffskrieges gegen die Ukraine fordert die große Mehrheit, die Energiewende voranzutreiben. Zugleich sind sich die Befragten uneins in der Forderung, ob man sich mit Russland arrangieren solle, um von dort wieder Öl und Gas beziehen zu können. Mit Blick auf die Umsetzung der Energiewende fordern rund zwei Drittel mehr Bürger:innenbeteiligung, zugleich aber auch rund die Hälfte, die Energiewende müsse raus aus der Politik und in die Hände »echter Fachleute«. 40 % sind der Auffassung, wir könnten uns im Moment die Energiewende nicht leisten, setzen also auf ein weiteres Vertagen. Die einseitige Verteilung der Zustimmungswerte drückt eine progressive Haltung gegenüber Klimaschutz und Energiewende aus, während es gegenüber den »bremsenden« Einstellungen sehr unterschiedliche Positionen gibt. Knapp die Hälfte übernimmt das rechtspopulistische Narrativ, Klimaschutz sei »Ökoterrorismus« gegenüber der Bevölkerung.

10.4 Progressive und regressive Haltungen zu Klimaschutz und Energiewende

Die Aussagen zu Klima und Energie bilden zwei Antwortmuster. Diese wurden empirisch über Faktorenanalysen ermittelt.[5] Der erste Faktor beziehungsweise die erste Dimension versammelt *klimapolitisch progressive* Einstellungen: Die Bewertung des Klimawandels als Bedrohung, das Verständnis auch für radikaleren Klimaschutz und die Forderung eines angesichts des Ukrainekrieges verstärkten und zugleich partizipativen Ausbaus der Energiewende. 65 % der Befragten teilen solch eine klimapolitisch progressive Haltung (Cut-off-Wert ≥ 3,5 auf der 5-stufigen Antwortskala). Die zweite Dimension versammelt *klimapolitisch regressive* Aussagen, die Klimaschutz und Energiewende zwar nicht ablehnen, aber bremsen: Die Forderung, die Energiewende müsse raus aus der Politik hin zu Fachleuten und statt Klimaschutz brauche es Technologien für Anpassung ebenso wie die Auffassung, momentan könnten wir uns eine Energiewende nicht leisten und man müsse sich mit Russland einigen, um wieder Öl und Gas von dort zu beziehen. Auch der populistische Vorwurf, Klimaschutz sei »Ökoterrorismus« fällt unter diese Dimension. Zusammengefasst vertreten 30 % der Befragten eine in diesem Sinne *klimapolitisch regressive* Haltung (Cut-off-Wert ≥ 3,5). Beide Einstellungsmuster korrelieren moderat negativ miteinander (r = -,44), das heißt, es ist wahrscheinlich, dass die Befragten eher der einen Position zustimmen, während sie die andere eher ablehnen, wenngleich

---

5   Die explorative Faktorenanalyse über die neun erfassten klimapolitischen Aussagen (→ Tab. 10.1, S. 294 f.) extrahiert zwei Faktoren mit einem Eigenwert >1, von denen der Erste allerdings deutlich stärker ist. Zusammen erklären sie 54 % der Varianz: Faktor 1 klimapolitisch »progressive« Haltung (38 % Varianzaufklärung); Faktor 2 klimapolitisch »regressive« Haltung (16 % Varianzaufklärung). Die interne Konsistenz der jeweiligen Faktoren ist mit Cronbachs Alpha = ,74 beziehungsweise = ,72 zufriedenstellend. Jede Person hat einen Wert auf beiden Dimensionen, der auch jeweils im Zustimmungsbereich liegen kann. Daher addieren sich die Prozentwerte nicht einfach auf.

dies nicht für alle Befragten gilt und etliche sowohl progressive als auch regressive Einstellungen teilen. Anschließend haben wir die Befragten auf Grundlage ihrer Zustimmung und Ablehnung auf den beiden Dimensionen (progressiv – regressiv) vier Gruppen zugeordnet (➡ Abb. 10.1). Zu den *Progressiven* (51 %) zählt, wer den Aussagen der progressiven Einstellung mehrheitlich zustimmt und die regressiven Aussagen mehrheitlich ablehnt. Zu den *Regressiven* (15 %) gehört, wer umgekehrt regressive Aussagen bejaht, progressive ablehnt. Zur Gruppe der *Indifferenten* (19 %) wird gerechnet, wer beiden Positionen (eher) nicht zustimmt und der Gruppe der *Ambivalenten* (14 %) wird zugeordnet, wer sowohl den progressiven als auch den regressiven Aussagen zustimmt. Aus unserer Sicht ist die letzte Eingruppierung inkonsistent, aber aus Sicht der Befragten muss dies nicht zwingend der Fall sein.

Klimapolitisch progressive und regressive Haltungen in vier Gruppen; für Gesamtdeutschland und nach Wohnort in Ost- oder Westdeutschland (Angaben in Prozent)   **Abb. 10.1**

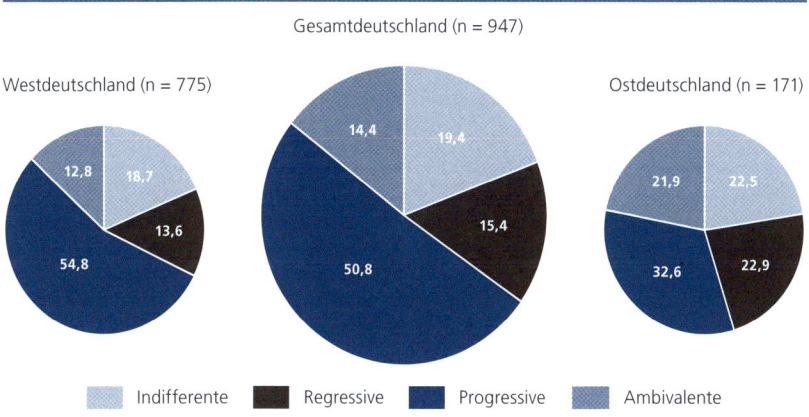

Anmerkungen n = Anzahl der Befragten.

Im Vergleich zu den drei anderen Gruppen sind die Progressiven etwas öfter Frauen, häufiger über 65 Jahre alt und überproportional besser gebildet (mit Fachabitur oder Abitur), verfügen über ein mittleres bis höheres Einkommen, wohnen besonders häufig in Westdeutschland und wählen auffallend oft Die Grünen. Die Regressiven sind im Vergleich zu den übrigen Gruppen häufiger Männer, besonders im mittleren Alter (zwischen 35 und 64 Jahren), verfügen über mittlere Schulbildung und Einkommen, wohnen vermehrt im Osten und fallen durch ihre Präferenz für die AfD auf. Die Ambivalenten sind häufiger Frauen, finden sich im Vergleich zu den anderen drei Gruppen oftmals unter den Jüngeren (zwischen 18 und 34 Jahren), verfügen häufiger über eine niedrige Schulbildung und besonders oft über ein mittleres Einkommen. Auch sie leben überproportional häufig im Osten und fallen noch durch einen vergleichsweise hohen Anteil an Nichtwähler:innen auf. Die Indifferenten sind leicht überproportional männlich, unauffällig im Bildungsabschluss und verfügen – verglichen mit den anderen drei Gruppen – sowohl über ein eher niedriges als auch recht häufig höheres Einkommen. Sie leben ziemlich genau der Gesamtverteilung in Deutschland entsprechend anteilig im Osten wie Westen. Häufig finden sie sich unter CDU/CSU-Wähler:innen.[6]

Einkommen: Unabhängig von ihrem Einkommen vertritt der überwiegende Teil der Befragten eine klimapolitisch progressive Haltung. Die Befragten mit hohem Einkommen haben nur geringfügig eher eine progressivere Haltung als jene mit mittlerem und diese wiederum als jene mit niedrigem Einkommen. Deutlich seltener vertreten jedoch Befragte mit höherem Einkommen eine klimapolitisch regressive Position. So verfügen vergleichsweise deutlich mehr der klimapolitisch Progressiven über ein höheres Einkommen (28 %) als insbesondere der Ambivalenten (7 %), aber auch der Regressiven (16 %) und der Indifferenten (23 %). Hingegen gehören 32 % der Ambivalenten und 34 % der Indifferenten zu denen mit dem schwächsten Einkommen, unter den Regressiven sind dies 31 %, unter den Progressiven 27 %. Die Progressiven sind damit finanziell signifikant häufiger besser gestellt als die anderen drei Gruppen, es ist aber keineswegs so, dass alle Progressiven wohlhabend sind, und es ist auch nicht so, dass die Regressiven besonders häufig arm sind.[7]

---

6   Klimapolitisch progressive und regressive Haltung (in Prozent): Frauen/Männer: 70/60 und 30/30; jung/mittelalt/älter: 69/60/73 und 32/32/23; Schulbildung niedrig/mittel/hoch: 59/61/72 und 41/30/24; Einkommen niedrig/mittel/hoch 62/65/69 und 32/35/16; Ost/West: 54/67 und 45/27. Geprüft mittels Chi²-Test sind alle Unterschiede zwischen den demografischen Gruppen signifikant mit p < ,05 mit drei Ausnahmen: Frauen und Männer ebenso wie junge, mittelalte und ältere Befragte unterscheiden sich nicht signifikant in ihrer Zustimmung zu klimapolitisch regressiven Haltung und Befragte mit unterschiedlichem Einkommen nicht in ihrer progressiven Haltung.

Ost-West-Vergleich: In Westdeutschland ist eine progressive Haltung zu Klima- und Energiewende etwas weiter verbreitet als in Ostdeutschland, wo zugleich aber deutlich mehr Menschen regressive Positionen vertreten. Entsprechend vertritt im Westen mit 55 % über die Hälfte eine klimaprogressive Haltung, im Osten mit 33 % nur ein Drittel. Im Osten ist eine regressive Haltung vergleichsweise verbreiteter (23 % Ost zu 14 % West) ebenso wie eine ambivalente Haltung (22 % Ost zu 13 % West) oder indifferente Haltung (22 % Ost zu 19 % West) (➥ Abb. 10.1, S. 301). Die Unterschiede zeichnen sich im Übrigen signifikant bei allen vier progressiven und allen fünf regressiven Aussagen ab. Am deutlichsten ist das bei der Zustimmung zu »Im Moment können wir uns die Energiewende einfach nicht leisten.«, die 54 % der Befragten im Osten, aber nur 37 % im Westen für »eher« oder »voll« zutreffend einschätzen. Wird das eigene Einkommen als Kontrollvariable mit aufgenommen, reduzieren sich die Unterschiede zwischen Befragten in Ost- und Westdeutschland in der progressiven, aber nicht der regressiven Haltung.[8] Die regressiveren Haltungen in Ostdeutschland gegenüber Klimaschutz und Energiewende lassen sich also nicht einfach auf ein weniger »gefülltes Portemonnaie« zurückführen, während dies bei der progressiveren Haltung der Westdeutschen eine gewisse Rolle spielt.

Parteipräferenz: Die Wähler:innen aller im Deutschen Bundestag vertretenen demokratischen Parteien – mit 87 % insbesondere jene von Bündnis 90/Die Grünen – sind klimapolitisch zu einem beträchtlichen Teil progressiv eingestellt (➥ Abb. 10.2, S. 304). Ausnahme sind die Wähler:innen der AfD, von denen beinahe die Hälfte (45 %) zu den klimapolitisch Regressiven gehören. Ein Fünftel der FDP-Wähler:innen zählt auch dazu. Unter den Nichtwähler:innen teilen mit rund einem Drittel auffallend viele eine ambivalente Position. Von

---

7   Das Einkommen wird als bedarfsgewichtetes Nettoäquivalenzeinkommen berechnet (➥ Kap. 2, S. 35 ff.). Multivariate Varianzanalyse mit dem Einkommen als unabhängige Variable und der klimapolitisch progressiven sowie regressiven Haltung als abhängigen Variablen: $F(4, 1.698) = 10{,}73$; univariate Analysen $F(2, 850)$: klimapolitisch progressive Haltung = 6,60; klimapolitisch regressive Haltung = 19,10; alle $p < {,}01$.

8   Multivariate Varianzanalyse mit dem Wohnort in Ost- oder Westdeutschland als unabhängiger Variable und der klimapolitisch progressiven sowie regressiven Haltung als abhängiger Variablen: $F(2, 923) = 20{,}65/19{,}20$; univariate Analysen $F(1, 924)$: klimapolitisch progressive Haltung = 15,94/4,51; klimapolitisch regressive Haltung = 39,41/30,73; alle $p < {,}05$. Die Werte unter Kontrolle des Einkommens sind jeweils hinter dem Schrägstrich ablesbar.

den Progressiven würden zudem 41 % CDU/CSU, 59 % die SPD und 66 % Die Linke wählen.

Klimapolitische Haltung nach Parteipräferenz (Angaben in Prozent)   **Abb. 10.2**

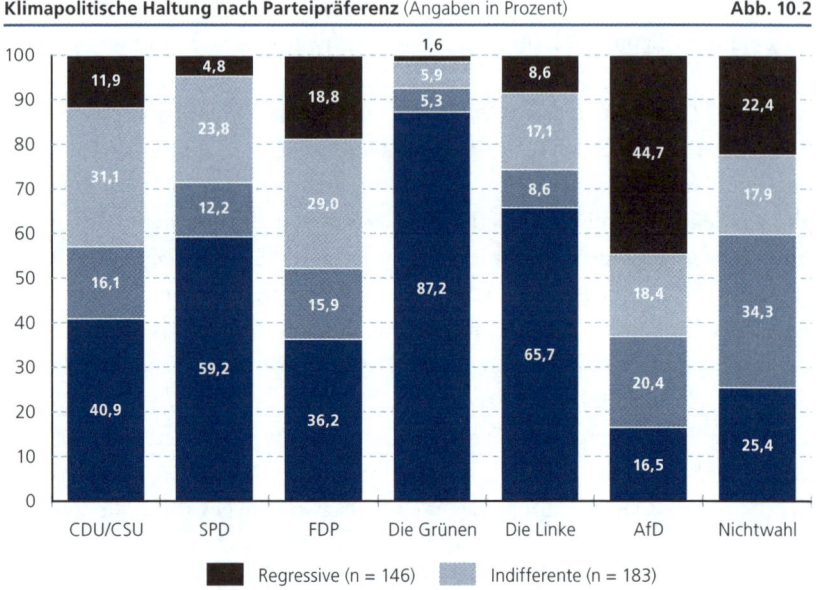

Anmerkungen n = Anzahl der Befragten.

10.5 Einfluss des Krieges Russlands gegen die Ukraine und seine Folgen

Der Angriffskrieg Russlands könnte grundsätzlich zu einem Bedeutungszuwachs der Energiewende führen, hat er doch das Junktim der deutschen Politik einer »sicheren Energieversorgung aus Russland als Mittel internationaler politischer Stabilität« zum Scheitern gebracht. Eine kürzlich veröffentlichte Studie aus der Schweiz findet tatsächlich Hinweise für die gestiegene und nun noch breitere Unterstützung einer grünen Energietransition, zum Teil sogar bei Personen mit einer Präferenz für die rechtspopulistische Schweizer Volkspartei, die bis dato Klimaschutz und Energiewende eher ablehnten (Steffen & Patt 2022). Die Studienautoren begleiten die Befunde allerdings mit der Warnung, die gestiegene Unterstützung sei kein Selbstläufer für politisches Handeln, sondern bedürfe einer kommunikativen Rahmung.

Mit Ausbruch des Krieges war ausgerechnet der für die Schlüsselressorts Wirtschaft und Klimaschutz zuständige Minister Robert Habeck von Bündnis 90/ Die Grünen gezwungen, die Energieversorgung der privaten Haushalte und der deutschen Wirtschaft sehr kurzfristig auf Alternativen zu russischem Gas und Öl umzustellen. Dadurch kamen energiepolitische Optionen auf den Tisch, die ad acta gelegt und nicht nur für Grüne bislang undenkbar schienen, etwa der Bau neuer Flüssiggasterminals, das Nachdenken über eine zumindest temporäre Laufzeitverlängerung von Atomkraftwerken oder die Suche nach Ersatzlieferländern bei autoritären Regimen des Persischen Golfes. Gleichzeitig brachte das Bundeswirtschaftsministerium mehrere Gesetzesinitiativen zur Beschleunigung des Ausbaus der Erneuerbaren auf den Weg, die unter anderem auch zu Konflikten mit Naturschutzverbänden führten. So könnte die aktuelle Lage auch Ambivalenzen in den Einstellungen der Bevölkerung befördern.

Der Krieg und die gestiegenen Energiekosten bringen das Risiko des Bedeutungsverlustes von Klimapolitik mit sich. Es gehört zu den Naturgesetzen der »Aufmerksamkeitsökonomie«, dass unmittelbare Katastrophen und Bedrohungen andere Themen nach hinten drängen, frei nach dem Motto: »Wir haben jetzt andere Probleme!« Insbesondere ärmere Menschen leiden unter den gestiegenen Energiepreisen. Für sie könnte Klimaschutz auch deshalb nachrangig sein, weil sie schlicht an die Grenzen ihrer existenziellen Sicherung kommen. Die gestiegenen Energiepreise könnten von anderen aber auch als Argument für weiteres Vertagen des Klimaschutzes instrumentalisiert werden. Der Krieg wie die gestiegenen Energiekosten bieten so einen Anknüpfungspunkt für populistische Erzählungen. Schon lange vor der Ukrainekrise haben rechtspopulistische Akteur:innen mit der Behauptung, die »kleinen Leute müssen die Zeche zahlen« und der eines »Subventionsgrabs EEG« gegen die deutsche Energiewende gekämpft. Tatsächlich bewerten in der Vergangenheit insbesondere Personen, die der FDP oder AfD nahestehen, die Energiewende als zu teuer, wobei das eigene Einkommen für die Einstellung eher unwichtig war (vgl. Teune et al. 2021).

Welche Wirkung hat nun der russische Angriffskrieg gegen die Ukraine auf Positionen zu Klimawandel und Klimapolitik und wie verknüpft sich dies mit Einstellungen zur Demokratie?

Die klimapolitische Haltung hängt – wie die Befunde der Mitte-Studie 2022/23 deutlich machen – signifikant und linear mit der zum russischen Überfall auf die Ukraine zusammen (➡ Abb. 10.3 u. Kap. 9, S. 267 ff.).[9] Wer eher meint, »Die Ukraine verteidigt unsere europäischen Werte.«, ist klima-progressiver. 68 % der Befragten mit einer in diesem Sinne proukrainischen Position zum Krieg gehören dazu, während 10 % ambivalent, 7 % regressiv und 15 % indifferent eingestellt sind. Deutlicher noch: Wer meint, »Russland wehrt sich gegen die Bedrohung aus dem Westen.«, ist regressiver gegenüber Klimaschutz und Energiewende eingestellt.[10] Von den Befragten mit einer in diesem Sinne prorussischen Position zum Krieg lassen sich nur 27 % zu den progressiv Eingestellten rechnen, während 30 % ambivalent, 25 % regressiv sowie 17 % indifferent sind. Tatsächlich ist also bei einer prorussischen Position zum Krieg eine klimapolitisch progressive Haltung deutlich seltener und eine regressive oder ambivalente Position häufiger. Progressive sprechen sich zudem häufiger für eine engere Zusammenarbeit mit westlichen und insbesondere afrikanischen Ländern aus. Umgekehrt ist dies bei den Regressiven, die sich häufiger eine engere Zusammenarbeit mit Russland wünschen.

Der Krieg Russlands gegen die Ukraine hat – auch in Deutschland – maßgebliche Folgen für die Energieversorgung. 66 % der Befragten machen sich Sorgen wegen der steigenden Energiepreise infolge des Krieges. Darunter 34 %, die sich »sehr große« Sorgen machen (➡ Kap. 9, S. 267 ff.). Je ausgeprägter die

---

9   Pearson-Korrelationen klimapolitisch progressive/regressive Haltung mit der Zustimmung zu der Aussage, »Die Ukraine verteidigt unsere europäischen Werte.«: r = ,33/-,44; mit der Zustimmung zu der Aussage, »Russland wehrt sich gegen den Westen.«: r = -,19/,44; mit der Befürwortung einer engeren Zusammenarbeit mit den USA r = ,19/-,24 beziehungsweise mit Russland r = -,19/,29.

10   Multivariate Varianzanalyse: »Die Ukraine verteidigt unsere europäischen Werte.« (Hohe/niedrige Zustimmung); $F_{(4, 1.818)} = 50{,}38$; univariate Analysen $F_{(2, 910)}$: klimapolitisch progressive Haltung = 51,17; klimapolitisch regressive Haltung = 91,62. Multivariate Varianzanalyse: »Russland wehrt sich gegen den Westen.« (Hohe/niedrige Zustimmung) $F_{(4, 1.786)} = 49{,}43$; univariate Analysen $F_{(2, 894)}$ klimapolitisch progressive Haltung = 15,76; klimapolitisch regressive Haltung = 103,30; alle p < ,001.

Klimapolitische Haltung in Abhängigkeit der Position zum russischen Angriffskrieg gegen die Ukraine (Mittelwerte)   **Abb. 10.3**

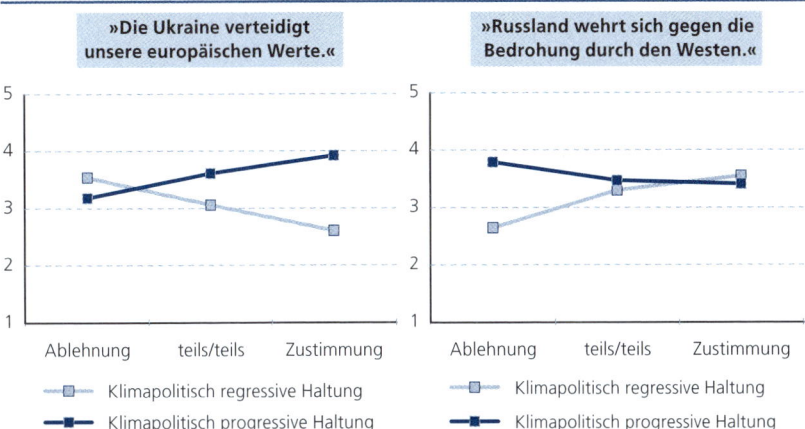

Sorgen vor steigenden Energiepreisen, desto weniger progressive Haltungen vertreten die Befragten gegenüber Klimaschutz und Energiewende. Deutlich eher befürworten sie regressive Einstellungen und insbesondere meinen sie häufiger als jene ohne Sorgen, wir könnten uns die Energiewende im Moment »einfach nicht leisten«.[11] Die Befunde haben auch unter Kontrolle des Einkommens Bestand, das heißt, es geht nicht allein um das De-facto-Einkommen, sondern auch um die gefühlte Sorge vor steigenden Energiepreisen infolge des Krieges, die zu einer klimapolitisch regressiveren Haltung führt.[12]

Die Regressiven und auch die Ambivalenten fühlen sich persönlich aber auffallend stärker von den aktuellen Krisen und Herausforderungen betroffen, als

---

11 Pearson-Korrelationen klimapolitisch progressive/regressive Haltung mit der Sorge vor steigenden Energiepreisen infolge des Krieges: $r = ,09/,28$. Multivariate Varianzanalyse: Sorge vor steigenden Energiepreisen (hohe/niedrige Zustimmung); $F_{(2, 925)} = 27,42/16,13$; univariate Analysen $F_{(1, 926)}$: klimapolitisch progressive Haltung $= 4,92/4,57$; klimapolitisch regressive Haltung $= 53,47/32,16$; alle p mindestens $< ,05$; die Werte unter Kontrolle des Einkommens sind jeweils hinter dem Schrägstrich ablesbar.

12 Eine Ausnahme sind die 18 Befragten, die angeben, sich bezüglich steigender Energiepreise »gar keine Sorgen« zu machen (obwohl sie besonders häufig nur über ein geringes Einkommen verfügen); sie sind klimapolitisch wenig progressiv und deutlich regressiv.

dies die Progressiven tun. Auch sehen Letztere Deutschland tendenziell weniger stark von Krisen betroffen.

10.6 Demokratiegefährdende Einstellungen

Die Haltung zu Klimaschutz und Energietransformation hängt bemerkenswert deutlich und in ganzer Bandbreite mit demokratiegefährdenden Einstellungen zusammen. Je eher die Befragten klimapolitisch progressive Positionen teilen, desto demokratischer sind die Befragten eingestellt. Vor allem aber sind jene, die eher klimapolitisch regressive Positionen teilen, feindlicher gegenüber der Demokratie eingestellt. Dies zeigt sich empirisch in der ganzen Bandbreite demokratiegefährdender bis hin zu rechtsextremen Einstellungen und der Billigung politischer Gewalt.[13]

Entsprechend unterscheiden sich einerseits die Progressiven, andererseits die Regressiven beziehungsweise Ambivalenten. Die Unterschiede sind nicht nur hoch signifikant, sondern auch absolut gesehen überdeutlich (die vergleichsweise kleine Gruppe der Indifferenten liegt dazwischen) (➡ Abb. 10.4).[14] Die Regressiven und gleichermaßen die Ambivalenten neigen deutlich eher zu Populismus und Autoritarismus, ebenfalls zu Verschwörungsglauben und Misstrauen gegenüber den etablierten Medien. Ausgeprägter sind auch ihre völkisch-autoritär-rebellischen und rechtsextremen Einstellungen. Zudem billigen sie politische Gewalt deutlich häufiger – und das, obwohl sie ja umgekehrt den Klimaschutz eher als »Ökoterrorismus« bezeichnen und weniger Verständnis für die drastischen Klimaproteste haben, die bisweilen auch als Gewalt interpretiert werden.

Abschließend sind wir noch einmal der Frage nachgegangen, welchen Einfluss einerseits das Einkommen und die subjektive Krisenbetroffenheit auf die klima-

---

13 Pearson-Korrelationen einer klimapolitisch progressiven/regressiven Position mit Populismus (r = -,40/,74), Verschwörungsmythen (r = -,29/,63), Misstrauen in öffentlich-rechtliche Medien zugunsten des Internets (r = -,43/,52), Autoritarismus (r = -,20/,43), völkisch-autoritär-rebellischen Einstellungen (r = -,42/,71), Rechtsextremismus (-,33/,63), Billigung politischer Gewalt (r = -,30/,47).

14 Alle Gruppenunterschiede sind hoch signifikant mit p < ,001; einzig Befragte im Graubereich und mit manifest rechtsextremen Einstellungen unterscheiden sich nicht in der Häufigkeit ihrer Zustimmung zu einer klimapolitisch progressiven Haltung.

**Klimapolitische Haltung nach Demokratievertrauen, Populismus
und Rechtsextremismus** (Angaben in Prozent) **Abb. 10.4**

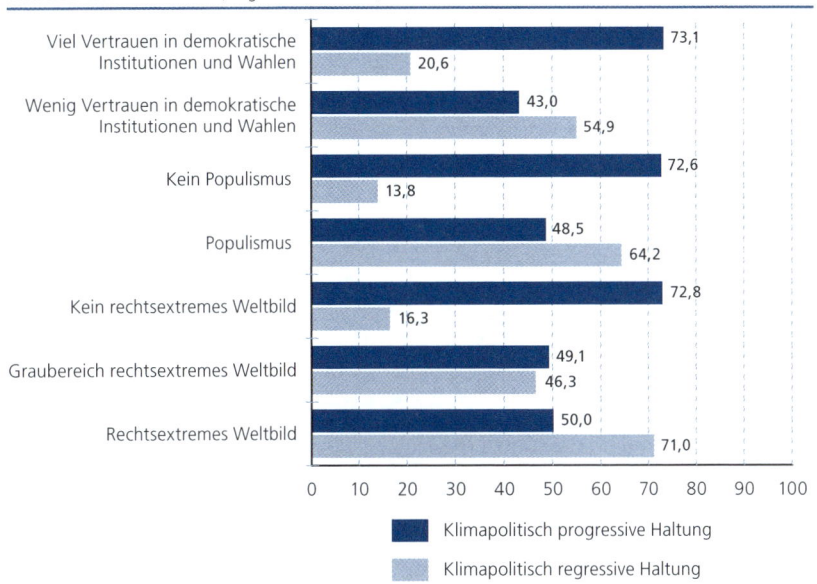

politische Position haben und welche Rolle andererseits die Neigung zum Populismus – gefasst als Anti-Eliten-Haltung und Antipluralismus (➟ Kap. 4, S. 91 ff.) – dabei spielt (➟ Abb. 10.5, S. 310). Personen mit einem geringeren Einkommen vertreten in der Tendenz eher eine eindeutig regressive Position zu Klimaschutz und Energiewende. Wird im nächsten Schritt die gefühlte Krisenbetroffenheit in die Analyse mit einbezogen, wird zweierlei deutlich: Personen, die sich stärker von den Krisen betroffen fühlen, vertreten eher eine klimapolitisch regressive Position, zudem reduziert sich der Einfluss des Einkommens und ist nicht mehr signifikant. Das bedeutet, Menschen mit niedrigerem Einkommen neigen etwas eher zu einer klimapolitisch regressiven Haltung, weil sie sich deutlich häufiger von Krisen betroffen fühlen. Wird im dritten Schritt die Neigung zu Populismus in die Gleichung mit aufgenommen, reduziert sich auch der Einfluss der Krisenbetroffenheit – es ist dann vor allem die Neigung zum Populismus, die erklärungskräftig ist. Das bedeutet, Personen, die sich selbst, Menschen wie sich und Deutschland stärker von Krisen betroffen sehen, vertreten also in Teilen deshalb eindeutiger eine klimapolitisch re-

gressive Position, weil sie eher zum Populismus neigen oder sich davon ansprechen lassen.[15] Das niedrige Einkommen spielt dann keine Rolle mehr.[16]

**Einfluss des Gefühls der Krisenbetroffenheit auf eine klimapolitisch
regressive Haltung** (Regression)   **Abb. 10.5**

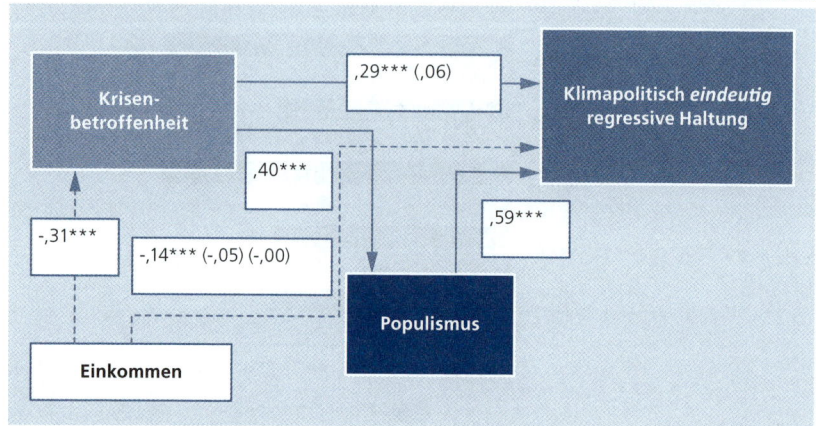

Anmerkungen Zur Erfassung einer klimapolitisch *eindeutig* regressiven Haltung wurde ein Interaktionsterm aus den beiden Faktoren der progressiven (recodiert) und regressiven Haltung gebildet.
*** = $p < ,001$.

An dieser Stelle kann noch ergänzt werden, dass die Position zum Krieg, wie in
Kapitel 9 (➟ S. 267 ff.) gezeigt, mit Populismus zusammenhängt. Befragte,
die zum Populismus neigen, vertreten eher eine prorussische, seltener eine pro-
ukrainische Position als jene, die nicht zum Populismus neigen. Zugleich hängt,

---

15 Die Erklärung könnte auch andersherum sein: Wer eher zum Populismus neigt, fühlt eher eine
    Betroffenheit von Krisen; dies lässt sich mit den vorliegenden Querschnittsdaten nicht überprüfen.
16 Lineare Regressionsanalyse mit blockweiser Einführung der Prädiktoren. Als abhängige Variable
    wurde ein Interaktionsterm aus (recodierter) klimapolitisch progressiver und regressiver Haltung
    berechnet, das heißt, je höher die Ausprägung, desto eindeutiger vertritt eine Person eine klima-
    politisch regressive Position. Die Krisenbetroffenheit wurde als Mittelwertindex aus den drei Aus-
    sagen »Wie sehr ist Deutschland/sind Menschen wie Sie/Sie persönlich von den Krisen betroffen?«
    berechnet ($α = ,83$). Das Einkommen wurde als gewichtetes Nettoäquivalenzeinkommen einbezo-
    gen. Prädiktoren Modell 1: Einkommen; Modell 2: Einkommen, Krisenbetroffenheit; Modell 3:
    Einkommen, Krisenbetroffenheit, Populismus. Gesamtaufklärung korrigiertes R^2 im Modell 1 = ,02;
    Modell 2 = ,09; Modell 3 = ,38; Gesamtmodell und Änderung in R^2 jeweils $p < ,001$.

wie hier dargestellt, der Populismus mit einer eher klimapolitisch regressiven Haltung zusammen, ebenso wie die Position zum Krieg mit der zum Klimawandel und zur Energiewende korreliert. Rechnet man den Populismus aus dieser Korrelation heraus, sinkt sie, das heißt, ein Teil des Zusammenhangs der Kriegsposition und der klimapolitischen Haltung geht auf den Populismus zurück, der beides beeinflusst.[17]

10.7 Klimaschutz ja, aber … und Demokratie nur so lange, wie es bequem bleibt?

»Klimaschutz ja bitte, aber nicht so radikal, nicht jetzt, nicht hier, nicht ich …«. – So ungefähr lässt sich ein großer Teil der Klimadebatte der letzten Jahrzehnte beschreiben. Wo es zum einen mit dem Klimawandel und zum anderen mit der sich nach der Coronapandemie erholenden Wirtschaft und den Folgen des russischen Angriffskrieges gegen die Ukraine wankenden Energieversorgung ernst wird, stellt sich die Frage, welchen Einfluss dies auf klimapolitische und demokratiegefährdende Einstellungen hat.

Die große Mehrheit der Befragten vertritt eine klimapolitisch progressive Haltung, sieht den Klimawandel als Bedrohung und unterstützt Klimaschutzaktivitäten, wobei dies nur knapp die Hälfte uneingeschränkt tut. Klimaschutz erfährt keineswegs einen Bedeutungsrückgang. Vielmehr fordert eine große Mehrheit angesichts des Krieges den beschleunigten Ausbau der erneuerbaren Energien. Nur eine Minderheit will eine Einigung mit Russland, um von dort wieder Öl und Gas zu importieren. Dennoch vertritt fast die Hälfte der Befragten (auch) klimapolitisch regressive Positionen. So ist ein gutes Viertel der Bevölkerung klimapolitisch ambivalent, positioniert sich zwar in Bezug auf den Klimaschutz progressiv, stimmt aber gleichzeitig ausbremsenden Positionen zu, und fast ein Fünftel der Befragten hält uneingeschränkt an einer regressiven Haltung fest.

---

17 Pearson-Korrelationen von Populismus mit dem Interaktionsterm hin zu einer klimapolitisch eindeutiger regressiven Haltung: r = ,60; Populismus mit dem Interaktionsterm einer prorussischen Position zum Krieg: r = ,45; Interaktionsterm einer prorussischen Position zum Krieg mit dem Interaktionsterm hin zu einer klimapolitisch eindeutiger regressiven Haltung: r = ,44; wird der Populismus daraus herauspartialisiert, sinkt diese Korrelation auf r = ,28.

Über zwei Drittel der Bevölkerung machen sich Sorgen wegen steigender Energiepreise als Folge des Krieges gegen die Ukraine. Je mehr Sorgen sich die Befragten machen, desto eher vertreten sie klimapolitisch regressive Positionen. Sowohl die Sorge vor hohen Energiekosten als auch die klimapolitische Haltung haben allerdings nur bedingt etwas mit dem Einkommen zu tun. Vielmehr spielt die subjektive Krisenwahrnehmung eine wichtige Rolle, insbesondere, wenn sich Menschen persönlich betroffen fühlen. Nach wie vor vertreten Personen aus dem politisch rechten Spektrum deutlich häufiger regressive Argumente in Bezug auf Klimaschutz und Energiewende. Das Gefühl der Betroffenheit und Verunsicherung angesichts der Krisen und Herausforderungen ändert daran grundsätzlich nichts.

Die skizzierte klimapolitische Haltung korrespondiert außerdem mit der grundsätzlichen proukrainischen oder prorussischen Lesart des Krieges gegen die Ukraine, der sich die Befragten anschließen. Dies ist ein Einfallstor für den Populismus, der das Gefühl der Verunsicherung und Bedrohtheit aufgreift, anheizt und mit einfacher Logik gegen »die Eliten« beziehungsweise »das System« und »die Anderen« lenkt (➡ Kap. 4, S. 91 ff.). In bemerkenswert deutlicher Weise verknüpft sich dies dann auch mit demokratiegefährdenden Einstellungen, das heißt mit Verschwörungsmythen, dem völkisch-rebellischen Aufruf zu Widerstand sogar bis zur Billigung politischer Gewalt, um die eigenen Interessen und Vorrangstellung zu sichern, unterfüttert mit rechtsextremer Ideologie.

Über die Richtung des Zusammenhangs kann nur spekuliert werden: Lassen sich Personen mit krisenbezogenen Sorgen leichter durch den Populismus mobilisieren, weil sie eine einfache Antwort auf die komplizierte und überfordernde Lage suchen und führt sie dies dann auch in die Sphäre des sogenannten »Klimaskeptizismus«? Oder lassen sich umgekehrt Personen mit den Klimaschutz ausbremsenden Positionen leichter für den rechtspopulistischen Energie- und Klimadiskurs mobilisieren, weil sie schlicht ihre Lebensweise nicht ändern möchten? Der Verweis auf Armut als Einflussfaktor ist allerdings zu einfach. Es sind nicht zuvorderst Menschen mit geringem Einkommen – die im Übrigen national wie global einen deutlich kleineren Fußabdruck haben –, die klimapolitisch regressive Positionen vertreten, sondern jene aus der Mittelschicht. Der bemerkenswert hohe Zusammenhang mit völkischen und rechtsextremen

Einstellungen legt nahe, dass es nicht allein um Energiefragen, sondern auch um die Sicherung des eigenen Status gehen dürfte. Diese lässt sich als Angst vor Abstieg interpretieren, aber auch als Absicherung des eigenen Lebensstils einschließlich Vormachtstellung. Die Historikerin Ute Frevert, die Gefühlspolitiken erforscht, macht Angst als politikbestimmenden Faktor aus und stellt mit Blick auf den Krieg gegen die Ukraine die Frage, »ob die Deutschen ihre SUVs und ihre Urlaubsreisen aufs Spiel setzen würden, um ihre Werte zu verteidigen«.[18] Dies muss man den Ergebnissen der Mitte-Studie 2022/23 nach nicht nur für den Aufruf von Solidarität und Mitgefühl mit und für die Ukraine fragen, sondern auch mit Blick auf den Klimaschutz.

Steht die Mitte nur so lange zur Demokratie, wie diese den lieb gewordenen Lebensstandard und Lebensstil sichert? Über Klimapolitik sind Personen bis weit in die Mitte offenkundig durch Populismus erreichbar und lassen sich über völkisch-autoritär-rebellische Angebote bis zum Rechtsextremismus und der Billigung von politischer Gewalt verführen (⟶ Kap. 4, S. 91 ff.). Dies sind Vorboten für die These, nach der der Klimawandel die auf dünnem Eis stehende liberale Demokratie mit ziemlicher Sicherheit zerbrechen lassen wird (vgl. Schaible 2023). Umgekehrt: Geht die Welt am Ende an einer allzu starren Demokratie zugrunde, weil der Klimaschutz auf die nächste Legislatur vertagt wird? Die Antwort darauf kann aus unserer Sicht nur in einem »Mehr«, nicht in einem »Weniger« an Demokratie bestehen. Es braucht ein demokratisches Aushandeln der Ambivalenzen, Probleme, Herausforderungen und Widersprüche, die Klimawandel und Klimapolitik notwendigerweise mit sich bringen, welches aber die unterschiedlichen Handlungslogiken und Zeitspannen demokratischer Prozesse und des Klimaschutzes einbezieht.

---

18   Interview mit Ulrike Frevert unter FAZ plus: https://www.faz.net/aktuell/politik/ausland/putins-verhalten-interview-zu-russischer-gefuehlspolitik-18791475.html [Aufruf am 7.4.2023].

11 Anspruchshaltung, politische Position und die Zuschreibung von Ungleichwertigkeit

Jens H. Hellmann · Jonas H. Rees

Alltagsbeobachtungen führten letztlich zu der These, dass eine gewisse Anspruchshaltung im Zusammenhang mit Zuschreibungen von Ungleichwertigkeit zwischen gesellschaftlichen Gruppen und einhergehend mit exkludierendem Denken stehen könnte. Um solche möglichen Beziehungen empirisch explorieren zu können, hat in der Mitte-Studie 2022/23 das *Anspruchsdenken*, das in der englischsprachigen Fachliteratur häufig mit dem Begriff *Entitlement* bezeichnet wird, als Konstrukt neu Eingang gefunden. Im Rahmen der Mitte-Studie ist damit die Haltung, Einstellung oder Erwartung gemeint, dass einem selbst und »Menschen wie einem selbst« *mehr* zustehe als anderen. Hiermit wird also ein subjektives und relatives Anspruchsdenken untersucht. Was in dieser Studie ausdrücklich nicht gemeint ist, sind berechtigte Anspruchshaltungen im objektiven Sinne, etwa Überzeugungen zu Ansprüchen in Bezug auf finanzielle Unterstützung und andere Leistungen beziehungsweise Angebote des Sozialstaates, die sozial schwächer gestellten Personen tatsächlich zustehen. Anspruchshaltungen, wie sie hier gemeint sind, gründen sich auf fest verankerten Privilegien und der Überzeugung, dass diese einem selbst und »Menschen wie einem selbst« unter allen Umständen zustünden (vgl. Côté et al. 2021). Definitionen von Anspruchsdenken im Sinne von Entitlement schließen Erwartungshaltungen mit normativer Kraft ein (vgl. Singer 1981). Damit ist ein Gefühl der Existenz maßgebender Regeln gemeint, nach denen einem selbst mehr als anderen zustünde und dass dies durch die Verteilung von Ressourcen auf Mitglieder bestimmter Gruppen – entsprechend ihren »Verdiensten« – klar geregelt werde (Major 1994; vgl. auch Lange, Redford & Crusius 2019).

11.1 Befunde zu Anspruchsdenken

Frühere Studien haben gezeigt, dass Anspruchsdenken Zusammenhänge mit der Abwertung anderer Menschen aufweist (vgl. South et al. 2003). Es wurde ebenfalls argumentiert, dass Anspruchsdenken grundsätzlich einen negativen

Einfluss auf soziales Verhalten habe (vgl. Campbell et al. 2004). Die Überzeugung, dass Geld und andere Ressourcen begrenzt seien, diese aber anderen Gruppen zukommen und somit von der eigenen Gruppe abgezogen oder ihr vorenthalten würden – die sogenannte *Nullsummenannahme* –, hängt mit Gefühlen von Bedrohungen zusammen (vgl. Cohrs & Asbrock 2009). Das heißt, speziell in Krisenzeiten, wenn Anspruchshaltung und Bedrohungsempfinden zusammenkommen und einander verstärken, besteht die Gefahr, dass sich dies in einer unter Umständen gewaltvollen Feindseligkeit gegen vulnerable und als »fremd« markierte Gruppen entlädt. Im Jahr 2022 sind zum ersten Mal seit 2015 die Zahlen der Angriffe auf Unterkünfte für Geflüchtete in Deutschland stark angestiegen (vgl. z. B. Litschko 2.3.2023). Solche Angriffe sind ein Ausdruck tiefer Verachtung und Feindseligkeit gegenüber Menschen, die in Deutschland Schutz vor Verfolgung oder Krieg suchen. Neben Motiven, die sich aus Ideologien der Ungleichwertigkeit von Menschen ergeben, liegt die Annahme nahe, dass solchen Übergriffen auch Gefühle von Bedrohungen zugrunde liegen, da Ressourcen wie Geld, Wohnraum oder Bildungsangebote statt »Menschen wie einem selbst« anderen Menschen zukommen. Frühere Forschung hat zudem gezeigt, dass sich Menschen mit hohem Anspruchsdenken allgemein auch weniger an Regeln und Vorgaben halten (vgl. Zitek & Jordan 2019). Im Rahmen dieses Kapitels soll daher auch ein besonderes Augenmerk auf Zusammenhänge zwischen Anspruchsdenken und Dimensionen Gruppenbezogener Menschenfeindlichkeit (➞ Kap. 5, S. 149 ff.) gelegt werden. Ergänzend werden auch Unterschiede im Anspruchsdenken zwischen verschiedenen Bevölkerungsgruppen betrachtet.

11.2 Anspruchshaltungen und gesellschaftliche Hierarchien

Mindestens bis in die 1990er-Jahre reichte es in (beiden Teilen von) Deutschland aus, zur Mehrheitsgesellschaft zu gehören, um zahlreiche Privilegien genießen zu können, ohne dass diese infrage gestellt worden wären. Etwas vereinfacht gesagt bestand und besteht die Mehrheitsgesellschaft weiterhin aus *weißen* Deutschen, deren Vorfahren in der Regel seit vielen Generationen *deutsch* waren und sind. Die Grenzen zu und Abgrenzungen von Minderheiten waren klar definiert, nicht zuletzt über die deutsche Staatsangehörigkeit. Die soziale Hierarchie stand mit wenigen Ausnahmen außer Frage. Es bestand kein oder zumindest kaum ein Zweifel an den Vorrechten Etablierter, also solcher Bürger:innen, die schon länger im Land lebten und deren Vorfahren ebenfalls Deutsche waren. Insbesondere in der DDR waren nicht nur die Außengrenzen des Staates, sondern auch die Grenzen zwischen Gruppen, die mehr oder weniger privilegiert waren, eindeutig. Solange man nicht gegen den Staat aufbegehrte, war man hinsichtlich der meisten unmittelbar lebenswichtigen Alltagsbedürfnisse vollständig umsorgt, wenn man zur *weißen* Mehrheit gehörte. Vor allem in der BRD blieben bereits vor der Wiedervereinigung beider deutscher Staaten viele der sogenannten »Gastarbeiter« über eine ursprünglich angedachte Zeit hinaus. Einige kamen immer mehr in der deutschen Gesellschaft an, holten ihre Familien nach und machten Deutschland zu ihrer Heimat. Manche begannen, etablierte Strukturen zu hinterfragen. Immer mehr Kinder aus diesen »Gastarbeiter«-Familien schafften den Sprung aufs Gymnasium, studierten und ergriffen gesellschaftlich angesehenere Berufe. In den vergangenen Jahrzehnten wurden dadurch mehr Menschen im Alltag sichtbar, die als nicht *deutsch* wahrgenommen werden. Unsere Gesellschaft wandelt sich kontinuierlich, und gesellschaftliche Statusstrukturen werden immer mehr aufgebrochen. Diese Beschreibung soll keinesfalls weiterhin vorhandene strukturelle oder anderweitige Benachteiligungen relativieren oder verheimlichen. Vielmehr soll deutlich werden, dass erste Schritte der Beschreibung und des Sichtbarmachens struktureller Diskriminierung bereits ein Infragestellen existierender Hierarchien in der Gesellschaft bedeuten. Dies nehmen einige Mitglieder der Mehrheitsgesellschaft wiederum als Bedrohung ihrer Privilegien wahr, zu denen sie sich ausschließlich aufgrund ihrer Zugehörigkeit zu ebendieser Mehrheitsgesellschaft anspruchsberechtigt sehen. Höheres Anspruchsdenken ist determiniert durch die Überzeugung, dass einem selbst und Menschen, die einem ähnlich sind, mehr zustehe als anderen. Das schließt eine bevorzugte Behandlung ein. Zudem haben frühere Forschungen gezeigt, dass sich Menschen mit hohem Anspruchsdenken weniger darauf achtgeben, was sozial akzeptabel oder erwünscht ist (vgl. Zitek & Jordan 2019). Auch in populärwissenschaftlicher Literatur wird argumentiert, dass gelungene Integration das Konfliktpotenzial steigere, was auf den ersten Blick kontraintuitiv erscheinen mag und daher auch als »Integrationsparadox« (El-Mafaalani 2018) bezeichnet wird. So könne eine Zunahme von gesellschaftlichen Konflikten, die oft als Zeichen gescheiterter oder umstrittener Integration gewertet werden, umgekehrt eher als Indikator für gelungene Integration angesehen werden, weil Angehörige marginalisierter Gruppen sich

Ablehnung bzw. Zustimmung zu den Aussagen des Anspruchsdenkens
(Angaben in Prozent)   Tabelle 11.1

Ich stimme ... ⇒

Anspruchsdenken (M = 1,92; SD = 1,02; n = 1.063; α = ,89)
Menschen wie mir steht mehr zu als anderen.
Menschen wie ich verdienen eine bessere Behandlung als andere.

Anmerkungen M = arithmetischer Mittelwert; SD = Standardabweichung; n = Anzahl der Befragten;
α = Cronbachs Alpha.

selbstverständlicher für ihre Anliegen einsetzen und auch konstruktiver gesellschaftlicher Wandel immer mit Konflikten einhergehe.

11.3 Erhebung von Anspruchsdenken in der Mitte-Studie 2022/23

In der aktuellen Mitte-Studie wurde Anspruchsdenken über das Ausmaß der Zustimmung zu zwei Aussagen erfasst: »Menschen wie mir steht mehr zu als anderen« und »Menschen wie ich verdienen eine bessere Behandlung als andere«.[1] Ihre persönliche Einschätzung dazu konnten Befragte von (1) »stimme überhaupt nicht zu«, (2) »stimme eher nicht zu«, (3) »teils/teils«, (4) »stimme eher zu« bis (5) »stimme voll und ganz zu« abstufen. Vorab wurden sie gebeten, an Menschen in der Gesellschaft zu denken, die »so ähnlich sind« wie sie selbst. Für eine einfachere Darstellung der Ergebnisse werden die Antwortkategorien in drei Bereiche zusammengefasst (⇒ Kap. 2, S. 35 ff.). Den statistischen Berechnungen, insbesondere denjenigen, die in den Fußnoten berichtet werden, liegen Mittelwertskalen (⇒ Glossar, S. 381) zugrunde.

---

[1]   Die Einstellungen zum Anspruchsdenken wurden bei einer zufällig ausgewählten Hälfte der Befragten erfasst.

Tabelle 11.1

... überhaupt nicht zu	... eher nicht zu	teils/teils	... eher zu	... voll und ganz zu
45,9	24,9	20,0	7,0	2,1
50,1	24,3	15,3	7,6	2,7

11.4 Wer hat höhere Ansprüche?
Häufigkeiten und Zusammenhänge von Anspruchsdenken mit relevanten Konstrukten

Zunächst berichten wir in Tabelle 11.1 die prozentualen Häufigkeiten der Ablehnung beziehungsweise Zustimmung zum Anspruchsdenken. Dabei fällt auf, dass die Befragten beiden Aussagen mit 9 bis 10 % fast gleich häufig »eher« oder »voll und ganz« zustimmen, während sich die »teils/teils«-Antworten zwischen 15 und 20 % bewegen (⟶ Tab. 11.1).

Insgesamt hegt ein Großteil der Befragten kein Anspruchsdenken gegenüber anderen Menschen: 77 % lehnen die Aussagen ab. In den Graubereich fallen durchschnittlich rund 12 % der Befragten und die Zustimmungsrate liegt bei 11 %. Dabei unterscheiden sich auch Frauen und Männer hinsichtlich ihrer Zustimmung zum Anspruchsdenken nicht. Von der absoluten Zustimmung her ist das Anspruchsdenken unter Befragten, die in Ostdeutschland leben, sichtlich verbreiteter als unter Befragten in Westdeutschland (⟶ Abb. 11.1, S. 320).

Zudem besteht ein statistisch bedeutsamer negativer Zusammenhang zwischen Alter und Anspruchsdenken.[2] Je jünger die Befragten, umso eher vertreten sie die Ansicht, dass »Menschen wie ihnen« mehr zustehe als anderen. Dieser Befund steht im Einklang mit früheren Ergebnissen, dass ältere Erwachsene ein

---

2   Die Korrelation von Anspruchsdenken und Alter ist signifikant negativ, $r(1.050) = -,21$; $p < ,001$.

Zustimmung und Graubereich im Anspruchsdenken gesamt, nach Geschlecht und Ost/West nach Bundesland (n = 1.063 | Angaben in Prozent)   **Abb. 11.1**

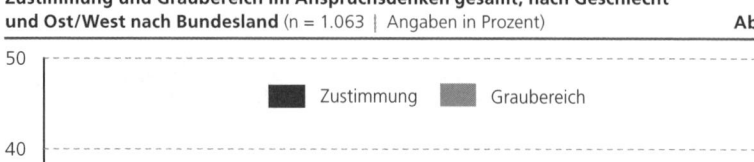

geringeres Ausmaß an persönlicher relativer Deprivation berichteten als jüngere Erwachsene (vgl. Callan, Kim & Matthews 2015). So wurde auch argumentiert, dass dieser Unterschied nach Altersgruppen damit zusammenhänge, dass sich ältere Menschen im Allgemeinen weniger mit anderen vergleichen, als jüngere dies tun. In der aktuellen Mitte-Studie findet sich zwar ein solcher Zusammenhang nicht, allerdings wurde persönliche relative Deprivation auch nicht mit einer kompletten Skala erhoben, sondern lediglich mit einer Frage. Eventuell wurden daher nicht alle Facetten des Konstruktes erfasst. Ein statistisch signifikanter korrelativer Zusammenhang zwischen Anspruchsdenken und persönlicher relativer Deprivation liegt hingegen vor.[3]

---

3 Je schlechter die eigene wirtschaftliche Lage eingeschätzt wurde, desto höher war das Anspruchsdenken, r(1.059) = ,12; p < ,001.

11.4.1 Zusammenhänge von Anspruchsdenken mit Maßen des sozioökonomischen Status

Sowohl mit dem Haushaltsnettoeinkommen als auch mit dem bedarfsgewichteten Äquivalenzeinkommen der Befragten bestand ein statistisch bedeutsamer, wenngleich deskriptiv geringer negativer Zusammenhang für Anspruchsdenken: Je höher die Angabe zum Anspruchsdenken ausfiel, desto geringer war das Haushaltseinkommen der Befragten.[4] Das Haushaltseinkommen kann als ein objektiver Indikator für sozioökonomischen Status gewertet werden. Ähnlich verhält es sich mit Bildung beziehungsweise Ausbildung. Auch diese gilt als ein objektiver Indikator für sozioökonomischen Status. Bei einer Einteilung der Befragten in diejenigen mit Abschluss einer Berufsausbildung und denjenigen mit einem Hochschulabschluss zeigte sich, dass Befragte mit einer Berufsausbildung eher meinten, dass »Menschen wie ihnen« mehr zustehe als anderen.

Die subjektiv eingeschätzte Schichtzugehörigkeit hingegen stand in keinem statistisch bedeutsamen Zusammenhang mit Anspruchsdenken. Wie weiter oben bereits berichtet, fand sich hingegen ein signifikanter Zusammenhang zwischen Anspruchsdenken und der Einschätzung der eigenen wirtschaftlichen Lage. Mutmaßlich ist diese persönliche relative Deprivation ein aussagekräftigeres Maß als die etwas gröbere Einschätzung der eigenen Schichtzugehörigkeit.

11.4.2 Zusammenhänge von Anspruchsdenken mit Sympathien für einzelne Parteien und politischer Selbstverortung

Um die Sympathie für einzelne Parteien besser einschätzen zu können, wurde je Partei eine neue Variable gebildet. Diese bestand aus Angaben zur sogenannten Sonntagsfrage, also der Antwort auf die Frage, wen die Befragten wählen würden, wenn am nächsten Sonntag Bundestagswahl wäre und der Angabe auf die Frage, welche *andere* Partei die Befragten noch am ehesten in Erwägung ziehen, außer derjenigen, die sie ohnehin wählen würden. Mit Sympathie ist also gemeint, dass eine Partei auf die Sonntagsfrage hin benannt oder als andere Wahloption in Erwägung gezogen wurde. Die statistischen Kennwerte dazu

---

4   Anspruchsdenken korrelierte signifikant negativ mit dem Haushaltsnettoeinkommen, $r(961) = -,10$; $p = ,001$ und dem bedarfsgewichteten Äquivalenzeinkommen, $r(941) = -,14$; $p < ,001$.

Unterschiede im Anspruchsdenken nach Parteipräferenzen (Mittelwertvergleich)   **Tabelle 11.2**

	M	SD	t
CDU/CSU (n = 317)	1,93	1,04	-0,26
nicht **CDU/CSU** (n = 747)	1,91	1,02	
SPD (n = 310)	1,89	1,07	0,57
nicht **SPD** (n = 754)	1,93	1,00	
DIE LINKE (n = 100)	1,71	0,99	2,15*
nicht **DIE LINKE** (n = 963)	1,94	1,02	
Die Grünen (n = 272)	1,63	0,93	5,48***
nicht **Die Grünen** (n = 791)	2,02	1,04	
FDP (n = 149)	2,12	1,01	-2,58*
nicht **FDP** (n = 914)	1,88	1,07	
AfD (n = 159)	2,24	1,04	-4,41***
nicht **AfD** (n = 904)	1,86	1,01	

Anmerkungen M = arithmetischer Mittelwert; **SD** = Standardabweichung; **n** = Anzahl der Befragten; t = Prüfgröße der Teststatistik; *** = p < ,001; * = p < ,05. | Das Anspruchsdenken wird am Mittelwert von Sympathisant:innen und Nichtsympathisant:innen der jeweiligen Parteien verglichen.

finden sich in Tabelle 11.2. Hier werden je Partei die Mittelwerte zum Anspruchsdenken zwischen den Befragten, die Sympathie für die jeweilige Partei hegten, mit den Mittelwerten zum Anspruchsdenken jener Befragten, die keine Sympathie für die jeweilige Option angaben, auf statistisch bedeutsame Unterschiede verglichen und getestet.

Hinsichtlich der CDU/CSU oder der SPD zeigt sich kein Unterschied in Bezug auf Anspruchsdenken zwischen denjenigen Befragten, die Sympathie für die jeweiligen Parteien angaben, und jenen, die das nicht taten. Bei Befragten, die Sympathie für eine der Parteien Die Linke oder Bündnis 90/Die Grünen hegen, war das Ausmaß des Anspruchsdenkens geringer als bei denen, die keine Sympathie für eine dieser beiden Parteien angaben. Eine Sympathie für die FDP oder die AfD ergibt ein gegenläufiges Bild: Diejenigen, die sich vorstellen konnten, eine der beiden Parteien zu wählen oder dies vorhatten, zeigen ein deutlich stärker ausgeprägtes Anspruchsdenken als die, die sich nicht vorstellen konnten, die FDP oder die AfD zu wählen (➟ Tab. 11.2).

Die Beurteilung der eigenen wirtschaftlichen Lage als insgesamt schlecht kann hier nicht einheitlich als Erklärungsansatz herhalten. Für die Sympathie mit der FDP gilt nämlich für die Gesamtstichprobe ein statistisch signifikanter, allerdings sehr geringer Zusammenhang dergestalt, dass sie mit einer besseren Einschätzung der eigenen wirtschaftlichen Lage einhergeht.[5] Für eine Sympathie für die AfD hingegen gilt, dass sie mit einer schlechteren Einschätzung der eigenen Situation korreliert.[6] Ähnliche Ergebnismuster zeigen sich für die Beurteilung der wirtschaftlichen Lage Deutschlands und die Beurteilung der relativen wirtschaftlichen Lage der Deutschen im Vergleich zu hier lebenden »Ausländern«.

Stattdessen ist vielmehr denkbar, dass neoliberale Denkstrukturen für die Ausprägungen von Anspruchsdenken verantwortlich sind, wie es sich auch in marktförmigen Einstellungen abbildet (➡ Kap. 8, S. 243 ff.). Exkludierende Gedanken gegenüber Gruppen, deren Mitgliedern vermeintlich weniger zusteht als der eigenen Gruppe, verdeutlichen einen relativen Anspruch nicht zuletzt im Einklang mit grundlegend populistischen Positionen (➡ Kap. 4, S. 91 ff.). Hinweise auf ein solches Erklärungsmuster wiederum ergeben sich auch aus dem Zusammenhang zwischen Anspruchsdenken und Selbstverortungen im politischen Spektrum zwischen links und rechts.

Für die Selbstverortung auf einer 5-stufigen Skala zum politischen Spektrum von links nach rechts zeigen die Daten einen klaren Zusammenhang mit dem Ausmaß der Zustimmung zum Anspruchsdenken.[7] Konkret bedeutet dies für die Gesamtheit der Befragten und in der Übertragung für die deutsche Bevölkerung: Je eher sich Menschen im politischen Spektrum rechts verorten, desto stärker ausgeprägt ist auch ihr Anspruchsdenken.

11.4.3 Zusammenhänge von Anspruchsdenken mit Ungleichwertigkeitsdenken

Für die weiteren Analysen wurde das Ausmaß der Zustimmung zum Anspruchsdenken mit Dimensionen Gruppenbezogener Menschenfeindlichkeit und anderen relevanten Konstrukten der Mitte-Studie in Beziehung gesetzt. Dabei

---

5   Sympathie mit FDP und Einschätzung der eigenen wirtschaftlichen Lage, $r(2.023) = ,07$; $p < ,01$.
6   Sympathie mit AfD und Einschätzung der eigenen wirtschaftlichen Lage, $r(2.023) = -,15$; $p < ,001$.
7   Anspruchsdenken und Selbstverortung hinsichtlich politischer Orientierung korrelierten signifikant, $r(1.014) = ,21$; $p < ,001$.

fanden sich deutliche Zusammenhänge zwischen dem Anspruchsdenken einerseits und rassistischen, klassistischen, hetero-/sexistischen sowie antisemitischen Einstellungen anderseits. Eine bildliche Darstellung der Zustimmung zu Gruppenbezogener Menschenfeindlichkeit (GMF) in Abhängigkeit vom Anspruchsdenken findet sich in Abbildung 11.2. Deutlich wird daran sowohl, dass Befragte, die kein Anspruchsdenken haben, seltener zur Abwertung anderer Gruppen neigen – die hier sogar jeweils unter dem Bevölkerungsdurchschnitt liegt (⟿ Kap. 5, S. 149 ff.) – als auch, dass Befragte, die dem Anspruchsdenken zustimmen, erheblich häufiger Vorurteile haben und dazu neigen, bestimmte Gruppen zu diskriminieren. Mehr als jede:r Zweite mit Anspruchsdenken stimmt rassistischen (65 %) oder klassistischen (56 %) Aussagen zu. Aber im Vergleich sind gerade auch die Zustimmungsraten zu antisemitischen (44 %) und hetero-/sexistischen Aussagen (45 %) um ein Vielfaches höher, wenn die Befragten das Anspruchsdenken teilen, als wenn sie es nicht tun (⟿ Abb. 11.2).

Darüber hinaus bestehen signifikante Zusammenhänge zum Sozialdarwinismus als Dimension rechtsextremer Einstellungen (⟿ Kap. 3, S. 53 ff.) ebenso wie zu neurechten, populistischen und autoritären Einstellungen (⟿ Kap. 4, S. 91 ff.). Alle genannten Konstrukte stehen in einem positiven Zusammenhang mit Anspruchsdenken.[8] Inhaltlich bedeutet das, dass über alle Befragten hinweg höhere Zustimmung zu Anspruchsdenken mit höherer Zustimmung zu den anderen aufgeführten Skalen einhergeht. Es bedeutet hingegen nicht, dass eine zufällig herausgegriffene Person mit einem hohen Zustimmungswert zu Anspruchsdenken auf jeden Fall auch jeder GMF-Dimension oder jedem anderen genannten Aspekt in hohem Maße zustimmen wird. Und es bedeutet ausdrücklich auch keine Kausalrichtung, dass also Befragte etwa einer Dimension Gruppenbezogener Menschenfeindlichkeit eher zustimmen, *weil* sie den Aussagen zum Anspruchsdenken eher zustimmen oder umgekehrt.

---

8   Anspruchsdenken korreliert statistisch signifikant mit rassistischen Einstellungen, $r(1.059) = ,48$; $p < ,001$; mit Klassismus, $r(1.060) = ,51$; $p < ,001$; mit Antisemitismus $r(1032) = ,51$; $p < ,001$; mit Sexismus, $r(1.058) = ,52$; $p < ,001$; mit Sozialdarwinismus, $r(1.007) = ,68$; $p < ,001$; mit neurechter Orientierung, $r(1.060) = ,56$; $p < ,001$ sowie mit Autoritarismus, $r(1.059) = ,26$; $p < ,001$ und mit Populismus, $r(1.060) = ,46$; $p < ,001$.

**Zustimmung zu den Dimensionen Gruppenbezogener Menschenfeindlichkeit
in Abhängigkeit vom Anspruchsdenken** (n = 1.063 | Angaben in Prozent)   **Abb. 11.2**

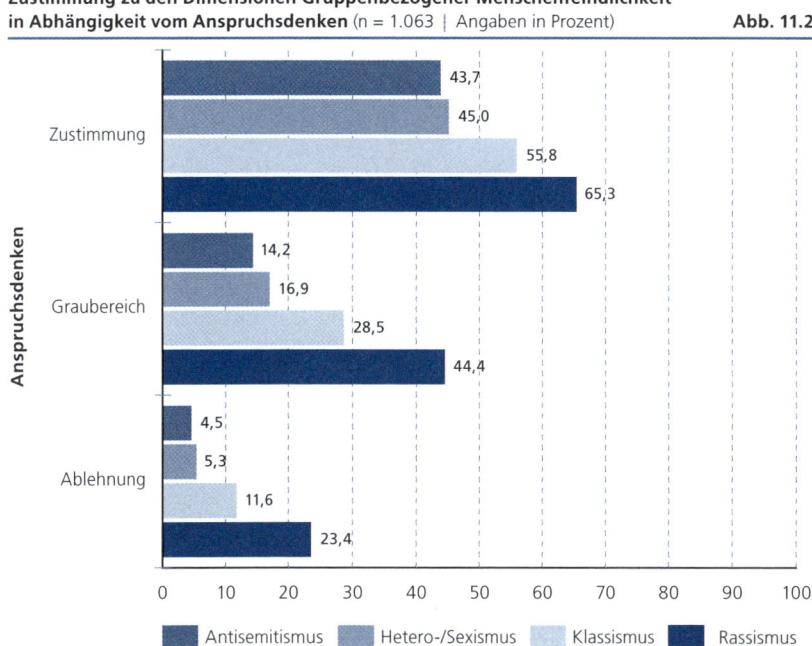

11.5 Ansprüche stellen, andere ausschließen:
Wer macht so etwas?

Die in diesem Kapitel präsentierten Ergebnisse zeigen klar auf, dass relatives
Anspruchsdenken in Bezug auf die eigene Gruppe deutliche, praktisch relevante und statistisch bedeutsame Zusammenhänge mit Dimensionen Gruppenbezogener Menschenfeindlichkeit aufweist. Gerade im Hinblick auf künftige
Forschung gilt es, die Mechanismen dieser Zusammenhänge weiter zu untersuchen und auch die Rolle des objektiven wie auch des subjektiven sozioökonomischen Status weiterzuerkunden. Wie die korrelativen Ergebnisse auch
gezeigt haben, kann die Einschätzung der eigenen wirtschaftlichen Lage nicht
per se als Erklärungsansatz dafür dienen, dass Menschen ein hohes Anspruchsdenken zeigen. Es ist allerdings denkbar, dass gerade Personen, die einen hohen
sozioökonomischen Status aufweisen und ein hohes Anspruchsdenken an den
Tag legen, der Überzeugung sind, ihnen und »Menschen wie ihnen« stünde
noch deutlich mehr zu als den »Anderen«. In künftigen Studien wäre es daher

wünschenswert, wenn nicht nur der aktuelle wahrgenommene gesellschaftliche sozioökonomische Status abgefragt würde, sondern auch derjenige, der als eigentlich angemessen betrachtet würde. Ähnliches ließe sich über das Haushaltseinkommen erfragen.

Natürlich sollte klar sein, dass nicht alle Menschen, die ein hohes relatives Anspruchsdenken haben, Geflüchtete abwerten und meinen, dass sie nur nach Deutschland kämen, um das Sozialsystem auszunutzen. Die Ergebnisse der Analysen von Zusammenhängen von Anspruchsdenken mit politischer Orientierung und Gruppenbezogener Menschenfeindlichkeit, insbesondere rassistischen Einstellungen, die Etabliertenvorrechte und Annahmen dazu einschließen, dass Geflüchtete nur nach Deutschland kämen, um das Sozialsystem auszunutzen, bieten dennoch eine vertiefte Einsicht in Denkstrukturen, die nicht zuletzt für Gespräche im Alltag sensibilisieren sollten. Konkret nachfragen könnten Menschen bei Aussagen, die ein erhöhtes Anspruchsdenken andeuten. Die Annahme liegt dann nahe, dass das Gegenüber dann auch weitere exkludierende Ansichten vertritt, die häufig populistisch (➡ Kap. 4, S. 91 ff.) und im Einklang mit marktförmigen Einstellungen sind (➡ Kap. 8, S. 243 ff.). Die in diesem Kapitel präsentierten Analysen mögen also als Anlass dienen, Hintergründe und Motive von Äußerungen zu Überzeugungen über relativ höhere Ansprüche gegenüber anderen Gruppen und Individuen in Zukunft kritischer zu hinterfragen und gegebenenfalls mit Gegenargumenten zu intervenieren.

Mittendrin
Im Sportverein

Hannes Delto · Andreas Zick · Torben Hüster

Erinnern Sie sich noch an die Fußballweltmeisterschaft in Katar im Winter 2022? Vielleicht erinnern wir uns daran, wie umstritten sie war, weil die Stadien unter menschenunwürdigen Umständen gebaut wurden und die Gastgeber:innen ein eingeschränktes Konzept von Vielfalt und Toleranz zeigten. Vielleicht erinnern Sie sich nicht so gerne, weil Deutschland schon in der Vorrunde ausschied oder weil der Deutsche Fußballbund (DFB) sich der FIFA beugte und seine Regenbogenarmbinde »One Love« nicht zeigte. Weniger in der öffentlichen Erinnerung blieb, was am Finaltag passierte: Im Elfmeterschießen des Finalspiels trafen die beiden französischen Nationalspieler Kingsley Coman und Aurélien Djani Tchouaméni das Tor nicht und Argentinien wurde Weltmeister. Daraufhin wurden die beiden Spieler kurz nach Abpfiff des Spiels in den sozialen Medien rassistisch bedroht. Dieser Hass reiht sich ein in viele rassistische Vorfälle im deutschen Fußball in den vergangenen Jahren. Erst im April dieses Jahres machte Benjamin Henrichs, Schwarzer Spieler der deutschen Nationalelf und Rechtsverteidiger von RB Leipzig, Hasskommentare öffentlich, in denen er und seine Familie nach dem DFB-Pokalspiel gegen Borussia Dortmund rassistisch angefeindet wurden. Dazu veröffentlichte der Fußballklub eine Kurznachricht: »RB Leipzig verurteilt jegliche Form von Rassismus, Antisemitismus und duldet keinerlei Diskriminierung.« Im selben Monat wurde Dayotchanculle »Dayot« Oswald Upamecano, Schwarzer Innenverteidiger des FC Bayern München, ebenfalls Opfer rassistischer Feindseligkeiten im Internet. Unmittelbar danach solidarisierte sich Bayern München mit seinem Spieler. Durch die sozialen Netzwerke haben sich die Räume, in denen Fußballspieler:innen Opfer von rassistischen Angriffen werden können, erweitert. Dies hat zur Folge, dass abseits der medial bekannt gewordenen Vorfälle Rassismus im Sport für Betroffene Teil der alltäglichen Auseinandersetzung ist. Benjamin Paa Kwesi Henrichs schilderte in einem Interview, dass er zwar zahlreiche Vorfälle zur Anzeige gebracht habe, das Ausmaß jedoch die täglichen Kapazitäten übersteige. Eine Perspektive der Betroffenen findet in der öffentlichen Berichterstattung nur in geringfügigem Maße statt. Henrichs selbst beschrieb die Nachwirkungen des Pokalspiels wie folgt: »Es war das erste Mal, wo ich sage, es hat mich hart getroffen. Weniger die Nachrichten, sondern die Sprachnachrichten, wenn man merkt, es sind Menschen dahinter und nicht nur Fake-Profile.«[1] Andere Spieler wie Youssoufa Moukoko, Stürmer von Borussia Dortmund, dachten aufgrund derartiger Vorfälle sogar zwischenzeitlich an ein Karriereende. Rassismus ist Teil des Fußballs, zumindest gemessen an der Geschichte des Sports, die noch nie eine Zeit ohne Rassismus erlebt hat.

Gute verlässliche Zahlen zu rassistischen Hasstaten gibt es nicht. Systematische und kontinuierliche Beobachtungen oder gar Datenbanken sind nicht zugänglich, auch wenn Einzelfallstudien und mediale Berichte den Eindruck nahelegen, dass der Rassismus im Fußball wie anderen Sportarten weitverbreitet, wenn nicht sogar angestiegen ist. Darüber berichten Medien heutzutage zumindest mehr als früher, und auch die sozialen Netzwerke sind nicht nur voll Hassrede, sondern ebenfalls von Berichten über rassistische Übergriffe und Anfeindungen gegenüber Schwarzen Menschen, People of Colour und vielen anderen. Im Fußball spielt das eine besondere Rolle und rassistische Feindseligkeiten finden auch abseits vom Fußball- und Spitzensport im Amateur- und Breitensport statt – trotz der unterschiedlichen Toleranz-, Rassismus-, Diversitäts- und Multikulturalitäts-kampagnen, die gerade den Vereinssport in Deutschland auszeichnen.

Mit dem Blick auf die »Mitte« und ihre Anfälligkeit für rechtsextreme, antide-mokratische und menschenfeindliche Wahrnehmungen und Überzeugungen ist der Sport bedeutsam. Er ist mitten in der Mitte. Sport organisiert und verbindet mehr als 23 Millionen Mitglieder und ist ein zentraler Lebensbereich neben Beruf, Familie und vielen anderen Aktivitäten. Er hat Brücken zur Wirtschaft, Politik, Religion und zu Bildungseinrichtungen. Er ist ein Teil der Zivilgesell-schaft und organisiert die Zivilgesellschaft. Der Vereinssport ist in Teilen orga-nisierte demokratische Zivilgesellschaft und als solche dank staatlicher Förderung befähigt, die Demokratie zu fördern. Daher drängt es sich nahezu auf, mit dem Blick in die Mitte und ihre demokratischen wie antidemokratischen Orientie-rungen zu prüfen, wie demokratiefest der Vereinssport ist. Dies ist auch not-

---

1 https://www.zeit.de/news/2023-05/09/henrichs-erstattet-anzeige-nach-internethetze [Aufruf am 7.7.2023].

wendig, weil der Vereinssport eine wichtige Funktion für den sozialen wie auch gesellschaftlichen Zusammenhalt innehat, gerade weil er Gemeinschaft und Geselligkeit herstellen kann. Es wäre fatal, wenn dies nur durch den Ausschluss oder die Herabwürdigung von anderen gesellschaftlichen Gruppen gelingt.

So überragend die Bedeutung des Sports ist, so sehr überrascht, dass es über menschenverachtende Vorfälle und rassistische Anfeindungen im Sport keine zuverlässigen Zahlen gibt und es an einer Systematik wie Kontinuität fehlt, selbst bei Sportvereinen, die hinreichend Kapital hätten und sich zudem »Null Toleranz für Rassismus« auf die Fahnen schreiben. Einzelne Expert:innen, wie wir auch, stellen gelegentlich Vermutungen an, ob rassistische Vorfälle im Sport aktuell zugenommen haben und proportional mit den gestiegenen rassistischen Anfeindungen in der Gesellschaft zusammenhängen oder ob Rassismus im Sport mittlerweile aufmerksamer wahrgenommen wird.

Es trifft zu, dass Sportverbände und -vereine sowie sportbezogene Antidiskriminierungsinitiativen in den vergangenen Jahren vermehrt Maßnahmen gegen Rassismus, Antisemitismus und Diskriminierung im Sport und im Fußball ergriffen haben: Neben Schulungen und Sensibilisierungsworkshops beispielsweise für Spieler:innen und Trainer:innen oder den bundesweit etablierten Fanprojekten haben der DFB und das Bildungs- und Präventionsprojekt »Zusammen1« dieses Jahr das Projekt »Schiris gegen Diskriminierung« gegründet. Auch der Deutsche Olympische Sportbund, die Dachorganisation des deutschen Sports, hat zusammen mit der Deutschen Sportjugend erst dieses Jahr das Projekt »(Anti-)Rassismus im organisierten Sport« ins Leben gerufen. Hier spielen Sportverbände und -vereine eine durchaus bedeutende Rolle, um eine anerkennende und wertschätzende Sportvereinskultur zu fördern und zu etablieren. Denn neben individuellem Rassismus wird auf struktureller Ebene des organisierten Sports auch systematisch rassistisch ausgeschlossen. Mit offenen, aber auch positiven und subtilen rassistischen Stereotypen wird Schwarzen im Vergleich zu *weißen* Sportler:innen und Athlet:innen per se abgesprochen, bestimmte Kompetenzen im Sport zu haben. Stereotype Zuschreibungen, Herabwürdigungen und vorurteilsbasierte Abwertungen legitimieren bestehende (rassistische) Strukturen im Sport. Das wirkt sich etwa auf die starke Unterrepräsentation von Migrantisierten und Schwarzen Menschen in Führungspositionen von

**Zustimmung zu verschiedenen rassistischen Aussagen
nach Sportvereinsmitgliedschaft** (Angaben in Prozent)   **Tabelle M11.1**

Ich stimme ... →

Die Weißen sind zu Recht führend in der Welt.	Fußballvereinsmitgliedschaft (n = 202)
	Andere Sportvereinsmitgliedschaft (n = 333)
	Ohne Sportvereinsmitgliedschaft (n = 1.421)
Wenn sich Schwarze Menschen mehr anstrengen würden, würden sie es auch zu etwas bringen.	Fußballvereinsmitgliedschaft (n = 107)
	Andere Sportvereinsmitgliedschaft (n = 166)
	Ohne Sportvereinsmitgliedschaft (n = 743)
Schwarze Menschen sind im Sport besonders talentiert.	Fußballvereinsmitgliedschaft (n = 115)
	Andere Sportvereinsmitgliedschaft (n = 158)
	Ohne Sportvereinsmitgliedschaft (n = 734)
Außerhalb des Sports haben Schwarze Menschen aus gutem Grund weniger Erfolg.	Fußballvereinsmitgliedschaft (n = 114)
	Andere Sportvereinsmitgliedschaft (n = 166)
	Ohne Sportvereinsmitgliedschaft (n = 746)

Anmerkungen Die Aussagen wurden teilweise nur bei einer zufällig ausgewählten Hälfte der Befragten erfasst | n = Anzahl der Befragten.

Sportverbänden und -vereinen eines Sportsystems aus, das sich etwa mit der Bewegung »Sport für alle« vorgenommen hat, allen Gruppen unserer Gesellschaft einen gleichberechtigten Zugang zu ermöglichen. Um deutlich zu machen, wo Rassismus entstehen kann und wo er erst Erfahrungen in der Mitte der Gesellschaft zulässt, richten wir den Blick auf rassistische Einstellungen im Sport.

Ein Blick in die Vereinsmitte 2022/23

Bestimmte Sportarten wie spezifische Anforderungen an Kraft, Schnelligkeit und Ausdauer in Sportarten können dazu beitragen, rassistische Vorurteile und Stereotype in angepasster, moderner oder auch positiver Form zu fördern oder erst entstehen zu lassen. Im Kern handelt es sich immer um einen traditionellen, aber modernisierten Rassismus, der historisch an den jeweiligen Zeitgeist angepasst ist (Zick 2020). Die Studienlage zeigt, dass rassistische Einstellungen im Sport unterschiedlich stark ausgeprägt sind und ein spezifischer auf Körperlichkeit bezogener Rassismus gegenüber Schwarzen Menschen zu beobachten

Tabelle M11.1

... überhaupt nicht zu	... eher nicht zu	... teils/teils	... eher zu	... voll und ganz zu
47,7	19,6	16,7	12,0	4,0
72,3	13,5	9,9	3,4	0,9
62,4	16,0	13,1	5,4	3,1
44,7	15,3	20,4	10,7	8,9
63,0	15,2	14,4	5,1	2,3
49,8	20,8	17,1	8,7	3,6
12,4	2,1	36,3	28,5	20,7
20,2	7,3	35,6	20,6	16,3
14,9	11,6	34,3	24,2	15,0
46,2	17,9	18,7	16,2	1,0
66,0	14,0	13,5	4,9	1,6
60,4	18,8	13,9	4,4	2,5

ist. Diese rassistischen Einstellungen sind nicht nur mit vielen weiteren Vorurteilsfacetten empirisch verbunden, sondern hängen auch eng mit der Absicht zusammen, Schwarze Menschen zu diskriminieren und systematisch von der gesellschaftlichen Mitte auszugrenzen (Delto 2021). Mit der aktuellen Mitte-Studie 2022/23 konnten wir einmal mehr Rassismus im Sport und zugleich in der Mitte der Gesellschaft vermessen. Die Ergebnisse zeigen, dass befragte Fußballvereinsmitglieder vergleichsweise häufiger rassistisch eingestellt sind als befragte Mitglieder anderer Sportvereine und Befragte ohne Sportvereinsmitgliedschaft (➡ Tab. M11.1).[2]

---

2   In der Mitte-Studie 2022/23 geben 552 Befragte an, Sportvereinsmitglied zu sein. Das entspricht einem Anteil von 27,3 % an der Gesamtstichprobe. Davon geben 206 Befragte an (37,6 %), Mitglied in einem Fußballverein zu sein. Bundesweit zählen die Landessportbünde rund 23,4 Millionen Mitgliedschaften (27,7 %), wovon 7,2 Millionen Mitgliedschaften (30,6 %) auf den Fußball entfallen.

So stimmen 16 % der befragten Fußballvereinsmitglieder der Aussage zu »Die Weißen sind zu Recht führend in der Welt«, und weitere 17 % stimmen hier »teils/teils« zu. Hingegen befürworten nur rund 4 % der Befragten anderer Sportvereine diese offene rassistische Aussage und knapp 10 % stimmen »teils/teils« zu (Befragte ohne Sportvereinsmitgliedschaft: 8,5 % Zustimmung und 13 % »teils/teils«). Noch mehr wird den etwas subtileren rassistischen Zuschreibungen zugestimmt. Knapp die Hälfte der befragten Fußballvereinsmitglieder ist der Meinung, »Schwarze Menschen sind im Sport besonders talentiert«, mehr als ein Drittel (36 %) stimmt dieser Aussage des positiven Rassismus »teils/teils« zu. Auch 37 % der Befragten anderer Sportvereine befürworten diese Aussage und weitere 36 % stimmen »teils/teils« zu (Befragte ohne Sportvereinsmitgliedschaft: 39 % Zustimmung und 34 % »teils/teils«) (➡ Tab. M11.1, S. 330 f.).

Auch zeigen die Analysen in Tabelle M11.2 moderate Zusammenhänge, die sich mit den unterschiedlichen rassistischen Aussagen für den Sport bestimmen lassen: Je stärker die befragten Sportvereinsmitglieder der Aussage des positiven Rassismus zustimmen, desto stärker stimmen sie auch den offenen und subtileren Aussagen zu. Es sind also gleichzeitig positive wie negative Vorurteile gegenüber Schwarzen Menschen möglich, die je nach Situation und Norm zu Diskriminierung und Abwertung führen (Katz & Hass 1988). Vor allem ist der Vereinssport mit seinen Besonderheiten ein soziales Feld, auf dem positive wie negative rassistische Stereotype bestehen können.

Zusammenhänge zwischen negativen und positiven rassistischen Aussagen unter den befragten Sportvereinsmitgliedern (Korrelationen)   Tabelle M11.2

	Schwarze Menschen sind im Sport besonders talentiert.
Die Weißen sind zu Recht führend in der Welt.	,31***
Wenn sich Schwarze Menschen mehr anstrengen würden, würden sie es auch zu etwas bringen.	,38***
Außerhalb des Sports haben Schwarze Menschen aus gutem Grund weniger Erfolg.	,38***

Anmerkungen *** = p < ,001.

**Zustimmung zum Index Gruppenbezogener Menschenfeindlichkeit
nach Sportvereinsmitgliedschaft** (Angaben in Prozent)　**Tabelle M11.3**

	Sportvereinsmitgliedschaft	
	Ja (n = 552)	**Nein** (n = 1.472)
GMF-Index	8,7	9,2

Anmerkungen n = Anzahl der Befragten.

**Zustimmung zum Index Gruppenbezogener Menschenfeindlichkeit
nach Sportvereinsmitgliedschaft** (Angaben in Prozent)　**Tabelle M11.4**

	Sportvereinsmitgliedschaft	
	Fußballvereine (n = 206)	**Andere Sportvereine** (n = 343)
GMF-Index	14,1***	5,2***

Anmerkungen *** = p ≤ ,001; n = Anzahl der Befragten.

Die Vorurteilsforschung hat aufgezeigt, dass Rassismus gegenüber Schwarzen Menschen immer wieder auch empirisch mit unterschiedlichen Facetten vorurteilsbasierter Abwertungen in Beziehung steht (siehe auch ➡ Kap. 5, S. 149 ff.). Während also unter den Mitgliedern und Nichtmitgliedern der Sportvereine (➡ Tab. M11.3) eine generalisierte Menschenfeindlichkeit mit rund 9 % fast gleichermaßen ausgeprägt ist, neigen die befragten Fußballvereinsmitglieder (➡ Tab. M11.4) signifikant häufiger als die Mitglieder anderer Sportvereine dazu, auch weitere marginalisierte Gruppen in der Gesellschaft herabzuwürdigen und auszugrenzen (14 % zu 5 %).

Der Sport – hier vor allem der Fußballsport – ist mit seiner Körperlichkeit und seinem Fokus auf Leistungsfähigkeit ein anschlussfähiger gesellschaftlicher Bereich für offene, subtile wie positive rassistische Zuschreibungen und Missachtungen. Von deren Ausmaß ist die Qualität eines gesellschaftlichen, auf Vielfalt und Toleranz basierenden Zusammenhalts im Vereinssport abhängig.

Daher ist es notwendig, dass Sportvereine und -verbände nicht nur nach konkreten rassistischen Vorfällen Position in den sozialen Medien beziehen. Es wäre in alle Richtungen ein wichtiges Signal, wenn Rassismus im Sport als Daueraufgabe der sportbezogenen Antidiskriminierungsarbeit verstanden wird. Das könnte den organisierten Sport wieder ein Stück glaubwürdiger machen.

12 Einsamkeit, Feindseligkeit und Populismus

Claudia Neu · Beate Küpper

»Endlich sieht man sich mal wieder montags!« Anekdotische Berichte von den »gegen das System« gerichteten Anti-Corona-/Ukraine-/Energiepreisdemonstrationen waren in den vergangenen Monaten häufig zu hören. Geht es bei diesen Erzählungen und öffentlichen Aufmärschen also vielleicht gar nicht nur um den politischen Protest der Unzufriedenen, sondern lassen sie sich auch als Zusammenkünfte der gesellschaftlich Unverbundenen auf der Suche nach Gemeinschaft mit Gleichgesinnten verstehen (Bender 2021; Cox 2020)? Das Thema Einsamkeit hat im Zuge der Coronapandemie nun auch in Deutschland an Aufmerksamkeit gewonnen.[1] Dass Einsamkeit nicht nur ein individuelles Schicksal ist und die eigene Gesundheit ungünstig beeinflusst (Park et al. 2020), sondern durchaus ein demokratiegefährdendes Potenzial besitzt, rückte erst jüngst in den Blick der Öffentlichkeit und Politik (Schobin 2022; Neu et al. 2023).

Zugehörigkeit zu anderen über stabile Beziehungen realisieren zu können, gilt als das zentrale menschliche Motiv für Verhalten, welches unter anderem wichtig für die Entwicklung von Vertrauen ist (Fiske 2010) – fehlt die soziale Einbindung, suchen einsame Menschen diese dann gegebenenfalls auch bei antidemokratischen Gruppierungen.

Soziologische Theorien wie die Anomietheorie von Durkheim, aufgegriffen auch in der Desintegrationstheorie (Anhut & Heitmeyer 2000), nehmen an, soziale Isolation könne nicht nur Misstrauen gegen Menschen, Umwelt und Institutionen, sondern auch Gruppenbezogene Menschenfeindlichkeit gegen als »an-

---

1   Seit 2018 wird in Großbritannien die Bekämpfung von Einsamkeit als nationale Aufgabe eingestuft. Es wurde hierzu eine nationale Strategie entwickelt und die Koordination entsprechender Maßnahmen in die Zuständigkeit eines Ministeriums gelegt. Anfang 2022 hat nun auch das Bundesministerium für Familie, Senioren, Frauen und Jugend ein Kompetenznetzwerk »Einsamkeit« gestartet, Anfang 2023 eine »Strategie gegen Einsamkeit« vorgestellt: https://www.bmfsfj.de/bmfsfj/themen/engagement-und-gesellschaft/strategie-gegen-einsamkeit.

ders« Markierte auslösen und demokratiegefährdende Haltungen befördern. Theorien zum Sozialkapital betonen die Bedeutung sozialer Bindungen für das Vertrauen in die Demokratie (Putnam 1995). Kritische Lebensereignisse, zu denen auch Verlusterfahrungen naher Angehöriger zählen, können Auslöser für die Radikalisierung von Personen sein (Pisoiu et al. 2020). Fehlende und ausfallende Bezugspersonen (zum Beispiel durch Tod oder Trennung der Eltern) sowie Außenseiterpositionen gelten als wichtiges biografisches Motiv, aus dem heraus sich Jugendliche rechtsextremen Ideologien und Gruppierungen anschließen, die Aufwertung und Gruppenbindung anbieten (zur Übersicht vgl. u. a. Glaser & Schuhmacher 2016).

Auch gesellschaftliche Bedingungen wie die Gestaltung des öffentlichen Raumes (beispielsweise Entfernung zu Freizeitgelegenheiten) beeinflussen das Gefühl der Unverbundenheit (Bücker et al. 2020). So fühlen sich einsame Jugendliche an vielen öffentlichen und privaten Orten unwohler als nicht einsame (Neu et al. 2023). In den vergangenen Jahren sind durch die »Angstarbeit« der rechtsextremen Gruppierungen im öffentlichen Raum und ihre gezielten Raumaneignungsstrategien – Aufmärsche, politisch motivierte Immobilienkäufe, die Gründung völkischer Siedlungen – »rechte Räume« (Helal 2022) beziehungsweise »menschenfeindliche Orte« (Rees, Rees & Zick 2021) entstanden, in denen sich rechtsextreme Gruppierungen besonders verbreiten und Populist:innen Wahlerfolge erzielen konnten. In welchem Zusammenhang Einsamkeit, Raumstrukturen und demokratiegefährdende Haltungen stehen, ist bisher nicht hinreichend untersucht worden.

Die Mitte-Studie 2022/23 widmet sich erstmals in Deutschland bei Erwachsenen dem Zusammenhang individuell erlebter Einsamkeit, gefühlten Unwohlorten und der Neigung zu demokratiegefährdenden, verschwörerischen und feindseligen Einstellungen gegenüber sozial markierten Gruppen, wie sie im Syndrom der Gruppenbezogenen Menschenfeindlichkeit erfasst werden (➟ Kap. 5, S. 149 ff.).

12.1 Einsamkeit in der Mitte der Gesellschaft

Einsamkeit verursacht großes persönliches Leid. Aber was genau ist Einsamkeit und wie verbreitet ist sie? Die psychologische Einsamkeitsforschung versteht Einsamkeit als subjektives Gefühl, zu wenige Kontakte zu haben oder keine

Nähe zu anderen Menschen zu spüren (Hawkley & Cacioppo 2010). Einsamkeit wird in drei Subdimensionen beschrieben: als *emotionale* Einsamkeit, wenn es an erfüllenden engen Beziehungen mangelt, als *soziale* Einsamkeit, wenn es an persönlichen Beziehungen etwa zu Freund:innen oder Bekannten fehlt und als *kollektive* Einsamkeit, wenn Menschen die Zugehörigkeit zu größeren gesellschaftlichen Gruppen oder einer Gesellschaft insgesamt vermissen (Luhmann 2022). Der Begriff der »sozialen Isolation« beschreibt hingegen den objektiven Mangel an sozialen Kontakten und Beziehungen (zum Beispiel durch die Beschränkungen sozialer Kontakte während der Hochphase der Pandemiezeit). Auch wenn es zwischen Isolation und Einsamkeit große Schnittmengen gibt, sind beide nicht deckungsgleich (Hawkley & Cacioppo 2010).

Vor der Coronapandemie war die empfundene Einsamkeit über viele Jahrzehnte hinweg überraschend unverändert (Luhmann, Bücker & Rüsberg 2022). Im ersten sogenannten Lockdown während der Coronapandemie stieg der Anteil jener in der Bevölkerung, die sich mindestens »manchmal einsam« fühlen von rund 14 % sprunghaft auf rund 40 % an (Entringer 2022, S. 20). Am meisten litt die Generation der Unter-30-Jährigen in dieser Zeit unter Einsamkeit (48 %) (ebd.). Generell tritt Einsamkeit im Lebensverlauf in Wellen auf; besonders häufig ist Einsamkeit unter jungen Erwachsenen, in den mittleren und sehr späten Lebensjahren verbreitet (Luhmann & Hawkley 2016). Wie die Einsamkeitsforschung belegt, macht weiterhin eine ganze Reihe demografischer Faktoren Einsamkeit wahrscheinlicher (zur Übersicht vgl. Entringer 2022). Dazu zählen ein geringes Haushaltseinkommen und Arbeitslosigkeit, eine niedrige Bildung, eine eingeschränkte Gesundheit, eine Behinderung und ein Migrationshintergrund, auch ein Fluchtstatus erhöht das Risiko, sich einsam zu fühlen. Zudem leben einsame Menschen häufiger allein.

Nicht zuletzt hängt Einsamkeit auch an der Möglichkeit, überhaupt mit anderen in Beziehung treten zu können. Der Aufbau oder das Aufrechterhalten von Kontakten zu anderen kann erschwert sein durch fehlende Gelegenheitsstrukturen wie fehlende Treffpunkte in der Wohnumgebung oder persönliche Lebensumstände (beispielsweise, wenn Personen weit außerhalb leben oder eingeschränkt mobil sind). Dies alles sind Faktoren, die soziale Teilhabe und gesellschaftliches Miteinander einschränken.

In der Mitte-Studie wurde das Gefühl von Einsamkeit mit drei Aussagen (Items) aus einer gut geprüften Einsamkeitsskala erhoben (deutschsprachige Fassung der UCLA-Skala von Russell, Peplau & Cutrona 1980). Alle in Zusammenhang mit Einsamkeit erhobenen Aussagen sind in Tabelle 12.1 (➡ S. 340 f.) aufgeführt. Aus Platzgründen wurde im Fragebogen nur die emotionale Einsamkeit erhoben, die eng mit der sozialen und kollektiven Einsamkeit korreliert. Die Fragen wurden nur einer zufälligen, repräsentativen Hälfte der Befragten gestellt (n = 1.063).

Im Erhebungszeitraum Anfang 2023 geben 28 % der Befragten an, es fehle ihnen »öfter« oder »häufig« an Gesellschaft, 17 % fühlen sich ausgeschlossen, 15 % von anderen isoliert. Die drei Aussagen zur Erfassung der emotionalen Einsamkeit wurden zu einem *Index Einsamkeit* zusammengefasst. Für die weiteren Auswertungen wurden die Befragten in zwei Gruppen eingeteilt: in *Einsame* (Befragte, die sich überwiegend »öfter« oder sogar »häufig« einsam fühlen; Werte > 2,5 auf der 4-stufigen Antwortskala) und in *Nichteinsame* (Befragte, die sich »selten« oder »nie« einsam fühlen; Werte ≤ 2,5).[2] 19 % der Befragten zählen in diesem Sinne zu den (eher) Einsamen; über diese berichten wir im Folgenden. Legt man das strengere Maß der SOEP-Studie zur Einsamkeit an, sind 13 % der Befragten einsam. Nach der herausfordernden Zeit der Coronapandemie mit ihren Kontaktbeschränkungen liegt die Einsamkeit in der Gesellschaft damit wieder auf ähnlichem Niveau wie vor der Pandemie (zum Vergleich 2013–2017 vgl. Entringer 2022). Die Befunde der Mitte-Studie zu Unterschieden in Abhängigkeit soziodemografischer Merkmale decken sich hierzu weitgehend mit den bereits aus der Einsamkeitsforschung bekannten (➡ Tab. 12.1, S. 340 f.).

12.2 Einsamkeit und Raum

Erst in jüngster Zeit werden in der Einsamkeitsforschung neben den genannten individuellen Faktoren auch raumstrukturelle Faktoren in den Blick genommen. Für sich genommen spielt der Siedlungstyp jedoch nur eine untergeordnete Rolle: Einsamkeit ist in der Stadt und auf dem Land ähnlich häufig – allerdings

---

2   Dieses Kapitel möchte Erkenntnisse über einsame Menschen gewinnen; hier interessieren nicht nur jene mit deutlicher, sondern auch gemäßigter Einsamkeit. Den Cut-off-Wert 2,5 erreichen Befragte, die bei mindestens zwei der drei Aussagen zur Einsamkeit »öfter« oder »häufig« angeben.

ist Einsamkeit darüber hinaus regional recht unterschiedlich weitverbreitet (Entringer 2022; Bücker et al. 2020). In Ostdeutschland fühlten sich Menschen lange Zeit einsamer als im Westen, das hat sich mittlerweile nahezu angeglichen (Bücker et al. 2020). Auch hier decken sich die Befunde der Mitte-Studie mit den bisherigen Beobachtungen. Einsamkeit scheint mithin weniger der Bevölkerungsdichte oder dem Siedlungstyp (städtisch – ländlich) geschuldet zu sein, als vielmehr der Geschwindigkeit des sozialen Wandels (beispielsweise starke Abwanderung) und dem Grad der Abgelegenheit einer Region (gemessen an der Entfernung zum nächsten Zentrum) (Bücker et al. 2020). Darüber hinaus scheinen (fehlende) Gelegenheitsstrukturen wie Freizeitangebote und Parks eine Rolle beim Auftreten von Einsamkeit zu spielen; dem sind wir daher nachgegangen.

12.2.1 (Fehlende) Gelegenheitsstrukturen

Fehlen in Räumen öffentliche Angebote beziehungsweise mangelt es an der Ausstattung mit Parks, Geschäften, Kultureinrichtungen oder Sportplätzen, die strukturierte Gelegenheiten zur gesellschaftlichen Teilhabe bieten, kann dieser Mangel Einsamkeit auslösen (Bücker et al. 2020). Individuelle Einsamkeit steht dabei in Wechselwirkung mit strukturellen Bedingungen (Luhmann, Bücker & Rüsberg 2022): Ein fehlender Park, in dem man unter Leuten sein kann, kann Einsamkeit begünstigen. Ist man aber bereits einsam und spaziert allein durch einen Park, in dem viele Menschen glücklich zusammen auf der Wiese sitzen, kann sich das Gefühl von Einsamkeit für die einen noch verstärken (etwa bei Jüngeren), während sich andere daran erfreuen, unter Menschen zu sein, was ihre Einsamkeit lindert (etwa bei Älteren).

In der aktuellen Mitte-Studie wurden die Studienteilnehmer:innen danach gefragt, wie weit entfernt ein Ort ist, an dem sie gern ihre Freizeit verbringen (➞ Tab. 12.1, S. 340 f.). Für über zwei Drittel (69 %) der Befragten ist ein solcher Freizeitort nicht weiter als »rund 5 Minuten« beziehungsweise »rund 10 Minuten« entfernt, also in unmittelbarer Nähe. Für fast jede:n achte:n Befragte:n ist ein solcher Freizeitort jedoch mit »mehr als 30 Minuten« nicht so schnell zu erreichen. Für Einsame liegt eigenen Angaben zufolge ein für sie angenehmer Freizeitort im Schnitt nur unwesentlich häufiger weiter weg als für Nichteinsame: 16 % der Einsamen und 12 % der Nichteinsamen brauchen länger als 30 Minuten zu einem Ort, an dem sie gern ihre Freizeit verbringen.

Einsamkeitserleben und Einschätzungen zum persönlichen Sozialraum
(Angaben in Prozent)   Tabelle 12.1

Einsamkeit (M = 1,80; SD = ,78; n = 1.063; α = ,84)
Wie oft haben Sie das Gefühl, …
… dass Ihnen Gesellschaft fehlt?
… dass Sie ausgeschlossen sind?
… dass Sie isoliert von anderen Menschen sind?
Freizeitorte (M = 2,03; SD = 1,05; n = 1.046)
Wie weit ist es für Sie zum nächsten Ort, an dem Sie gern Freizeit verbringen (z. B. eine Grünfläche, ein Park, ein Kultur- und Freizeitangebot)? Wenn Sie das einmal ungefähr in Gehminuten abschätzen würden …
Unwohl- bzw. Wohlorte (M = 4,27; SD = ,61; n = 1.069; α = ,67)
Zu Hause
In der Natur
Am Ausbildungs- oder Arbeitsplatz
Im öffentlichen Raum
Binnenmigration (M = 2,69; SD = 1,44; n = 1.065)
Können Sie sich vorstellen, aus Ihrem Landkreis wegzuziehen?

Anmerkungen M = arithmetischer Mittelwert; SD = Standardabweichung; n = Anzahl der Befragten;
α = Cronbachs Alpha.

Dies hängt übrigens so gut wie nicht an der Gemeindegröße – lediglich Befragte in Großstädten über 500.000 Einwohner:innen geben hier geringfügig kürzere Wege zu einem Ort, an dem sie gerne ihre Freizeit verbringen, an.

12.2.2   Unwohlorte

Der öffentliche Raum bietet jedoch nicht nur Gelegenheitsstrukturen zur gesellschaftlichen Teilhabe, sondern wird auch als Unsicherheitsfaktor wahrgenommen. Die Kollekt-Studie (Neu et al. 2023, S. 37 f.) zeigte erstmals, dass einsame Jugendliche weniger Orte haben, an denen sie sich wohlfühlen (zu Hause, Natur) und zugleich mehr Orte nennen, an denen sie sich unwohl fühlen (Schule, Universität, Arbeitsplatz).

Auch die erwachsenen Befragten der Mitte-Studie fühlen sich in den eigenen vier Wänden (72 %) und in der Natur (71 %) besonders häufig wohl. Der

Tabelle 12.1

nie	selten	öfter	häufig	
31,8	39,7	20,0	8,4	
52,0	30,8	10,9	6,2	
58,3	26,4	10,2	5,1	
~ 5 Minuten	~ 10 Minuten	~ 20 Minuten	> 30 Minuten	
41,1	27,9	18,1	12,8	
sehr unwohl	wohl	teils/teils	wohl	sehr wohl
1,3	1,7	6,2	18,4	72,4
1,0	0,8	5,7	21,5	71,0
1,9	5,8	16,5	41,1	34,7
1,9	6,8	27,6	41,5	22,3
überhaupt nicht	eher nicht	teils/teils	eher	voll und ganz
28,9	20,2	21,0	12,7	17,1

öffentliche Raum wird nicht ganz so positiv wahrgenommen: Nur 22 % der Befragten fühlen sich dort »sehr wohl«, weitere 41 % immerhin »wohl«; allerdings fühlen sich auch 9 % »unwohl« oder sogar »sehr unwohl«, 27 % antworten mit »teils/teils«. Für drei Viertel (76 %) der Befragten, die im Erwerbsleben oder einer Ausbildung stehen, ist ihr Arbeits- oder Ausbildungsplatz eher ein angenehmer Ort, doch rund ein Viertel fühlt sich dort mindestens teilweise unwohl.

Auch hier offenbart sich ein Zusammenhang von Einsamkeit und Unwohlorten (➡ Abb. 12.1, S. 342): Die Einsamen fühlen sich an allen oben genannten Orten signifikant weniger wohl. Besonders deutlich wird dies nicht nur bei öffentlichen Orten, sondern gerade auch zu Hause. Es sind also nicht grundsätzlich öffentliche Orte, an denen sich Einsame unwohler fühlen. Einsame fühlen sich, wie andere Studien unterstreichen, *generell* weniger wohl

(Bücker 2022). Die geringere Bindung an einen (Wohn-)Ort zeigt sich auch darin, dass Einsame, übrigens unabhängig von ihrem Alter, eher bereit sind, ihren Wohnort zu verlassen. Einsamkeit und ein häufigeres Unwohlfühlen an diversen Orten korrelieren allerdings nur auf mäßigem Niveau (r = ,35), das bedeutet, beides geht nur bedingt Hand in Hand.

Unwohl- bzw. Wohlorte von Einsamen und Nichteinsamen
(Angaben in Prozent)[3]   Abb. 12.1

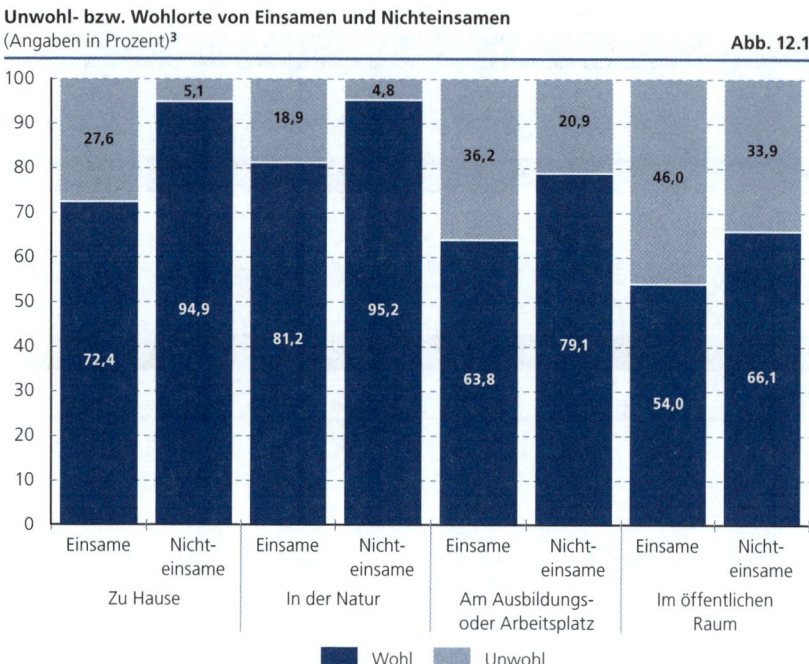

12.2.3   Teilhabe und Beteiligung

Vereine, insbesondere Sportvereine, Kultur- und Freizeiteinrichtungen sowie Gewerkschaften gelten als wichtige Zusammenhalt spendende Institutionen (Infratest dimap 2022), denn sie ermöglichen gesellschaftliche Teilhabe und Integration, so die Vorstellung (➡ Kap. Mittendrin: Sport, S. 327 ff.). Damit erscheinen umgekehrt öffentliches Engagement und Mitwirkung als probates

---

3   Alle Chi²-Tests zur Prüfung der Unterschiede zwischen den Subgruppen sind signifikant mit p < ,01.

Mittel gegen Einsamkeit. Zugleich könnte aber eben jene öffentliche Beteiligung eine besondere Herausforderung für einsame Menschen sein.

Die Mitgliedschaft in einem Sportverein schützt jedoch offenkundig nur sehr bedingt vor Einsamkeit: Unter jenen, die in einem Sportverein sind, geben 22 % in der aktuellen Mitte-Studie an, einsam zu sein, unter jenen, die nicht in einem Sportverein sind, sagen dies 26 %. Tatsächlich sind Einsame aber nur geringfügig seltener Mitglied in einem Sportverein als Nichteinsame, der Unterschied ist statistisch nicht signifikant (Nichteinsame 28 %, Einsame 24 %). Auffallend viele einsame Befragte sind übrigens Mitglied in einem Fußballverein (62,5 % der Einsamen, aber nur 34 % der Nichteinsamen). Denkbar ist, dass Fußballvereine als sehr niedrigschwellig wahrgenommen werden oder auch, dass man die Vereinsmitgliedschaft aus der Jugend einfach weiter beibehält – auch wenn die aktive Beteiligung ausbleibt. Ein Nachmittag im Stadion mit dem Fanschal um den Hals verspricht Nähe und ein großes Zugehörigkeitsgefühl – auch wenn sich dies für einsame Menschen nicht immer einlöst.

Ein ähnliches Ergebnis zeigt sich auch bei politischer Mitwirkung. Von allen Befragten gehören 16 % einer Gewerkschaft an. Doch auch hier ist Einsamkeit unter Gewerkschaftsmitgliedern signifikant weiterverbreitet (34 %) als unter jenen, die nicht in einer Gewerkschaft sind (knapp 24 %). Auch wenn die Stichprobe zu klein für eine zuverlässige Aussage ist, erscheint eine Tendenz in den Ergebnissen bedenklich: Einsame, die Mitglieder in einem Sportverein beziehungsweise einer Gewerkschaft sind, neigen besonders zu Antisemitismus, Hetero-/Sexismus und Klassismus (nicht aber zu Rassismus) (zur Abwertung anderer ⟾ Kap. 12.3, S. 344 ff.).[4]

Einsame Menschen leben also nicht zwingend sozial isoliert. Vielmehr bemühen sie sich aktiv um Kontakte, auch um möglicherweise wieder Anschluss an die Gruppe zu finden (Bücker 2022, S. 21 ff.; Noack 2021). Die vorgestellten Er-

---

[4] Die Wechselwirkung zwischen Einsamkeit (einsam/nicht einsam) und der Mitgliedschaft in einem Sportverein (ja/nein) beziehungsweise einer Gewerkschaft (ja/nein) hat einen signifikanten Einfluss auf die drei angegebenen Elemente einer Gruppenbezogenen Menschenfeindlichkeit. Es sind allerdings zu wenige Personen zugleich Mitglied und einsam, sodass auf einen detaillierten Bericht verzichtet werden muss und dies hier nur als ein erster Hinweis gelesen werden kann.

gebnisse lassen vermuten, dass diese Bemühungen jedoch nicht immer von Erfolg gekrönt sind (theoretisch wäre auch denkbar, dass die Einsamen erst kürzlich in einen Verein oder eine Gewerkschaft eingetreten sind, die positive Wirkung also noch nicht eingesetzt hat). Inwieweit die Einsamen die Kontaktmöglichkeiten über ihre Mitgliedschaften tatsächlich nutzen und aktiv mit anderen zusammen Vereins- oder Verbandsarbeit betreiben, muss an dieser Stelle offenbleiben. Es finden sich aber bedenkliche Hinweise darauf, dass Einsame die eigene Inklusion, die zumindest potenziell über die Zugehörigkeit zu einem Sportverein beziehungsweise einer Gewerkschaft möglich ist und die vielleicht enttäuscht wird, auch über das Mittel der Exklusion anderer zu erreichen versuchen. Im Übrigen sind Vereine selbst oft homogen und anfällig für Gruppenbezogene Menschenfeindlichkeit (vgl. dazu auch Delto & Zick 2021). Der Hinweis an Vereine und Verbände ist: Die Gelegenheitsstruktur wird hier nicht genutzt, ist nicht ausreichend oder nicht hilfreich, um Einsame weniger einsam und zugleich weniger menschenfeindlich sein zu lassen. Es braucht offenbar ein noch klareres, positives Signal der Inklusivität nach innen und außen, welches sich dann auch im Umgang miteinander, in den Strukturen, Abläufen und zugehenden Angeboten spiegelt.

12.3 Zusammenhalt, Diskriminierungserfahrung und Gruppenbezogene Menschenfeindlichkeit

Das individuelle Gefühl von Einsamkeit steht in komplexer Beziehung zu dem gesellschaftlichen Miteinander, kann Begleitumstand und Folge gesellschaftlicher Zustände sein (Luhmann, Bücker & Rüsberg 2022), sich umgekehrt aber auch negativ auf das gesellschaftliche Miteinander auswirken. Dies kann sich sogar körperlich bemerkbar machen: Der Körper nimmt Einsamkeit als Bedrohung wahr und bleibt in »Habachtstellung«, die sich dann auch gegen andere Menschen und Orte wenden kann, selbst wenn von der konkreten Situation objektiv keine Bedrohung ausgeht. So antworten einsame Menschen auf Stresssituation feindseliger (Cacioppo & Cacioppo 2018) und vertrauen Mitmenschen, Orten und Institutionen weniger als nicht einsame Menschen (Schobin 2022). Auch die Wahrnehmung des Gesellschaftssystems als neoliberal beziehungsweise die Konfrontation mit einer neoliberalen Ideologie – das heißt, sich einer Gesellschaft ausgesetzt zu sehen, die vor allem auf individuellen Wettbewerb baut – befördert Einsamkeit (Becker, Hartwich & Haslam 2021).

Der Mitte-Studie 2022/23 zufolge spielt bei der Wahrnehmung der gesellschaftlichen Zustände auch Einsamkeit eine Rolle[5]: Je mehr die befragten Personen zu Einsamkeit neigen, desto eher meinen sie, der Zusammenhalt der Deutschen sei gefährdet (r = ,25), empfinden sie die Gesellschaft als zunehmend feindselig (r = ,26) und setzen weniger Vertrauen in andere Menschen (r = -,14), wie sich dies bereits in anderen Studien abgezeichnet hat. Sie neigen signifikant eher zur gesellschaftlichen Orientierungslosigkeit (Anomia) (r = ,22), das heißt, sie haben den Eindruck, es sei »heute alles so in Unordnung geraten, dass niemand mehr wisse, wo man stehe« und »früher seien die Leute besser dran gewesen«. Zugleich vertreten sie durchaus eine Anspruchshaltung (r = ,37), meinen also häufiger, ihnen stünde mehr zu als anderen und sie verdienten eine bessere Behandlung als andere (➠ Kap. 11, S. 315 ff.). Einsamkeit verstärkt offenbar einen düsteren und distanzierten Blick auf die Gesellschaft, das gilt aber auch umgekehrt: Ein solcher Blick auf die Welt befördert das Einsamkeitserleben. Er könnte dann sowohl die eigene Krisenwahrnehmung als auch die Weitergabe von Feindseligkeit gegenüber anderen sozialen Gruppen befördern.

12.3.1   Krisenwahrnehmung

In der FES-Mitte-Studie 2022/23 wurde auch nach der Wahrnehmung der aktuellen Krisen gefragt (➠ Kap. 7, S. 219 ff.). Viele Befragte fühlen sich angesichts der aktuellen Krisen und Herausforderungen unsicher und etliche sehen sich von Krisen betroffen. Nun wird erkennbar: Einsame fühlen sich noch eher verunsichert und von Krisen betroffen als die Nichteinsamen. Allerdings unterscheiden sich Einsame in ihrer Einschätzung der »Betroffenheit Deutschlands von den aktuellen Krisen« nicht von den Nichteinsamen. Hingegen sehen sie »Menschen wie sie selbst« und »sich persönlich« signifikant und deutlich stärker von den Krisen betroffen und fühlen sich dadurch verunsicherter (➠ Abb. 12.2, S. 346)[6]: Fast die Hälfte der Einsamen (48 %) äußert eine starke oder sehr starke persönliche Betroffenheit und sieht »Menschen wie sie selbst« mit 54 %

---

5   Im Folgenden sind jeweils die Pearson-Korrelationen von Einsamkeit mit den angeführten Konstrukten angegeben.

6   Multivariate Varianzanalyse über die vier Items zur Krisenwahrnehmung: multivariates $F_{(4, 1.051)} = 11,48$; $p < ,001$; univariate $F_{(1, 1.054)}$ Krisenunsicherheit = 21,44; Krisenbetroffenheit Deutschlands = 2,86 (n. s.); Krisenbetroffenheit Menschen wie ich = 29,89; Krisenbetroffenheit persönlich = 31,98; alle Weiteren p < ,001.

noch etwas stärker betroffen. Von den nicht einsamen Befragten sieht nur ein gutes Viertel (26 %) eine direkte persönliche Krisenbetroffenheit und ein gutes Drittel (35,5 %) sieht »Menschen wie sich selbst« betroffen.

Möglich erscheinen hier beide Richtungen des Zusammenhangs von Krisenwahrnehmung und Einsamkeit: Einsame verfügen per definitionem über weniger sozialen Rückhalt, ob faktisch oder gefühlt, entsprechend könnten sie sich stärker von Krisen betroffen und verunsichert fühlen. Umgekehrt ist aber auch denkbar, dass Menschen, die Krisen intensiver wahrnehmen, sich eher verloren und einsam fühlen.

Krisenunsicherheit und Krisenbetroffenheit nach Einsamkeit (Mittelwerte)   **Abb. 12.2**

Anmerkungen Zugrunde liegt jeweils eine 5-stufige Antwortskala; je höher der Wert, desto ausgeprägter die Krisenunsicherheit beziehungsweise Krisenbetroffenheit.

12.3.2   Diskriminierung und Abwertung

Dass Ausgrenzung zu Einsamkeit führen kann, ist naheliegend, und auch umgekehrt könnte Einsamkeit das Erleben von Diskriminierung befördern, weil der soziale Schutz fehlt. Rund ein Drittel der Befragten der FES-Mitte-Studie 2022/23 berichtet, in den vergangenen 24 Monaten aufgrund eines zugeschriebenen und/oder selbst identifizierten Merkmals diskriminiert worden zu sein. 68 % der Einsamen und 23,5 % der Nichteinsamen haben nach eigener Aussage Diskriminierung erlebt, und von den Befragten, die mindestens einmal oder häufiger Diskriminierung erlebt haben, sind 40 % einsam, von den Befragten ohne eigene Diskriminierungserfahrung sind dies nur 9 %; die Unterschiede sind hoch signifikant.[7] Die Einsamen erleben nach eigenen Angaben insbesondere aufgrund ihres (überproportional jungen) Alters Diskriminierung[8], aber auch aufgrund aller anderen Merkmale wie der sozialen und ethnisch-kulturellen Herkunft, ihrer Religion, ihres Geschlechts, ihrer sexuellen Orientierung oder einer Behinderung. Wer sich diskriminiert fühlt, ist nicht nur häufiger einsam, sondern fühlt sich auch signifikant häufiger an diversen Orten unwohl (45 % derjenigen mit respektive 25 % ohne Diskriminierungserfahrung geben Unwohlorte an).[9]

Die einsamen Befragten sehen sich jedoch nicht nur häufiger selbst Diskriminierungen ausgesetzt, sondern neigen ihrerseits signifikant und deutlich eher zur Abwertung anderer sozialer Gruppen (➡ Kap. 5, S. 149 ff.). Besonders ausgeprägt sind die höheren Zustimmungswerte der Einsamen im Vergleich zu den Nichteinsamen beim Antisemitismus und Hetero-/Sexismus (➡ Abb. 12.3, S. 348).

Einsamkeit macht also nicht nur vulnerabel, sondern kann auch dazu führen, das eigene Selbst durch die Abwertung anderer Menschen zu stabilisieren und aufzuwerten. Dies kann gleichwohl zu einer noch größeren Distanz zu Mitmenschen führen. Denkbar ist umgekehrt, dass das »Wiedereingliederungsmotiv«, also der Wunsch, sich bei Einsamkeitserleben in die Gruppe einzu-

---

7   Unterschieden wurden hier jene, die angaben »nie« Diskriminierung erfahren zu haben (dies sind 68 % der Bevölkerung) und jene, die mindestens »einmal« »mehrmals« oder sogar »häufig« Diskriminierung erlebt haben (dies sind 32 % der Bevölkerung; 4 % der Bevölkerung erfahren insgesamt »häufig« Diskriminierung). Von den 42 Personen, die »häufig« Diskriminierung erleben mussten und die auch nach ihrer Einsamkeit befragt wurden, sind 97 % einsam.

8   Auch wenn es viele negative Einstellungen gegenüber Älteren gibt, erleben nach eigenen Angaben auch Jüngere Diskriminierung, etwa bei der Suche nach einer Wohnung, auf der Arbeit oder wegen »Geldangelegenheiten« (vgl. Kessler & Warner 2022).

9   Pearson-Korrelation der berichteten eigenen Diskriminierungserfahrung mit dem Gefühl der Einsamkeit und der Angabe von Unwohlorten.

Gruppenbezogene Menschenfeindlichkeit nach Einsamkeit (Mittelwerte)[10]   **Abb. 12.3**

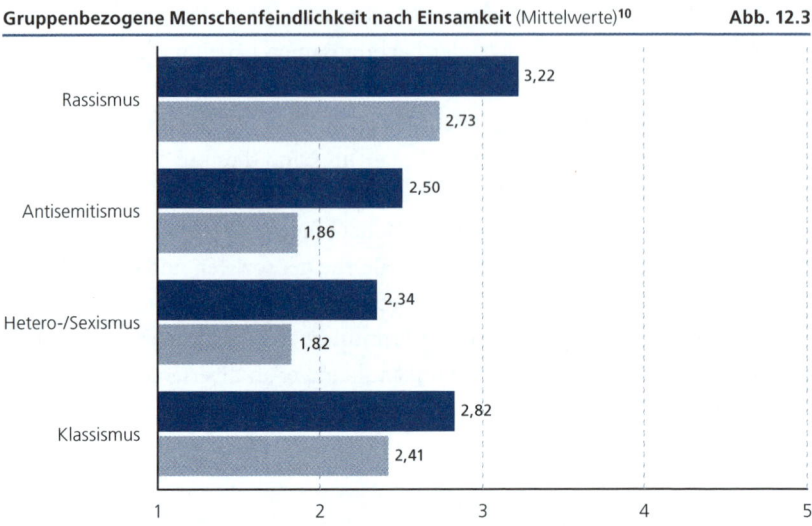

gliedern, einen Antrieb darstellt, sich gleich gesinnten Feindseligen anzuschließen, um den Schmerz der Einsamkeit zu lindern.

12.4 Einsamkeit und demokratiegefährdende Haltungen

Auf die Dauer schwächt Einsamkeit das Vertrauen in Mitmenschen, Institutionen und Umwelt (Schobin 2022) und fördert abwertende und feindselige Einstellungen, wie wir oben gezeigt haben. Einsame gehen seltener zur Wahl, partizipieren politisch auch ansonsten weniger (Langenkamp & Bienstmann 2022) und neigen häufiger zur Unterstützung populistischer Kandidat:innen (Bender 2021; Cox 2020). Einsame Jugendliche hängen häufiger Verschwörungserzählungen an (Neu et al. 2023), die sich nicht selten »gegen die Eliten«, aber auch »die Anderen« richten und öfter antisemitische Züge tragen, tendieren eher zum Autoritarismus und billigen häufiger politische Gewalt. In der

---

10   Multivariate Varianzanalyse über die vier ideologischen Dimensionen Gruppenbezogener Menschenfeindlichkeit: multivariates $F_{(4,\ 1.030)} = 20{,}36$; univariate $F_{(1,\ 1.033)}$ Rassismus = 38,46; Antisemitismus = 66,80; Hetero-/Sexismus =55,65; Klassismus = 26,99; alle $p < {,}001$. Unter Kontrolle der demografischen Merkmale Alter, Geschlecht, Bildung, Migrationshintergrund und Einkommen reduziert sich das multivariate F auf = 14,16, das Ergebnismuster bleibt jedoch konstant.

aktuellen Mitte-Studie haben wir daher erstmalig geprüft, inwieweit sich Einsame von Nichteinsamen in demokratiebezogenen und potenziell demokratiegefährdenden Einstellungen unterscheiden (zur Erfassung ➠ Kap. 4, S. 91 ff.; ➠ Abb. 12.4, S. 350, für exemplarisch ausgewählte Konstrukte).

Befragte der aktuellen Mitte-Studie, die sich politisch selbst ganz links oder ganz rechts verorten, fühlen sich häufiger einsam als jene, die sich in der Mitte verorten oder umgekehrt. Einsame Personen verorten sich selbst häufiger an den Rändern, als dies Nichteinsame tun.[11]

Einsame setzen weniger Vertrauen in die Demokratie – hier erhoben über das Vertrauen in staatliche Institutionen und den korrekten Ablauf von Wahlen (Einsame 61,5 % vs. Nichteinsame 77 %). Mit der Einsamkeit sinkt auch das Vertrauen in die öffentlich-rechtlichen Medien zugunsten des Internets (Einsame 57 % vs. Nichteinsame 70 %). Sie fühlen sich zudem politisch weniger selbstwirksam, haben also eher den Eindruck, politisch machtlos zu sein und nicht gehört zu werden. Sie trauen sich beispielsweise zwar ähnlich wie Nichteinsame zu, politische Fragen einschätzen zu können, halten auch nicht häufiger als Letztere starr an einer einmal gefassten Meinung fest, geben jedoch an, in letzter Zeit häufiger Gespräche zu vermeiden, um nicht in Streit zu geraten (Einsame 50 % vs. Nichteinsame: 18 %). Deutlich häufiger als Nichteinsame halten sie sich eher für eine gesellschaftliche Minderheit.

Einsame Menschen neigen signifikant eher zu Populismus (Einsame 52 % vs. Nichteinsame 28 %) und Verschwörungsmythen (Einsame 48,5 % vs. Nichteinsame 34 %). Auffällig ist auch ihre Neigung zu neurechten völkisch-autoritär-rebellischen Einstellungen (Einsame 37 % vs. Nichteinsame 14 %), ihre deutlich höhere Gewaltbilligung (Einsame 25 % vs. Nichteinsame 6 %) sowie ihre Zustimmung zu rechtsextremen Einstellungen (Einsame 18 % vs. Nichteinsame 4 %); nur ein geringer Unterschied besteht hingegen mit der Neigung zu Autoritarismus (Einsame 67 % vs. Nichteinsame 56 %), ➠ Abb. 12.4. Die Unterschiede zwischen Einsamen und Nichteinsamen im Ausmaß demokratie-

---

11 Einsamkeit nach politischer Selbstverortung der Einsamen/Nichteinsamen: »links«: 4 %/8 %; »eher links«: 25,5 %/25 %; »genau in der Mitte«: 58 %/49 %; »eher rechts«: 23 %/13 %; »rechts«: 1 %/5 %.

Antidemokratische Einstellungen nach Einsamkeit (Mittelwerte)[12]   **Abb. 12.4**

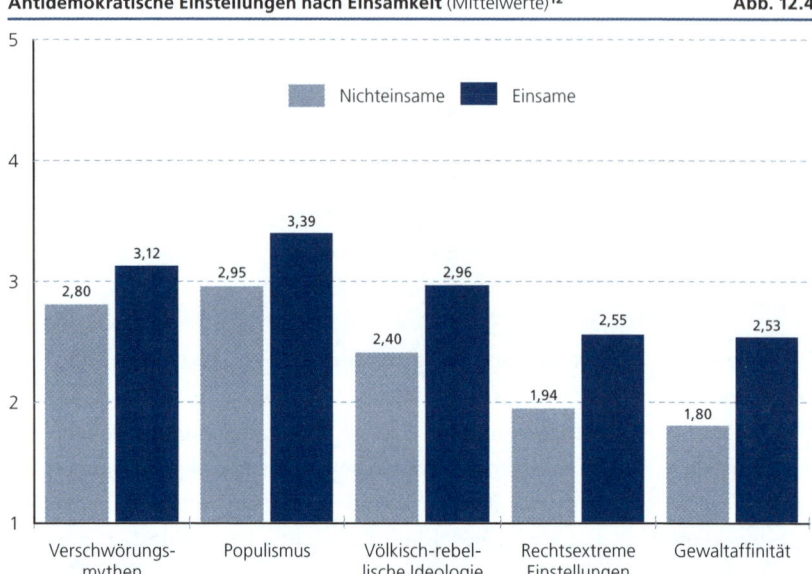

Anmerkungen Die Unterschiede wurden mittels multivariater Varianzanalyse kontrolliert für die Kovariaten *Alter, Haushaltseinkommen, Aufgewachsen in Ost- oder Westdeutschland* und *Gemeindegröße* geprüft; alle Unterschiede sind signifikant mit p < ,01; angegeben sind die arithmetischen Mittelwerte der zusammenfassenden Indizes; je höher der Wert, desto größer die Zustimmung auf der 5-stufigen Antwortskala.

bezogener und -gefährdender Haltungen sind signifikant, wenngleich ähnlich niedrig wie in der Befragung von Jugendlichen im Rahmen der Kollekt-Studie.[13] Zu einem gewissen Teil, aber nicht erschöpfend, lassen sich die Zusammenhänge zudem auf demografische Merkmale, insbesondere auf das Einkommen

---

12 Multivariate Varianzanalyse über die (potenziell) demokratiegefährdenden Einstellungen: multivariates $F_{(5, 1.038)}$ = 20,53; univariate $F_{(1, 1.042)}$ Verschwörungsdenken = 12,26; Populismus = 37,59; neurechte völkisch-autoritär-rebellische Haltung = 53,74; rechtsextreme Einstellungen = 77,16; Gewaltbilligung = 89,24; alle p < ,001. Unter Kontrolle der angegebenen demografischen Merkmale reduziert sich das multivariate F auf = 8,57, das Ergebnismuster bleibt aber konstant; alle Kontrollvariablen haben einen signifikanten Einfluss mit p < ,01, insbesondere die Schulbildung.

13 Korrelation von Einsamkeit/(Un-)Wohlorten mit potenziell demokratiegefährdenden Einstellungen: Autoritarismus (r = ,08/,07), Verschwörungsdenken (r = ,22/,21); Populismus (r = ,26/,24), neurechte völkisch-rebellische Einstellungen (r = ,28/,26), Gewaltbilligung (r = ,31/,30), rechtsextreme Einstellungen (r = ,29/,31).

zurückführen. Erstmals belegen die Ergebnisse auch einen Zusammenhang zwischen der Entfernung zu beliebten Freizeitorten und antidemokratischen Haltungen: Je weiter die Entfernung zu Orten ist, an denen man (unabhängig von der empfundenen Einsamkeit) gern seine Freizeit verbringt, desto eher neigen die Personen zu demokratiegefährdenden Einstellungen.

Die Wahrnehmung der *Betroffenheit von Krisen* hängt, wie bereits oben skizziert (➡ Kap. 7, S. 219 ff.), mit demokratiegefährdenden Einstellungen zusammen – wer Deutschland, Menschen wie sich selbst und sich persönlich von Krisen betroffen sieht, neigt eher zu demokratiegefährdenden Einstellungen. Hierbei spielt dann auch das Einsamkeitserleben eine gewisse vermittelnde Rolle: Personen, die mehr Betroffenheit durch Krise sehen, neigen – neben anderen Erklärungen – möglicherweise auch deshalb eher zu demokratiegefährdenden Einstellungen, weil sie sich einsamer fühlen. Dies gilt vor allem für die persönliche Krisenbetroffenheit, etwas weniger auch für die »Betroffenheit von Menschen wie mir« und gar nicht für die Wahrnehmung der »Betroffenheit Deutschlands« von der Krise.[14]

12.5 Einsamkeit in der Demokratie

Einsamkeit, die für den einzelnen Menschen großes Leid bedeuteten kann, entfaltet auch demokratiegefährdende Kraft. Demokratie lebt vom Mitmachen, von Austausch und vom Aushandeln und dies fällt einsamen Menschen schwer. Die Mitte-Studie 2022/23 bestätigt, dass Einsame anderen Menschen und den demokratischen Institutionen weniger vertrauen, dass sie die aktuelle Krisenlage mit größerer Sorge erfüllt und sie die Welt als feindseliger wahrnehmen. Zudem nennen einsame Menschen häufiger Orte, an denen sie sich unwohl fühlen – im öffentlichen wie privaten Raum.

---

14 Lineare Regressionsanalyse zur Vorhersage beispielhaft der abhängigen Variable neurechte völkisch-autoritär-rebellische Haltung durch die Prädiktoren Krisenbetroffenheit Modell 1 (ß-Wert vorne): Deutschland (ß = ,20/,22), Menschen wie ich (ß = ,11/,10), ich persönlich (ß = ,14/,08), alle p < ,05. Durch die Hinzunahme der Einsamkeit (ß = ,21), in Modell 2 reduziert sich die Vorhersagekraft der persönlichen Krisenbetroffenheit und ist nicht mehr signifikant (ß-Wert hinten). Das Ergebnismuster ist bei den weiteren berücksichtigten (potenziell) antidemokratischen Haltungen ähnlich.

Besonders herausfordernd ist es, wenn sich das Gefühl von Einsamkeit gegen die Gemeinschaft wendet. Einsame Menschen gehen zudem häufiger auf Distanz zur Demokratie. An der selbst zugeschriebenen Kompetenz liegt es jedoch nicht, sondern eher an dem wahrgenommenen mangelnden politischen Einfluss und dem Gefühl, eine Minderheit zu sein und vielleicht auch, wenig goutierte Meinungen zu vertreten. So ist auch die umgekehrte Erklärung denkbar: Personen mit demokratiemisstrauischen und potenziell demokratiegefährdenden Einstellungen werden einsamer, weil andere von ihnen abrücken. In der Zeit der Coronapandemie gab es viele Berichte von auseinanderbrechenden Freundeskreisen, weil Einzelne darin plötzlich Verschwörungsdenken verbreiteten, mit dem die anderen nichts zu tun haben wollten.

Einsame Personen meinen häufiger als Nichteinsame, ihnen stünde mehr zu als anderen, erheben also durchaus den Anspruch auf »Besserbehandlung«. Zugleich erleben Einsame nach eigenen Angaben nicht nur häufiger Diskriminierung aufgrund eines ihnen zugeschriebenen oder selbst identifizierten Merkmals, sondern neigen selbst eher zur Abwertung sozial markierter Gruppen. So kann Einsamkeit zugleich Folge und Treiber von Ausgrenzung sein beziehungsweise Ausgrenzungserfahrungen begleiten, sei es aufgrund von Diskriminierung, sei es, weil andere einen wegen der eigenen gesellschaftspolitischen Haltung für zumindest »komisch« halten. Der auch von Einsamen mit großer Mehrheit ausgesprochene Wunsch nach mehr Engagement für eine offene Gesellschaft mündet in die Klage über mangelnden Zusammenhalt der Deutschen.

Einsamkeit bedroht die Demokratie, wenn die eigene Einsamkeit – wie die Befunde deutlich machen – mit demokratiegefährdenden Positionen einhergeht, die sich über Verschwörungsmythen, einen völkisch-rebellischen Aufruf zum »Widerstand« in rechtsextreme Einstellungen bis hin zu einer höheren Billigung von Gewalt steigern.

Umgekehrt kann der Wunsch nach Kontakt und Zugehörigkeit einsame Menschen anfällig machen für Vergemeinschaftungsangebote, wie sie populistische und rechtsextreme Gruppierungen oder Verschwörungsgläubige anbieten, was auch eine Strategie der Einsamkeitsregulation (Noack 2021) sein könnte. Dies wiederum befördert das Gefühl, zu einer Minderheit zu gehören und sich aufgrund eines antizipierten Konflikts seltener in Debatten zu begeben. Einsamkeit kann so einen Teufelskreis auslösen beziehungsweise befördern, der sich gegen sich selbst und andere wendet. Einsame Personen leben in Distanz zur Welt, aber sie distanzieren sich eben auch von der Welt.

Prävention von und Intervention gegen Einsamkeit ist in mehrfacher Hinsicht gefragt, wenngleich bisher nur wenig bekannt ist, was tatsächlich gegen Einsamkeit hilft. Wie gezeigt werden konnte, sind einsame Menschen nicht zwangsläufig auch isoliert, vielmehr sind sie mitten unter uns – in Sportvereinen, Gewerkschaften, sicher auch in Kirchen und Chören. Daher gilt es, aufmerksam und geduldig zu sein, behutsam (und nachsichtig) wieder ins Gespräch zu kommen. Es gilt, Misstrauen und Missmut zu überwinden, um Einsame abzuholen und ihnen (wieder) vertrauensvolle Kontakte mit anderen zu ermöglichen. Präventionsangebote gegen Einsamkeit tun aber gut daran, diese auch mit einer demokratischen Haltung und Handlung zu verbinden. Die reine Gemeinschaft ist dafür eben kein Garant, schlimmer noch, auch menschenfeindliche, verschwörungsmythische, ausgrenzende und demokratiegefährdende Positionen lassen Menschen zusammenfinden. Einsamkeit kann als Indikator verstanden werden für eine Gesellschaft, die sich zunehmend unverbunden fühlt, die sich von der Demokratie distanziert und ihren Institutionen misstraut. Die große gesellschaftliche und politische Herausforderung wird es sein, nicht nur inklusive und demokratische Orte der Begegnung zu erhalten und zu schaffen, sondern das Integrationsversprechen der Demokratie zu erneuern, damit Menschenfreundlichkeit und Solidarität attraktiver sind als verschwörerische und feindselige Angebote.

13 Politische Bildung für eine (nicht) distanzierte Mitte

Sabine Achour

Wenn Demokratiedistanz, Menschenfeindlichkeit, Hass in der Öffentlichkeit sowie in den sozialen Medien als postnationalsozialistische Gewalt sichtbar werden und wenn sich Sorge um die politische Kultur breitmacht, wird der Ruf nach politischer Bildung laut. Die Mitte-Studien stellen eine Art Momentaufnahme des Zustands der aktuellen politischen Kultur dar. Sie legen den Finger in die Wunde, welche sich zwischen den politischen Einstellungen der Befragten und den demokratischen Werten, Grund- und Menschenrechten auftut. Ist die Diskrepanz zwischen jenem Ist- und Idealzustand in der Bevölkerung groß, wird dies von der politischen Kulturforschung als demokratiegefährdend bewertet (zur politischen Kultur vgl. Bergem et al. 2019). Für die Mitte-Studie 2022/23 lässt sich zusammenfassen, dass demokratiegefährdende und menschenfeindliche Einstellungen nach einem Rückgang während der Pandemie 2020/21 wieder über das Niveau von 2018/19 angewachsen sind. Empirisch sichtbar wird auch der Einfluss der multiplen Krisen und ihrer Wechselwirkungen (➡ Kap. 1, S. 19 ff. u. 7, S. 219 ff.). Sie gehen einher mit Unsicherheiten, Kontrollverlusten, Einsamkeit (➡ Kap. 12, S. 335 ff.), Ängsten vor sozialem Abstieg und Krieg (➡ Kap. 9, S. 267 ff.). All dies macht offene Gesellschaften vulnerabel für autoritäre Angebote, die vermeintlich Sicherheit und Stabilität versprechen. Dabei sind sie vor allem ein Nährboden für Abwertungen von Menschen, die als »fremd«, »anders« oder als »weniger wert« markiert werden.

Der politischen Bildung kommt seit geraumer Zeit, zumindest auf den ersten Blick, wieder eine große Aufmerksamkeit zu. Seit Jahren fließen Gelder in sogenannte Demokratieförderprogramme, wie »Demokratie leben« des Bundesministeriums für Familie, Senioren, Frauen und Jugend (BMFSFJ). Nicht zuletzt als Reaktion auf den Mord an Walter Lübcke sowie die Anschläge in Halle und Hanau hat die Bundesregierung im Dezember 2022 ein Gesetz zur Stärkung von Maßnahmen zur »Demokratieförderung, Vielfaltgestaltung, Extremismusprävention und politischen Bildung« (auch: *Demokratiefördergesetz*) eingebracht, um auf dieser Rechtsgrundlage entsprechende Projekte verlässlicher zu fördern. Wie kann es also sein, dass die Mitte-Studie 2022/23 eine Zunahme (neu-) rechter und demokratiegefährdender Einstellungen verzeichnet? Warum stimmen Personen im frühen Erwachsenenalter auffällig rechtsextremen Einstellungen zu (⟶ Kap. 3, S. 53 ff.), obgleich sie doch Zielgruppe der allermeisten Programme der Demokratieförderung sind? Was bringt politische Bildung? Auf diese letzte Frage antwortet dieser Beitrag, indem er entlang von fünf *Spannungsfeldern* die Ergebnisse der Mitte-Studie aus Perspektive der politischen Bildung interpretiert und ihre Potenziale sowie Bedarfe als Instrument von Demokratisierung skizziert:

1. Korrektur von Fehlverständnissen: Extremismusprävention ist nicht das Gleiche wie politische Bildung;
2. Optimierung von (Regel-)Strukturen politischer Bildung: Daueraufgabe statt Intervention in Krisen;
3. Realisieren von niedrigschwelligen und aufsuchenden Zugängen: für (bisher nicht ausreichend erreichte) Demokrat:innen, nicht für Demokratiefeinde;
4. Professionalisierung politischer Akteur:innen als politische Bildner:innen: demokratische Haltung statt rechtspopulistischer Anschlussfähigkeit;
5. Quo vadis, neoliberale Leistungsgesellschaft und Klimaschutz?: Kritische politische Bildung statt affirmativ-unpolitischer Bildung.

Spannungsfeld 1: Korrektur von Fehlverständnissen: Extremismusprävention ist nicht das Gleiche wie politische Bildung

13.1 »Rechtsruck« trotz Demokratieförderprogrammen – Politische Bildung ist mehr als Extremismusprävention

Die Mehrheit der Befragten in Deutschland steht zwar hinter der Demokratie, doch bröckelt der Bestand dieser Mehrheit: Über alle Dimensionen hinweg stimmen deutlich mehr Befragte als in den Jahren zuvor, teils mehr als doppelt so viele wie 2020/21, rechtsextremen Einstellungen zu (⟶ Kap. 3, S. 53 ff.). Auch der Anteil derjenigen, die rechte Aussagen nicht eindeutig zurückweisen und im Graubereich antworten, ist angewachsen. So verhält es sich auch mit der Zustimmung zum Verschwörungsglauben, zum Populismus und zu Gruppenbezogener Menschenfeindlichkeit (➡ Kap. 4, S. 91 ff. u. 5, S. 149 ff.). Demgegenüber findet die Überzeugung der uneingeschränkten Würde und Gleichheit aller als oberstes Ziel in einer Demokratie sowie die Forderung nach mehr Engagement für eine vielfältige und offene Gesellschaft tendenziell weniger Zustimmung, bleibt aber auf einem hohen Niveau.

Besonders auffällig ist, dass Personen im frühen Erwachsenenalter (18–34 Jahre) mit 12 % am häufigsten über ein rechtsextremes Weltbild verfügen (zum Vergleich: 35–64 Jahre: 8 %; ab 65 Jahren: 4 %) und am meisten der Verharmlosung des Nationalsozialismus, dem Antisemitismus und dem Sozialdarwinismus zustimmen. Zudem stimmen die Befragten der jüngeren wie auch der mittleren Altersgruppe allen Abwertungsdimensionen Gruppenbezogener Menschenfeindlichkeit erheblich häufiger zu als die Über-64-Jährigen (➡ Kap. 5, S. 149 ff.).

Wird mit den Befunden ein Trend abgebildet? Exemplarisch dafür scheint, dass im Mai 2023 Lehrer:innen an einer brandenburgischen Schule im Spreewald in einem Brief rechte Vorfälle öffentlich machten: Es geht um Hakenkreuze, rechtsextreme Musik und demokratiefeindliche Parolen (vgl. Schönborn 11.5.2023). Dabei handelt es sich keineswegs um Einzelfälle oder neue Phänomene an Schulen (vgl. Behrens, Besand & Breuer 2021). Wegen rassistischer Übergriffe in einem Feriencamp musste auch eine Berliner Schulklasse aus Kreuzberg ihre Klassenfahrt abbrechen.

Junge Menschen sind Abbild der Gesellschaft und somit auch der antidemokratischen Einstellungen in ihr. Diese sind kein »Jugendphänomen«. Vielmehr frustriert viele Jugendliche das undemokratische Verhalten der Erwachsenen, wenn ihnen das Wahlrecht ab 16 oder Klimaschutzforderungen mit Verweis auf mangelnde Kompetenz verwehrt werden. Warum richten sich Demokratieförderprogramme also vor allem Jugendliche – als hätten Erwachsene keine politische Bildung mehr nötig?

Die geförderten Präventionsprogramme gehen darüber hinaus auch mit einer problematischen Perspektive auf Jugendliche einher. Implizit adressieren sie diese als »potenzielle Demokratie-Gefährder:innen« (Gill & Achour 2019). Vor dem Hintergrund der Ergebnisse der Mitte-Studie 2022/23 erscheint dies wie eine selbst erfüllende Prophezeiung. Entsprechend kritisiert die politische Bildung die Präventionsprogrammatik seit geraumer Zeit für die Förderung von Mündigkeit und Demokratiefähigkeit als zu wenig zielführend und hat Zweifel an den erhofften Effekten (vgl. ebd.; Barbehön & Wohnig 2023; DVPB 2023, Bürgin 2021). Dass die Demokratie vor Gefährdungen wie Gruppenbezogener Menschenfeindlichkeit, Rassismus, Hass, Gewalt, Geschichtsrevisionismus und dem Verschieben von gesellschaftlichen Diskursen und Praxen nach rechts geschützt werden muss, ist von hoher gesellschaftlicher Relevanz und eine politische Aufgabe. Anhand der Vorfälle in Brandenburg lassen sich allerdings die reflexhaften Reaktionen skizzieren, Sicherheitspolitik, Strafverfolgung und politische Bildung nebeneinanderzustellen und damit »polizeiliche und pädagogische Handlungslogiken« (DVPB 2023) zu vermischen: »Prävention und Härte sind Kern unserer Strategie zur Bekämpfung von Extremismus. Dazu gehören gut ausgestattete Sicherheitsbehörden, eine konsequente Strafverfolgung, politische Bildung und eine starke Zivilgesellschaft«, so Bundesinnenministerin Nancy Faeser in »Die Zeit« (Schönborn 11.5.2023). Politische Bildung als professionelles Handlungsfeld hat in erster Linie die Aufgabe, Menschen für die (Zukunfts-)Gestaltung von Demokratie zu gewinnen sowie deren individuelle Mündigkeit, Urteils- und Handlungsfähigkeit zu fördern, nicht, sie als Objekte staatlicher Maßnahmen anzusprechen und Extremismen abzuwehren (vgl. Gill & Achour 2019). Prävention ist ein (erwünschter) Sekundäreffekt politischer Bildung.

Mit der Fokussierung auf (vermeintlich) abweichende Einstellungen und Verhaltensweisen der Adressat:innen schwingt darüber hinaus eine Individualisierung sozialer Probleme mit (➟ Mittendrin: Armut, S. 259 ff.). Gesellschaftliche Strukturen und Verhältnisse, die mit Demokratie- und Menschenfeindlichkeit in Zusammenhang stehen können, wie soziale Ungleichheiten, Rassismen, Teilhabebarrieren, schlechte Ausstattungen in Schulen und Jugendarbeit, geraten durch einen Fokus auf Individuen aus dem Blick. Hier benötigt es aber strukturelle Lösungen.

Schließlich geht das Konzept der Extremismusprävention auch mit einer Anschlussfähigkeit für autoritäre und fundamentalistische Politikangebote einher, die den Ordnungsaspekt von Politik überbetonen, Sicherheit statt Gestaltung suggerieren (vgl. ebd.). Solche autoritären Grundeinstellungen sind für ein demokratisches Miteinander kontraproduktiv, begünstigen sie doch rassistische Einstellungen, die bei einer starken Krisenwahrnehmung von 32 % sogar auf 57 % ansteigen (➞ Kap. 5, S. 149 ff.). Um die Potenziale des oben genannten Demokratiefördergesetzes bestmöglich auszuschöpfen, bedarf es einer konstruktiven Debatte und professionellen Ausgestaltung des Verhältnisses der vier additiv genannten Handlungsfelder: Demokratieförderung, Vielfaltgestaltung, Extremismusprävention und politische Bildung, insbesondere was die Grenze zwischen Extremismusprävention und politischer Bildung sowie die Verflechtung von politischer Bildung mit Demokratieförderung und Vielfaltsgestaltung angeht. Die Mittel für die staatliche politische Bildung sind in den vergangenen Jahren langsamer gewachsen als das Volumen von Förderprogrammen beispielsweise im Bereich der Demokratieförderung. Entscheidend ist es, auf dieser rechtlichen Grundlage Letztere mit den existierenden Regelstrukturen der politischen Bildung zu verzahnen (vgl. Krüger 2023). Nur so werden die politische Bildung und ihre positiven Effekte für die Demokratie am Ende nicht geschwächt.

Spannungsfeld 2: Optimierung von (Regel-)Strukturen politischer Bildung: Daueraufgabe statt Intervention in Krisen

13.2 Politische Bildung als Daueraufgabe – nicht nur als Intervention und in Krisen

Nicht Verhinderung von Demokratie und Disziplinierung hinsichtlich antizipierter Bedrohungen, sondern mehr (konstruktive) Demokratie ist notwendig. Politische Bildung als kurzfristiges Interventions- und Präventionsprogramm kann nicht wirken. Sie muss adressat:innenorientiert und als gesellschaftliche Daueraufgabe angelegt sein. Dem Verständnis folgte auch die Bundesregierung in Anlehnung an die Berichtskommission des 16. Kinder- und Jugendberichts: »Es geht um die Pflege einer nachhaltigen demokratischen Diskussions- und Entscheidungskultur unabhängig von politischen Entwicklungen« (BMFSFJ 2020, S. 13). Sie bedarf (auch finanziell) verlässlicher Strukturen, aber keiner staatlichen inhaltlichen Steuerung und Regulierung. Nur so kann sie »kritisch, pluralistisch, reflektiert und spontan gesellschaftliche Verhältnisse, Konflikte, Krisen, Ängste und Unsicherheiten adressieren, noch bevor diese zu einer gesellschaftlichen Problemlage eskalieren« (DVPB 2023, S. 3).

Sie ist in dieser Form automatisch auch eine Begleiterin in Krisen, sie muss dann nicht erst geschaffen oder konzipiert werden. Schließlich gelten Krisen wie auch die konflikthafte Auseinandersetzung um ihre Bewältigung als sozialwissenschaftlich natürlicher Bestandteil von Demokratien – und als natürlicher Bestandteil politischer Bildung. Letztere identifiziert mit Teilnehmenden Strategien zur Bewältigung, sucht Menschen für das demokratische Potenzial dieser Aushandlungsprozesse sowie für die Debatten in Politik und Zivilgesellschaft zu gewinnen. Die Mitte-Studie belegt hier aber ein Fehlverständnis hinsichtlich des Funktionierens von Demokratie, wenn 76 % der Meinung sind, es käme angesichts der vielen Krisen darauf an, dass »die Politik weniger redet, sondern entscheidet«. Dieser hohe Wert korrespondiert mit einer aktuell großen Krisenunsicherheit (42 %) oder Krisenambivalenz (34 %) unter den Befragten (➟ Kap. 7, S. 219 ff.). Insbesondere die einkommensschwächeren Befragten sehen sich persönlich (48 %), Menschen wie sich (57 %) oder auch das Land (62 %) »stark« oder »sehr stark« von Krisen betroffen. Treffen individuelle und kollektive Betroffenheit aufeinander (geteilte Unsicherheit; vgl. Breakwell 2021), geht mit größerer Wahrscheinlichkeit die Bewältigung der Krise mit einer gesellschaftlichen Abschottung einher (➟ Kap. 7, S. 219 ff.). Menschen öffnen sich (antidemokratischen) Angeboten, welche exklusive Vorteile und Vorrechte für die »Eigengruppe«, Sicherheit und Ordnung versprechen (vgl. auch Freiheit et al. 2023). Die andere Form der Krisenbewältigung liegt in einem zivilgesellschaftlichen Modus, der auf Solidarität und Zusammenhalt baut, aber nur dann, wenn Krisen nicht als Bedrohungen einer wie auch immer gearteten nationalen Bezugsgruppe wahrgenommen werden. Dieser auf Solidarität beruhende Modus, der sich zeitweise auch in der Pandemie zeigte, sowie die menschenrechtlich-kritische Reflexion völkisch-homogener Bezugsgruppen entsprechen dem Ansatz politischer Bildung (vgl. Gill 2023). Dafür müssen die Menschen aber von ihr erreicht werden (können), damit sie den »Schließungsreflex« durch lebensweltliche und reflektierte Zugänge von Bildungsangeboten abwehren.

Spannungsfeld 3: Realisieren von niedrigschwelligen und aufsuchenden Zugängen: für (bisher nicht ausreichend erreichte) Demokrat:innen, nicht für Demokratiefeinde

13.3 Aufsuchende Bildungsarbeit: »Politische Bildung muss sich auf den Weg machen«

Da konventionell-klassische Formate der politischen Erwachsenenbildung wie Vorträge in der Regel vor allem die an politischer Bildung Interessierten erreichen, sind vermehrt Formate sozialräumlicher und aufsuchender politischer Bildungsarbeit von Bedeutung (vgl. Nies 2022). Politische Bildung muss sich daher auf den Weg machen, muss hingehen zu den Menschen, ganz gezielt auch zu denen, die bisher von solchen Angeboten nicht erreicht wurden oder nicht erreicht werden wollten, meint auch Bundespräsident Frank-Walter Steinmeier (vgl. AKSB 2019). Mit niedrigschwelligen Bildungs- und Beteiligungsangeboten werden Menschen an ihnen vertrauten Orten, Quartieren und Stadtteilen aufgesucht. Es werden konkret die Themen, Alltagsbedürfnisse und Sorgen aufgegriffen, die zu Unsicherheit und Ängsten führen beziehungsweise demokratisch verhandelt und gestaltet werden müssen. Im Rahmen der Studie »Die Übergangenen« (Fröhlich, Mannewitz & Ranft 2022) wurden beispielsweise Haustürgespräche über Transformationsprozesse mit Menschen aus strukturschwachen Regionen geführt, die von politischer Machtlosigkeit und Vertrauensverlust berichteten. Wie wichtig es ist, diese Menschen zu erreichen, unterstreichen die Ergebnisse der Mitte-Studie 2022/23: Das Gefühl politischer Machtlosigkeit ist unter den Befragten von 30 % in 2018/19 auf 39 % in 2022/23 angestiegen (➡ Kap. 4, S. 91 ff.) und öffnet für antidemokratische Positionen.

Niedrigschwellige Begegnungsräume politischer Bildung können soziale Beziehungen, Konfliktfähigkeit, Erfahrungen mit Diversität fördern. Gibt es diese Anlässe und Orte nicht, steigt das Potenzial von Argwohn, Vereinsamung und Isolierung (vgl. Landmann et al. 2017). Zielsetzung bei diesen Formaten ist, Mitgestaltung und Selbstwirksamkeitserfahrungen auch für diejenigen zu eröffnen, die verunsichert und überfordert sind oder bisher nicht glaubten, Gehör zu finden (➡ Mittendrin: Armut, S. 259 ff.; vgl. auch Hannemann, Rathke, Stapf-Finé 2023). Sozioökonomische Benachteiligungen fallen oft mit

Barrieren zu (politischer) Bildung und politischer Teilhabe zusammen (für Schule vgl. Achour & Wagner 2019; Gökbudak, Hedtke & Hagedorn 2022; für Wahlen vgl. Elsässer, Hense & Schäfer 2017). Die Chance auf Teilhabe hängt einerseits von Ressourcen wie Zeit, (Sprach-)Kompetenz, Geld und auch emotionaler Kraft zusammen, worauf politische Bildung zum Beispiel mit Kinderbetreuung, Sprachmittler:innen oder Empowermenträumen reagieren kann. Andererseits spielen Regeln der politischen Kultur oder Bildungssprache eine Rolle. Sie prägen das politische Feld und hängen zusammen mit einer höheren »Passung« hinsichtlich Kommunikationsformen, Auftreten, Wertvorstellungen und (bildungsbürgerlichem) Habitus von Mandatsträger:innen (Bourdieu 2001). Das hat Einfluss darauf, wie sichtbar bestimmte Gruppen in Politik und Gesellschaft sind und wessen Anliegen als relevant erachtet und umgesetzt werden. Für eine Demokratie ist es problematisch, wenn daraus resultierende gesellschaftliche und politische Fremdausschlüsse zu Selbstausschlüssen von Menschen führen (vgl. Bremer & Kleemann-Göhring 2001).

Der aufsuchenden politischen Bildung liegt ein weites Partizipationsverständnis zugrunde, welches nicht reduziert ist auf institutionalisierte Formate in politischen Strukturen, auf Sitzungen und Runde Tische. Partizipation umfasst (konflikthafte) Aushandlungsprozesse zwischen Individuen mit unterschiedlichen Selbstbestimmungsanliegen, die geprägt sind von biografischen und lebensweltlichen Erfahrungen (vgl. von Schwanenflügel 2022). Gerade bei Kindern und Jugendlichen muss möglicherweise das Protestieren gegen Vorschriften, Regeln und Verbote beziehungsweise Provokationen als (Versuche von) Einmischung, Teilhabe und Positionierung wahrgenommen werden: Graffitis auf »ihren« Parkbänken, die abgebaut werden sollen, Ablehnung von Kleidungsvorschriften in Ausbildungsbetrieben und Schulen, Wut von migrantisch gelesenen Jugendlichen gegen wiederholte Kontrollen durch Ordnungskräfte (vgl. ebd.). Aufsuchende politische Bildung kann dies reflektieren sowie konstruktive Teilhabemöglichkeiten zur Interessendurchsetzung diskutieren und entwickeln.

13.4 »Unwohlorte« Schule, Arbeit, Ausbildung: Demokratisierung von Strukturen

Menschen, die sich einsam fühlen und gerade junge, einsame Menschen benennen Schule, Universität oder Arbeitsplatz als besondere Unwohlorte (vgl. Neu et al. 2023). Für circa ein Viertel der Befragten der Mitte-Studie 2022/23 ist der Arbeits- oder Ausbildungsplatz zumindest teilweise ein Unwohlort. Für Einsame ist das bei 36 % der Fall. Einsamkeit kann mit demokratiegefährdenden Einstellungen im Zusammenhang stehen (➟ Kap. 12, S. 335 ff.). Mit einer kritischen Perspektive auf (oft mangelnde) Möglichkeiten der demokratischen Teilhabe in Schule, Arbeits- und Ausbildungsplatz lässt sich fordern, dass politische Bildung in vielen verschiedenen Räumen, Situationen und Strukturen verankert sein sollte. Für die Arbeitswelt (*Industrial Citizenship*; vgl. Kiess & Schmidt 2020, S. 127 f.) und für Schule (Achour 2023) existieren empirisch positive Zusammenhänge von demokratisierenden Aspekten der Mitbestimmung, Mitgestaltung und Solidarität mit demokratischen Einstellungen und Ablehnung von Menschenfeindlichkeit. Weitere Räume (zum Raumverständnis politischer Bildung vgl. BMFSFJ 2020), für die auch eine stärkere Demokratisierung in Form von Mitbestimmung, Mitgestaltung, Diskriminierungsfreiheit notwendig sind, sind Kitas (vgl. Birnbacher & Durand 2022; zu institutionellem Rassismus in Kitas vgl. Bostanci et al. 2022), Berufsausbildung (vgl. Zurstrassen 2023, i. E.), Universitäten (kritisch vgl. Hedtke 2021), Verwaltung (➟ Mittendrin: Behörde, S. 185 ff.), (Jugend-) Verbände und Vereine (vgl. AGJ 2022; Ahlrichs & Fritz 2021) oder auch Soziale Arbeit (vgl. Bürgin 2017). Für den ländlichen Raum können Feuerwehr, Kirchen, Kinder- und Jugendtreffs bedeutsame Organisationen sein, die politische Bildungsarbeit hinsichtlich Demokratieerfahrungen integrieren können.

Es ist allerdings nicht selbstverständlich, dass sich die dort tätigen Pädagog:innen, Erzieher:innen, Verwaltungsmitarbeiter:innen, Dozent:innen, Ausbilder:innen, Trainer:innen, Lehrer:innen und Sozialarbeiter:innen bewusst als politische Bildner:innen wahrnehmen. Selten ist eine entsprechende Professionalisierung in deren Aus- und Weiterbildung implementiert. Obwohl für den Raum Schule Demokratie und politische Bildung als Querschnittsaufgabe schulgesetzlich verankert sind, wird diese gerade erst mühsam wieder in Strukturen der Lehrer:innenbildung, an Schule und Universität (re-)implementiert

(Achour, Lücke & Pech 2020). Auch konzeptionelle Verschränkungen von Sozialer Arbeit oder Jugendbildung mit politischer Bildung existieren kaum explizit. Dabei liegt hier für die Erreichbarkeit, für niederschwellige Ansprachen und lebensweltliche Themensetzung ein großes Potenzial (vgl. Fachstelle politische Bildung 4.2.2021).

Ein entsprechendes Berufsverständnis, welches demokratische Haltung und Diskriminierungssensibilität einschließt, kann auch für (Sport-)Vereine eine besondere Relevanz haben. Ein Teil der Befragten der Mitte-Studie 2022/23, die Mitglied in einem Sportverein oder der Gewerkschaft sind, weisen jedoch antidemokratische und menschenfeindliche Einstellungen auf, insbesondere wenn sie sich einsam fühlen – obwohl Vereine zugleich eine empirisch belegte integrative Funktion haben (können) (➡ Kap. 12, S. 335 ff. und Mittendrin: Sport, S. 327 ff.). Möglicherweise sind dies in der Gesamtschau Indizien für einen Bedarf an inklusiver politischer Bildungsarbeit, die Demokratisierung im Sinne von Mitbestimmung, Solidarität, Anerkennung von Diversität, Ermöglichen von Selbstwirksamkeits- und Empowermenterfahrungen in diesen Räumen strukturell stärker verankern könnte. Offensichtlich wird, dass ein nicht diskriminierungsfreies, hierarchisches (soziales), undemokratisches Miteinander Menschen ausschließen kann und sie andere ausschließen lässt sowie demokratiefeindliche Einstellungen auch in sozialen Kontexten nicht verhindert (➡ Kap. 12, S. 335 ff.).

Dabei ist die Professionalisierung demokratischen Handelns und Widerstands von entscheidender Bedeutung, weil Räume wie (Berufs-)Schulen (vgl. Behrens; Besand & Breuer 2021; MBR 2021), Universitäten, Vereine, Soziale Arbeit (vgl. Leidinger & Radvan 2021) et cetera vermehrt antidemokratisch angegriffen und unterwandert werden. Auch dies gehört zur »Angstarbeit« und zu den gezielten Raumaneignungsstrategien rechter Gruppen im öffentlichen Raum (vgl. Helal 2022). Der organisierte Rechtsextremismus geriert sich selbst als »Anbieter politischer Bildung« im vorpolitischen Raum, hat strategisch deren Handlungsweisen übernommen, indem er sozialräumlich, aufsuchend und lebensweltlich agiert.

13.5 »Intellektueller Rechtsextremismus« für rechte Gebildete? Politische Bildung für Demokrat:innen – nicht für Demokratiefeinde

Bildung – sowie sozioökonomischer Status – immunisieren Befragte in der Mitte-Studie 2022/23 nicht zwingend hinsichtlich rechtsextremer Einstellungen, auch wenn sich dieser Zusammenhang in vorangegangenen Studien zeigte. Es sind mehr Befragte mit mittlerem Bildungsniveau, die eine Diktatur befürworten, feindselig gegen andere sind, sozialdarwinistischen Aussagen zustimmen und den Nationalsozialismus verharmlosen als in den Jahren zuvor (➡ Kap. 3, S. 53 ff.).

Womöglich stehen diese Entwicklungen auch im Zusammenhang mit einem gezielten politischen Bildungsangebot im autoritären, rechten Spektrum. Das selbst ernannte »Institut für Staatspolitik« (IfS) versucht als »politisch bildender« Akteur eines »intellektuellen Rechtsextremismus« strategisch Einfluss auf die öffentliche Meinung zu nehmen. Zielgruppe sind dabei eben gerade nicht die formal weniger Gebildeten oder Unzufriedenen, sondern junge Akademiker:innen: »Uns geht es um geistigen Einfluss, nicht die intellektuelle Lufthoheit über Stammtische, sondern über Hörsäle und Seminarräume interessiert uns, es geht um den Einfluss auf die Köpfe, und wenn die Köpfe auf den Schultern von Macht- und Mandatsträgern sitzen, umso besser«, so Karlheinz Weißmann, ehemaliger Mitbegründer des vom Verfassungsschutz als gesichert rechtsextremistisch eingestuften Instituts (zit. n. Der Rechte Rand 2020, S. 13). Erreicht werden die Zielgruppen über Tagungen, Zeitschriften wie »Sezession« oder Bücher rechter Verlage, die mit ihrem Programm auch auf großen Buchmessen vertreten sind. Auch die Digitalisierung spielt der (»intellektuellen«) rechten Szene in die Hände. In eine vergleichbare Richtung gehen die Aktivitäten der AfD-nahen »Desiderius-Erasmus-Stiftung« (DES) mit dem Ziel, staatsbürgerliche Bildung führe zur Ausbildung einer »positiven deutschen Identität«. NS-Verbrechen und Menschenfeindlichkeit werden relativiert, indem ihnen ein konservativ-intellektueller Anstrich gegeben wird (zur DES vgl. Cremer 2022).

Mit diesen Aktivitäten einerseits und extremismuspräventiven Bildungsangeboten andererseits erhalten nicht die Demokrat:innen Aufmerksamkeit, sondern die (antizipierten) Antidemokrat:innen. Diese lassen sich aber kaum für politische

Bildungsangebote und demokratische Diskurse gewinnen. Vielmehr schauen sie bei rechter und menschenfeindlicher verbaler sowie körperlicher Gewalt im Zweifel zu, widersprechen nicht, applaudieren oder schließen sich an. Investitionen in politische Bildung und in die Förderung von demokratischer Haltung und Kompetenzen derjenigen sind notwendig, die sich für die Demokratie einsetzen. Denn »politisch gebildete Demokrat:innen sind in der Lage, Bedrohungen der Demokratie und der Menschenrechte, des Rechtsstaates sowie menschenfeindliche Übergriffe auf die Zivilgesellschaft zu erkennen und verfügen vor allem über Motivation, Überzeugung und Kompetenzen, diesen wirksam entgegenzutreten« (DVPB 2023, S. 3). Sie vor Gewalt und Angriffen zu schützen, sollte schließlich zentrales Anliegen des Demokratiefördergesetzes sein.

Spannungsfeld 4: Professionalisierung politischer Akteur:innen als politische Bildner:innen: Demokratische Haltung statt rechtspopulistischer Anschlussfähigkeit

13.6 Rechter Wandel zwischen Normalisierung und Gewalt: Mehr demokratische Kante politischer Akteur:innen

Politische Gewalt zugunsten eigener Interessen und Vormachtstellung wird zunehmend gebilligt. Insbesondere die, die rechtsextremen Einstellungen stärker zustimmen, billigen auch zunehmend Gewalt gegen Politiker:innen wie auch gegen »andere, die sich bei uns breit machen« (➡ Kap. 3, S. 53 ff.). Im Zuge der Coronaproteste formierten sich neue ideologische, auch gewaltaffine, autoritär-rebellische Gruppierungen, welchen sich auch linke und esoterische Anhänger:innen anschlossen. Solche Allianzen sind dabei ganz im Sinne neurechter Zielsetzungen: des Zusammenführens eines sehr heterogenen, demokratie- und elitenskeptischen, teils zerstrittenen rechten Feldes. Ein entsprechend heterogenes Feld der Zustimmung und Ausprägungen rechter Einstellungsmuster verzeichnet die Mitte-Studie 2022/23 (➡ Kap. 3, S. 53 ff. u. 4, S. 91 ff.). Trotz mangelnder Abgrenzung zur Gewaltaffinität sowie der Einordnung der AfD und Jungen Alternative (JA) als Verdachtsfälle halten die Befragten mit 23 % vermehrt (zum Vergleich 2020/21: 13 %) die AfD für eine »normale Partei«. Sympathie in Form einer möglichen Wahlabsicht wird im Vergleich zu den Vorjahren mittlerweile offen geäußert. Dabei korrespondiert die Wahlentscheidung nicht unbedingt zwingend mit einer rechten politischen Selbstverortung. Etwa die Hälfte der potenziellen AfD-Wähler:innen verortet sich in der Mitte (➡ Kap. 4, S. 91 ff.). Auffällig ist eine deutliche Verschiebung von der Mitte nach rechts: Verorteten sich 2020/21 noch 62,5 % in der Mitte, sind es 2022/23 nur noch 55 %. 15,5 % verorten sich aktuell rechts von der Mitte; 2020/21 waren es 9 % und 2014 noch 13 %.

Augenscheinlich lassen diese Wandlungs- und Normalisierungsprozesse des Rechtsextremismus antidemokratisches Denken in der Mitte der Gesellschaft Raum greifen. Die Polykrisen spielen den Argumentationsfiguren der Neurechten in die Hände. Vermeintlich werden die Anliegen »besorgter Bürger« aufgegriffen, wenn es um Unterkünfte von Geflüchteten, Energieversorgung, Inflation, Frieden, vermeintliches Einschränken von Grundrechten in der Pandemie geht. Entsprechend der identitär-völkischen, homogenen Lesart »des Volkes« werden Anerkennungskämpfe liberaler Familienmodelle, Geschlechterrollen, Minderheitenrechte und Diskriminierungsschutz für alle als Verrat am und Angriff auf das Volk konstruiert, aufgeladen mit Verschwörungsnarrativen und antisemitischen Stereotypen. Als »Verräter« werden kosmopolitische, vermeintlich korrupte Eliten stilisiert (➡ Kap. 4, S. 91 ff.) und Migrant:innen als »Angreifer«. Politische Bildung als Aufklärung und Selbstaufklärung hinsichtlich rechter Vereinnahmung sind wichtige Ansatzpunkte – auch für politische Akteur:innen, für Parteien und Medien, die als intermediäres Bindeglied zwischen Staat und Bevölkerung fungieren. Umso entscheidender ist es, dass demokratische Haltung nicht nur von den Wähler:innen eingefordert, sondern von politischen Akteur:innen gelebt wird. Stattdessen ziehen sich Abwehrreflexe entlang von parolenhaften Polemiken wie »Cancel Culture als Gefahr für die Meinungsfreiheit« und das Sichern von Privilegien weit durch Medien, Politik, Wissenschaft und Bildung.

Die Normalisierung extrem rechter Positionen beginnt oft im vermeintlich Kleinen: Infragestellen von Minderheitenrechten und Diskriminierungsschutz, von Gleichstellungsforderungen, diversitätssensibler Sprache, deren Diffamieren als »Woke-Wahn«. Womöglich müssen diese gesellschaftlichen Liberalisierungs- und Wertewandlungsprozesse noch besser politisch bildend begleitet werden. Aber was ist daran unverständlich, wenn eine Lehrerin Koeppens Roman »Tauben im Gras« als Pflichtlektüre für das Abitur 2024 in Baden-Württemberg ablehnt, weil sie die Reproduktion des N-Wortes, des Rassismus und Antisemitismus ihren Lernenden und sich selbst nicht zumuten möchte? (Meisoll 11.3.2023) Und wenn die »Standhaftigkeit« bezüglich des Abiturstoffes von Bildungsministerin und Ministerpräsident auch noch ganz im Sinne der AfD-Fraktion ist (MdL Balzer 14.3.2023)? Müssen Debatten um das Meldeportal für Antifeminismus (»Petz-Portal«) oder Gendern in den Öffentlich-Rechtlichen (»Volkserziehungsanstalten«) an Universitäten und Schulen nicht nur von rechtskonservativen Akteur:innen so abwertend geführt werden? Antifeminismus sowie Menschenfeindlichkeit gegen Homosexuelle und Trans*-Menschen sind sichtbar auf dem Vormarsch und gelten als Einfallstor für rechte Einstellungen (vgl. Henninger & Birsl 2020; Mokros, Rump & Küpper 2021). Dammbruch für Diskursverschiebungen nach rechts zum Thema Migration war im Jahre 2010 Thilo Sarrazins Buch »Deutschland schafft sich ab«: »Das war eine Resonanzbodenerweiterung für uns, Begriffe wurden ventiliert, die wir seit Jahren zuspitzen, aber nicht im Mindesten so durchstecken können«, so Götz Kubitschek, Mitbegründer des IfS, 2015 (zitiert nach Der Rechte Rand 2020, S. 11). Trotz dieser Eindeutigkeit erhält er in den Massenmedien breiten Raum zur Selbstdarstellung. In Homestorys als »dunkler Ritter« (Rapp 16.12.2016) kann er rechtes Gedankengut journalistisch unkritisch verbreiten. Diese Art medialer Aufmerksamkeit wäre für Akteur:innen einer demokratischen politischen Bildung völlig unvorstellbar (Gill 2021).

Solche journalistischen Öffnungen nach rechts gehen augenscheinlich nicht mit mehr Vertrauen in die Medien einher (⟶ Kap. 4, S. 91 ff.). Vielmehr sind diejenigen Journalist:innen noch stärker von Gewalt bedroht, die zu und aus rechten Milieus berichten (vgl. Hoffmann, Pohl & Dutz 2023), was von »Reporter ohne Grenzen« (2023) als zunehmende Einschränkungen der Pressefreiheit in Deutschland angemahnt worden ist.

Die Ergebnisse der Mitte-Studie 2022/23 erlauben Einblicke, wessen Wähler:innen und Anhänger:innen für demokratiedistanzierte und menschenfeindliche Narrative offen sind. Ein parteiliches Selbstverständnis als politische Bildnerin, wie es laut Grundgesetz Art. 21, Absatz 1 Verfassungsauftrag ist, bringt auch einen Auftrag zur Selbstreflexion mit: Wo finden von rechts besetzte Themen einen Widerhall in der etablierten Politik? Welche Anschlussstellen an rechte Narrative sollten gekappt und wann muss deutlich demokratische Kante – auch mithilfe des Rechtsstaats – gezeigt werden? Politiker:innen als Galgenmännchen, Davidsterne mit »Ungeimpft«-Schriftzug, Sexismus und Gewalt gegen Politiker:innen sind keine Meinungen, es sind Menschenrechtsverletzungen oder gar Straftatbestände. Politisch Gebildete wissen, dass antidemokratische, menschenfeindliche, verschwörungsideologische »Meinungen« nicht als legitim gleichberechtigt stehen bleiben können – auch wenn das von rechts vehement mit Verweisen auf vermeintliche Neutralität und Instrumentalisierung des politikdidaktischen Kontroversitätsprinzips (Beutelsbacher Konsens) versucht wird. Die Gefahr, dass »rechts die neue Mitte ist« (➡ Kap. 4, S. 91 ff.), macht es für alle politisch Bildenden unmöglich, Demokratiedistanz und GMF als solche bei denen zu demaskieren, die sich selbst für Demokrat:innen halten.

Spannungsfeld 5: Quo vadis, neoliberale Leistungsgesellschaft und Klimaschutz?: Kritische politische Bildung statt affirmativ-unpolitischer Bildung

13.7 Hass und Demokratiedistanz: Schattenseite der neoliberalen Leistungsgesellschaft?

Gerade diejenigen, die sich stark mit neoliberalen Leitbildern identifizieren, jetzt aber Krisen und Entsicherungen erleben und somit in der Mitte-Studie als »entsichert Marktförmige« (19 % der Befragten) bezeichnet werden, fallen durch ein beachtliches Ausmaß an Menschenfeindlichkeit (vor allem Rassismus und Klassismus), verschwörungsgläubigen, rechtsextremen, populistischen, antidemokratischen und Gewalt billigenden Einstellungen auf (➡ Kap. 8, S. 243 ff.). Jede:r Fünfte der »entsichert Marktförmigen« teilt ein rechtsextremes Weltbild (20 % zu 8 % unter allen Befragten) und 29 % von ihnen würden die AfD wählen. Das lange suggerierte Versprechen der neoliberalen Leistungsgesellschaft[1], das Freiheit, Recht auf Selbstverwirklichung und steigenden Wohlstand

---

1   Mit neoliberaler Gesellschaft ist ein Gesellschaftsmodell gemeint, in dem ökonomische und marktorientierte Prinzipien letztlich auf alle »Sphären der sozialstaatlichen Integration, der politischen Willensbildung und der privaten Lebensführung« (Neckel 2008, S. 23) angewandt werden.

für diejenigen verspricht, die sich nur genug anstrengen, ist zunehmend brüchig geworden (Amlinger & Nachtwey 2022). In der Pandemie traten die Folgen einer neoliberalen Sparpolitik erkennbar zutage: Privatisierung ehemals öffentlicher Bereiche und Güter, Flexibilisierung und Prekarisierung von Arbeit, Liberalisierung der Finanzmärkte sowie die Deregulierung von Schutzrechten führten zu einer nicht mehr zuverlässigen sozialen Infrastruktur, sodass Leistungen beispielsweise des Gesundheits- und Bildungswesens nicht mehr für alle umfassend zur Verfügung stehen. Durch die Polykrisen verschärfen sich Abstiegsängste, Unsicherheiten, ökonomische Belastungen und soziale Ungleichheit (➠ Kap. 1, S. 19 ff.). Damit einher gehen Konflikte sozialer Klassen und Gruppen um Ressourcen und Anerkennung (➠ Kap. 5, S. 149 ff.).

So lassen sich gerade Personen aus benachteiligten Verhältnissen (Bildung, Einkommen, sozialer Status) – neben Personen aus der Mittelschicht – in der Gruppe der »entsichert Marktförmigen« finden. Obwohl sie selbst gemessen an neoliberalen Logiken nicht erfolgreich waren, transformiert sich ihre Enttäuschung nicht in konstruktive Kritik und politische Aktivität gegen eine neoliberale Wirtschaftspolitik (Amlinger & Nachtwey 2022). Vielmehr zeigt sich ihre Wut und Aggressivität in demokratiedistanzierter und populistischer Weise (➠ Kap. 4, S. 91 ff.), wendet sich gegen vulnerable Gruppen wie Geflüchtete, arme, wohnungslose oder langzeitarbeitslose Personen, die vermeintlich den Anforderungen der neoliberalen Leistungsgesellschaft nicht genügend entsprechen (vgl. Hövermann et al. 2015). Sie stimmen rassistischer Abwertung mit über 40 % überdurchschnittlich häufig zu im Vergleich zu Befragten der Mittel- und Oberschicht (30–35 % bzw. 20–26 %; ➠ Kap. 5, S. 149 ff.). Auch das Anspruchsdenken (➠ Kap. 11, S. 315 ff.) fällt in der Mitte-Studie umso höher aus, desto geringer das Haushaltseinkommen der Befragten ist. Dabei handelt es sich um die Überzeugung bei 11 % der Befragten, dass einem selbst und Menschen, die einem ähnlich sind, mehr zustehe als anderen (77 % lehnen dies ab). Der negative Einfluss von Anspruchsdenken auf soziales Verhalten (vgl. Campbell et al. 2004) zeigt sich in der Mitte-Studie 2022/23 im Zusammenhang mit rassistischen, klassistischen, hetero-/sexistischen sowie antisemitischen Einstellungen (➠ Kap. 11, S. 315 ff.). Ebenso existieren signifikante Zusammenhänge mit dem Sozialdarwinismus (➠ Kap. 3, S. 53 ff.) sowie neurechten, populistischen und autoritären Einstellungen (➠ Kap. 4, S. 91 ff.).

13.8 Demokratieförderung durch Kapitalismuskritik? Kritische politische Bildung statt affirmativer ökonomischer Bildung

In der Gesamtschau zeigt sich recht durchgehend in der Mitte-Studie 2022/23 der Zusammenhang von sozioökonomischem Status (nicht nur nach Einkommen und Bildung, sondern auch im Sicherheitsgefühl) und antidemokratischen sowie menschenfeindlichen Einstellungen (vgl. auch Decker et al. 2019). Müsste daraus nicht auch die Konsequenz gezogen werden, dass eine systemstabilisierende Demokratieförderung eine kritische Perspektive auf die neoliberale Leistungsgesellschaft, gar auf *den* Kapitalismus erfordert? Sozialwissenschaftlich und didaktisch wird seit geraumer Zeit vermehrt kapitalismusanalytisch und kapitalismuskritisch gearbeitet (vgl. Bieling, Coburger & Klösel 2021; Lösch 2023, i. E.), was nicht pauschal mit Antikapitalismus gleichzusetzen ist (➟ Kap. 4, S. 91 ff.). Dies mag auch die lange Vermeidung des Begriffs in der Sozialwissenschaft erklären, um nicht unter Verdacht der Anhängerschaft eines autoritären Staatssozialismus zu geraten.

Sozioökonomische Benachteiligungen und prekäre Lebenssituationen legitimieren keinen Hass, keine Abwertung und Demokratiefeindlichkeit, dennoch lassen sich die Ergebnisse der Mitte-Studie 2022/23 auch hinsichtlich der Widersprüche zwischen Kapitalismus (neoliberaler Leistungsgesellschaft) und Demokratie interpretieren. Ersterer führt mit Wettbewerb, Gewinnmaximierung und Konkurrenz zu sozialen Ungleichheiten, Abhängigkeiten, Armut und Gefühlen von Einsamkeit, welche demokratiegefährdend sein können (➟ Kap. 8, S. 243 ff. u. 12, S. 335 ff.). Demokratie verspricht hingegen Teilhabe, Freiheit, Selbstbestimmung, Gestaltung von Gesellschaft.

Krisenzeiten sind auch Konfliktzeiten, der »Kampf« um Ressourcen und das Einfordern von Vorrechten geht einher mit der Behauptung einer vermeintlichen Höherwertigkeit und Überlegenheit der eigenen Bezugsgruppe (vgl. Tajfel et al. 1971). Die Ressource Vermögen spielt in Krisenzeiten eine bedeutsame Rolle, aber in Deutschland haben laut »Deutschem Institut für Wirtschaftsforschung« 40 % fast kein Vermögen, während 10 % ganze 67 % des Nettovermögens besitzen. Der Großteil des Vermögens befindet sich in Westdeutschland, ist also auch regional ungleich verteilt – wie auch demokratiefeindliche Einstellungen (➟ Kap. 3, S. 53 ff.). Eine deutsche Auffälligkeit ist, dass viele mittlere Haushalte mit mittlerem Einkommen zu der wenig vermögenden Gruppe gehören (Schröder et al. 2020). Demokratieskeptische Einstellungen in dieser Gruppe werden oft mit Abstiegsängsten erklärt, obwohl sie doch auf den ersten Blick etwas abgeben könnten. Diese Gruppe hat allerdings auch am ehesten etwas zu verlieren. Aufgrund geringen Vermögens macht es sie bei Krisen tatsächlich abhängig von sozialstaatlichen Leistungen, was ihre bisherige Autonomie und Freiheit deutlich infrage stellt.

Solche (neoliberalen) Strukturen, soziale Ungleichheiten, Unterfinanzierung öffentlicher Güter, (Steuer-)Ungerechtigkeit zu hinterfragen und wirtschaftspolitische Alternativen mitzugestalten, ist Zielsetzung einer (kapitalismus-)kritischen politischen Bildung (vgl. Lösch 2023, i. E.) und wird durchaus auch im konservativen Lager unternommen (vgl. Zimmer 2022). Die extrem ungleiche Vermögensverteilung in Deutschland hängt auch mit steuerrechtlichen Privilegien zusammen: Arbeit wird steuerlich stärker als Vermögen belastet, welches aber in etwa zur Hälfte durch Erbschaft und Schenkung, nicht durch Arbeit erzielt wird (Schröder et al. 2020). Vor diesem Hintergrund verwundert womöglich die hohe Zustimmung von 46 % der Befragten in der Mitte-Studie 2022/23 nicht, dass »das Vermögen der Reichen zugunsten der Armen umverteilt werden« müsse. Eine weitere latente Zustimmung zeigt sich in den 32 % der »teils/teils«-Antworten (→ Kap. 4, S. 91 ff.). Jungwähler:innen sprechen sich mit bis zu 80 % für eine stärkere Besteuerung von hohen Einkommen bei gleichzeitiger Entlastung niedrigerer Einkommen aus (Döbele et al. 2023). Die liberalkonservative Seite sieht abstiegsgefährdete Gruppen eher selbst in der Pflicht, für Krisen und Alter mehr Vermögen anzusammeln. Dies wird flankiert von bildungspolitischen Aktionen wie der Stärkung des Faches Wirtschaft (z. B. in NRW) in der Schule oder der Einführung von Finanzbildung, so eine Initiative von Bundesfinanzministerium und Bildungsministerium (beide FDP) 2023 zur Ausarbeitung einer nationalen Finanzbildungsstrategie: »Schon in jungen Jahren, so heißt es, sollte man für das Alter vorsorgen, sich gegen Risiken wie den Verlust der Arbeitsfähigkeit absichern und sich um Himmels Willen nicht mit Ratenkäufen überschulden. Dafür braucht es ein Mindestmaß an Finanzbildung. Doch noch immer hat dieses wichtige Thema keinen Platz im Lehrplan deutscher Schulen« (Mathez 5.5.2023).

Entlang der Ergebnisse der Mitte-Studie 2022/23 kommen Zweifel auf, ob solche Bildungsansätze zielführend sind. Es sind gerade die jüngeren Befragten (18–34 Jahre), die signifikant häufiger durch »entsicherte Marktförmigkeit«, Anspruchsdenken und Einsamkeit auffallen (➡ Kap. 8, S. 243 ff., 11, S. 315 ff. u. 12, S. 335 ff.), welche vermehrt mit antidemokratischen und menschenfeindlichen Einstellungen in Zusammenhang stehen. Möglicherweise wissen sie, dass es vor dem Hintergrund teurer Mietwohnungen, den Folgen des Klimawandels wie steigenden Energiepreisen und Inflation immer schwieriger wird, zu den Begünstigten der neoliberalen Leistungsgesellschaft zu gehören. In der Gesamtschau ruft all dies weniger nach einer affirmativen ökonomischen Bildung, welche die problematischen Konsequenzen einer neoliberalen Leistungsgesellschaft für die Demokratie ausblendet als nach einer (kapitalismus-)kritischen politischen Bildung. Nicht zuletzt gehen die Stunden für Wirtschafts- oder Finanzbildung in der Regel auf Kosten der ohnehin schon prekär aufgestellten politischen Bildung an den Schulen, obwohl diese als erster Lernort der Demokratie nicht unterschätzt werden darf – gerade wenn Politik im Elternhaus keine besondere Rolle einnimmt (vgl. Döbele 2023).

13.9 Zerbricht der Klimaschutz an der Demokratie? Mehr politische Bildung für Nachhaltigkeit!

»Geht die Welt am Ende an einer allzu starren Demokratie zugrunde, weil der Klimaschutz auf die nächste Legislatur vertagt wird?« (➡ Kap. 10, S. 289 ff.). Die Notwendigkeit einer sozialökologischen Transformation, das Zusammenführen von sozial gerechter Umverteilung mit ökologischen Aspekten für einen globalen Klimaschutz, führt kaum daran vorbei, die aktuelle (kapitalistische) Wirtschafts- und Lebensweise infrage zu stellen. Inwiefern die Befragten tatsächlich bereit sind, diese für das Klima zu ändern, lässt sich nicht eindeutig anhand der Ergebnisse der Mitte-Studie 2022/23 antizipieren. Einerseits herrscht mit 70 % große Einigkeit hinsichtlich der Einschätzung der Bedrohlichkeit des Klimawandels, während im Weiteren auch die Hälfte der Befragten eine Politik gegen den Klimawandel und für die Energiewende unterstützt, nicht zuletzt angesichts des Krieges in der Ukraine (➡ Kap. 10, S. 289 ff.). Andererseits vertritt die Hälfte der Befragten klimapolitisch regressive, indifferente oder ambivalente Positionen, trotz teilweise progressiver Einstellungen zum Klimaschutz. Diese Einstellungen werden sowohl durch steigende Energiepreise beeinflusst, stehen aber aktuell auch im Zusammenhang mit einer proukrainischen beziehungsweise prorussischen Haltung zum Krieg gegen die Ukraine. Mit einer prorussischen Haltung geht eine Offenheit für populistische »Eliten- und Systemkritik« (➡ Kap. 4, S. 91 ff.), antidemokratische und verschwörungsideologische Einstellungen sowie Menschenfeindlichkeit einher (➡ Kap. 5, S. 149 ff.). Gewalt wird eher gebilligt, um die eigenen Interessen und Vorrangstellung zu sichern. Der Kampf gegen Klimapolitik ist anschlussfähig für neurechte Angebote.

Diese Ambivalenzen lassen sich als konkrete Aufgaben für eine politische Bildung für nachhaltige Entwicklung aufgreifen. Wenn die Erde weiter bewohnbar bleiben soll, wenn der Kampf um Wasser, Ackerland und Lebensräume ohne Naturkatastrophen nicht in Klimakriegen enden soll, muss die Weltgemeinschaft eine sozialökologische Transformation realisieren. Das heißt, die Ausbeutung natürlicher Ressourcen muss ebenso in den Blick genommen werden wie die Ausbeutung von Menschen und ihrer Arbeit. Es müssen besonders diejenigen gesellschaftliche Solidarität erfahren, die von den Folgen der Klimakrise besonders betroffen sind.

Die Kategorie Solidarität erhält in der politischen Bildung aktuell eine neue Aufmerksamkeit und geht einher mit der Forderung nach (globalem) Durchsetzen von Menschenrechten, demokratischer Haltung und Empathie (Gill 2023). Die Bedeutsamkeit dessen zeigt sich im *Entsolidarisierungstrend* der Mitte-Studie 2022/23: 34 % stimmen der Aussage zu: »Im nationalen Interesse können wir nicht allen die gleichen Rechte gewähren.« (Zum Vergleich: 2018/19: 35 %; 2020/21: 23 %) (➡ Kap. 4, S. 91 ff.). Die Politikwissenschaftlerin Lena Partzsch hat die dahinter liegenden Zielkonflikte exemplarisch auf den Punkt gebracht: Für die einen geht es »um Leben und Tod«, für die anderen um ihren sozialen Status, der sich ausdrückt im Autofahren oder in der Flugreise (phoenix der tag 2.5.2023). Diesen konfliktreichen Ambivalenzen kann politisch bildend nur mit demokratischen Aushandlungsprozessen begegnet werden. Allerdings ist die klassische »Bildung für Nachhaltige Entwicklung« (BNE), welche zwar mehr als individuelles Umweltverhalten umfasst, dennoch stark auf ebendieses Individuelle fokussiert. Dies zeichnet sich auch im »Nationalen Aktionsplan Bildung für nachhaltige Entwicklung« ab: »Welche

Auswirkungen hat es beispielsweise, wie ich konsumiere, welche Fortbewegungsmittel ich nutze oder welche und wie viel Energie ich verbrauche? Bildung für nachhaltige Entwicklung ermöglicht es jedem und jeder Einzelnen, die Auswirkungen des eigenen Handelns auf die Welt zu verstehen und verantwortungsvolle Entscheidungen zu treffen« (BMBF 2017, S. 7 f.).

Dies wird vonseiten der politischen Bildung nicht nur als individualisierend (*Individualisierungsfalle*), sondern auch als entpolitisierend kritisiert. Mit Annabell Brosi (2021) lässt sich auf den Punkt bringen, dass so ein komplexes, globales Problem sowie dessen Lösung auf das Individuum übertragen wird. Zugleich wird die Zuständigkeit für die Problemlösung an die Pädagogik übergeben, obwohl die Verantwortung für politisches und wirtschaftliches (klimaschädliches) Handeln sowie die Überwindung dessen in erster Linie bei Politik und Wirtschaft liegen. Ein prägnantes Beispiel für eine solche Verantwortungsumkehr ist der CO_2-Fußabdruckrechner des Mineralölkonzerns »BP«, mit dem die Menschen für die Emissionsreduktion individuell in die Verantwortung genommen werden. Womöglich lassen sich die ambivalenten Ergebnisse der Mitte-Studie 2022/23 auch als *Widerstandsreflexe* interpretieren. Wenn Politik erfolgreich auf CO_2-Reduktionen durch Verhaltensänderungen im Verkehr abzielen will, muss sie politische Instrumente einsetzen, um die entsprechenden Kontextbedingungen voranzubringen, dass beispielsweise Bahnfahren attraktiver macht als Autofahren.

In Anbetracht dessen bedarf es einer *politischen* Bildung für Nachhaltige Entwicklung, welche politische (Macht-)Strukturen, (globale) wirtschaftliche Prozesse und gesellschaftliche Zusammenhänge fokussiert und damit den klaren Verfassungsauftrag von Politik zum Klimaschutz (Art. 20a GG), wie das Bundesverfassungsgericht 2021 urteilte, umsetzt. Das Erreichen dieses Auftrags ist herausgefordert durch zahlreiche Ambivalenzen, Dilemmata, Kontroversen und Zielkonflikte. Diese können nicht allein durch Expert:innen »top down« gelöst werden, sondern nur »bottom up« im demokratischen Aushandlungsprozess der Gesellschaftsmitglieder. Gerade in dieser Konflikt- und Problemhaftigkeit sowie Kontroversität der Handlungsstrategien liegen für die politische Bildung in Kombination mit der BNE große Potenziale. Daran kann politisch gelernt, politisches Handeln gefördert und der tolerierbare Rahmen von »Verbot und Verzicht als legitimes politisches Mittel« (Lepenies 2022) ausgelotet werden, wenn es um Klimaschutzmaßnahmen geht. Laut Mitte-Studie 2022/23 wünschen sich auch zwei Drittel der Befragten mehr Bürger:innenbeteiligung, wenn es um das Umsetzen der Energiewende geht (➟ Kap. 10, S. 289 ff.). Eine unpolitische BNE hingegen wird kaum reagieren können auf Verschwörungsmythen in den sozialen Medien, Desinformationskampagnen der Neurechten (»Öko-Zwangsmaßnahmen«) zum menschengemachten Klimawandel oder politische Diskursverschiebungen weg von Klimalösungen hin zu Fragen des Strafrechts (»Schutzhaft« von Klimaaktivist:innen) oder der Sicherheitspolitik (die Einstufung der »Letzten Generation« als »kriminelle Vereinigung«). All dies lenkt ab von der Dringlichkeit, auf Klimawandel und Energiekrise zu reagieren, aber genau dafür zeigt annähernd die Hälfte der Befragten eine Offenheit (➟ Kap. 10, S. 289 ff.).

Ein bedeutsamer Teil der Befragten zeigt im Antwortverhalten in der Mitte-Studie 2022/23, dass sie mit Blick auf die Polykrisen wie Klimawandel, Energiekrise, Inflation viel befürchten und weniger für sich erhoffen. Die Sorge um knappe Ressourcen macht anfällig für autoritäre Lösungsangebote, die mit einer zunehmenden Menschen- und Demokratiefeindlichkeit einhergehen. Die Förderung einer professionell aufgestellten politischen Bildung, wie sie hier skizziert wird, schafft dagegen Anknüpfungspunkte und Erfahrungsräume, um Ängste, Sorgen, Gefühle von Machtlosigkeit aufzugreifen und Räume der demokratischen Mitgestaltung anzubieten. Im Kontrast zu den aktuellen Ergebnissen stehen die niedrigen Zahlen während des zweiten Coronalockdowns, wohl unter dem Eindruck, dass Krisen auch solidarisch und mit individueller Rücksichtnahme gesamtgesellschaftlich erfolgreich bewältigt werden können. Erst als dieser Bewältigungsmodus als »Zumutung« und Einschränkung von Freiheiten infrage gestellt wurde und auch die Politik unsolidarisch agierte (Maskenaffäre, Sputnik-Bestellungen, Polarisierung ➟ Kap. 4, S. 91 ff.), erhielten Hass, Menschen- und Demokratiefeindlichkeit als vermeintliche Bewältigungsmodi wieder Raum. Damit werden Krisen aber nicht gelöst, sondern verschärft. Es lässt sich nur dafür plädieren, an diese Erfahrungen politisch bildend anzuknüpfen, wenn Demokratie, Freiheit und Menschenrechte nicht selbst in den Dauerkrisenmodus verfallen sollen.

Anhang

Die zusätzlichen Tabellen des Onlineanhangs finden Sie unter www.fes.de/mitte-studie.

Glossar statistischer und methodischer Begriffe

***/**/* Sternchen in Tabellen, Abbildungen oder im Text drücken das Signifikanzniveau unter Berücksichtigung der Wahrscheinlichkeit aus, mit der sich die Forscher:innen irren, wenn sie von den gefundenen Ergebnissen auf die Grundgesamtheit (hier: deutsche Wohnbevölkerung ab 18 Jahren) schließen. Bei einem statischen Test wird der p-Wert mit dem festgelegten Signifikanzniveau verglichen, um zu bestimmen, ob ein Zusammenhang, Effekt oder Unterschied überzufällig ist. Wenn der p-Wert kleiner ist als das Signifikanzniveau, ist das Ergebnis statistisch signifikant. Üblicherweise wird ein Signifikanzniveau beziehungsweise eine Irrtumswahrscheinlichkeit von 0,1 % (***), 1 % (**) oder 5 % (*) festgelegt. Je kleiner die Irrtumswahrscheinlichkeit, desto bedeutsamer sind die gefundenen Ergebnisse für die Grundgesamtheit. Siehe auch ➟ Signifikanz.

CATI (Computer Assisted Telephone Interview) Befragungsmethode, bei der computerunterstützte Interviews per Telefon durchgeführt werden. Die Interviewer:innen lesen die Fragen vom Bildschirm ab und geben die Antworten direkt am Computer ein. Dadurch liegen die Daten bereits in digitalisierter Form zur Auswertung vor. Die telefonische Befragung ist zeit- und kostensparend gegenüber einer persönlichen Befragung in Anwesenheit der Befragten.

Chi²-Test Dieser statistische Test wird verwendet, um zu überprüfen, ob zwei kategoriale oder nominale Variablen unabhängig voneinander sind, beziehungsweise ob ein gefundener Unterschied zufällig besteht oder nicht. Dazu wird ein Vergleich zwischen theoretisch erwartbaren und den beobachteten Häufigkeitsverteilungen vorgenommen. Der Test macht dabei keinen Unterschied zwischen abhängigen und unabhängigen Variablen.

Cronbachs Alpha (α) Koeffizient, der Auskunft über die interne Konsistenz eines Messinstruments gibt, das heißt ausdrückt, wie gut eine Gruppe von Items das gleiche latente Konstrukt misst. Der Alpha-Koeffizient berechnet sich aus der ➟ Korrelation zwischen den Items und kann, wie auch der Korrelationskoeffizient, Werte zwischen -1 und +1 annehmen. Ein negatives Cronbachs Alpha wäre allerdings ein Hinweis darauf, dass Items in die Skala aufgenommen wurden, die zum Beispiel etwas Gegensätzliches messen oder mitunter umgekehrt gepolt sind. Alpha-Werte über 0,7 gelten als akzeptabel oder zufriedenstellend. Alpha-Werte über 0,9 können hingegen ein Hinweis auf redundante Items sein. Dabei ist der Alpha-Koeffizient auch von der Anzahl der Items abhängig. Je mehr Items verwendet werden, umso höher fällt der Wert in der Regel aus. Bei inhaltlich nahezu identischen Items ist eine isolierte Betrachtung des Koeffizienten nur bedingt sinnvoll, wenn diese lediglich eine schmale Bandbreite des Konstrukts messen und im Grunde Gleiches erfassen. Siehe auch ➟ Reliabilität.

Faktorenanalyse, explorativ Eine Methode mit dem Ziel der Zusammenfassung mehrerer, direkt gemessener und korrelierender Variablen in wenige Dimensionen beziehungsweise Faktoren, die die Zusammenhänge zwischen den Variablen beeinflussen, möglichst gut erklären und inhaltlich interpretierbar machen sollen. Faktoren sind also nicht direkt beobachtbare, sogenannte latente Konstrukte, die das Gemeinsame der zu ihnen gehörenden, korrelierenden Variablen erklären und eine Ursache für die Korrelation zwischen den Variablen bilden. Die Korrelation einer Variable mit dem Faktor nennt man Faktorladung (-1 bis +1). Dem Betrag nach hohe Faktorladungen geben an, welche Variablen einen Faktor prägen und welchem Faktor eine Variable zugeordnet werden kann. Die Faktorenladungen werden entsprechend auch zur Interpretation einer Faktorenlösung herangezogen. Bei der technischen Durchführung einer explorativen Faktorenanalyse werden die Faktoren induktiv aus dem Datensatz extrahiert. Wie viele Faktoren extrahiert werden, ist nicht nur eine empirische, sondern auch eine theoretische Frage, die sich die Forscher:innen stellen müssen. Dabei wird der Eigenwert des Faktors berücksichtigt und wie viel Varianz der Variablen durch den gemeinsamen, latenten Faktor erklärt wird. Für die explorative Faktorenanalyse existieren unterschiedliche Methoden der Berechnung (Extraktion) von Faktoren. Meist werden die sogenannte Hauptkomponentenanalyse oder die Hauptachsenanalyse als Extraktionsmethoden genutzt. Zur besseren Interpretierbarkeit explorativer Faktorenlösungen wird zudem häufig eine Rotation durchgeführt, die zu einer prägnanteren Verteilung der Faktorladungen auf den extrahierten Faktoren führt. Auch für die Rotation stehen unterschiedliche Verfahren zur Auswahl.

Faktorenanalyse, konfirmatorisch Das sich aus der explorativen Faktorenanalyse ergebende Modell aus gemessenen und latenten Variablen wie auch theoretischen Überlegungen wird mittels der konfirmatorischen Faktorenanalyse getestet. Die statistische Absicherung der Zuordnung der gemessenen Variablen zu den Faktoren erfolgt über die Berechnung der Abweichung zwischen der empirisch explizit beobachteten Varianz und Kovarianz sowie der durch die angenommene Faktorenstruktur implizierten Varianz und Kovarianz der Variablen. Anhand statistischer Informationskriterien, sogenannter Gütemaße, kann aus diesem Vergleich abgeleitet werden, wie gut das aufgestellte Modell zu den empirischen Daten passt. ⇝ Siehe auch Strukturgleichungsmodell.

F-Test Mit diesem Test wird überprüft, ob sich die Abweichungen vom Mittelwert oder die Varianzen einer interessierenden Variable in zwei unabhängigen Stichproben signifikant voneinander unterscheiden. F-Tests finden oft Anwendung, um die Annahme der Varianzgleichheit bei t-Tests für unabhängige Stichproben oder bei Varianzanalysen (ANOVA) zu prüfen. ⇝ Siehe auch Varianzanalyse.

Item Methodische Bezeichnung für eine einzelne Frage, Aussage oder Aufgabe in einem Fragebogen. In der Regel werden mehrere Items genutzt, um ein Konstrukt zu messen, beispielsweise eine positive oder negative Einstellung gegenüber einer sozialen Gruppe, einem Merkmal, einer Situation oder Vorstellung, zu der die Befragten meist auf einer mehrstufigen Antwortskala ihre Ablehnung oder Zustimmung angeben sollen.

Korrelation Allgemeine Bezeichnung für Zusammenhänge zwischen Variablen oder Konstrukten. Meist sind damit sogenannte Produkt-Moment-Korrelationen nach Pearson gemeint, die einen linearen Zusammenhang von intervall- oder metrisch skalierten Variablen prüfen. Wie eng ein solcher Zusammenhang zweier oder mehrerer Variablen ist, gibt der Korrelationskoeffizient r an, der einen Wert zwischen -1 und +1 annehmen kann. Der Wert -1 zeigt einen perfekt negativen, der Wert +1 einen perfekt positiven Zusammenhang an. Der Wert 0 zeigt an, dass kein Zusammenhang vorliegt. Positive r-Werte zeigen eine positive Korrelation an, bei der die Werte beider Variablen tendenziell gemeinsam ansteigen, sprich je höher (oder niedriger) die Ausprägung der Variable a ist, desto höher (oder niedriger) ist sie bei der Variable b. Umgekehrt zeigen negative r-Werte auch eine negative Korrelation an, bei der die Werte der einen

Variable tendenziell ansteigen, wenn die Werte der anderen Variable sinken. Je höher also die Ausprägung bei Variable a, desto niedriger ist sie bei Variable b. Eine Korrelation gibt aber nur Auskunft darüber, dass sich die zwei Variablen a und b wechselseitig bedingen, lässt jedoch keinen Schluss über die Richtung des Zusammenhangs zu. Liegt kein Zusammenhang vor, bedeutet das, Variable a tritt nicht gemeinsam mit Variable b auf. Dabei ist von einer Korrelation nur auf die Grundgesamtheit (hier: deutsche Wohnbevölkerung ab 18 Jahren) zurückzuschließen, wenn diese statistisch signifikant ist. Ein signifikanter Korrelationseffekt sollte darüber hinaus auch praktisch bedeutsam zu sein. ⇒ Siehe auch Signifikanz.

Latentes Konstrukt Ein psychisches oder soziales Phänomen, das nicht direkt beobachtbar (manifest) ist, sondern aus manifesten Indikatoren (⇒ Items) erschlossen wird. ⇒ Siehe auch Faktorenanalyse.

Mittelwertskala Eine Zusammenfassung von Items – die gemeinsam ein ⇒ latentes Konstrukt bilden beziehungsweise eine Dimension davon messen – zu einer ⇒ Skala über die Berechnung des arithmetischen Mittelwertes der Antworten zu den Items. Die Mittelwertskala hat denselben Wertebereich wie die Einzelitems. Wenn diese jeweils von 1 bis 5 reichen, liegt auch die Mittelwertskala zwischen 1 und 5. Zudem kann eine Mittelwertskala auch dann berechnet werden, wenn einzelne Antworten fehlen.

Quasi-intervallskaliert Jede Variable kann einem bestimmten Skalenniveau zugeordnet werden, die darüber Auskunft gibt, welche Eigenschaften und welchen Informationsgehalt die Variablen haben. Dies bestimmt wiederum, welche Rechenoperationen und statistischen Tests mit den Variablen zulässig sind. Dabei haben metrische Werte den höchsten Informationsgehalt und erlauben die meisten Vergleichsaussagen und statistischen Berechnungen, wie Korrelations- und Regressionsanalysen. Als metrische Werte werden Werte bezeichnet, die mindestens intervallskaliert sind. Intervallskaliert bedeutet, dass der Abstand zwischen den Werten als gleich groß angenommen werden kann. Ein weitverbreitetes Problem in der Sozialforschung ist jedoch, dass nur sehr wenige Variablen tatsächlich intervallskaliert sind und viele Variablen streng genommen nur ordinalskaliert sind. Dabei kann nicht automatisch davon ausgegangen

werden, dass die Befragten die Abstände zwischen den einzelnen Antwortkategorien immer als gleich auffassen. Zur Messung von Einstellungen erlauben
sogenannte Likert-Skalen, die aus mehreren Aussagen in Folge bestehen, denen
die Befragten auf einer – hier in der Regel 5-stufigen – Antwortskala mehr oder
weniger zustimmen oder die sie ablehnen können, die Werte der Skala so zu
behandeln, als ob die Abstände der Skalierung gleich groß seien (➡ siehe auch
Skalenindex). In der Forschungspraxis gilt dieses Skalenniveau als quasi-intervallskaliert.

Randomisierung Zufällige Aufteilung von Befragten auf verschiedene Unter-
suchungsgruppen oder auch zufällige Anordnung von ➡ Items. Durch die
Randomisierung wird die Wahrscheinlichkeit von Interviewabbrüchen und
einer Verzerrung des Antwortverhaltens verringert, wie es etwa durch ➡ Reihenfolgeeffekte entstehen kann.

Regression, linear Oberbegriff für die Bestimmung von Regressionsgleichun-
gen, -geraden und -koeffizienten, die zur Erklärung und Vorhersage der Ausprägungen einer abhängigen Variable (Kriteriumsvariable) aufgrund der Ausprägungen einer oder mehrerer unabhängiger Variablen (Prädiktorvariablen)
genutzt werden. Die Grundidee ist, dass die unabhängigen Variablen erklären,
warum die Werte in der abhängigen Variablen variieren und nicht alle Beobachtungen dem Mittelwert entsprechen. Der vermutete Zusammenhang zwischen
den Variablen ist linear. Dabei können mit Hilfe von Regressionsanalysen Aussagen über Ursachen- und Wirkungszusammenhänge getroffen werden. Die
Regression zeigt den gerichteten Einfluss eines An- oder Abstiegs der Prädiktorvariablen auf die geschätzte Kriteriumsvariable an und testet diesen auf die
statistische Signifikanz. Demgegenüber gibt eine ➡ Korrelation erst einmal nur
an, inwieweit sich zwei Variablen wechselseitig beeinflussen, jedoch sind Kor-
relations- und Regressionsanalysen eng miteinander verknüpft, da eine Erklärung
oder Vorhersage von Prädiktorvariablen auf eine Kriteriumsvariable nur sinnvoll
ist, wenn die betreffenden Variablen signifikant miteinander korrelieren.

Reihenfolgeeffekte Können bei Vorlage mehrerer Fragen und Antwortmöglich-
keiten auftreten und zur Verzerrung der Ergebnisse führen. Dabei haben die
Position, Reihenfolge sowie der Kontext der gestellten Fragen und Items in

einem Fragebogen einen Einfluss auf die Interpretation und Bewertung seitens der Befragten. Um dies zu verhindern, können die Fragen randomisiert oder in einem Split (Zufallsauswahl aus der Stichprobe) variiert werden. Siehe auch ➭ Randomisierung.

Reliabilität Zentrales Gütekriterium sozialwissenschaftlicher und psychologischer Messungen, das allgemein ausgedrückt die Genauigkeit angibt, mit der ein Erhebungsinstrument zum Beispiel Einstellungen misst (interne Konsistenz). Präzise und genau ist die Messung dann, wenn sie auch in anderen Befragungen unter gleichen Bedingungen das gleiche Messergebnis erzielt. Einstellungen, wie sie in der vorliegenden Studie gemessen wurden, sind mittels einer einzigen Frage schlecht präzise messbar. Daher werden in der Regel ➭ Skalen und Indizes aus mehreren Items benutzt, die Einstellungen besser abbilden können. Ein Standardmaß zur Bestimmung der Reliabilität von Skalen ist ➭ Cronbachs Alpha (α).

Signifikanz Wenn sich zwei Gruppen beispielsweise in ihren Mittelwerten unterscheiden, ist dieser Zusammenhang nicht zwangsläufig statistisch bedeutsam. Es muss stets überprüft werden, ob der Zusammenhang nicht auch zufällig entstanden sein könnte. In diesem Fall dürfte nicht auf die interessierende Grundgesamtheit (hier: deutsche Wohnbevölkerung ab 18 Jahren) geschlossen werden. Es wird also getestet, mit welcher Wahrscheinlichkeit beziehungsweise Irrtumswahrscheinlichkeit davon ausgegangen werden kann, dass die Zusammenhänge tatsächlich in der Bevölkerung bestehen. Um einen Zusammenhang als signifikant zu bezeichnen, soll die Wahrscheinlichkeit, dass kein Zusammenhang besteht, möglichst gering sein. Diese Irrtumswahrscheinlichkeit p liegt dann unterhalb eines festgelegten Signifikanzniveaus (➭ siehe auch ***/**/*). Die Wahrscheinlichkeitsberechnungen sind dann sinnvoll, wenn die Repräsentativität der Stichprobe gegeben ist, was in den »Mitte-Studien« der Friedrich-Ebert-Stiftung gewährleistet ist. Je nach Art des Unterschiedes (zum Beispiel Mittelwerte, Häufigkeiten, Korrelationen oder Regressionen) wird die statistische Signifikanz mit unterschiedlichen Testverfahren berechnet.

Skala/Index Zusammenführung mehrerer Einzelitems zu einer einzigen Variable, von der aufgrund von Faktoren- und Reliabilitätsanalysen angenommen werden kann, dass sie ein ➟ latentes Konstrukt abbildet. Skalen und Indizes können multiplikativ über die Berechnung von Mittelwerten (➟ Mittelwert-skala) oder additiv über die Aufsummierung der Werte aller Items (➟ Summen-skala) gebildet werden. Eine Skala bildet dabei typischerweise eine einzelne Dimension ab, wohingegen ein Index mehrere Dimensionen eines Konstrukts umfasst. Die Zusammenführung der Werte bietet zuverlässigere Informationen als einzelne Items, da Einflüsse zufälliger Messfehler, individueller Missverständ-nisse oder auch unterschiedlicher Auffassungen der Skalierung ausgeglichen werden.

Stichprobenneutrale Ausfälle Bei stichprobenneutralen Ausfällen handelt es sich um eine (neutrale) Bereinigung des Samples, die im Gegensatz zu Abbrü-chen oder Verweigerungen von Interviews keine Verzerrung der Stichprobe zur Folge hat. Stichprobenneutrale Ausfälle sind Einheiten, die aufgrund des zu-fälligen Generierens von Telefonnummern angewählt wurden, jedoch nicht zur relevanten Zielpopulation gehören, da beispielsweise die Nummern nicht ver-geben oder erreichbar waren.

Strukturgleichungsmodell Mithilfe dieser Technik können zuvor theoretisch hergeleitete Kausalzusammenhänge zwischen verschiedenen abhängigen und unabhängigen Variablen (➟ Items und/oder ➟ latente Konstrukte) empirisch getestet werden. Strukturgleichungsmodelle stellen dabei eine Verbindung von ➟ Faktoren- und Regressionsanalyse dar. Sie lassen sowohl die latente Faktoren-struktur mehrerer Items und Konstrukte als auch die Richtung deren Zusam-menwirkens überprüfen. Die zu überprüfende Struktur der Zusammenhänge wird grafisch in einem sogenannten Pfaddiagramm modelliert und stellt ein lineares Gleichungssystem dar, das über bestimmte Schätzverfahren mit Com-puterprogrammen wie AMOS gelöst wird. Anhand statistischer Kennwerte kann dann beurteilt werden, wie gut das aufgestellte theoretische Modell zu den empirischen Daten passt (Modellfit).

Summenskala Eine Zusammenfassung von Items – die gemeinsam ein ➟ la-tentes Konstrukt bilden oder eine Dimension davon messen – zu einer ➟ Ska-la über die Addition aller Antworten zu den Items. Dadurch erweitert sich der Wertebereich der Skala vom Produkt der Anzahl der Items und deren geringster Ausprägung bis zu deren höchster Ausprägung. Wenn zum Beispiel drei Items, die einzeln Werte von 1 bis 5 abbilden, zu einer Summenskala zusammengefasst werden, erstreckt sich deren Wertebereich von 3 bis 15.

Validität Gültigkeit einer Messung, die angibt, in welchem Maße durch ein Erhebungsinstrument inhaltlich tatsächlich das gemessen wird, was gemessen werden soll. Dabei bedeutet beispielsweise eine gute ➡ Reliabilität nicht zwangsläufig auch eine gute Validität der Messung, wenngleich beides zentrale Gütekriterien sozialwissenschaftlicher und psychologischer Messungen sind. Die Validität kann auf drei verschiedene Weisen bestimmt werden: als *Inhaltsvalidität*, *Kriteriumsvalidität* und *Konstruktvalidität*. Zur Prüfung der *Inhaltsvalidität* wird für die Messung von sozialen Einstellungen und politischen Ideologien, wie es in den »Mitte-Studien« umgesetzt wird, insbesondere die Formulierung und Evidenz der ➡ Items näher betrachtet. Oftmals geht dies im ersten Schritt auf eine Einschätzung von Expert:innen in dem Fach- oder Forschungsbereich zurück. Nach der Datenerhebung wird die inhaltliche und auch interne Validität der Items mittels ➡ Faktorenanalyse auf die für sie angenommene Eindimensionalität geprüft, also ob die Items auf einem Faktor substanziell laden. Die *Kriteriumsvalidität* bezieht sich wiederum auf externe Einflüsse und Aspekte, von denen angenommen wird, dass sie mit dem zu messenden Einstellungsmerkmal mehr oder minder stark zusammenhängen. Dies kann unter anderem die Überprüfung erwarteter Unterschiede im Antwortverhalten bestimmter Personengruppen bedeuten, vor allem aber auch die Bestimmung von ➡ Korrelationen zu anderen, manifesten Merkmalen und Konstrukten, die ebenfalls den Anspruch erheben, Aspekte dessen zu erfassen, was das zu validierende Messinstrument erfassen soll. Beispielsweise dürften hier rechtsextreme Einstellungen mit einer deutlichen Präferenz der Befragten für die Wahl einer rechten Partei einhergehen. Besteht ein eindeutiger Bezug der interessierenden Einstellungen zu theoretisch bedeutsamen Facetten eines Konstrukts, kann dies zudem als Bestätigung für *Konstruktvalidität* angesehen werden. Statistisch geprüft wird dabei, ob die Items einer ➡ Skala diejenige latente Dimension erfassen, die auch theoretisch als relevant erachtet wird. ➡ Siehe auch Strukturgleichungsmodell.

Varianzanalyse Verfahren zur Überprüfung von Mittelwertunterschieden zwischen Gruppen, bei denen die Ausprägungen einer oder mehrerer unabhän-

giger Variable(n) im Hinblick auf eine oder mehrere (mindestens intervallska-
lierte) abhängige Variable(n) verglichen werden. Wenn die untersuchten Gruppen voneinander unabhängig sind, also wenn zum Beispiel nicht die gleiche
Gruppe wiederholt befragt wurde oder ein Experiment durchlaufen hat, wird
eine Varianzanalyse für unabhängige Stichproben durchgeführt. Damit könnte
hier beispielsweise der Einfluss der unabhängigen Variable Bildung mit den
Abstufungen niedrig, mittel und hoch auf die abhängige Variable rechtsextremer
Einstellungen untersucht werden. Als Ergebnis würde angegeben werden, ob
statistisch signifikante Unterschiede zwischen den drei Bildungsgruppen vorliegen und wie viel Prozent der Streuung der Einstellungsvariable um den
Mittelwert durch die unabhängige Variable erklärt werden kann (Varianzaufklärung).

Zufallsstichprobe Nach Zufallsprinzipien gezogene Stichprobe auf Basis von
Vollständigkeit der Auswahlgrundlage aller Einheiten, sodass die einzelne Wahrscheinlichkeit, aus der Grundgesamtheit in die Stichprobe gezogen zu werden,
gleich oder zumindest bekannt ist.

Literatur

AAPOR – American Association for Public Opinion Research (2016). Standard Definitions. Final Dispositions of Case Codes and Outcome Rates for Surveys (9. Aufl.). https://aapor.org/standards-and-ethics/standard-definitions/[Aufruf am 5.6.2023].

Achour, Sabine (2023). Soziale Ungleichheit politischer Teilhabe: Wie Schule das Phänomen reproduziert. In: Achour, Sabine/Gill, Thomas (Hg.). Partizipation und politische Teilhabe mit allen: Auftrag politischer Bildung. Vom Klassenrat zum zivilen Ungehorsam (S. 39–52). Frankfurt a. M.: Wochenschau Verlag.

Achour, Sabine/Lücke, Martin/Pech, Detlef (2020). Die Rückkehr der Demokratie in die (Lehrkräfte)Bildung. In: Haarmann, Moritz Peter/Kenner, Steve/Lange, Dirk (Hg.). Demokratie, Demokratisierung und das Demokratische. Aufgaben und Zugänge der Politischen Bildung (S. 177–187). Wiesbaden: Springer VS.

Achour, Sabine/Wagner, Susanne (2019). Wer hat, dem wird gegeben: Politische Bildung an Schulen. Bestandsaufnahme, Rückschlüsse und Handlungsempfehlungen. Berlin: Friedrich-Ebert-Stiftung.

AEE – Agentur für erneuerbare Energien (2022). Umfrage: Wunsch nach Versorgungssicherheit beflügelt Akzeptanz von Erneuerbaren Energien (Pressemitteilung vom 12.12.2022). https://unendlich-viel-energie.de/umfrage-wunsch-nach-versorgungssicherheit-befluegelt-akzeptanz-von-erneuerbaren-energien [Aufruf am 15.5.2023].

AGJ – Arbeitsgemeinschaft für Kinder- und Jugendhilfe (2022). Auftrag und Anspruch politischer Bildung in der Jugendarbeit/Jugendsozialarbeit. Eine kritische Betrachtung des Status Quo. https://www.agj.de/fileadmin/files/positionen/2022/Positionspapier_Politische_Bildung_Jugendarbeit.pdf [Aufruf am 7.8.2023].

Ahlrichs, Rolf/Fritz, Fabian (2021). Sportvereine als Orte von politischer Bildung und Demokratiebildung. Forum Kind Jugend Sport 2 (1), 6–14.

Ahrens, Petra-Angela (2021). Skepsis und Zuversicht. Sichtweisen in der Bevölkerung zur Flüchtlingsaufnahme in Deutschland. In: Ahrens, Petra-Angela/Lämmlin, Georg/Sinnemann, Maria (Hg.). Geflüchtete willkommen? Einstellungen und Engagement in der Zivilgesellschaft (S. 39–60). Baden-Baden: Nomos.

AKSB (2019). Bundespräsident für aufsuchende politische Bildungsarbeit. https://www.aksb.de/aktuelles/bundespraesident-fuer-aufsuchende-politische-bildungsarbeit [Aufruf am 9.8.2023].

Albert, Mathias/Reuber, Paul/Wolkersdorfer, Günter (2003). Kritische Geopolitik. In: Schieder, Siegfried/Spindler, Manuela (Hg.). Theorien der Internationalen Beziehungen (S. 505–529). Opladen: Leske + Budrich.

Altemeyer, Bob (1988). Enemies of freedom: Understanding right-wing authoritarianism. San Francisco: Jossey-Bass.

Amlinger, Carolin/Nachtwey, Oliver (2022). Gekränkte Freiheit. Aspekte des libertären Autoritarismus. Berlin: Suhrkamp.

Anderson, Christopher J./Bol, Damien/Ananda, Aurelia (2021). Humanity's Attitudes about Democracy and Political Leaders: Patterns and Trends. Public Opinion Quarterly 85 (4), 957–986.

Anhut, Reimund/Heitmeyer, Wilhelm (2000). Desintegration, Konflikt und Ethnisierung: Eine Problemanalyse und theoretische Rahmenkonzeption. In: Heitmeyer, Wilhelm/ Anhut, Reimund (Hg.). Bedrohte Stadtgesellschaft. Soziale Desintegrationsprozesse und ethnisch-kulturelle Konfliktkonstellationen (S. 17–75). München: Juventa.

Aquilino, William S./LoSciuto, Leonard A. (1990). Effects of interview mode on self-reported drug use surveys. The Public Opinion Quarterly 54 (3), 362–395.

Aquilino, William. S. (1992). Telephone vs. face-to-face interviewing for household drug use surveys. International Journal of Addiction 27 (1), 71–91.

Arbeitskreis Deutscher Markt- und Sozialforschungsinstitute e. V. (2013). Stichprobenverfahren in der Umfrageforschung (2. Aufl.). Wiesbaden: Springer VS.

ARD-DeutschlandTrend (2.2.2023). Zustimmung zu »Leopard«-Lieferung. https://www. tagesschau.de/inland/deutschlandtrend/deutschlandtrend-3287.html [Aufruf am 14.8.2023].

ARD-DeutschlandTrend (6.10.2022). Zufriedenheit mit Ampel auf neuem Tiefpunkt. https://www.tagesschau.de/inland/deutschlandtrend/deutschlandtrend-3171.html [Aufruf am 14.8.2023].

Arndt, Susan (2011). ›Rasse‹. In: Arndt, Susan/Ofuatey-Alazard, Nadja (Hg.). Wie Rassismus aus Wörtern spricht. (K)Erben des Kolonialismus im Wissensarchiv deutsche Sprache. Ein kritisches Nachschlagewerk (S. 660–664). Münster: Unrast-Verlag.

Asbrock, Frank/Sibley, Chris G./Duckitt, John (2010). Right-wing authoritarianism and social dominance orientation and the dimensions of generalized prejudice: A longitudinal test. European Journal of Personality 24 (4), 324–340.

Balzer, Rainer (14.3.2023). Schopper muss bei »Tauben im Gras« standhaft bleiben. https://afd-fraktion-bw.de/arbeitskreis/bildung/dr-rainer-balzer-mdl-schopper-muss-bei-tauben-im-gras-standhaft-bleiben/[Aufruf am 7.8.2023].

Bangel, Christian/Blickle, Paul/Erdmann, Elena/Faigle, Philip/Loos, Andreas/Stahnke, Julian/Tröger, Julius/Venohr, Sascha (2.5.2019). Ost-West-Wanderung: Die Millionen, die gingen. https://www.zeit.de/politik/deutschland/2019-05/ost-west-wanderung-ab-wanderung-ostdeutschland-umzug [Aufruf am 3.6.2023].

Bansak, Kirk/Hainmueller, Jens/Hangartner, Dominik (2016). How economic, humanitarian, and religious concerns shape European attitudes toward asylum seekers. Science 354 (6309), 217–222.

Barbehön, Marlon/Wohnig, Alexander (2022). Politische Bildung in der und für die Demokratie. Über das Verhältnis von staatlichem Regieren und politischem Bilden. Aus Politik und Zeitgeschichte 72 (48), 11–16.

Becker, Julia C./Hartwich, Lea/Haslam, S. Alexander (2021). Neoliberalism can reduce well-being by promoting a sense of social disconnection, competition, and loneliness. British Journal of Social Psychology 60 (3), 947–965.

Beckmann, Fabian/Schönauer, Anna-Lena (2021). Spaltet Corona die Gesellschaft? Eine empirische Milieuanalyse pandemiebezogener Einstellungen. In: Blättel-Mink, Birgit (Hg.). Gesellschaft unter Spannung. Verhandlungen des 40. Kongresses der Deutschen Gesellschaft für Soziologie 2020.

Begrich, David (2022). »Spaziergänge« in Ostdeutschland: Nazis aller Bannerträger. Blätter für deutsche und internationale Politik 2022 (2), 9–12.

Behrens, Rico/Besand, Anja/Breuer, Stefan (2021). Politische Bildung in reaktionären Zeiten. Plädoyer für eine standhafte Schule. Frankfurt a. M.: Wochenschau Verlag.

Beier, Achim (2020). Mythos Montagsdemonstration (Deutschland Archiv). www.bpb.de/324912 [Aufruf am 10.8.2023].

Beierlein, Constanze/Kemper, Christoph J./Kovaleva, Anastassiya/Rammsted, Beatrice (2012). Ein Messinstrument zur Erfassung politischer Kompetenz- und Einflussüberzeugungen. Political Efficacy Kurzskala (PEKS) (GESIS-Working Papers 18/2012). Mannheim: GESIS – Leibniz-Institut für Sozialwissenschaften.

Beigang, Steffen/Fetz, Karolina/Kalkum, Dorina/Otto, Magdalena (2017). Diskriminierungserfahrungen in Deutschland. Ergebnisse einer Repräsentativ- und einer Betroffenenbefragung. Herausgegeben von der Antidiskriminierungsstelle des Bundes. Baden-Baden: Nomos.

Bendel, Petra/Bekyol, Yasemin/Leisenheimer, Marlene (2021). Auswirkungen und Szenarien für Migration und Integration während und nach der COVID-19 Pandemie. https://www.covid-integration.fau.de/files/2021/04/studie_covid19-integration_fau.pdf [Aufruf am 19.3.2023]. Erlangen: MFI.

Bender, Michael C. (2021). »Frankly, We Did Win This Election«. The Inside Story of How Trump Lost. New York: Twelve.

Bennett, Nate/Lemoine, G. James (2014). What VUCA really means for you. Harvard Business Review 92 (1/2).

Benz, Wolfgang (2020). Vom Vorurteil zur Gewalt. Politische und soziale Feindbilder in Geschichte und Gegenwart. Freiburg: Herder.

Bergem, Wolfgang/Diehl, Paula/Lietzmann, Hans J. (2019). Politische Kulturforschung reloaded. Neue Theorien, Methoden und Ergebnisse. Bielefeld: transcript.

Berghan, Wilhelm/Faulbaum, Frank (2019). Methodik und Design der Mitte-Studie 2018/19. In: Zick, Andreas/Küpper, Beate/Berghan, Wilhelm (Hg.). Verlorene Mitte – Feindselige Zustände. Rechtsextreme Einstellungen in Deutschland 2018/19 (S. 41–51). Herausgegeben für die Friedrich-Ebert-Stiftung von Franziska Schröter. Bonn: Dietz.

Berghan, Wilhelm/Zick, Andreas (2019). Zwischen Demokratiebefürwortung und Ungleichwertigkeitsbehauptungen: Einstellungen zur Demokratie. In: Zick, Andreas/Küpper, Beate/Berghan, Wilhelm (Hg.). Verlorene Mitte – Feindselige Zustände. Rechtsextreme Einstellungen in Deutschland 2018/19 (S. 223–241). Herausgegeben für die Friedrich-Ebert-Stiftung von Franziska Schröter. Bonn: Dietz.

Bergmann, Werner/Erb, Rainer (1986). Kommunikationslatenz, Moral und öffentliche Meinung. Theoretische Überlegungen zum Antisemitismus in der Bundesrepublik Deutschland. Kölner Zeitschrift für Soziologie und Sozialpsychologie 38 (2), 223–246.

Berry, John W. (2006). Contexts of acculturation. In: Sam, David L./Berry, John W. (Hg.). The Cambridge Handbook of Acculturation Psychology (S. 27–42). Cambridge: University Press.

Best Volker/Decker, Frank/Fischer, Sandra/Küppers, Anne (2023). Demokratievertrauen in Krisenzeiten. Wie blicken die Menschen in Deutschland auf Politik, Institutionen und Gesellschaft? Bonn: Friedrich-Ebert-Stiftung.

Best, Heinrich/Salheiser, Axel/Schmidtke, Franziska/Vogel, Lars/Busch, Rahel/Miehlke, Marius (2017). Topografie und regionale Kontextanalyse des Rechtsextremismus in Thüringen (Projektbericht). Jena: KomRex – Zentrum für Rechtsextremismusforschung, Demokratiebildung und gesellschaftliche Integration der Friedrich-Schiller-Universität.

Biddlestone, Mikey/Azevedo, Flávio/van der Linden, Sander (2022). Climate of conspiracy: A meta-analysis of the consequences of belief in conspiracy theories about climate change. Current Opinion in Psychology 46 (101390).

Bieling, Hans-Jürgen/Coburger, Carla/Klösel, Patrick (2021). Kapitalismusanalysen. Klassische und neue Konzeptionen der Politischen Ökonomie. Stuttgart: UTB.

Biemer, Paul P./de Leeuw, Edith/Eckman, Stephanie/Edwards, Brad/Kreuter, Frauke/Lyberg, Lars E./Tucker, N. Clyde/West, Brady T. (2017). Total survey error in practice. Hoboken, NJ: Wiley.

Billmann, Lucie/Held, Josef (2013). Solidarität in der Krise. Gesellschaftliche, soziale und individuelle Voraussetzungen solidarischer Praxis. Wiesbaden: Springer VS.

Birnbacher, L./Durand, J. (2022). Demokratie mit Kindern in der Kita. Aus Politik und Zeitgeschichte 72 (13-14), 21–25.

Birsl, Ursula/Pallinger, Ina (2015). Die Nicht-Wahrgenommenen: Frauen und extrem rechte Gewalt. In: Zoche, Peter/Kaufmann, Stefan/Arnold, Harald (Hg.). Sichere Zeiten? Gesellschaftliche Dimensionen der Sicherheitsforschung (S. 307–327). Münster: LIT.

Bitzan, Renate (2016). Geschlechterkonstruktionen und Geschlechterverhältnisse in der extremen Rechten. In: Virchow, Fabian/Langebach, Martin/Häusler, Alexander (Hg.). Handbuch Rechtsextremismus (S. 325–373). Wiesbaden: Springer VS.

BMBF – Bundesministerium für Bildung und Forschung (2017). Nationaler Aktionsplan. Bildung für nachhaltige Entwicklung. Der deutsche Beitrag zum UNESCO-Weltaktionsprogramm. https://www.bne-portal.de/bne/shareddocs/downloads/files/nationaler_aktionsplan_bildung-er_nachhaltige_entwicklung_neu.pdf?__blob=publicationFile&v=3 [Aufruf am 7.8.2023].

BMFSFJ – Bundesministerium für Familie, Senioren, Frauen und Jugend (2020). 16. Kinder- und Jugendbericht. Förderung demokratischer Bildung im Kindes- und Jugendalter. https://www.bmfsfj.de/bmfsfj/service/publikationen/16-kinder-und-jugendbericht-162238?view= [Aufruf am 7.8.2023].

BMI – Bundesministerium des Innern und für Heimat (2022). Verfassungsschutzbericht 2021. Berlin.

BMI – Bundesministerium des Innern und für Heimat (2023). Verfassungsschutzbericht 2022. Berlin.

BMI/BKA – Bundesministerium des Innern und für Heimat/Bundeskriminalamt (2022). Politisch motivierte Kriminalität im Jahr 2021. Bundesweite Fallzahlen. https://www.bmi.bund.de/SharedDocs/downloads/DE/veroeffentlichungen/nachrichten/2022/pmk2021-factsheets.pdf?__blob=publicationFile&v=2 [Aufruf am 13.8.2023].

BMUV/UBA – Bundesministerium für Umwelt, Naturschutz, nukleare Sicherheit und Verbraucherschutz/Umweltbundesamt (2022). Umweltbewusstsein in Deutschland 2022. Ergebnisse einer repräsentativen Bevölkerungsumfrage.

BMWi – Bundesministerium für Wirtschaft und Energie (2021). Erster Bericht der Bundesregierung zum Gesamtdeutschen Fördersystem für strukturschwache Regionen. Bestandsaufnahme und Fortschrittsbericht der regionalen Strukturförderung in Deutschland. https://www.bmwk.de/Redaktion/DE/Publikationen/Wirtschaft/erster-bericht-der-bundesregierung-zum-gesamtdeutschen-foerdersystem-fuer-strukturschwache-regionen.html [Aufruf am 25.5.2023].

Boberg, Svenja/Quandt, Thorsten/Schatto-Eckrodt, Tim/Frischlich, Lena (2020). Pandemic Populism: Facebook Pages of Alternative News Media and the Corona Crisis – A Computational Content Analysis. https://arxiv.org/abs/2004.02566 [Aufruf am 7.5.2021].

Bostancı, Seyran/Biel, Christina/Neuhauser, Bastian (2022). »Ich habe lange gekämpft, aber dann sind wir doch gewechselt«. Eine explorativ-qualitative Pilotstudie zum Umgang mit institutionellem Rassismus in Berliner Kitas (NaDiRa Working Papers 1/22). Berlin: DeZIM.

Bourdieu, Pierre (2001). Das politische Feld. Zur Kritik der politischen Vernunft. Konstanz: UVK.

Bozic, Ivo (2016). Die Querfront als weltpolitisches Phänomen. In: Präkels, Manja/Liske, Markus (Hg.). Vorsicht Volk! Oder: Bewegungen im Wahn (S. 101–110). Berlin: Verbrecher Verlag.

Brand, Thorsten/Follmer, Robert/Hölscher, Jana/Unzicker, Kai (2021). Gesellschaftlicher Zusammenhalt in Zeiten der Pandemie. Ergebnisse einer Längsschnittstudie in Deutschland 2020 mit drei Messzeitpunkten. Gütersloh: Bertelsmann Stiftung.

Breakwell, Glynis M. (2021). Mistrust. London: Sage.

Bremer, Helmut/Kleemann-Göhring, Mark (2010). »Defizit« oder »Benachteiligung«. Zur Dialektik von Selbst- und Fremdausschließung in der politischen Erwachsenenbildung und zur Wirkung symbolischer Herrschaft. In: Zeuner, Christine (Hg.). Demokratie und Partizipation – Beiträge der Erwachsenenbildung (S. 12–28). Universität Hamburg: Lehrstuhl für Erwachsenenbildung.

Bröckling, Ulrich (2007). Das unternehmerische Selbst. Soziologie einer Subjektivierungsform. Frankfurt a. M.: Suhrkamp.

Brosi, Annabell (2021). Politische Bildung und Bildung für nachhaltige Entwicklung (BNE) – Stand der Beziehung. https://transfer-politische-bildung.de/fileadmin/user_upload/Fotos/Transfermaterial/Brosi_2021_Polbil-und-BNE-Stand-der-Beziehung.pdf [Aufruf am 7.8.2023].

Broszat, Martin (1970). Soziale Motivation und Führer-Bindung des Nationalsozialismus. Vierteljahrshefte für Zeitgeschichte 18 (4), 392–409.

Brown, Wendy (2019). Das Monster des Neoliberalismus. Autoritäre Freiheit in den ›Demokratien‹ des 21. Jahrhunderts. In: Bohmann, Ulf/Sörensen, Paul (Hg.). Kritische Theorie der Politik (S. 539–576). Berlin: Suhrkamp.

Brücker, Herbert/Ette, Andreas/Grabka, Markus M./Kosyakova, Yuliya/Niehues, Wenke/Rother, Nina/Spieß, Katharina/Zinn, Sabine/Bujard, Martin/Cardozo, Adrian/Décieux, Jean Philippe/Maddox, Amrei/Milewski, Nadja/Naderi, Robert/Sauer, Lenore/Schmitz, Sophia/Schwanhäuser, Silvia/Siegert, Manuel/Tanis, Kerstin/Steinhauer, Hans Walter (2023). Geflüchtete aus der Ukraine in Deutschland. Ergebnisse der ersten Welle der IAB-BiB/FReDA-BAMF-SOEP Befragung (Forschungsbericht 41). Nürnberg: Bundesamt für Migration und Flüchtlinge.

Brücker, Herbert/Rother, Nina/Schupp, Jürgen/Babka von Gostomski, Christian/Böhm, Axel/Fendel, Tanja/Friedrich, Martin/Giesselmann, Marco/Kosyakova, Yuliya/Kroh, Martin/Liebau, Elisabeth/Richter, David/Romiti, Agnese/Schacht, Diana/Scheible, Jana A./Schmelzer, Paul/Siegert, Manuel/Sirries, Steffen/Trübswetter, Parvati/Vallizadeh, Ehsan (2016). Flucht, Ankunft in Deutschland und erste Schritte der Integration. DIW Wochenbericht (46/2016), 1103–1119.

Bruder, Martin/Haffke, Peter/Neave, Nick/Nouripanah, Nina/Imhoff, Roland (2013). Measuring individual differences in generic beliefs in conspiracy theories across cultures: Conspiracy Mentality Questionnaire. Frontiers in Psychology 4 (225).

Bubert, Marcel/Drews, Wolfram/Krischer, André (2020). Verschwörungstheorien als Elitenkritik: Über die langen Traditionen eines aktuellen Phänomens. https://www.uni-muenster.de/Religion-und-Politik/aktuelles/schwerpunkte/epidemien/06_thema_verschwoerung.html [Aufruf am 4.8.2023].

Bücker, Susanne (2022). Die gesundheitlichen, psychologischen und gesellschaftlichen Folgen von Einsamkeit. Frankfurt a. M./Berlin: Institut für Sozialarbeit und Sozialpädagogik e. V./Kompetenznetz Einsamkeit.

Bücker, Susanne/Ebert, Tobias/Götz, Friedrich M./Entringer, Theresa M./Luhmann, Maike (2020). In a Lonely Place: Investigating Regional Differences in Loneliness. Social Psychological and Personality Science 12 (2), 147–155.

Bujard, Martin/Laß, Inga/Lines, Emily/Ludwig-Walz, Helena (2023). Familien in der Coronapandemie. Was hat belastet, was hat geholfen und was kann man für zukünftige Krisenstrategien lernen? (Policy Brief 7/2023). Wiesbaden: Bundesinstitut für Bevölkerungsforschung.

Bulmer, Simon/Paterson, William E. (2019). Germany and the European Union: Europe's Reluctant Hegemon? London: Macmillan.

Bürgin, Julika (2017). Politische Bildung in der Sozialen Arbeit. Sozialmagazin 42 (11-12), 68–74.

Bürgin, Julika (2021). Extremismusprävention als polizeiliche Ordnung. Zur Politik der Demokratiebildung. Weinheim: Beltz Juventa.

Butler, Judith (1991). Das Unbehagen der Geschlechter. Frankfurt a. M.: Suhrkamp.

Butter, Michael (2018). »Nichts ist, wie es scheint«. Über Verschwörungstheorien. Berlin: Suhrkamp.

Butterwegge, Christoph (1995). Der Rechtsextremismus und die Krise des Sozialen. Sozialer Fortschritt 44 (6), 138–144.

Butterwegge, Christoph (2010). Wirtschaftskrise, Armut und Rechtsextremismus. In: Wilken, Udo/Thole, Werner (Hg.). Kulturen Sozialer Arbeit: Profession und Disziplin im gesellschaftlichen Wandel (S. 11–20). Wiesbaden: VS Verlag für Sozialwissenschaften.

Butterwegge, Christoph (2020). Die zerrissene Republik. Wirtschaftliche, soziale und politische Ungleichheit in Deutschland. Weinheim/Basel: Beltz Juventa.

Butterwegge, Christoph (2021). Wirtschaftskrisen und gesellschaftliche Umbruchsituationen als Katalysatoren für (Alltags-)Rassismus, Rechtsextremismus und Nationalpopulismus. Migration und Soziale Arbeit 43 (2), 117–123.

Buzan, Barry/Wæver, Ole/de Wilde, Jaap (1998). Security. A New Framework for Analysis. Boulder, Colorado: Lynne Rienner.

Cacioppo, John T./Cacioppo, Stephanie (2018). The growing problem of loneliness. The Lancet 391 (10119), 426.

Callan, Mitchell J./Kim, Hyunji/Matthews, William J. (2015). Age differences in social comparison tendency and personal relative deprivation. Personality and Individual Differences 87, 196–199.

Campbell, W. Keith/Bonacci, Angelica M./Shelton, Jeremy/Exline, Julie J./Bushman, Brad J. (2004). Psychological entitlement: Interpersonal consequences and validation of a self-report measure. Journal of Personality Assessment 83 (1), 29–45.

Cantoni, Davide/Hagemeister, Felix/Westcott, Mark (2019). Persistence and Activation of Right-Wing Political Ideology (Discussion Paper No. 143). https://rationality-and-competition.de/wp-content/uploads/discussion_paper/143.pdf [Aufruf am 14.8.2023].

Cohrs, J. Christopher/Asbrock, Frank (2009). Right-wing authoritarianism, social dominance orientation and prejudice against threatening and competitive ethnic groups. European Journal of Social Psychology 39 (2), 270–289.

Cohrs, J. Christopher/Stelzl, Monika (2010). How ideological attitudes predict host society members' attitudes toward immigrants: Exploring cross-national differences. Journal of Social Issues 66 (4), 673–694.

COSMO – Covid-19 Snapshot Monitoring (2022). Verschwörungsdenken. https://projekte.uni-erfurt.de/cosmo2020/web/topic/vertrauen-ablehnung-demos/30-verschwoerung/[Aufruf am 4.8.2023].

Côté, Stéphane/Stellar, Jennifer E./Willer, Robb/Forbes, Rachel C./Martin, Sean R./Bianchi, Emily C. (2021). The psychology of entrenched privilege: High socioeconomic status individuals from affluent backgrounds are uniquely high in entitlement. Personality and Social Psychology Bulletin 47 (1), 70–88.

Cox, Daniel A. (2020). Could Social Alienation Among Some Trump Supporters Help Explain Why Polls Underestimated Trump Again? https://www.aei.org/op-eds/could-social-alienation-among-some-trump-supporters-help-explain-why-polls-underestimated-trump-again/[Aufruf am 7.8.2023].

Cremer, Hendrik (2022). Staatliche Gelder für rassistische und rechtsextreme Bildungsarbeit? Rechtsgutachten zur Frage der staatlichen Förderung der AfD-nahen Desiderius-Erasmus-Stiftung. https://www.institut-fuer-menschenrechte.de/publikationen/detail/default-0050a3b860 [Aufruf am 7.8.2023].

de Vries, Catherine E./Hoffmann, Isabell (2022). Under pressure. The war in Ukraine and European public opinion. Gütersloh: Bertelsmann Stiftung.

Dechezleprêtre, Antoine/Fabre, Adrien/Kruse, Tobias/Planterose, Bluebery/Sanchez Chico, Ana/Stantcheva, Stefanie (2022). Fighting Climate Change: International Attitudes

Toward Climate Policies (Working Paper 30265). Cambridge: National Bureau of Economic Research.

Decker, Frank (2006). Populismus. Gefahr für die Demokratie oder nützliches Korrektiv? Wiesbaden: VS Verlag für Sozialwissenschaften.

Decker, Frank/Best, Volker/Fischer, Sandra/Küppers, Anne (2019). Vertrauen in Demokratie. Wie zufrieden sind die Menschen in Deutschland mit Regierung, Staat und Politik? Bonn: Friedrich-Ebert-Stiftung.

Decker, Frank/Lewandowsky, Marcel (2017). Rechtspopulismus in Europa: Erscheinungsformen, Ursachen und Gegenstrategien. Zeitschrift für Politik 64 (1), 21–38.

Decker, Oliver/Brähler, Elmar/Geißler, Norbert (2006). Vom Rand zur Mitte. Rechtsextreme Einstellungen und ihre Einflussfaktoren in Deutschland. Berlin: Friedrich-Ebert-Stiftung.

Decker, Oliver/Kiess, Johannes/Heller, Ayline/Brähler, Elmar (2022a). Autoritäre Dynamiken in unsicheren Zeiten. Neue Herausforderungen – alte Reaktionen? Leipziger Autoritarismus Studie 2022. Gießen: Psychosozial-Verlag.

Decker, Oliver/Weißmann, Marliese/Kiess, Johannes/Brähler, Elmar (2010). Die Mitte in der Krise. Rechtsextreme Einstellungen in Deutschland 2010. Berlin: Friedrich-Ebert-Stiftung.

Decker, Oliver/Yendell, Alexander/Heller, Ayline/Brähler, Elmar (2022b). Krieg in Europa – Konflikte in der Welt. Die Haltung der Deutschen zu Krieg und Militär am Beispiel des Krieges gegen die Ukraine. In: Decker, Oliver/Kiess, Johannes/Heller, Ayline/Brähler, Elmar (Hg.). Autoritäre Dynamiken in unsicheren Zeiten. Neue Herausforderungen – alte Reaktionen? Leipziger Autoritarismus Studie 2022 (S. 127–157). Gießen: Psychosozial-Verlag.

Degner, Juliane (2022). Vorurteile haben immer nur die anderen. Berlin/Heidelberg: Springer.

Delto, Hannes (2021). Vorurteile und Stereotype im Vereinssport. Eine Analyse im Kontext von Sozialisation und Antidiskriminierung. Bielefeld: transcript.

Delto, Hannes/Zick, Andreas (2021). Vereinssport in rechtsextremer und menschenfeindlicher Gesellschaft. In: Zick, Andreas/Küpper, Beate (Hg.). Die geforderte Mitte. Rechtsextreme und demokratiegefährdende Einstellungen in Deutschland 2020/21 (S. 130–140). Herausgegeben für die Friedrich-Ebert-Stiftung von Franziska Schröter. Bonn: Dietz.

Der Bundespräsident (2022). Interview mit der Zeitung Bild am Sonntag vom 12. Juni 2022. https://www.bundespraesident.de/SharedDocs/Reden/DE/Frank-Walter-Steinmeier/Interviews/2022/220612-Interview-BamS. html [Aufruf am 13.8.2023].

Der Generalbundesanwalt (2022). Festnahmen von 25 mutmaßlichen Mitgliedern und Unterstützern einer terroristischen Vereinigung sowie Durchsuchungsmaßnahmen in elf Bundesländern bei insgesamt 52 Beschuldigten (Pressemitteilung vom 7.12.2022).

https://www.generalbundesanwalt.de/SharedDocs/Pressemitteilungen/DE/2022/
Pressemitteilung-vom-07-12-2022.html?nn=1397082 [Aufruf am 28.2.2023].

Der Paritätische (2023). Zwischen Pandemie und Inflation. Paritätischer Armutsbericht
2022 (2. Aufl.). Berlin: Der Paritätische Gesamtverband.

Der rechte rand (2020). Das IfS. Faschist*innen des 21. Jahrhunderts. Einblicke in
20 Jahre »Institut für Staatspolitik«. Hamburg: VSA.

DeZIM – Deutsches Zentrum für Integrations- und Migrationsforschung (2022). Rassistische Realitäten: Wie setzt sich Deutschland mit Rassismus auseinander? Auftaktstu-
die zum Nationalen Diskriminierungs- und Rassismusmonitor (NaDiRa). Berlin:
DeZIM.

DGB – Deutscher Gewerkschaftsbund (2021). DGB Verteilungsbericht 2021: Ungleichheit in Zeiten von Corona. Berlin: DGB Bundesvorstand.

Die Bundesregierung (2020). Zweiter Fortschrittsbericht zur Deutschen Anpassungsstrategie an den Klimawandel. https://www.bmuv.de/download/zweiter-fortschrittsbericht-
zur-deutschen-anpassungsstrategie-an-den-klimawandel/[Aufruf am 15.5.2023].

Die Bundesregierung (2023). Interministerielle Arbeitsgruppe »Gesundheitliche Auswirkungen auf Kinder und Jugendliche durch Corona« (Abschlussbericht). https://www.
bmfsfj.de/resource/blob/214866/b2bb16239600b9e257c31db91d872129/ima-ab-
schlussbericht-gesundheitliche-auswirkungen-auf-kinder-und-jugendliche-durch-coro-
na-data.pdf [Aufruf am 13.8.2023].

Diehl, Paula (2016). Die Krise der repräsentativen Demokratie verstehen. Ein Beitrag der
politischen Theorie. Zeitschrift für Politikwissenschaft 26 (3), 327–333.

Diehl, Paula (2018). Was ist Populismus? https://www.bpb.de/themen/medien-journalis-
mus/netzdebatte/260878/was-ist-populismus/[Aufruf am 7.5.2021].

Dillman, Don A./Smyth, Jolene D./Christian, Leah M. (2014). Internet, phone, mail, and
mixed-mode surveys. The tailored design method (4. Aufl.). Hoboken, NJ: Wiley.

Dippel, Alina S./Hetzer, Lukas/Burger, Axel M. (2022). Links oder rechts? Die ideologische Selbstverortung von Wähler:innen und ihre Wahrnehmung von Parteien in
Deutschland. easy_social_sciences (67), 19–29.

Döbele, Christoph/Engels, Jan Niklas/Heinrich, Roberto/Loew, Nicole/Schläger, Catrina/
Simon, Anja Miriam/Vitt, Anne-Kathrin (2023). Krisenerwachsen. Wie blicken junge
Wähler:innen auf Politik, Parteien und Gesellschaft. Bonn: Friedrich-Ebert-Stiftung.

Dohm, Lea/Chmielewski, Fabian/Peter, Felix/Schulze, Mareike (2023). Klima-Angst und
ökologischer Notfall. Psychotherapeutische Implikationen und Handlungsmöglichkei-
ten. Ärztliche Psychotherapie 18 (1), 5–9.

Dörre, Klaus/Bose, Sophie/Lütten, John/Köster, Jakob (2018). Arbeiterbewegung von
rechts? Motive und Grenzen einer imaginären Revolte. Berliner Journal für Soziologie
28 (1-2), 55–89.

Dörre, Klaus/Lessenich, Stephan/Rosa, Hartmut (2009). Soziologie – Kapitalismus – Kritik. Eine Debatte. Frankfurt a. M.: Suhrkamp.

Duckitt, John (2006). Differential Effects of Right Wing Authoritarianism and Social Dominance Orientation on Outgroup Attitudes and Their Mediation by Threat From and Competitiveness to Outgroups. Personality and Social Psychology Bulletin 32 (5), 684–696.

Duckitt, John/Fisher, Kirstin (2003). The Impact of Social Threat on Worldview and Ideological Attitudes. Political Psychology 24 (1), 199–222.

Duckitt, John/Wagner, Claire/du Plessis, Ilouize/Birum, Ingrid (2002). The psychological bases of ideology and prejudice: Testing a dual process model. Journal of Personality and Social Psychology 83 (1), 75–93.

DVPB – Deutsche Vereinigung für Politische Bildung (2023). Stellungnahme der Deutschen Vereinigung für Politische Bildung (DVPB) zum Gesetzentwurf »Zur Stärkung von Maßnahmen zur Demokratieförderung, Vielfaltgestaltung, Extremismusprävention und politischen Bildung (Demokratiefördergesetz – DFördG)«, verabschiedet im DVPB-Bundesvorstand am 17. März 2023. https://www.bundestag.de/resource/blob/939048/2a6702bf2a18218e2867369e98901ae5/20-13-55c-data.pdf [Aufruf am 7.8.2023].

Eatwell, Roger/Goodwin, Matthew (2018). National Populism. The Revolt Against Liberal Democracy. London: Pelican Books.

Elias, Norbert/Scotson, John L. (1990). Etablierte und Außenseiter. Frankfurt a. M.: Suhrkamp.

Elliott, Rebecca (2018). The sociology of climate change as a sociology of loss. European Journal of Sociology 59 (3), 301–337.

El-Mafaalani, Aladin (2018). Das Integrationsparadox. Warum gelungene Integration zu mehr Konflikten führt. Köln: Kiepenheuer & Witsch.

Elsässer, L./Hense, S./Schäfer, A. (2017). »Dem Deutschen Volke«? Die ungleiche Responsivität des Bundestags. Zeitschrift für Politikwissenschaft 27 (2), 161–180.

Enea, Violeta/Eisenbeck, Nikolett/Carreno, David F./et al. (2022). Intentions to be Vaccinated Against COVID-19: The Role of Prosociality and Conspiracy Beliefs across 20 Countries. Health Communication 38 (8), 1530–1539.

Enskat, Sebastian (2015). Kontinuität und Wandel. 25 Jahre »neue« deutsche Außenpolitik und ihre Erforschung. Zeitschrift für Politikwissenschaft 25 (4), 593–616.

Entringer, Theresa (2022). Epidemiologie von Einsamkeit in Deutschland. Frankfurt a. M./Berlin: Institut für Sozialarbeit und Sozialpädagogik e. V./Kompetenznetz Einsamkeit.

Entringer, Theresa/Jacobsen, Jannes/Kröger, Hannes/Metzing, Maria (2021). Geflüchtete sind auch in der Corona-Pandemie psychisch belastet und fühlen sich weiterhin sehr einsam. DIW Wochenbericht (12/2021), 227–232.

Europäische Kommission (2023). Die öffentliche Meinung in der Europäischen Union. Nationaler Bericht Deutschland (Standard Eurobarometer 98 – Winter 2022–2023). Brüssel: Europäische Union.

European Commission (2022). Integration of immigrants in the European Union (Special Eurobarometer 519). Brüssel: European Union.

Fachstelle politische Bildung (4.2.2021). »Vielen Akteur_innen der OKJA ist nicht bewusst, dass sie politische Bildung machen und diese noch stärker in ihre Arbeit integrieren könnten.« Interview mit Stefanie Kessler. https://transfer-politische-bildung.de/mitteilung/artikel/vielen-akteur-innen-der-okja-ist-nicht-bewusst-dass-sie-politische-bildung-machen-und-diese-noch-s/ [Aufruf am 9.8.2023].

Faulbaum, Frank (2022). Total Survey Error. In: Baur, Nina/Blasius, Jörg (Hg.). Handbuch Methoden der empirischen Sozialforschung (3. Aufl.) (S. 567–584). Wiesbaden: Springer VS.

Faulbaum, Frank/Prüfer, Peter/Rexroth, Margrit (2009). Was ist eine gute Frage? Die systematische Evaluation der Fragenqualität. Wiesbaden: VS Verlag für Sozialwissenschaften.

Faulbaum, Frank/Rexroth, Margrit (2023). Was ist eine gute Frage? Die systematische Evaluation der Fragenqualität (2. Aufl.). Wiesbaden: Springer VS.

Faus, Rainer/Mannewitz, Tom/Storks, Simon/Unzicker, Kai/Vollmann Erik (2019). Schwindendes Vertrauen in Politik und Parteien: Eine Gefahr für den gesellschaftlichen Zusammenhalt? Gütersloh: Bertelsmann Stiftung.

Faus, Rainer/Storks, Simon (2019). Das pragmatische Einwanderungsland. Was die Deutschen über Migration denken. Bonn: Friedrich-Ebert-Stiftung.

Feldman, Stanley (2003). Enforcing Social Conformity: A Theory of Authoritarianism. Political Psychology 24 (1), 41–74.

Fiske, Susan T. (2010). Social beings. Core motives in social psychology. Hoboken, NJ: Wiley.

Flannery, Frances L. (2016). Understanding Apocalyptic Terrorism. London: Routledge.

Flash Eurobarometer (2022). Media & News Survey 2022. https://op.europa.eu/en/publication-detail/-/publication/23342a0e-0bc4-11ed-b11c-01aa75ed71a1/language-en [Aufruf am 4.8.2023].

Foa, Robert Stefan/Klassen, Andrew James/Wenger, Daniela/Rand, Alex/Slade, Michael (2020). Youth and Satisfaction with Democracy: Reversing the Democratic Disconnect? Cambridge: Bennett Institute for Public Policy.

Forschungsgruppe Anti-Asyl-Agitation (2020). Radikalisierungsverläufe im Kontext von Anti-Asyl-Agitation. Abschlussbericht an das Bundesministerium des Innern. Institut für interdisziplinäre Konflikt- und Gewaltforschung der Universität Bielefeld/Zentrum für Rechtsextremismusforschung, Demokratiebildung und gesellschaftliche Integration der Friedrich-Schiller-Universität Jena.

Frankenberg, Günter/Heitmeyer, Wilhelm (2022). Treiber des Autoritären. Pfade von Entwicklungen zu Beginn des 21. Jahrhunderts. Frankfurt a. M.: Campus.

Franz, Christian/Fratzscher, Marcel/Kritikos, Alexander S. (2019). At opposite poles: how the success of the Green Party and AfD reflects the geographical and social cleavages in Germany. DIW Weekly Report (34/2019), 289–301.

Fraser, Nancy/Honneth, Axel (2003).Umverteilung oder Anerkennung? Eine politisch-philosophische Kontroverse. Frankfurt a. M.: Suhrkamp.

Frei, Nadine/Schäfer, Robert/Nachtwey, Oliver (2021). Die Proteste gegen die Corona-Maßnahmen. Eine soziologische Annäherung. Forschungsjournal Soziale Bewegungen 34 (2), 249–258.

Frei, Norbert/Maubach, Franka/Morina, Christina/Tändler, Maik (2019). Zur rechten Zeit: Wider die Rückkehr des Nationalismus. Berlin: Ullstein.

Freiheit, Manuela/Uhl, Andreas/Zick, Andreas (2023). Krisen und Krisenverarbeitung. In: Gina Rosa Wollinger (Hg.). Krisen & Prävention. Expertisen zum 28. Deutschen Präventionstag. Deutscher Präventionstag (S. 113–129). Hannover: DPT.

Frese, Lea (12.6.2016). Wo das Asylrecht auf die Wirklichkeit stößt. https://www.zeit.de/politik/deutschland/2016-07/bamf-reform-frank-juergen-weise?utm_ [Aufruf am 5.6.2023].

Frimer, Jeremy/Skitka, Linda/Motyl, Matt (2017). Liberals and conservatives are similarly motivated to avoid exposure to one another's opinions. Journal of Experimental Social Psychology 72, 1–12.

Frindte, Wolfgang/Geschke, Daniel/Haußecker, Nicole/Schmidtke, Franziska (2016). Ein systematisierender Überblick über Entwicklungslinien der Rechtsextremismusforschung von 1990 bis 2013. In: Ders. (Hg.). Rechtsextremismus und »Nationalsozialistischer Untergrund«. Interdisziplinäre Debatten, Befunde und Bilanzen (S. 25–96). Wiesbaden: Springer VS.

Fröhlich, Paulina/Mannewitz, Tom/Ranft, Florian (2022). Die Übergangenen – Strukturschwach & Erfahrungsstark: Zur Bedeutung regionaler Perspektiven für die Große Transformation. Bonn/Berlin: Friedrich-Ebert-Stiftung/Das Progressive Zentrum.

Fuchs, Christian/Middelhoff, Paul (2019). Das Netzwerk der Neuen Rechten: wer sie lenkt, wer sie finanziert und wie sie die Gesellschaft verändern. Hamburg: Rowohlt.

Gabler, Siegfried/Häder, Sabine (1997). Überlegungen zu einem Stichprobendesign für Telefonumfragen in Deutschland. ZUMA Nachrichten 21 (41), 7–18.

Gassert, Philipp/Geiger, Tim/Wentker, Hermann (2011). Zweiter Kalter Krieg und Friedensbewegung. Der NATO-Doppelbeschluss in deutsch-deutscher und internationaler Perspektive. München: Oldenbourg.

Gaziano, Cecilie (2005). Comparative Analysis of Within-Household Respondent Selection Techniques. The Public Opinion Quarterly 69 (1), 124–157.

Geiges, Lars/Marg, Stine/Walter, Franz (2015). Pegida. Die schmutzige Seite der Zivilgesellschaft? Bielefeld: transcript.

Gessenharter, Wolfgang/Pfeiffer, Thomas (2004). Die Neue Rechte – eine Gefahr für die Demokratie? Wiesbaden: VS Verlag für Sozialwissenschaften.

Giesing, Yvonne/Hofbauer Pérez, Maria (2020). Wie wirkt sich Covid-19 auf Migration und Integration aus? ifo Schnelldienst 73 (7), 41–46.

Gill, Thomas (2021). Politische Bildung von rechts: Das Institut für Staatspolitik. Politikum 7 (4), 62–67.

Gill, Thomas (2023). Solidarität in Zeiten der Differenz – Perspektiven der politischen Bildung. In: Achour, Sabine/Gill, Thomas (Hg.). Partizipation und politische Teilhabe mit allen: Auftrag politischer Bildung. Vom Klassenrat zum zivilen Ungehorsam (S. 253–263). Frankfurt a. M.: Wochenschau Verlag.

Gill, Thomas/Achour, Sabine (2019). »Liebe Teilnehmende, liebe Gefährderinnen und Gefährder!« Extremismusprävention als politische Bildung? Journal für Politische Bildung 9 (2), 32–36.

Glaser, Michaela/Schuhmacher, Nils (2016). Jugendlicher Rechtsextremismus und die biographische Perspektive. Darstellung und Diskussion vorliegender Forschungsbefunde. Interventionen. Zeitschrift für Verantwortungspädagogik (8), 28–33.

Gökbudak, Mahir/Hedtke, Reinhold/Hagedorn, Udo (2022). 5. Ranking Politische Bildung. Politische Bildung im Bundesländervergleich. Bielefeld: Universität Bielefeld – Fakultät für Soziologie.

Gomolla, Mechtild (2010). Institutionelle Diskriminierung. Neue Zugänge zu einem alten Problem. In: Hormel, Ulrike/Scherr, Albert (Hg.). Diskriminierung (S. 61–93). Wiesbaden: VS Verlag für Sozialwissenschaften.

Graevskaia, Alexandra/Menke, Katrin/Rumpel, Andrea (2022). Institutioneller Rassismus in Behörden – Rassistische Wissensbestände in Polizei, Gesundheitsversorgung und Arbeitsverwaltung (IAQ-Report 2022–02). Universität Duisburg-Essen.

Grande, Edgar/Hunger, Sophia/Hutter, Swen/Kanol, Eylem/Saldivia Gonzatti, Daniel (2022). Der harte Kern der Proteste. Viele der mit den Corona-Maßnahmen Unzufriedenen tolerieren Radikalität und Gewalt. WZB-Mitteilungen (176), 21–23.

Grande, Edgar/Hutter, Swen/Hunger, Sophia/Kanol, Eylem (2021). Radikale Rechte und vernachlässigte Mitte. Politische Potenziale der Corona-Proteste in Deutschland. WZB-Mitteilungen (171), 68–70.

Groß, Eva (2016). The Enterprising Self and Prejudices toward Unemployed Persons. Analyses of Inter-group-mechanisms that Substantiate Neoliberal Inequalities. Zeitschrift für Soziologie 45 (3), 162–180.

Groß, Eva/Hövermann, Andreas (2014). Marktförmiger Extremismus – ein Phänomen der Mitte? In: Zick, Andreas/Klein, Anna (Hg.). Fragile Mitte – feindselige Zustände. Rechtsextreme Einstellungen in Deutschland 2014 (S. 102–118). Herausgegeben für die Friedrich-Ebert-Stiftung von Ralf Melzer. Bonn: Dietz.

Groves, Robert M./Cialdini, Robert B./Couper, Mick P. (1992). Understanding The Decision to Participate in a Survey. The Public Opinion Quarterly 56 (4), 475–495.

Groves, Robert M./Fowler, Floyd J./Couper, Mick P./Lepkowski, James M./Singer, Eleanor/Tourangeau, Roger (2009). Survey Methodology (2. Aufl.). Hoboken, NJ: Wiley.

Groves, Robert M./Lyberg, Lars (2010). Total Survey Error: Past, Present, and Future. The Public Opinion Quarterly 74 (5), 849–879.

Groves, Robert M./Presser, Stanley/Dipko, Sarah (2004). The Role of Topic Interest in Survey Participation Decisions. The Public Opinion Quarterly 68 (1), 2–31.

Groves, Robert M./Singer, Eleanor/Corning, Amy (2000). Leverage-Saliency Theory of Survey Participation. Description and an Illustration. The Public Opinion Quarterly 64 (3), 299–308.

Hannemann, Raiko/Ratke, Nele/Stapf-Finé, Heinz (2023). Ungleiche Teilhabechancen im Spätkapitalismus. Die Bedeutung prekärer Lebenslagen für die Demokratieentwicklung und aufsuchende politische Bildung. Überlegungen empirischer Forschung im Osten Berlins. In: Achour, Sabine/Gill, Thomas (Hg.). Partizipation und politische Teilhabe mit allen: Auftrag politischer Bildung. Vom Klassenrat zum zivilen Ungehorsam (S. 231–240). Frankfurt a. M.: Wochenschau Verlag.

Hart, William/Albarracín, Dolores/Eagly, Alice H./Brechan, Inge/Lindberg, Matthew J./Merrill, Lisa (2009). Feeling validated versus being correct: a meta-analysis of selective exposure to information. Psychological Bulletin 135 (4), 555–588.

Hartleb, Florian (2012). Populismus als Totengräber oder mögliches Korrektiv der Demokratie? Aus Politik und Zeitgeschichte 62 (5-6), 22–29.

Häusler, Alexander/Küpper, Beate (2021). Rechtsextreme Widerstandspostulate und völkisch-autoritäre Rebellion. In: Zick, Andreas/Küpper, Beate (Hg.). Die geforderte Mitte. Rechtsextreme und demokratiegefährdende Einstellungen in Deutschland 2020/2021 (S. 225–245). Herausgegeben für die Friedrich-Ebert-Stiftung von Franziska Schröter. Bonn: Dietz.

Hawkins, Kirk A./Carlin, Ryan E./Littvay, Levente/Rovira Kaltwasser, Cristóbal (2018). The Ideational Approach to Populism. Concept, theory and analysis. London: Routledge.

Hawkley, Louise C./Cacioppo, John T. (2010). Loneliness Matters: A Theoretical and Empirical Review of Consequences and Mechanisms. Annals of Behavioural Medicine 40 (2), 218–227.

Hayes, Andreas F. (2018). Introduction to Mediation, Moderation, and Conditional Process Analysis. A Regression-Based Approach (2. Aufl.). New York: The Guilford Press.

Hedtke, Reinhold (2021). Demokratie stabilisieren und Bürger*innen stärken – zwei Seiten derselben Medaille? PraxisForschungLehrer* innenBildung. Zeitschrift für Schul- und Professionsentwicklung 3 (3), 85–102.

Heitmeyer, Wilhelm (2001). Autoritärer Kapitalismus, Demokratieentleerung und Rechtspopulismus. Eine Analyse von Entwicklungstendenzen. In: Loch, Dietmar/Heitmeyer, Wilhelm (Hg.). Schattenseiten der Globalisierung. Rechtsradikalismus, Rechtspopulismus und separatistischer Regionalismus in westlichen Demokratien (S. 497–534). Frankfurt a. M.: Suhrkamp.

Heitmeyer, Wilhelm (2002–2012). Deutsche Zustände. Folge 1–10. Berlin/Frankfurt a. M.: Suhrkamp.

Heitmeyer, Wilhelm (2008). Die Ideologie der Ungleichwertigkeit. Der Kern der Gruppenbezogenen Menschenfeindlichkeit. In Ders. (Hg.). Deutsche Zustände. Folge 6 (S. 36–44). Frankfurt a. M.: Suhrkamp.

Heitmeyer, Wilhelm (2010). Deutsche Zustände, Folge 9. Berlin: Suhrkamp.

Heitmeyer, Wilhelm/Freiheit, Manuela/Sitzer, Peter (2020). Rechte Bedrohungsallianzen. Signaturen der Bedrohung II. Berlin: Suhrkamp.

Heitmeyer, Wilhelm/Imbusch, Peter (2005). Integrationspotenziale einer modernen Gesellschaft. Analysen zu gesellschaftlicher Integration und Desintegration. Wiesbaden: VS Verlag für Sozialwissenschaften.

Helal, Abdelrahman (2022). Rechte Räume? Kartierungen von radikal rechten Raumaneignungen. In: Mullis, Daniel/Miggelbrink, Judith (Hg.). Lokal extrem Rechts. Analysen alltäglicher Vergesellschaftungen (Sozial- und Kulturgeographie, Bd. 48) (S. 221–244). Bielefeld: transcript.

Henninger, Annette/Birsl, Ursula (2020). Antifeminismen. ›Krisen‹-Diskurse mit gesellschaftsspaltendem Potential? Bielefeld: transcript.

Heyder, Aribert/Anstötz, Pascal/Eisentraut, Marcus/Schmidt, Peter (2022). »20 Years After…« GFE 2.0: A Theoretical Revision and Empirical Testing of the Concept of »Group-Focused Enmity« Based on Longitudinal Data. Frontiers in Political Science 4 (752810).

Hirndorf, Dominik (2023). »Kein Staat, meine Regeln«. Repräsentative Umfrage zur Verbreitung von Reichsbürger-affinen Einstellungen in der deutschen Bevölkerung. Berlin: Konrad-Adenauer-Stiftung.

Hoffmann, Martin/Pohl, Annekathrin/Dutz, Jessica Jana (2023). Feindbild Journalist:in. Berufsrisiko Nähe. Leipzig: Europäischen Zentrums für Presse- und Medienfreiheit.

Hogg, Michael A. (2005). Uncertainty, Social Identity, and Ideology. In: Thye, Shane.R./Lawler, Edward J. (Hg.). Social Identification in Groups (Reihe Advances in Group Processes, Bd. 22) (S. 203–229). Bingley: Emerald Group Publishing Limited.

Hövermann, Andreas/Groß, Eva/Zick, Andreas/Messner, Steven F. (2015). Understanding the devaluation of vulnerable groups: A novel application of Institutional Anomie Theory. Social Science Research 52, 408–421.

Hübner, Gundula/Pohl, Johannes/Warode, Jan/Gotchev, Boris/Ohlhorst, Dörte/Krug, Michael/Salecki, Steven/Peters, Wolfgang (2020). Akzeptanzfördernde Faktoren erneuerbarer Energien (BfN-Skripten 551). Bonn: Bundesamt für Naturschutz.

Hufer, Klaus-Peter (2018). Neue Rechte, altes Denken. Ideologie, Kernbegriffe und Vordenker. Weinheim: Beltz Juventa.

Imhoff, Roland/Lamberty, Pia (2018). How paranoid are conspiracy believers? Toward a more fine-grained understanding of the connect and disconnect between paranoia and belief in conspiracy theories. European Journal of Social Psychology 48 (7), 909–926.

Infratest dimap (2022). Gutes Miteinander im Kleinen, nicht jedoch im Großen. Repräsentative Studie zur ARD-Themenwoche »Wir gesucht« im Auftrag des SWR. https://www.infratest-dimap.de/umfragen-analysen/bundesweit/umfragen/ard-themenwoche-wir-gesucht/[Aufruf am 5.6.2023].

Jäger, Margarete/Tonks, Iris (2022). Was haben Spaziergänge mit Vigilantismus zu tun? Ein Blick auf die Entwicklung einer rechten Bürgerwehr und deren Wahrnehmung in Medien und Politik. Diss-Journal (43), 16–23.

Jörke, Dirk/Selk, Veith (2017). Theorien des Populismus zur Einführung. Hamburg: Junius.

Kalton, Graham/Flores-Cervantes, Ismael (2003). Weighting methods. Journal of Official Statistics 19 (2), 81–97.

Katz, Irwin/Hass, R. Glen (1988). Racial ambivalence and American value conflict: Correlational and priming studies of dual cognitive structures. Journal of Personality and Social Psychology 55 (6), 893–905.

Kaul, Martin/Schmidt, Christina/Erb, Sebastian/Nabert, Alexander (2019). Hannibals Netz. Wie ein Elitesoldat der Bundeswehr bundesweit für den Tag X mobilisierte. In: Kleffner, Heike/Meisner, Matthias (Hg.). Extreme Sicherheit. Rechtsradikale in Polizei, Verfassungsschutz, Bundeswehr und Justiz (S. 246–259). Freiburg i. B.: Herder.

Kessler, Eva-Marie/Warner, Lisa Marie (2022). Ageismus. Altersbilder und Altersdiskriminierung in Deutschland. Berlin: Antidiskriminierungsstelle des Bundes.

Ketterer, Hanna/Becker, Karina (2019). Was stimmt nicht mit der Demokratie? Eine Debatte mit Klaus Dörre, Nancy Fraser, Stephan Lessenich & Hartmut Rosa. Berlin: Suhrkamp.

Kiess, Johannes/Schmidt, Andre (2020). Beteiligung, Solidarität und Anerkennung in der Arbeitswelt: industrial citizenship zur Stärkung der Demokratie. In: Decker, Oliver/Brähler, Elmar (Hg.). Autoritäre Dynamiken. Alte Ressentiments – Neue Radikalität. Leipziger Autoritarismus Studie 2020 (S. 119–148). Gießen: Psychosozial-Verlag.

King, Jennie/Janulewicz, Lukasz/Arcostanzo, Francesca (2022). Deny, Deceive, Delay: Documenting and Responding to Climate Disinformation at COP26 and Beyond. London: Institute for Strategic Dialogue.

Koch, Ute (2010). Soziale Konstruktion und Diskriminierung von Sinti und Roma. In: Hormel, Ulrike/Scherr, Albert (Hg.). Diskriminierung (S. 256–278). Wiesbaden: VS Verlag für Sozialwissenschaften.

Kohlrausch, Bettina/Hövermann, Andreas (2022). Wirtschaftliche Belastungen und Sorgen durch Ukraine-Krieg und Inflation weiter verbreitet als auf Höhepunkt der Corona-Krise. Neue Daten der repräsentativen Erwerbspersonenbefragung (Pressemitteilung vom 27.5.2022). https://www.boeckler.de/de/pressemitteilungen-2675-wirtschaftliche-belastungen-und-sorgen-durch-ukraine-krieg-41483.htm [Aufruf am 5.6.2023].

Koos, Sebastian (2021). Konturen einer heterogenen »Misstrauensgemeinschaft«: Die soziale Zusammensetzung der Corona-Proteste und die Motive ihrer Teilnehmer:innen. In: Reichardt, Sven (Hg.). Die Misstrauensgemeinschaft der »Querdenker«. Die Corona-Proteste aus kultur- und sozialwissenschaftlicher Perspektive (S. 67–89). Frankfurt a. M./New York: Campus.

Koselleck, Reinhart (1973). Kritik und Krise. Eine Studie zur Pathogenese der bürgerlichen Welt. Freiburg/München: Karl Alber.

Kösemen, Orkan/Wieland, Ulrike (2022). Willkommenskultur zwischen Stabilität und Aufbruch: Aktuelle Perspektiven der Bevölkerung auf Migration und Integration in Deutschland. Gütersloh: Bertelsmann Stiftung.

Kotzur, Patrick F./Friehs, M. Therese/Asbrock, Frank/van Zalk, Maarten H. (2019). Stereotype content of refugee subgroups in Germany. European Journal of Social Psychology 49 (7), 1344–1358.

Krause, Daniela/Zick, Andreas (2013). Gruppenbezogene Menschenfeindlichkeit – Kurzskalen. In: Kemper, Christoph J./Brähler, Elmar/Zenger, Markus (Hg.). Psychologische und sozialwissenschaftliche Kurzskalen. Standardisierte Erhebungsinstrumente für Wissenschaft und Praxis (S. 100–136). Berlin: Medizinisch Wissenschaftliche Verlagsgesellschaft.

Kraushaar, Wolfgang (2022). Keine falsche Toleranz! Warum sich die Demokratie stärker als bisher zur Wehr setzen muss. Hamburg: Europäische Verlagsanstalt.

Krosnick, Jon A./Fabrigar, Leandre R. (1997). Designing rating scales for effective measurement in surveys. In: Lyberg, Lars/Biemer, Paul/Collins, Martin/De Leeuw, Edith/Dippo, Cathryn/Schwarz, Norbert/Trewin, Dennis (Hg.). Survey measurement and process quality (S. 141–164). Hoboken, NJ: Wiley.

Krosnick, Jon A./Presser, Stanley (2010). Question and Questionnaire Design. In: Marsden, Peter V./Wright, James D. (Hg.). Handbook of Survey Research (2. Aufl.) (S. 263–314). Bingley: Emerald Group Publishing Limited.

Krüger, Thomas (2023). Demokratiefördergesetz – Privileg und Verpflichtung staatlicher politischer Bildung. Journal für politische Bildung 13 (2), 27.

Kühne, Simon/Kroh, Martin/Liebig, Stefan/Rees, Jonas/Zick, Andreas/Entringer, Theresa/Goebel, Jan/Grabka, Markus M./Graber, Daniel/Kröger, Hannes/Schröder, Carsten/Schupp, Jürgen/Seebauer, Johannes/Zinn, Sabine (2020). Gesellschaftlicher Zusammenhalt in Zeiten von Corona: Eine Chance in der Krise? SOEPpapers on Multidisciplinary Panel Data Research (1091/2020). Berlin: DIW/SOEP.

Kumkar, Nils C./Holubek-Schaum, Stefan/Gottschall, Karin/Hollstein, Betina/Schimank, Uwe (2022). Die beharrliche Mitte – Wenn investive Statusarbeit funktioniert. Wiesbaden: Springer VS.

Küpper, Beate (2017). Stimmungen gegenüber Geflüchteten als Spiegel des Zustands der Gesellschaft. In: Schmidt-Nörr, Gunzelin/Meintz-Stender, Waltraud (Hg.). Geflüchtete Menschen. Ankommen in der Kommune. Theoretische Beiträge und Berichte aus der Praxis (S. 73–94). Opladen/Berlin/Toronto: Barbara Budrich.

Küpper, Beate/Krewer, Ann Marie (2020). Arbeit mit geflüchteten und neuzugewanderten Personen. Eine Handreichung für die Praxis. Opladen/Berlin/Toronto: Barbara Budrich.

Küpper, Beate/Schröter, Franziska/Zick, Andreas (2019). Alles nur ein Problem der Ostdeutschen oder Einheit in Wut und Hass? Rechtsextreme und menschenfeindliche Einstellungen in Ost- und Westdeutschland. In: Zick Andreas/Küpper, Beate/Berghan, Wilhelm (Hg.). Verlorene Mitte – Feindselige Zustände. Rechtsextreme Einstellungen in Deutschland 2018/19 (S. 243–282). Herausgegeben für die Friedrich-Ebert-Stiftung von Franziska Schröter. Bonn: Dietz.

Küpper, Beate/Zick, Andreas (2015). Homophobie – zur Abwertung nicht-heterosexueller Menschen. Der Bürger im Staat 65 (1), 4–13.

Küpper, Beate/Zick, Andreas (2016). Zwischen Willkommen und Hass. Einstellung der deutschen Mehrheitsbevölkerung zu Flüchtlingen. Demokratie gegen Menschenfeindlichkeit 1 (1), 13–32.

Lamb, William F./Mattioli, Giulio/Levi, Sebastian/Roberts, J. Timmons/Capstick, Stuart/Creutzig, Felix/Minx, Jan C./Müller-Hansen, Finn/Culhane, Trevor/Steinberger, Julia K. (2020). Discourses of climate delay. Global Sustainability 3 (17), 1–5.

Landmann, Helen/Aydin, Anna Lisa/Dick, Rolf/van Klocke, Ulrich (2017). Die Kontakthypothese: Wie Kontakte Vorurteile reduzieren und die Integration Geflüchteter fördern kann. https://de.in-mind.org/article/die-kontakthypothese-wie-kontakt-vorurteile-reduzieren-und-die-integration-gefluechteter [Aufruf am 9.8.2023].

Lange, Jens/Redford, Liz/Crusius, Jan (2019). A status-seeking account of psychological entitlement. Personality and Social Psychology Bulletin 45 (7), 1113–1128.

Langenkamp, Alexander/Bienstman, Simon (2022). Populism and Layers of Social Belonging: Support of Populist Parties in Europe. Political Psychology 43 (5), 931–949.

Laponce, Jean A. (1981). Left and Right: The Topography of Political Perceptions. Toronto: University Press.

Lefebvre, Rémi (2019). Gelbwesten und politische Repräsentation. Paris: Friedrich-Ebert-Stiftung.

Leidinger, Christiane/Radvan, Heike (2021). Extrem rechte Studierende. Eine Herausforderung für Hochschulen am Beispiel Sozialer Arbeit. POLITIKUM 7 (4), 56–61.

Leo, Per/Steinbeis, Maximilian/Zorn, Daniel-Pascal (2017). Mit Rechten reden. Ein Leitfaden. Stuttgart: Klett-Cotta.

Lepenies, Philipp (2022). Verbot und Verzicht. Politik aus dem Geiste des Unterlassens. Frankfurt a. M.: Suhrkamp.

Lessenich, Stephan (2020). Doppelmoral hält besser: Die Politik mit der Solidarität in der Externalisierungsgesellschaft. Berliner Journal für Soziologie 30, 113–130.

Levitsky, Steven/Ziblatt, Daniel (2018). Wie Demokratien sterben. Und was wir dagegen tun können. München: Deutsche Verlags-Anstalt.

Linden, Markus (6.11.2015). Krieger an der Tastatur (Gastkommentar). https://www.sueddeutsche.de/politik/gastkommentar-krieger-an-der-tastatur-1.2725726 [Aufruf am 19.7.2023].

Lippke, Sonia/Keller, Franziska/Derksen, Christina/Kötting, Lukas/Ratz, Tiara/Fleig, Lena (2022). Einsam(er) seit der Coronapandemie: Wer ist besonders betroffen? – psychologische Befunde aus Deutschland. Prävention und Gesundheitsforschung 17 (1), 84–95.

Lipset, Seymour M. (1959). Der »Faschismus« – Die Linke, die Rechte und die Mitte. Kölner Zeitschrift für Soziologie und Sozialpsychologie 11 (3), 401–444.

Litschko, Konrad (2.3.2023). Der Hass ist wieder da. https://taz.de/Mehr-Angriffe-auf-Fluechtlingsunterkuenfte/!5919515/[Aufruf am 5.6.2023].

Lösch, Bettina (2023; im Erscheinen). Demokratiebildung im Kapitalismus. In: Achour, Sabine/Pech, Detlef et al. (Hg.). Handbuch Demokratiebildung und Fachdidaktik. Frankfurt a. M.: Wochenschau Verlag.

Lozano, Luis M./García-Cueto, Eduardo/Muñiz, José (2008). Effect of the number of response categories on the reliability and validity of rating scales. Methodology: European Journal of Research Methods for the Behavioral and Social Sciences 4 (2), 73–79.

Lübbe-Wolff, Gertrude (2023). Demophobie. Muss man die direkte Demokratie fürchten? (Rote Reihe, Bd. 151). Frankfurt a. M.: Klostermann.

Lubke, Gitta H./Muthén, Bengt O. (2009). Applying Multigroup Confirmatory Factor Models for Continuous Outcomes to Likert Scale Data Complicates Meaningful Group Comparisons. Structural Equation Modeling 11 (4), 514–534.

Ludwig, Christian (2013). Soziologische Krisentheorien im Vergleich. In: Ders. (Hg.). Kritische Theorie und Kapitalismus: Die jüngere Kritische Theorie auf dem Weg zu einer Gesellschaftstheorie (S. 117–187). Wiesbaden: Springer VS.

Luhmann, Maike (2022). Definition und Formen der Einsamkeit. Frankfurt a. M./Berlin: Institut für Sozialarbeit und Sozialpädagogik e. V./Kompetenznetz Einsamkeit.

Luhmann, Maike/Bücker, Susanne/Rüsberg, Marilena (2022). Loneliness across times and space. Nature Reviews Psychology 2 (1), 9–23.

Luhmann, Maike/Hawkley, Louise C. (2016). Age differences in loneliness from late adolescence to oldest old age. Developmental Psychology 52 (6), 943–959.

Major, Brenda (1994). From social inequality to personal entitlement: The role of social comparisons, legitimacy appraisals, and group membership. In: Zanna, Mark P. (Hg.). Advances in experimental social psychology (Bd. 26) (S. 293–355). San Diego: Academic Press.

Mareš, Miroslav (2021). Aus Krisen Kapital schlagen. Wie gewaltbereite RechtsextremistInnen die COVID-19-Pandemie ausnutzen und Lektionen für P/CVE. https://home-affairs.ec.europa.eu/system/files/2022-02/ran_capitalising_crises_how_vrwe_exploit_covid-19_pandemic_082021_de.pdf [Aufruf am 2.8.2023]. Brüssel: Europäische Kommission/RAN.

Marg, Stine (2023). Zwischen überhöher Erwartung und fehlendem Vertrauen. Wissenschaftsgläubigkeit und -skepsis im Kontext der Energiewende. Demokratie gegen Menschenfeindlichkeit 8 (1), 30–45.

Mathez, Antje (5.5.2023). Finanzbildung an Schulen: »Es geht um unsere Zukunft!«. https://www.fr.de/wirtschaft/schueler-fordern-bessere-finanzbildung-an-schulen-92257247.html [Aufruf am 9.8.2023].

Maurer, Marcus/Jost, Pablo/Kruschinski, Simon/Haßler, Jörg (2021). Fünf Jahre Medienberichterstattung über Flucht und Migration. https://www.stiftung-mercator.

de/content/uploads/2021/07/Medienanalyse_Flucht_Migration.pdf [Aufruf am 5.6.2023].

Meisoll, Astrid (11.3.2023). Rassismus: Ulmer Lehrerin will wegen Roman nicht mehr unterrichten. https://www.swr.de/swraktuell/baden-wuerttemberg/pflichtlektuere-tauben-im-gras-petition-wegen-rassismus-100.html [Aufruf am 9.8.2023].

Mergel, Thomas (2012). Krisen verstehen. Historische und kulturwissenschaftliche Annäherungen. Frankfurt a. M./New York: Campus.

Merkel, Wolfgang (2015). Die Herausforderungen der Demokratie. In: Ders. (Hg.). Demokratie und Krise. Zum schwierigen Verhältnis von Theorie und Empirie (S. 7–42). Wiesbaden: Springer VS.

Mietke, Hannah/Van de Wetering, Denis/Sellenriek, Juliane/Thießen, Ann-Kathrin/Zick, Andreas (2023). Wie kann eine kritische Rechtsextremismus- und Diskriminierungs-forschung aussehen? Reflexionen hegemonialer Positionierungen (NaDiRa Working Papers 8/23). Berlin: DeZIM.

Mitchell, Amy/Simmons, Katie/Matsa, Katerina Eva/Silver, Laura/Shearer, Elisa/Johnson, Courtney/Walker, Mason/Taylor, Kyle, Pew Research Center (2018). In Western Europe, Public Attitudes Toward News Media More Divided by Populist Views Than Left-Right Ideology. https://www.pewresearch.org/journalism/2018/05/14/in-western-europe-public-attitudes-toward-news-media-more-divided-by-populist-views-than-left-right-ideology/[Aufruf am 5.8.2023].

Mobile Beratung gegen Rechtsextremismus (2021). Bildungspolitik von Rechtsaußen. Das Berliner Beispiel. POLITIKUM 7 (4), 68–72.

Mokros, Nico/Rump, Maike/Küpper, Beate (2021). Antigenderismus: Ideologie einer »natürlichen Ordnung« oder Verfolgungswahn? In: Zick, Andreas/Küpper, Beate (Hg.). Die geforderte Mitte. Rechtsextreme und demokratiegefährdende Einstellungen in Deutschland 2020/21 (S. 246–261). Herausgegeben für die Friedrich-Ebert-Stiftung von Franziska Schröter. Bonn: Dietz.

Möller, Kolja (2022). Populismus. Ein Reader. Berlin: Suhrkamp.

mpfs – Medienpädagogischer Forschungsverbund Südwest (2020). JIM-Studie 2020. Jugend, Information, Medien. Basisuntersuchung zum Medienumgang 12- bis 19-Jähriger. https://www.mpfs.de/studien/jim-studie/2020/[Aufruf am 14.8.2023].

Mudde, Cas/Rovira Kaltwasser, Cristóbal (2013). Exclusionary vs. Inclusionary Populism: Comparing Contemporary Europe and Latin America. Government & Opposition 48 (2), 147–174.

Mudde, Cas/Rovira Kaltwasser, Cristóbal (2019). Populismus: Eine sehr kurze Einführung. Bonn: Dietz.

Mula, Silvana/Di Santo, Daniela/Resta, Elena/et al. (2022). Concern with COVID-19 Pandemic Threat and Attitudes Towards Immigrants: The Mediating Effect of the Desire for Tightness. Current Research in Ecological and Social Psychology 3 (100028).

Müller, Jan-Werner (2016). Was ist Populismus? Ein Essay. Frankfurt a. M.: Suhrkamp.

Mullis, Daniel/Miggelbrink, Judith (2022). Lokal extrem Rechts. Analysen alltäglicher Vergesellschaftungen (Sozial- und Kulturgeographie, Bd. 48). Bielefeld: transcript.

Münkler, Herfried/Wassermann, Felix (2008). Was hält eine Gesellschaft zusammen? Sozialmoralische Ressourcen der Demokratie. In: Bundesministerium des Innern (Hg.). Theorie und Praxis des gesellschaftlichen Zusammenhalts: Aktuelle Aspekte der Präventionsdiskussion um Gewalt und Extremismus (S. 3–22). Berlin: BMI.

Navia, Patricio/Osorio, Rodrigo (2019). Attitudes toward democracy and authoritarianism before, during and after military rule. The case of Chile, 1972–2013. Contemporary Politics 25 (2), 190–212.

Neckel, Sighard (1991). Status und Scham. Zur symbolischen Reproduktion sozialer Ungleichheit (Theorie und Gesellschaft, Bd. 21). Frankfurt a. M./New York: Campus.

Neckel, Sighard (2008). Flucht nach vorn. Die Erfolgskultur der Marktgesellschaft. Frankfurt a. M./New York: Campus.

Neckel, Sighard (2009). Soziologie der Scham. In: Schäfer, Alfred/Thompson, Christiane (Hg.). Scham (S. 103–118). Paderborn: Ferdinand Schöningh.

Neckel, Sighard (2021). Eingesperrt: der Groll. Merkur 75 (864), 81–87.

Neckel, Sighard (2023). Zerstörerischer Reichtum. Wie eine globale Verschmutzerelite das Klima ruiniert. Blätter für deutsche und internationale Politik (4/2023), 47–56.

Neckel, Sighard/Hasenfratz, Martina (2021). Climate emotions and emotional climates: The emotional map of ecological crises and the blind spots on our sociological landscapes. Social Science Information 60 (2), 253–271.

Neu, Claudia/Küpper, Beate/Luhmann, Maike/Deutsch, Michelle/Fröhlich, Paulina (2023). Extrem einsam? Eine Studie zur demokratischen Relevanz von Einsamkeitserfahrungen unter Jugendlichen in Deutschland. Berlin: Das Progressive Zentrum.

Nies, Martina (2022). Freiräume der Transformation im Quartier gestalten. Ein Handbuch für die Praxis. Bonn: Friedrich-Ebert-Stiftung.

Noack, Michael (2021). Soziale Arbeit und Einsamkeitsregulation. Subjektives Einsamkeitserleben erkennen und verstehen. Weinheim: Beltz Juventa.

OECD (2021). Internal and external political efficacy. In: Government at a Glance 2021 (S. 208–209). Paris: OECD Publishing.

Park, Caroline/Majeed, Amna/Gill, Hartej/Tamura, Jocelyn/Ho, Roger C./Mansur, Rodrigo B./Nasri, Flora/Lee, Yena/Rosenblat, Joshua D./Wong, Elizabeth/McIntyre,

Roger S. (2020). The Effect of Loneliness on Distinct Health Outcomes: A Comprehensive Review and Meta-Analysis. Psychiatry Research 294 (113514).

Pfahl-Traughber, Armin (2018). Rechtsextremismus in der Bundesrepublik Deutschland. In: Jesse, Eckhard/Mannewitz, Tom (Hg.). Extremismusforschung. Handbuch für Wissenschaft und Praxis (S. 303–338). Baden-Baden: Nomos.

Pfahl-Traughber, Armin (2019a). Rechtsextremismus in Deutschland. Eine kritische Bestandsaufnahme. Wiesbaden: Springer VS.

Pfahl-Traughber, Armin (2019b). Was die »Neue Rechte« ist – und was nicht. Definition und Erscheinungsformen einer rechtsextremistischen Intellektuellengruppe. https://www.bpb.de/politik/extremismus/rechtsextremismus/284268/was-die-neue-rechte-ist-und-was-nicht [Aufruf am 5.8.2023].

Pfahl-Traughber, Armin (2022). Intellektuelle Rechtsextremisten: Das Gefahrenpotenzial der Neuen Rechten. Bonn: Dietz.

Phoenix der Tag (2.5.2023). Klimaschutzgesetz: »Wird nicht umgesetzt«. Schaltgespräch mit Prof. Lena Partzsch (Politikwissenschaftlerin FU Berlin) über das Treffen von Volker Wissing mit der »Letzten Generation«. https://www.ardmediathek.de/video/phoenix-der-tag/klimaschutzgesetz-wird-nicht-umgesetzt/phoenix/Y3JpZDovL3Bob-2VuaXguZGUvMzEzMDAzNQ [Aufruf am 9.8.2023].

Pickel, Susanne/Pickel, Gert/Gittner, Natalie/Celik, Kazim/Kiess, Johannes (2022). Demokratie und politische Kultur. In: Decker, Oliver/Kiess, Johannes/Heller, Ayline/Brähler, Elmar (Hg.). Autoritäre Dynamiken in unsicheren Zeiten. Neue Herausforderungen – alte Reaktionen? Leipziger Autoritarismus Studie 2022 (S. 185–208). Gießen: Psychosozial-Verlag.

Pisoiu, Daniela/Zick, Andreas/Srowig, Fabian/Roth, Viktoria/Seewald, Katharina (2020). Factors of Individual Radicalization into Extremism, Violence and Terror – the German Contribution in a Context. International Journal of Conflict and Violence 14 (2), 1–13.

Pokorny, Sabine (2020). Regionale Vielfalten 30 Jahre nach der Wiedervereinigung. Unterschiede und Gemeinsamkeiten in den politischen Einstellungen in Deutschland. Berlin: Konrad-Adenauer-Stiftung.

Priester, Karin (2010). Fließende Grenzen zwischen Rechtsextremismus und Rechtspopulismus in Europa? Aus Politik und Zeitgeschichte 60 (44), 33–39.

Putnam, Robert D. (1995). Bowling Alone. America's Declining Social Capital. Journal of Democracy 6 (1), 65–78.

Quent, Matthias (2019). (Nicht mehr) Warten auf den »Tag X«. Ziele und Gefahrenpotenzial des Rechtsterrorismus. Aus Politik und Zeitgeschichte 69 (49-50), 27–32.

Rapp, Tobias (16.12.2016). Der Dunkle Ritter. Was denken Rechte? Ein Besuch bei dem Autor und Verleger Götz Kubitschek. Der Spiegel (51/2016).

Ravndal, Jacob Aasland/Tandberg, Charlotte/Jupskås, Anders Ravik/Thorstensen, Madeleine (2022). RTV Trend Report 2022. Right-Wing Terrorism and Violence in Western Europe, 1990 – 2021 (C-REX Research Report 1/2022). Oslo: University of Oslo.

Rees, Jonas H./Lamberty, Pia (2019). Mitreißende Wahrheiten: Verschwörungsmythen als Gefahr für den gesellschaftlichen Zusammenhalt. In: Zick, Andreas/Küpper, Beate/Berghan, Wilhelm (Hg.). Verlorene Mitte – Feindselige Zustände. Rechtsextreme Einstellungen in Deutschland 2018/19 (S. 203–222). Herausgegeben für die Friedrich-Ebert-Stiftung von Franziska Schröter. Bonn: Dietz.

Rees, Yann/Rees, Jonas H./Zick, Andreas (2021). Menschenfeindliche Orte – Regionale Ausprägungen rechtsextremer Einstellungen in Deutschland. In: Zick, Andreas/Küpper, Beate (Hg.). Die geforderte Mitte. Rechtsextreme und demokratiegefährden-de Einstellungen in Deutschland 2020/21 (S. 112–122). Herausgegeben für die Friedrich-Ebert-Stiftung von Franziska Schröter. Bonn: Dietz.

Reintjes, Christian/Porsch, Raphaela/im Brahm, Grit (2021). Das Bildungssystem in Zeiten der Krise. Empirische Befunde, Konsequenzen und Potenziale für das Lehren und Lernen. Münster: Waxmann.

Reporter ohne Grenzen (2023). Rangliste der Pressefreiheit. Unterdrückung unliebsamer Berichterstattung nimmt weltweit zu. https://www.reporter-ohne-grenzen.de/rangliste/rangliste-2023 [Aufruf am 31.5.2023].

Reusswig, Fritz/Küpper, Beate (2022). Tyrannei der Minderheit? Energiewende und Populismus. Aus Politik und Zeitgeschichte 72 (21-22), 28–34.

Reusswig, Fritz/Küpper, Beate/Rump, Maike (2021). Propagandafeld Klima. In: Zick, Andreas/Küpper, Beate (Hg.). Die geforderte Mitte. Rechtsextreme und demokratie-gefährdende Einstellungen in Deutschland 2020/21 (S. 262–281). Herausgegeben für die Friedrich-Ebert-Stiftung von Franziska Schröter. Bonn: Dietz.

Röbke, Thomas (2018). Das Heilmittel der demokratischen Krise ist mehr Demokratie: Über die Vitalität demokratischer Alltagskultur. Forschungsjournal Soziale Bewegungen 31 (1-2), 263–279.

Roos, Ulrich (2017). Deutsche Außenpolitik. Arenen, Diskurse und grundlegende Handlungsregeln. Wiesbaden: Springer VS.

Roose, Jochen (2021). Politische Polarisierung in Deutschland. Repräsentative Studie zum Zusammenhalt in der Gesellschaft. Forum empirische Sozialforschung. Berlin: Konrad-Adenauer-Stiftung.

Rosanvallon, Pierre (2020). Das Jahrhundert des Populismus. Geschichte – Theorie – Kritik. Hamburg: Hamburger Edition.

Rucht, Dieter (2019). Die Gelbwestenbewegung – Stand und Perspektiven (ipb working paper 1/2019). Berlin: Institut für Protest- und Bewegungsforschung.

Russell, Daniel W./Peplau, Letitia A./Cutrona, Carolyn E. (1980). The Revised UCLA Loneliness Scale: Concurrent and discriminate validity evidence. Journal of Personality and Social Psychology 39 (3), 472–480.

Salheiser, Axel/Richter, Christoph/Quent, Matthias (2022). Von der »Corona-Diktatur« zur »Klima-Diktatur«. Einstellungen zu Klimawandel und Klimaschutzmaßnahmen – Befunde einer repräsentativen Bevölkerungsbefragung (FGZ Working Paper Nr. 5). Leipzig: Forschungsinstitut Gesellschaftlicher Zusammenhalt.

Schaible, Jonas (2023). Demokratie im Feuer. Warum wir die Freiheit nur bewahren, wenn wir das Klima retten – und umgekehrt. München/Hamburg: DVA/Spiegel-Verlag.

Schmidt, Manfred G. (2016). Krisentheorien der Demokratie. Eine kritische Bestandsaufnahme. In: Gallus, Alexander (Hg.). Politikwissenschaftliche Passagen: Deutsche Streifzüge zur Erkundung eines Faches (S. 91–108). Baden-Baden: Nomos.

Schmidt, Manfred G. (2019). Demokratietheorien. Eine Einführung (6. Aufl.). Wiesbaden: Springer VS.

Schobin, Janosch (2022). Einsamkeit, Gesellschaft und Demokratie: Einstellungen und Teilhabe. Frankfurt a. M./Berlin: Institut für Sozialarbeit und Sozialpädagogik e. V./ Kompetenznetz Einsamkeit.

Schönborn, Lea (11.5.2023). Rechtsextremismus an Schulen. Wenn Nazis auf der Schulbank sitzen. https://www.zeit.de/gesellschaft/schule/2023-05/rechtsextremismus-schule-burg-brandenburg [Aufruf am 31.5.2023].

Schöneck, Nadine M./Ritter, Sabine (2018). Die Mitte als Kampfzone: Wertorientierungen und Ausgrenzungspraktiken in den Mittelschichten. Bielefeld: transcript.

Schröder, Carsten/Bartels, Charlotte/Göbler, Konstantin/Grabka, Markus M./König, Johannes (2020). MillionärInnen unter dem Mikroskop: Datenlücke bei sehr hohen Vermögen geschlossen – Konzentration höher als bisher ausgewiesen. DIW Wochenbericht (29/2020), 512–521.

Schroeder, Wolfgang/Greef, Samuel/Ten Elsen, Jennifer/Heller, Lukas (2019). Rechtspopulistische Aktivitäten in betrieblichen Kontexten und gewerkschaftliche Reaktionen. WSI-Mitteilungen 72 (3), 185–192.

Scotto, Thomas, J./Xena, Carla/Reifler, Jason (2021). Alternative Measures of Political Efficacy: The Quest for Cross-Cultural Invariance with Ordinally Scaled Survey Items. Frontiers in Political Science 3 (665532).

Sidanius, Jim/Pratto, Felicia (2004). Social Dominance Theory: A New Synthesis. In: Jost, John T./Sidanius, Jim (Hg.). Political Psychology. Key Readings (S. 315–332). New York/Hove: Psychology Press.

Singer, Eleanor (1981). Reference Groups and Social Evaluations. In: Rosenberg, Morris/ Turner, Ralph H. (Hg.). Social psychology. Sociological perspectives (S. 66–93). New York: Basic Books.

Sommer, Bernd (2010). Prekarisierung und Ressentiments. Soziale Unsicherheit und rechtsextreme Einstellungen in Deutschland. Wiesbaden: VS Verlag für Sozialwissenschaften.

South, Susan C./Oltmanns, Thomas F./Turkheimer, Eric (2003). Personality and the derogation of others: Descriptions based on self- and peer report. Journal of Research in Personality 37 (1), 16–33.

Spannagel, Dorothee/Zucco, Aline (2022). WSI-Verteilungsbericht 2022: Armut grenzt aus. WSI-Mitteilungen 75 (6), 465–473.

Steffen, Bjarne/Patt, Anthony (2022). A historical turning point? Early evidence on how the Russia-Ukraine war changes public support for clean energy policies. Energy Research & Social Science 91 (102758).

Stegherr, Marc (2022). Der Aufstand der Populisten. Wiesbaden: Springer VS.

Steinhilper, Elias/Jacobsen, Jannes/Dollmann, Jörg/Isani, Mujtaba/Köhler, Jonas/Lietz, Almuth/Mayer, Sabrina J./Walter, Lisa (2022). Protestpotenzial in der Energiekrise (DeZIM.insights Working Paper 7). Berlin: DeZIM.

Stengel, Frank A. (2020). The Politics of Military Force: Antimilitarism, Ideational Change and Post-War German Security Discourse. Ann Arbor: University of Michigan Press.

Stiegler, Angelika/Biedinger, Nicole (2016). Interviewer Skills and Training. GESIS Survey Guidelines. Mannheim: GESIS – Leibniz Institute for the Social Sciences.

Sturgis, Patrick/Roberts, Caroline/Smith, Patten (2014). Middle Alternatives Revisited: How the neither/nor Response Acts as a Way of Saying »I don‹t know«? Sociological Methods & Research 43 (1), 15–38.

Swim, Janet K./Aviste, Rosemary/Lengiezea, Michael L./Fasano, Carlie J. (2022). OK Boomer: A decade of generational differences in feelings about climate change. Global Environmental Change 73 (102479).

Sykes, Wendy/Collins, Martin (1988). Effects of mode of interview: Experiments in the UK. In: Groves, Robert M./Biemer, Paul P./Lyberg, Lars E./Massey, James T./Nicholls II, William L./Waksberg, Joseph (Hg.). Telephone survey methodology (S. 301–320). Hoboken, NJ: Wiley.

Tajfel, Henri/Billig, Michael G./Bundy, R. P./Flament, Claude (1971). Social categorization and intergroup behaviour. European Journal of Social Psychology 1 (2), 149–178.

Teune, Simon/Rump, Maike/Küpper, Beate/Schatzschneider, Julia/Reusswig, Fritz/Lass, Wiebke (2021). Energiewende? – ja! Aber… Kritik und Konflikte um die Energiewende im Spiegel einer Bevölkerungsbefragung (DEMOKON – Research Paper II). Potsdam/Mönchengladbach.

Thielmann, Isabel/Hilbig, Benjamin E. (2023). Generalized Dispositional Distrust as the Common Core of Populism and Conspiracy Mentality. Political Psychology 4 (44), 789–805.

Toelstede, Björn (2020). Social hierarchies in democracies and authoritarianism: The balance between power asymmetries and principal-agent chains. Rationality and Society 32 (3), 334–366.

Tooze, Adam (14.7.2022). Kawumm! Die Zeit 29/2022, 2.

Tourangeau, Roger/Rips, Lance J./Rasinski, Kenneth (2000). The Psychology of Survey Response. Cambridge: University Press.

Tourangeau, Roger/Yan, Ting (2007). Sensitive questions in surveys. Psychological Bulletin 133 (5), 859–883.

Trenczek, Jan/Lühr, Oliver/Eiserbeck, Lukas/Leuschner, Viktoria (2022). Projektbericht »Kosten durch Klimawandelfolgen«. Schadenswirkungen von Überschwemmungen und Sturzfluten sowie Hitze und Dürre. Ein Vergleich der Extremereignistypen. Düsseldorf: Prognos AG.

TUI Stiftung (2022). Junges Europa 2022. So denken Menschen zwischen 16 und 26 Jahren. https://www.tui-stiftung.de/unsere-projekte/junges-europa-die-jugendstudie-der-tui-stiftung/jugendstudie-2022/[Aufruf am 14.8.2023].

Unabhängiger Expertenkreis Antisemitismus (2017). Antisemitismus in Deutschland – aktuelle Entwicklungen. Berlin: BMI.

van Prooijen, Jan-Willem (2018). Populism as political mentality underlying conspiracy theories. In: Rutjens, Bastiaan, T./Brandt, Mark (Hg.). Belief systems and the perception of reality. London: Routledge.

Vehrkamp, Robert (2021). Rechtsextreme Einstellungen der Wähler:innen vor der Bundestagswahl 2021. https://rsm-bst-update.bertelsmann-stiftung.de/fileadmin/files/BSt/Publikationen/GrauePublikationen/ZD_Einwurf_1_2021.pdf [Aufruf am 8.5.2021].

Vehrkamp, Robert/Merkel, Wolfgang (2020). Populismusbarometer 2020. Populistische Einstellungen bei Wählern und Nichtwählern in Deutschland 2020. Gütersloh: Bertelsmann Stiftung.

Virchow, Fabian/Häusler, Alexander (2020). Pandemieleugnung und Extreme Rechte in Nordrhein-Westfalen (Kurzgutachten 3). Bonn: BICC/CoRE NRW.

Volkmer, Michael/Werner, Karin (2020). Die Corona-Gesellschaft. Analysen zur Lage und Perspektiven für die Zukunft. Bielefeld: transcript.

von Schwanenflügel, Larissa (2022). Was bedeutet Partizipation? Politische Bildung und Benachteiligung Jugendlicher. Journal für politische Bildung 12 (2), 22–26.

Vorländer, Hans/Herold, Maik/Schäller, Steven (2015). Wer geht zu PEGIDA und warum? Eine empirische Untersuchung von Pegida-Demonstranten in Dresden. Dresden: Zentrum für Verfassungs- und Demokratieforschung.

Weiber, Rolf/Mühlhaus, Daniel (2014). Strukturgleichungsmodellierung. Eine anwendungsorientierte Einführung in die Kausalanalyse mit Hilfe von AMOS, SmartPLS und SPSS (2. Aufl.). Berlin/Heidelberg: Springer Gabler.

Weisberg, Herbert F. (2005). The Total Survey Error Approach. A Guide to the New Science of Survey Research. Chicago/London: The University of Chicago Press.

Weiß, Volker (2020). Querfront. Die Allianz der Populisten. In: Heinrich-Böll-Stiftung (Hg.). Stichworte zur Zeit. Ein Glossar (S. 227–240). Bielefeld: transcript.

Wildt, Michael (2019). Die Ambivalenz des Volkes. Der Nationalsozialismus als Gesellschaftsgeschichte. Berlin: Suhrkamp.

Windschitl, Paul D./Wells, Gary L. (1996). Measuring Psychological Uncertainty: Verbal Versus Numeric Methods. Journal of Experimental Psychology: Applied 2 (4), 343–364.

Winklmayr, Claudia/Muthers, Stefan/Niemann, Hildegard/Mücke, Hans-Guido/an der Heiden, Matthias (2022). Hitzebedingte Mortalität in Deutschland zwischen 1992 und 2021. Deutsches Ärzteblatt (26/2022), 451–457.

ZDF-Politbarometer (27.1.2023). Politbarometer Januar II 2023. Mehrheit für Lieferung von Leopard-2-Panzern an Ukraine – Verhältnis der Ampelparteien eher schlecht, aber Koalition wird halten. https://www.forschungsgruppe.de/Umfragen/Politbarometer/Archiv/Politbarometer_2023/Januar_II_2023/[Aufruf am 14.8.2023].

ZDF-Politbarometer (15.1.2016). Politbarometer Januar I 2016. https://www.forschungsgruppe.de/Umfragen/Politbarometer/Archiv/Politbarometer_2016/Januar_I_2016/ [Aufruf am 5.6.2023].

Zick, Andreas (2020). Rassismus. In: Petersen, Lars-Eric/Six, Bernd (Hg.). Stereotype, Vorurteile und soziale Diskriminierung. Theorien, Befunde und Interventionen (2. Aufl.) (S. 125–135). Weinheim: PVU/Beltz.

Zick, Andreas (2021a). Die gefährdete wie geforderte Mitte in Zeiten einer Pandemie. In: Zick, Andreas/Küpper, Beate (Hg.). Die geforderte Mitte. Rechtsextreme und demokratiegefährdende Einstellungen in Deutschland 2020/21 (S. 17–31). Herausgegeben für die Friedrich-Ebert-Stiftung von Franziska Schröter. Bonn: Dietz.

Zick, Andreas (2021b). Herabwürdigungen und Respekt gegenüber Gruppen in der Mitte. In: Zick, Andreas/Küpper, Beate (Hg.). Die geforderte Mitte. Rechtsextreme und demokratiegefährdende Einstellungen in Deutschland 2020/21 (S. 181–212). Herausgegeben für die Friedrich-Ebert-Stiftung von Franziska Schröter. Bonn: Dietz.

Zick, Andreas/Berghan, Wilhelm/Mokros, Nico (2019). Gruppenbezogene Menschenfeindlichkeit in Deutschland 2018/19. Mit einem Exkurs zum Neuen Antisemitismus von Beate Kupper & Andreas Zick. In: Zick, Andreas/Küpper, Beate/Berghan, Wilhelm (Hg.). Verlorene Mitte – Feindselige Zustände. Rechtsextreme Einstellungen in Deutschland 2018/19 (S. 53–116). Herausgegeben für die Friedrich-Ebert-Stiftung von Franziska Schröter. Bonn: Dietz.

Zick, Andreas/Berghan, Wilhelm/Mokros, Nico (2020). Jung, feindselig, rechts!? Menschenfeindliche, rechtspopulistische und -extreme Orientierungen im intergenerativen Vergleich. Zeitschrift für Erziehungswissenschaft 23 (6), 1149–1178.

Zick, Andreas/Krott, Nora R. (2021). Einstellungen zur Integration in der deutschen Bevölkerung 2014 bis 2020. Studienbericht der vierten Erhebung in Projekt Zu-Gleich – Zugehörigkeit und Gleichwertigkeit. Bielefeld: IKG.

Zick, Andreas/Küpper, Beate (2016). Rechtsextreme und menschenfeindliche Einstellungen. In: Virchow, Fabian/Langebach, Martin/Häusler, Alexander (Hg.). Handbuch Rechtsextremismus (S. 83–113). Wiesbaden: Springer VS.

Zick, Andreas/Küpper, Beate (2021). Die geforderte Mitte. Rechtsextreme und demokratiegefährdende Einstellungen 2020/21. Herausgegeben für die Friedrich-Ebert-Stiftung von Franziska Schröter. Bonn: Dietz.

Zick, Andreas/Küpper, Beate/Heitmeyer, Wilhelm (2011). Vorurteile als Elemente Gruppenbezogener Menschenfeindlichkeit – eine Sichtung der Vorurteilsforschung und ein theoretischer Entwurf. In: Pelinka, Anton (Hg.). Vorurteile. Ursprünge, Formen, Bedeutung (S. 287–316). Im Auftrag des Sir Peter Ustinov Instituts zur Erforschung und Bekämpfung von Vorurteilen. Berlin/Boston: De Gruyter.

Zick, Andreas/Lobitz, Rebecca/Groß, Eva Maria (2010). Krisenbedingte Kündigung der Gleichwertigkeit. In: Heitmeyer, Wilhelm (Hg.). Deutsche Zustände. Folge 8 (S. 72–86). Berlin: Suhrkamp.

Zick, Andreas/Wolf, Carina/Küpper, Beate/Davidov, Eldad/Schmidt, Peter/Heitmeyer, Wilhelm (2008). The Syndrome of Group-Focused Enmity: The Interrelation of Prejudices Tested with Multiple Cross-Sectional and Panel Data. Journal of Social Issues 64 (2), 363–383.

Ziegler, Holger (2022). Angst vor der Zukunft? Jugendliche zwischen gesunder Skepsis und gefährlicher Neigung zu Verschwörungen. https://www.bayer.com/media/angst-vor-der-zukunft-jugendliche-zwischen-gesunder-skepsis-und-gefaehrlicher-verschwoerungsneigung/[Aufruf am 5.8.2023].

Zimmer, Matthias (2022). Kapitalismuskritik gestern und heute. Zum 75. Jahrestag des Ahlener Programms. Die politische Meinung 67 (572), 86–91.

Zitek, Emily M./Jordan, Alexander H. (2019). Psychological entitlement predicts failure to follow instructions. Social Psychological and Personality Science 10 (2), 172–180.

Zurstrassen, Bettina (2023; im Erscheinen). Demokratiebildung an berufsbildenden Schulen als Querschnittsaufgabe in der Lehrkräftebildung. In: Achour, Sabine/Pech, Detlef et al. (Hg.). Handbuch Demokratiebildung und Fachdidaktik. Frankfurt a. M.: Wochenschau Verlag.

Die Autorinnen und Autoren

Sabine Achour, Prof. Dr. phil., Politikwissenschaftlerin und Latinistin, ist Professorin für Politische Bildung und Politikdidaktik am Otto-Suhr-Institut für Politikwissenschaft an der Freien Universität Berlin. Sie arbeitet zu den Themen Ideologien der Ungleichwertigkeit, Diversität, Inklusion, Sprachbildung. Sie ist Herausgeberin der Zeitschriften »POLITIKUM« und »Wochenschau für den Politikunterricht«. Seit 2012 ist sie Vorsitzende der Deutschen Vereinigung für politische Bildung (DVPB) in Berlin und außerdem Beiratsmitglied der Stiftung Forum Recht, der Transferstelle für politische Bildung, der BMBF-Förderlinie »Aktuelle Dynamiken und Herausforderungen des Antisemitismus« sowie des Bundeswettbewerbs »Demokratisch Handeln«.

Mathias Albert, Dr. phil., ist Professor für Politikwissenschaft an der Universität Bielefeld und dort Mitglied im Vorstand des Instituts für Weltgesellschaft sowie Sprecher des Graduiertenkollegs »World Politics«. Er hat an der Goethe-Universität Frankfurt am Main promoviert und an der TU Darmstadt habilitiert. Er arbeitet einerseits im Bereich der Internationalen Beziehungen zu Fragen der Geschichte und Soziologie der Weltpolitik. Andererseits ist er im Bereich der Jugendforschung tätig, unter anderem seit 2002 als einer der Leiter der Shell-Jugendstudien. Er forscht überdies zur Politik und Wissenschaft der Polarregionen.

Hannes Delto, Dr. phil., promovierte an der Fakultät für Erziehungswissenschaft und am Institut für Interdisziplinäre Konflikt- und Gewaltforschung (IKG) der Universität Bielefeld zu Vorurteilen und Stereotypen im Vereinssport. Er ist wissenschaftlicher Mitarbeiter am Institut für Psychologie und Sozialpsychologie an der Universität Osnabrück, war Studienleiter im BMI-Projekt »Gruppenbezogene Menschenfeindlichkeit im Sport« und lehrte an den Universitäten Göttingen, Leipzig und Gießen. Seine aktuellen Arbeitsschwerpunkte sind Antisemitismus, Rassismus sowie mediale Repräsentationen marginalisierter Gruppen im Sport.

Frank Faulbaum, Prof. Dr., ist Mitglied der Universität Duisburg-Essen und war dort bis 2008 Inhaber des Lehrstuhls für Sozialwissenschaftliche Methoden und Empirische Sozialforschung. Von 2011 bis 2015 hatte er einen Lehrauftrag für Komplexe statistische Analyseverfahren an der Universität St. Gallen in der Schweiz. Bis 2021 war er zudem Vorstandsvorsitzender der Arbeitsgemeinschaft Sozialwissenschaftlicher Institute (ASI). Gegenwärtig ist er als wissenschaftlicher Leiter eines ADM-Instituts für Umfragen, Analysen und Datascience tätig.

Eva Groß, Prof. Dr. phil., studierte in München Soziologie, in Hamburg Internationale Kriminologie und promovierte an der Fakultät für Soziologie der Universität Bielefeld. Von 2008 bis 2015 arbeitete sie als wissenschaftliche Mitarbeiterin am Institut für Interdisziplinäre Konflikt- und Gewaltforschung (IKG) der Universität Bielefeld. Von 2015 bis 2018 war sie wissenschaftliche Mitarbeiterin an der kriminologischen Forschungsstelle des LKA Niedersachsen und trat im Dezember 2018 eine Professur für Kriminologie und Soziologie an der Hochschule in der Akademie der Polizei in Hamburg an. Ihre Forschungsschwerpunkte sind Gruppenbezogene Menschenfeindlichkeit, vorurteilsmotivierte Kriminalität (Hasskriminalität), Polizei, Rechtsextremismus, (Online-) Radikalisierung, Viktimisierung/Dunkelfeld, Ökonomisierung des Sozialen, institutionelle Anomie und soziale Ungleichheit.

Jens Hellmann, Dr. phil. (Ph. D.), Dipl.-Psych., hat Psychologie an der Universität Bielefeld studiert. Anschließend forschte er an der University of Aberdeen in Schottland und der Jacobs University Bremen zu sozialen Einflüssen auf Gedächtnis und mentale Repräsentationen. Zuletzt koordinierte er an der Westfälischen Wilhelms-Universität Münster ein Forschungsprojekt zu psychologischen Aspekten der Integration Geflüchteter, bevor er Mitte 2022 ans Institut für Interdisziplinäre Konflikt- und Gewaltforschung (IKG) der Universität Bielefeld wechselte. Seine aktuellen Forschungsschwerpunkte fokussieren auf rassistisches Verhalten in Institutionen und Unterschiede zwischen verschiedenen gesellschaftlichen Gruppen im Verständnis von Integration.

Lena Hilkermeier, Dr. phil., Dipl.-Soz., ist Lehrkraft für besondere Aufgaben an der Evangelischen Hochschule Rheinland-Westfalen-Lippe. Sie hat an Universität Bielefeld Soziologie studiert, an der TU Darmstadt promoviert und lehrt in den Bereichen Allgemeine Soziologie, Methoden der empirischen Sozialforschung und Organisationssoziologie.

Andreas Hövermann, Dr. phil., studierte und promovierte an der Universität Bielefeld und arbeitete als wissenschaftlicher Mitarbeiter zwischen 2010 und 2017 am Institut für Interdisziplinäre Konflikt- und Gewaltforschung (IKG). Zwischen 2017 und 2019 forschte er als DFG-Forschungsstipendiat an der State University of New York in Albany (USA). Seit 2020 arbeitet er am Wirtschafts- und Sozialwissenschaftlichen Institut der Hans-Böckler-Stiftung zu sozialen Lebenslagen, Arbeitsbedingungen und demokratiegefährdenden Einstellungen. Seine Forschungsschwerpunkte sind Anomie, Gruppenbezogene Menschenfeindlichkeit, Hasskriminalität, Verschwörungsdenken und soziale Ungleichheit.

Torben Hüster, B. A., studiert Soziologie an der Universität Bielefeld. Er ist wissenschaftliche Hilfskraft am Institut für Interdisziplinäre Konflikt- und Gewaltforschung (IKG) und beschäftigt sich schwerpunktmäßig mit dem Themenbereich Vorurteile, Diskriminierung und Rechtsextremismus, insbesondere im Sport.

Beate Küpper, Prof. Dr. phil., Dipl.-Psych., ist Professorin für Soziale Arbeit in Gruppen und Konfliktsituationen an der Hochschule Niederrhein und kooptiertes Mitglied der neu gegründeten Konfliktakademie (ConflictA) an der Universität Bielefeld. Sie arbeitet zu den Themen Rechtspopulismus, Vorurteile und Diskriminierung, Diversity und Integration insbesondere auch an der Schnittstelle von Wissenschaft und Praxis. Als Mercator Fellow ist sie der Frage nachgegangen, wie sich der Rechtspopulismus im Praxisfeld Integration und Migration bemerkbar macht und welche Handlungsstrategien sich empfehlen. Sie ist Teil der Redaktion der Zeitschrift »Demokratie gegen Menschenfeindlichkeit« für Wissenschaft und Praxis (Wochenschau Verlag) und ist seit 2014 Autorin der FES-Mitte-Studie.

Souad Lamroubal ist Fachexpertin für Migration, Integration und Bildung, Autorin und Moderatorin. Im September 2022 erschien ihr Buch »Yallah Deutschland, wir müssen reden!« Seit 2006 ist sie Kommunalbeamtin. Neben jahrelanger Mitwirkung in kommunalen Ausländerbehörden war und ist ihr Schwerpunkt die rassismuskritische Migrationsarbeit. Hier setzt sie sich in Form von internen und externen Schulungen, Weiterbildungen und Fachvorträgen unter anderem mit Ansätzen zu vorurteilsbewussten, migrationsfreundlichen, diskriminierungs- und rassismusfreien Strukturen in Verwaltungs- und Sicherheitsbehörden ein. Wichtige Schwerpunkte ihrer Arbeit sind dabei institutioneller und struktureller Rassismus sowie Konfliktmanagement und Veränderungsprozesse in öffentlichen Institutionen. Sie machte in unterschiedlichen Medienformaten auf ihre kritische Sicht auf kommunale Ausländerbehörden aufmerksam unter anderem in der ZDF-Satiresendung »Magazin Royale«. Zudem produziert sie Dokumentarfilme und Lehrvideos. Im Januar 2023 veröffentlichte sie den Dokumentarfilm »Die missachteten Jugendlichen«. Als Dozentin für interkulturelle Handlungskompetenz, Rassismuskritik und soziale Kompetenzen lehrt sie in NRW an einem Studieninstitut für öffentliche Verwaltung. Seit 2015 ist sie ehrenamtliche Vorsitzende eines Vereins zur Förderung der Beziehung zwischen Deutschland und Afrika. Darüber hinaus organisiert sie regelmäßig die Bonner Comedy Nacht (»Humor öffnet Grenzen«), die sie im Jahr 2017 initiierte.

Alexander Mavroudis, Dipl.-Päd., ist Leiter der Koordinationsstelle Kinderarmut im LVR-Landesjugendamt Rheinland in Köln. Er ist seit 2001 Mitarbeiter des Landschaftsverbandes Rheinland, zunächst als Fachberater für die Jugendsozialarbeit und Jungenarbeit, dann für die Kooperation von Jugendhilfe und Schule mit den Entwicklungsfeldern (offene) Ganztagsschule, Schulsozialarbeit und Kommunale Bildungslandschaften. Seit 2010 hat er die Koordinationsstelle Kinderarmut als neue Organisationseinheit im LVR-Landesjugendamt Rheinland mit aufgebaut und begleitet mit seinem Team die Kommunen im Rheinland beim Auf- und Ausbau von Präventionsketten mit dem Fokus auf Armutsprävention. Zu seinen Aufgaben gehören die auch prozessbezogene Beratung von Kommunen, Wissenstransfer, Fortbildungen und berufsbegleitende Qualifizierungen für Koordinationsfachkräfte von Kommunen.

Nico Mokros, M. A., hat Erziehungswissenschaft und Psychologie studiert. Er koordiniert als Mitherausgeber und wissenschaftlicher Mitarbeiter am Institut für Interdisziplinäre Konflikt- und Gewaltforschung (IKG) die »Mitte-Studie« 2022/23 und ist seit 2018 Autor in der Studienreihe. Er lehrt an der Universität Bielefeld zu politischer Sozialisation, Vorurteils- und Rechtsextremismusforschung. Sein Forschungsinteresse liegt im Bereich der gesellschaftlichen

Bedingungen von Gruppenbezogener Menschenfeindlichkeit. Schwerpunktmäßig beschäftigt er sich mit genderbezogenen und queeren Themen.

Claudia Neu, Prof. Dr. oecotroph., ist Professorin für Soziologie ländlicher Räume an den Universitäten Göttingen und Kassel. Ihre Forschungsschwerpunkte sind Demografischer Wandel, Daseinsvorsorge und Zivilgesellschaft in ländlichen Räumen. Darüber hinaus beschäftigt sie sich mit Raumbezügen von Einsamkeit. Ihre empirische Forschung dreht sich unter anderem um die Bedeutung von Sozialen Orten für den gesellschaftlichen Zusammenhalt. Sie ist Vorsitzende des Sachverständigenrates »Ländliche Entwicklung« des Bundesministeriums für Ernährung und Landwirtschaft und Beiratsmitglied der Akademie für Raumordnung.

Amelie Nickel, M. A., studierte Soziologie an der Otto-Friedrich-Universität Bamberg und der Universität Hamburg. Seit 2021 ist sie wissenschaftliche Mitarbeiterin am Institut für Interdisziplinäre Konflikt- und Gewaltforschung (IKG) und promoviert am Leibniz-WissenschaftsCampus »SOEP-RegioHub« an der Universität Bielefeld. Sie ist seit 2022 Mitglied des Bielefelder Promotionsprogramms der Geschichtswissenschaften und der Fakultät der Soziologie. In ihrer Promotion beschäftigt sie sich mit gesellschaftlichen und institutionellen Ökonomisierungsprozessen und deren politischen wie sozialen Auswirkungen. Neben den Methoden quantitativer Sozialforschung liegen ihre Forschungsinteressen im Bereich Anomie, Vorurteils- und Diskriminierungsforschung, vergleichender politikwissenschaftlicher Forschung und Forschung zur sozialen Ungleichheit.

Jonas H. Rees, Dr. rer. nat., Dipl.-Psych., M. Sc., ist Professor für Politische Psychologie an der Universität Bielefeld. Er hat Angewandte Sozialpsychologie an der University of Sussex und Psychologie an der Universität Bielefeld studiert, wo er anschließend zur Frage promovierte, warum Menschen sich in der Umweltschutzbewegung engagieren und welche Rolle Emotionen in diesem Kontext spielen. Seine Forschungsschwerpunkte am Institut für Interdisziplinäre Konflikt- und Gewaltforschung (IKG) der Universität Bielefeld, wo er seit 2017 arbeitet, sind mit Emotionen und Konflikt assoziierte Gruppenprozesse sowie die sozialpsychologischen Aspekte von Erinnerungskultur, gesellschaftlichem Wandel und Zusammenhalt. Er ist Sprecher des Forschungsinstituts Gesellschaftlicher Zusammenhalt (FGZ) am Standort Bielefeld.

Fritz Reusswig, Dr. phil. habil., Dipl.-Soz., hat Soziologie und Philosophie an der Goethe-Universität Frankfurt am Main studiert und dort mit einer Arbeit über Hegels System promoviert. Nach Mitarbeit am Institut für sozial-ökologische Forschung (ISOE) in Frankfurt ist er seit 1995 Mitarbeiter am Potsdam-Institut für Klimafolgenforschung (PIK). Er hat über Klima und Konsum an der Universität Potsdam habilitiert und ist Lehrbeauftragter für Umweltsoziologie an der Humboldt Universität zu Berlin. Im Zentrum seiner Arbeit stehen Transformationsprozesse zur Energiewende, zum Klimaschutz und zur Klimafolgenanpassung sowie der gesellschaftliche Klimadiskurs. Ebenso gehören das Thema Populismus und Klima zu seinen Forschungsinteressen.

Elif Sandal-Önal, Dr. phil., ist Politikwissenschaftlerin und Sozialpsychologin. Sie arbeitet und forscht am Institut für Interdisziplinäre Konflikt- und Gewaltforschung (IKG) der Universität Bielefeld aktuell zu Politiken der Unsicherheit, transnationalen politischen Einflüssen und diasporischen Identitäten sowie zu Repräsentationen von Krieg und Frieden. Zudem beschäftigt sie sich schwerpunktmäßig mit dem Themenfeld von Demokratie, Nationalismus und Staatsbürger:innenschaft.

Andreas Zick, Prof. Dr. rer. nat., Dr. phil., Dipl.-Psych., ist wissenschaftlicher Direktor des Instituts für Interdisziplinäre Konflikt- und Gewaltforschung (IKG) und der Konfliktakademie (ConflictA) an der Universität Bielefeld, wo er auch eine Professur für Sozialisation und Konfliktforschung an der Fakultät für Erziehungswissenschaft innehat. Er hat über Vorurteile und Rassismus an der Philipps-Universität Marburg promoviert und sich zur Psychologie der Akkulturation an der Martin-Luther-Universität Halle-Wittenberg im Fach Psychologie habilitiert. Er hat an den Universitäten Bielefeld, Bochum, Dresden, Jena und Wuppertal gelehrt. Im Jahr 2016 hat er den Communicator-Preis des Stifterverbandes für die deutsche Wissenschaft und der Deutschen Forschungsgemeinschaft (DFG) erhalten. Im Jahr 2022 hat er den Nevitt Sanford Lifetime Award der International Society for Political Psychology (ISPP) erhalten. Er ist seit 2014 Autor und Herausgeber der FES-»Mitte-Studie«.